Andrea Kirschen

Kircherus Jesuita Germanus Germaniae redonatus

Andrea Kirschen

Kircherus Jesuita Germanus Germaniae redonatus

ISBN/EAN: 9783742892676

Manufactured in Europe, USA, Canada, Australia, Japa

Cover: Foto ©Thomas Meinert / pixelio.de

Manufactured and distributed by brebook publishing software (www.brebook.com)

Andrea Kirschen

Kircherus Jesuita Germanus Germaniae redonatus

σὺν Θεῷ.

KIRCHERUS Jesuita Germanus
. *Germaniæ redonatus* :
sive
Artis Magnæ de Consono & Dissono
ARS MINOR;
Das ist/

Philosophischer Extract und Aus=
zug / aus deß Welt=berühmten Teutschen
Jesuiten Athanasii Kircheri von Fulda
MUSURGIA UNIVERSALI,
in Sechs Bücher verfasset/
Darinnen

die gantze Philosophische Lehr und Kunst=
Wissenschaft von den Sonis, wie auch der so wol theoretisch=
als practischen Music/mit höchster Varietät geoffenbaret/nicht weni=
ger auch die wunderbare Kraft und Würckung deß *Consoni & Dissoni*,
nicht nur in der Welt/sondern auch in der gantzen Natur/mit gantz neu=
en/frembden und wunder=seltzamen Kunst=proben/zu sonderbarem Nutz
und Gebrauch/so wol in einer jeden Kunst=Facultät der gantzen *Ency=
clopedia Philosophica*, als absonderlich in der Philosophi/Rhetoric/Poë=
sic/Physic/Metaphysic/Mathematic/Astronomi/Ethic/Politic/Chy=
mic/Medicin/Mechanic/ꝛc. so dann auch der Theologi/natürli=
chen Magi und Echotectonic/ꝛc. eröfnet/ gewiesen
und vor Augen gestellet wird:

Ausgezogen und verfertiget/auch mit einem
nötigen *Indice* gezieret/ von
Andrea Hirschen/ *Muso- Philo- Sopho-Theo- Philo.*
Evangel. Pfarrern zu Bächlingen/in der Graf=
schaft Hohenlohe

Druckt zu Schw. Hall bei Hans Reinh. Laidigen/A. 1662.
und bei ihme/wie auch dem Autore selbsten/zu befinden.

Denen Hochgebohrnen Grafen/und
Hochgebohrnen Herren/

Herrn Joachim Albrechten/
Herrn Heinrich Friderichen/

Grafen von Hohenloh und Gleichen/Her=
ren zu Langenburg und Cranichsfeld/rc.
Gebrüdern; Wie auch

Herrn Francisco/
Herrn Philipp Albrechten/

Herrn zu Lympurg/deß Heil. Röm. Reichs
Erb=Schencken und Semper-Freyen/rc.
Vettern;

Meinen allerseits Gnädigen Grafen und Her=
ren/ wünsche ich underthänigst/ Leben
und alle Glückseligkeit.

thanasius Kircherus, der berüm=
te/Sinn= und Kunst=reiche Teutsche Je=
suit zu Rom/ in der Dedication seines
grossen Musurgischen Kunst=wercks/an
Ihr Ertzhertzogl. Durchl. Herrn Leopold
Wilhelmen/rc. setzt dise Grund=thesin seines gantzen Mu=
sices: Consonum sine Dissono, Dissonum sine
Consono, subsistere nequaquam posse, Deus, Natura
politica docet. Das ist: Das Widerstimmige könne
ohne das Zusammen=stimmiges/und dieses ohn jenes mit nich=
ten bestehen/ weil es GOtt/ die Natur/ und die Weltliche

Ita Danh.
Vale renun-
ciat. p. 93.

Consonum
sine Dissono
subsistere nō
posse docet.

)?(ij   Regi=

Deus. Regiments-Klugheit selbsten lehre. Gott/sagt er/der alles wunder-weislich in diser Welt regieret/in dem er alles mit gewisser Zahl underscheidet / mit gewissem Gewicht befestiget/mit gewisser Mas umschreibet/was thut er anderster / als daß er das Ampt verrichtet eines gantz voll-

Natura. kommenen Harmostæ und Music-künstlers? Die Natur/so gleichsam Wehemuters Hand hat/und sich auf ihres Schöpfers Hülf und Beistand verläst/ lieber Gott/ was understehet sie sich nicht in den allerverborgensten örtern und äderlin der jenigen Ding/ so in ihrer Schos ver-

Politica. borgen ligen! Die Politic/wann sie grosse Imperia, Königreicher und Käiserthümer glücklich regieren / Völcker und Underthanen in die Schrancken der Glückseligkeit einschliessen wil/ gebraucht sie gewißlich keine andere Meisterin und Regiererin / als diese grosse Music-Kunst vom Zusammen- und Widerstimmigen Thon! Ist auch kein Wunder/weil dise allein ein Zuchtmeisterin der Ordnung/ ein Richtschnur aller Ding/ein Grund-saul aller menschlichen Verrichtungen/.ein Stütz und Erhaltung der gantzen Welt. Ist alles hochvernünftig geredt: setze mehrers

Himmel und Erden kan ausser dem Consono und dissono kein Augenblick bestehe. nicht als dieses hinzu / Himmel und Erden könte kein Augenblick in dem stand bestehen / darein es von Gott in der Schöpfung gesetzet worden/ wann nicht das Consonum & Dissonum, und die daraus entspringende harmonische Music-Proportion in der Natur sich gründen solte/kurtz/ kein Creatur/kein menschliche Verrichtung/kein Stand in der Welt / kein Stern / kein Element / kein Stein / kein Kräutlein/ kein Bestia/kein Mensch/kein Regiment / kein Haushaltung/kein Tugend ist / das nicht mit ihm selbsten lieblich consoniret / mit einem andern aber freundlich dissoniret/doch proportionirlich vermischet/weislich appliciret/ machets die höchste Consonantz / beste Harmony/die

Gott uñ das Ewige Leben was es für ei. ñe Harmony. nur zu wündschen ist. Gleich wie aber in Gott wesentlich omnis Consonantia & perfectissima Harmonia sine omni Dissonantia, weil er das höchste/beste/einfältigste/ allereineste/vollkommenstes Wesen ist/also in dem Leben/

das

und holdſelig überein / repræſentiren an Ihnen ſelbſten lebhaft= und würcklich / was die gantze Muſic=kunſt in ihren principiis in ſich begreift (ich rede offenhertzig) ſolte E. Hoch=Gräfl. und Hoch=Herrl. Tugend=Hertzen/ allen hohen Qualitäten und Perfectionen nach / anatomiret werden/würde ſich gewißlich darinn befinden eine dreifache/ ſehr ſchöne Tugend=Harmony/ da Gerechtigkeit mit Gütigkeit / Gottesfurcht mit Stärck / Sittſamkeit mit Großmütigkeit/herrlich und vollkomlich conſoniret/durch welche Tugend=Harmony dann/ſo allenthalben weit und breit erſchallet / E. Hoch= Gräfl. und Hoch=Herrl. Gn. nicht nur die Hertzen Ihrer Bedienten und Underthanen zu gleichem einſtimmigem Concent anreitzen/wie die Mittel=Stimmen zu den Haupt=Stimmen gezogen werden/ ſondern auch die Diſſonantien der Feind und Widerwärtigen werden alſo ſyncopirt/ligirt und reſolvirt/ja gleichſam auſſer ſich ſelbſten geriſſen / daß ſie nolentes volentes, pacis harmoniâ plenâ compoſitâ, mit ihren Gemüts=Neigungen conſoniren und einſtimen müſſen/Gott erhalte ſolche Friedens=Harmony/ ſolch liebliche Muſic der holdſeligen Einigkeit. Sonſten aber/ wie nach Socratis Meinung die Syrenen/ erweckt durch die himliſche Planeten=Muſic/ihres Schöpfers Lob und Ruhm täglich ſingen/ſo iſt es ie billich/daß/wie aller Gottsförchtiger und Tugendhafter Regenten / ſo in der Schrift Götter genennet werden/und Vicarii Deitatis ſeyn/ auch deßwegen vim divinam ἁρμόζουσαν, univerſi concentus effectricem, nothwendig participiren müſſen/alſo ſonderlich E. Hoch=Gräfl. und Hoch=Herrl. Gn. Lob und Ruhm auszubreiten/ ſich aller Underthanen und Bedienten Mund und Zungen eröfneten. Ich für meine wenige Perſon/ wie ich mich für andern hoch verobligirt erkenne/ als hab ichs bishero mehr mente admirabundus, als ore & opere celebrabundus obſervirt/nicht unbillich/weil ich theils nicht würdig/theils nicht qualificirt/ ſolcher hoher Perſonen

nen

Marginalia (left column):

lebendige Harmony ſind fromme Regenten.

Tugend= Harmony bey Gottes= fürchtigen Regenten.

Quod harmonia in cantu, id concordia in Ecclesia. Aug. lib. 2. de C.D.c.21

Musica exquiſitiſſimæ genus eſt inſæ canere. quidam.

nen hohe Merita publicè zu decantiren/ und heraus zu
streichen/hab also bishero innerlich im Hertzen consonirt/
mit tiefester Admiration und heiligem Stillschweigen/ge-
gen Dero hohen Qualitäten. Jedoch weil es heist/ wes-
sen das Hertz voll ist/gehet einist der Mund über/also hab
ich bei gegenwärtiger Gelegenheit auch nicht underlassen
wollen/im Werck selbsten zu præstiren/was von mir schon
längsten im Hertzen concipirt gewesen.

   Und das ist/Hochgebohrne Grafen/und Hoch- *Dedicatio*
gebohrne Herren/ gegenwärttges kleines Kunst- und *ipsa wie sie*
Handbüchlin/ausgezogen aus dem grossen Musurgischen *gemeint.*
Kunstwerck deß Welt- und weitberühmten Teutschen Jesuitens Athanasii Kircheri.&c. so ich hier mit einem un-
derthänigen Hand-kuß/und demütigster Befehlung meiner einfältigen Studien/E.Hoch-Gräfl.und Hoch-Her:l.
Gn.wohlmeinend überreiche : gewißlich für ein piaculum
hätte ichs gehalten/wann dise meine geringfügige Arbeit
iemand anders Namen/zu seinem gebührenden Splendo-
re vor sich tragen solte / als E. Hoch-Gräfl. und Hoch-
Her:l. Gn. hochberühmt- und wehlbekandten Namen /
bitte mehrers nicht/als mein harmonisches Gemüt gegen
E.Hoch-Gräfl.und Hoch-Her:l. Gn.perfectionirte Consonantz daraus zu vermercken. Von hoher sonderbarer
Gnad/mir zu verschidenen malen erwisen/wil ich nicht sa-
gen/weil sie notori und bekandt : so oft ist jener Egypti-
scher Memno und Sonnen-Colossus von der Sonnen *Memno Æ-*
Stralen zum Thon und Schall nicht erreget worden/als *gyptiacus*
meine wenige Person radiis Munificentiæ & Beneficen- *ad solis ra-*
tiæ Vestræ. Gn. ist angeschienen worden / lieber / warum *dios sonuit*
solt ich dann meiner hohen Evergeten ihre gebührende
Laudes nicht singen ? gewißlich/härter wäre ich als jener
Stein / wann ich zu solchen hohen Beneficiis schweigen /
und nicht aus danckbarem Hertzen ein Lob- und Danck-lied
erschallen lassen solte. Lebet wohl/lebet wohl/Ihr Edle *à Kircheri*
Cedern deß Hohenloischen und Limpurgischen Hauses/ *Dedic.*
Ihr Hohe Tannen deß gantzen Landes/Ihr Zierden deß

)?(iiij   Hohen

Vorrede an den

Hohen Standes / Ihr Säulen der Gerechtigkeit / Ihr
Freude der Underthanen/Ihr Muster der Regenten/Ihr
lebendige Bilder der grossen Kunst vom Zusammen- und
Widerstimmigen Thon.

Vorrede an den günstigen Leser /
mit Anwündschung aller Glückseligkeit/
Standes gebür nach.

Promotores
Musurgiæ
Kircheria-
na.

Icht unbillich rühmet Athanasius Kircherus, in der Præfation seiner Musur-
gi/die hohe vornehme Promotores, so sein
under handen habendes Musurgisches Kunstwerck zu beschleunigen/mit Worten und Wercken ihne ruhm-würdig existimuliret haben / als
da ist die Allergnädigste Gewogenheit Käisers
Ferdin. III. Christlöbl. Gedechtnis: die sonderbare Freigebigkeit deß Ertzhertzog Leopold Wil-
helms/rc. die merckliche Beihülff Pompeii Co-
lonnæ, eines Italiänischen Fürstens/wie auch
anderer mehr. Ich meines theils/geneigter Leser/
hab auch grosse Ursach / diß Orts rühmlichen

Promotor
dises gegen-
wärtigen
Tractätleins

zu gedencken/ die hohe Gnad/sonderbare Gewo-
genheit/merckliche Behülf/ damit dises Musurgisches Kunst-büchlein ansehnlich und unsterbli-
chen Lobs würdig/promoviret hat/ der Hochge-
borne Herr / Herr FRANCISCUS, Herr zu Lym-
purg/deß H. Röm. Reichs Erbschenck und Semper Frey/rc. mein sonders gnädiger Herr: dann
nach dem derselbe/in vergangenen Jahren / seine
Reis

günstigen Leser.

Reis in Jtalien/Rom/Neapolis/und anderswo
mit Gott glücklich vollendet / da er dann so viel
mira nova Antiqua, sonderlich in Roma sub-
terranea gesehen und gehöret/daß wer davon nur
discurriren höret/allerdings ad stuporem usque
sich verwundern muß; Nun dieser Hochgebohr-
ne Herr / dessen hoher Verstand und Geschicklig- *Rara avis!*
keit bey seines gleichen gantz fremd und unge- *pingues fa-*
wohnt/ dessen schöne Qualitäten auch von allen *vere musis.*
Gratiis beliebet / nimmermehr gnugsam zu rüh-
men sind / hat under andern Raritäten mit sich
aus fremden Landen gebracht/ein hohe sonderbare Gn. Inclination zu den studiis, und deroselben Beförderung : dahero/nach dem Er zu Rom
under andern auch mit unserm Jesuiten Kirchero sonderbare Freund-und Gemeinschaft gepflo-
gen / auch in dessen museo mehrere Kunst-Ge-
heimnis gesehen/als vielleicht in diesem geringen
Tractätlein zu finden/als hat Er/aus sonderbarer
Affection gegen dem Herrn Kirchero,und dessen *Kircheri*
Musurgischem Kunst-werck/Ihme Gn.belieben *Person.*
lassen/ meine geringe Arbeit/ so ich in übersetzung
und Contrahirung desselben angeleget/ durch of-
sentlichen Druck / mit Deroselben Hoch-Herrl.
sumptibus und Verlag/so ein ansehnliches Stück *Verlag vnd*
Geld gekostet/ der gelehrten Welt vor Augen zu *Tractätleins*
legen. Gewißlich hätten dise Euri Lympurgiæ
feliciores nicht guten Wind gemacht / gegen-
wärtiges Kunst-schiflein wäre noch lang nicht zu
gewünsche

gewündschtem Port meines Vorhabens gelan-
get/gehört also billich die letzte Hand/ uñ der einige Ruhm / dem Hochlöblichen Hauß Lympurg/
daß wie dasselbe schon längsten über Fürsten und
Herren sich empor geschwungen/ also trachtets
noch täglich/ manchem hohen Stand es bevor zu
thun/ in dem Eifer und Liebe / gute Künsten und
scientias mit Rath und That zu befürdern. Gott
erhalte diese Patronen der Freyen Künsten/ ver-
mehre die Zahl von tag zu tag / gebe/ daß die
Schild auf Erden aller Orten sich ausbreiten/
und die Säugammen der Kirchen je länger je
liebreicher und brüstiger sich gegen der glaubigen
Posterität erweisen.

    Sonsten / was meine Person und Vorhaben
betrifft; geneigter Leser/ so verwundere dich nicht/
daß in meinen παρέργοις, ich mich so sehr mit der
Music/ so wol theoricè als practicè delectire/
daß ich auch in übersetzung dises Kircherianischē
Music-Wercks mich bemühen wollen. Dann
nach deme ich von Jugend auf/ von meinem lieben wehrten Herren Praeceptore M. C. B. B. zur
Music/ vocaliter und instrumentaliter, sonder
Ruhm bin angewehnet worden / hab ich mein
symbolum jederzeit seyn lassen / musica noster
amor; in Betrachtung/ daß kein Recreation sich
mehr mit den Theologischen und Philosophischen
studiis componiren lasse/ als studium musices,
welches idea mundi, imago virtutis, praegustus

vitae

Ruhm des Lympurgischen Hauses.

Studia παρέργα.

Musica noster Amor.

vitæ æternæ, symbolum Deitatis, vinculum
Amicitiæ, &c. ja wündsche mit jenem vornehmen Herrn mehrers nichts / als die Gnad von
Gott zu haben/ultimum vitæ halitum under einer pathetischen Leich- und Todten-Music zu be-
schliessen.   Sprichstu aber ob nicht Religions-
dissonantia hier meinen Begierden Zaum legen
sollen/ in Ansehung es allerdings ärgerlich/ oder
uffs wenigste suspect fallen wil / eines Jesuitens
seine partus ingeniosos zu rühmen / und durch
den Druck der Welt vorzutragen ? ♃. Omnia
probate, quod bonum est, tenere. So lautet
der Apostolische Gewissens-Rath. Die Herren
Jesuiten/wie sie nicht überal weder zu verwerffen
noch zu billichen/also wo sie philologiren oder phi-
losophiren/ setze ich mich gern zu ihren subselliis,
lasse andere rudes & impolitos Autores an der
Wand bey den Spinnen unmolestirt: solte aber
je irgendswo Glaubens-Strittigkeit vorfallen/ da
heißts/manum de tabula, ad legem & testimo-
nium, Gewissen frei/rein-Herz dabey; Man muß
Gott mehr glauben und gehorchen/als den Menschen.   Daher was in disem Tractätlein von Je-
suitischem Hirn-gedicht mit underlaufft/ als de
meritis Sanctorum, de Sacramentis, de Cœlo
Empyreo, de Choris Angelorum,&c. wil ichs
blos historicè gesetzt/nicht apodicticè affirmiret
haben/ weil ich aus dem Canone Scripturæ, so
von keinem Menschen seine Authorität hat/ ein

besseres

Marginalia:
Ita Generosus ille Kirchbergius nonnisi Φιλόμυσο̄.

Der Jesuiten Ruhm.

Religion an Gewissen wird verwahrt.

beffers verſichert bin.   Sonſten wil ich gern ge-
ſtehen/ daß ich aus Lieb zu den phraſibus deß Je-
ſuiten/ und weil mein Vorhaben geweſen / nicht
über ein Alphabeth diß Wercklein lauffen zu laſ-
ſen/ in der Verſion etwas obſcur gangen/ auch in
den letzten Büchern mehr ſenſum als verba Autoris beobachtet/jedoch weil es ein Werck/ ſo vornemlich vor hohe Stands-Perſonen angeſehen/
ſo ohne das hohen ſtylum im Teutſchen zu affectiren pflegen/ als werde ich diß Orts leichtlich
Entſchuldigung erhalten können.   Solte aber
je/wie andere Hofnung machen/meine geringfügige Arbeit dem günſtigen Leſer gefallen/ bin ich
geneigt/wil mich auch dahin erbotten/und auf allen fall damit verwahret haben / wofern einiger
Menſch ſich erkühnen ſolte/diſe Arbeit/ſo ich mit
gefährlicher Leibs-ſchwachheit überſtanden/ohne
mein Wiſſen und Willen unredlicher weis nach-
zudrucken/neben deme daß ich denſelben/er ſei weß
Condition er wolle/zu Herrn Schuppio in ſeinen
Bücher-dieb wil gewiſen haben/ daſelbſten / weil
der gerechte GOtt im Himmel im ſibenden Ge-
bott/non furtum facies,ja gnugſame privilegia
ertheilt/ſeine legitimation zu ſuchen/bis künftig
Deo & vita comite, mit Kupfer-bildern / deren
unzahlbar viel in dem groſſen opere zu ſinden/
mit weitläufiger Ausführung der Kunſt-proben/
und Applicirung aller deß Jeſuiten Kircheri ſeinen Kunſt-büchern/ als da iſt œdipus Ægyptia-
cus,

Woher die
Obſcurität
in diſem Tra-
ctätlein,

Verwah-
rung wegen
deß unredli-
chen Nach-
drucks.

günſtigen Leſer.

cus, Turris Babylonica, Ars magna de Luce *Kircherí o-*
& umbra, Ars magnetica, Mundus ſubterra- *pera varia,*
neus,&c. Dieſes Tractätlein alſo zu perfectioni-
ren / daß es dem gelehrten Leſer nicht mißfallen
wird/ſich in diſer Kircberianiſchen Kunſt-Philo-
ſophy ein wenig exercirt und delectirt zu haben.
Gott gebe Gnad und Segen zu allem Vorhaben/
zu deſſen Namens Ehr alles einig und allein gemeint und angeſehen worden. Vale tibi,& fave
mihi, benevole lector.

Kurtzer Inhalt der nachfolgen-
den VI. Bücher.

LIBER I. *Phyſiologicus,* beweiſet den Urſprung/ *Liber I.*
Art und Eigenſchaft / wie auch Würckung *phyſiolog.*
deß natürlichen Thons/ begreift auch in ſich
die Anatomi underſchiedlicher Thieren: deßgleichen die *phonognomiam & experimenta phonocritica,*
wie man aus dem *ſono & voce* eines jeden Leibs/
und eines jeden Menſchen/ ſeine Complexion und
Temperament muthmaſſen ſolle.

    Liber 2. Philologicus, erforſchet die erſte Erfin- *Lib.2.phi-*
dung und Fortpflanzung der Muſic / oder deß *lolog.*
Kunſt-thons: da auch von der alten Hebreer und
Griechen ihren Muſic-Inſtrumenten/ wie auch
von Davids und Salomonis Muſic abſonderlich
gehandelt wird.

    Liber 3. Organicus, eröfnet mit neuen ſonderbaren *Lib.3. Or-*
experimentis die gantze Structur un̄ Zurichtung al- *ganicus,*
                         lerhand

lerhand Music-Instrumenten/ abgetheilet *in artem chordotomicam, pneumaticam & crusticam*: da ein außführlicher Bericht von den Orgeln/ wie auch von den Glocken und derselben Gebrauch zu finden ist.

Lib. 4. Diacriticus.

Liber 4. Diacriticus, vergleicht die alte und neue Music/ redet von beede Vollkommenheit und Unvollkommenheit/ wie auch derselben Mißbräuchen / rühmet die Würdigkeit deß Kirchen-gesangs/ gibt Anleitung/ wie man zur Perfection der Pathetischen Music gelangen solle: abgetheilt in *partem Erotematicam & pragmaticam*, da sonderlich dise 2. Fragen abgehandelt werden/ ob der Alten ihre Music vollkommener und vortreflicher gewesen/ als die heutige; Ob auch/ warum und wie die Music ein Krafft hab/ die Gemüter der Menschen zu afficiren und zu bewegen.

Lib. 5. Magicus.

Liber 5. Magicus, eröfnet alle verborgenste Music-geheimnussen / begreift in sich die natürliche Wissenschaft deß *Consoni & Dissoni.* lehret auch *magiam musica-medicam,* eine geheime Music-Artzenei und Artzenei-Music-Kunst/ deßgleichen *artem phonocampticam,* eine vollkommene Lehr vom Echo/ wie es zu determiniren und zu setzen sey/ nicht weniger auch ein gantz neues Kunstwerck / wie man *tubos oticos* zurichten soll/ welche dem Gehör dienlich sind/ deßgleichen auch Bilder und andere *instrumenta sympathica autophona,* so von sich selbsten lauten / alles mit gantz neuen und fremden *experimentis* und Kunst-Proben: wird auch angehengt *Cryptologia musica,* eine verborgene Music-Red-Kunst/ wie man geheime Gemüts-gedancken einem andern in der Ferne/ nur durch Thon und Schall eröfnen solle/ wie auch *steganographia musica,* wie man durch die *notas* und Music-zeichen einem andern verborgen schreiben soll: abgetheilt

in par-

folgender 6. Bücher.

in partem physiologicam, Musurgico-jatricam, teratologi-
am musicam, magiam phonocampticam, Echotectonicam,
& musurgiam thaumaturgicam.

Liber 6. Analogicus, stellt vor *Decachordon natu-* *Lib. 6. ana-*
ra, die grosse Natur-und Welt-Orgel/beweist/daß *logicus.*
Gott in Erschaffung der 3. Welten/ der Elementarischen / der Himlischen und Archetypischen/
sein Absehen gehabt hab auf die harmonische
Music-*proportiones*, durch 10. *gradus*, gleichsam als
durch 10. grosse Natur- und Welt-Register.

Registrum 1. begreift in sich *musicam elementärem,* *Musica Ele-*
von der Zusammenstimmung der 4. Elementen. *mentaris.*

Registrum 2. lehret *musicam cœlestem* wie die Him- *Cælestis.*
mel und Himlische *Orbes* mit einander überein
stimmen in ihren *influxibus,* Bewegungen und Würckungen.

Registrum 3. erkläret *musicam physico-medico-chy-*
micam, so da besteht in der harmonischen Zusam- *physico-me-*
menstimmung der Stein/ Kreuter und Thier/ in *dico-chy-*
dem Natürlichen / Medicinischen und Chymi- *mica.*
schen Werck.

Registrum 4. eröfnet *musicam anthropologicam,* das *anthropo-*
ist/ die Zusammenstimmung der grossen und der *gica.*
kleinen Welt/ deß Menschen mit allen Creaturen.

Registrum 5. erfindet *musicam sphigmicam,* die A- *sphigmica.*
der-music/ so sich in den Blut- und Pulsadern vermercken lässet.

Registrum 6. beweist *musicam Ethicam,* so in dem *ethica.*
Verstand / Willen und allen Affecten deß Menschen sich sehen lässet.

Registrum 7. hält in sich *musicam politicam,* wie sich *politica.*
dieselbe befindet in der Monarchischen / Aristo-
cratischen/ Democratischen und Oeconomischen
Regiments-form.

Registrum 8. begreift in sich *musicam metaphysi-* *metaphysi-*
cam , der innerlichen Gemüts- und Seelen-Kräf- *ca.*

ten

Kurtzer Jnhalt folgender 6. Bücher.

ten deß Menschen gegen GOtt und den Engeln gehalten.

Quis concentum cœli dormire faciet? *Iob. 38.*
in decachordo pſalterio pſallam tibi.

Triſmgiſtus in Aſclepio ait:

Η' Μϗϛικὴ μηδὲν ἐϛὶν ἕτερον, ἢ πάντων ταζιν
εἰδέναι.

Organum agit mundo denis vocale regiſtris,
    rerũ in eo quot ſunt Entia, tot metra ſunt.
Eſt Deus Harmoſtes, in quo Sapientia Patris,
    quæ benè diſpoſuit, Spiritus ūnit amōr.
Hic Amor harmonia eſt, hoc mundus amore
        ligatur.
Ὀργανὸν hunc mundum Numinis eſſe negas?

Ita ſibi ludit Kircherus.

CUM

Cum Bono Deo !

Der grossen Kunst
vom
Zusammen- und Wieder-
stimmigen Thon/
Das Erste Buch) ANATOMICUS.

Vorrede von der Fürtrefflichkeit deß
Gehörs.

Ie Idea und Bildnis dieser grossen Kunst vom Consono uñ Dissono leuchtet herfür aus allen stücken diser sichtbaren Welt : dann wañ gantz keine Bewegung wäre in diser sichtbaren Welt/ so wäre auch gantz keine Zusamen-stossung der Leiber / wäre gantz keine Bewegung deß Lufts/gantz kein sonus noch schall/ wäre alles unbeweglich/alles müste mit einem ewigen/ der Natür gantz widrigen Stillschweigen versitzen und verdammet seyn; Dannenhero aus Bewegung der Cörper entstehet der impulsus, das an einander-stossen der Leiber/aus disem die Bewegung deß Lufts/hierausser/ sonderlich wann die Corpora collidirn , entstehen bald diese/bald jene soni, Thon und Schalle/nach Beschaffenheit der zusammen stossenden Leiber / welches das einige objectum ist / der hörenden Sinn-Vermögenheit in Menschen und Thieren.   Gleich wie aber

Idea dieser Kunst ist die gantze Natur.

die Natur/Gottes Kunst/ eine Muter aller Dinge/ in
den jenigen Sachen/so nicht gar nothwendig gebrau=
chet werden/nicht viel Zeit anleget/ auch wenig Kunst
anwendet/ also im gegentheil in den jenigen Sachen/
welche zu den allerhöchsten und grösten Nutzbarkeiten
dieser Welt=Haußhaltung disponirt und zugerichtet
werden/ da gebraucht sie viel Zeit und Mühe/ als ein
gantz wunderbares artificium und Kunst=meisterstuck:
ex.gr. wann sie den Menschen/als die kleine Welt/einen
kurtzen Begriff aller Ding / der gebür nach effingiren
und bilden wil/nimbt sie so viel Monat Zeit/so viel fleiß
und Arbeit darzu/auch in allen und ieden Gliedmaßen
deß Menschlichen Leibs/ dieselbe recht zu formiren:
Weil dann die Natur / in dem sie under anderm auch
das Ohr/ als deß Gehörs Werckstatt/recht zurichten/
desselben underschiedliche krumme Umgäng/lange ho=
le Weg/Hölen und Löcher/runde Schnecken=gäng/und
andere verborgene örter/gleichsam lauter Läbyrinthen/
setzen und anordnen wollen/ vor andern so viel Mühe/
so viel Fleiß angeleget/ muß das Gehör gewißlich nur
auch ein fürtreflicher/hochnützlicher/zum wohl=seelig=
her=lich=lieblich= und bequemen Leben höchst=nöthiger
Sinn seyn: und zwar anderer Nutzbarkeiten zu ge=
schweigen/ist ja die gröste Kraft und Tugend/ daß wir
Christlich und Ehrlich leben/ in dem Sinn der Ohren
begriffen/damit werden wir zu aller Geschicklichkeit un=
der=richtet / dardurch können wir Consilia geben und
fassen/ dardurch sind wir eigentlich Menschen/ durch
disen Sinn können wir alle affectus und Gemüts=Be=
wegungen/Sanftmut / Lieb/Zorn/Forcht/Barmher=
tzigkeit/Eifer/Freud/Scham/Traurigkeit/Unvorsich=
tigkeit/ Verachtung / Zuversicht/Widerwillen / Neid/
Verzweiflung/Verlangen / und noch andere bei nahe
unendliche Affecten mehr/wann sie vermittelst deß thons
und der stimm repræsentirt werden / in uns nicht nur

erwe=

(left margin notes:)
Der Natur Wunder=Würckung im Menschē.

Wunder= Gebäu deß Menschlichē Ohrs.

Höchste nutz= barkeit dises Sinns.

erwecken/sondern auch moderiren/zähmen und zwin-
gen/nach dem bekandten vers: Nemo adeò ferus,&c.
Uber das / Gottes Will von unserer Seeligkeit / wird
uns nicht anderster/als durch disen Sinn beigebracht:
wird billich von dem grossen Philosopho sensus disciplinæ, der Zucht- und Lehr-Sinn / rühmlich tituliret.
Was wollen wir itzt von der Lieblichkeit sagen/was solte
wol lieblicher/was könte wol süsser seyn? Mit disem
Sinn erquicken wir unser Gemüt/vermittelst einer süssen Music-Harmoni/wann dasselbe von Traurigkeit/
Betrübnis/vielen Sorgen/eiferigem studiren / abge-
mattet ist : mit freundlichen/holdseligen Gesprächen
setzen wir dasselbe wieder in vollkommenen stand : mit
disem Sinn pflegen wir der gemeinen Gesellschaft under den sterblichen Menschen : kraft dises Sinns grünt
die Gerechtigkeit / die Bösen werden gestraft/die Guten belohnet : dannenhero er von Stilicone sensus Ju-
stitiæ, der Gerechtigkeit-sinn ist genennet worden / in
dem er von einem Richter lange einfältige Esels-ohren
erfordert/wann er die Gerechtigkeit wohl administri-
ren solle: Mit einem Wort / diser Sinn deß Gehörs/
wann er mit seinem Bruder / dem Gesicht/ vereiniget
ist/verrichtet alles in der gantzen Natur : vollendet alles : erforschet/eröfnet/ordnet/ richtet und moderiret
alles.

*Grösse Lieb-
lichkeit dessel-
ben.*

*sensus disci-
plina & ju-
stitia?*

Caput I.

Von der Beschreibung deß Thons.

Alles was schallbar ist/einen Thon und Schall von
sich geben kan / ist das eigentliche Objectum deß
Gehörs : was aber der sonus warhaftig und eigentlich
sei/finden sich underschiebliche Meinungen bei den Gelehrten; Aristot. siehet auf den motum, damit die corpora percussa beweget werden : Boëth siehet auf die
unauflösliche Fortstossung deß Lufts bis zu dem Ohren-
sinn

*Sonus was
es sei?*

A ij

finn: andere sehen auf den inerlichen Luft/ so vom äufferlichen erreget wird: andere auf die Hinderhaltung
deß Lufts oder deß Wassers/ und auf die Aneinander-
stossung der Thon und schallbaren Leiber. Weil aber

3. stück bei dē accidentibus in acht zu nehmen.

3. stück bei allen accidentibus können betrachtet wer-
den/als subjectum, darinnen sie bestehen/ genus, ihre
Art und Geschlecht/und causa, ihr würckende Ursach:
solchem nach können sie auch auf zweierlei weis/ vollkommen und unvollkommen/definirt werden: entweder wann nur ein oder das andere/ oder wann alle drei
Stück zusammen gefasst werden: ex.gr. ein Mondfin-
sternis wird beschriben/ daß es sei eine Beraubung deß
Liechts im Mond/ so da entstehet/ wann die Erde zwischen Sonn und Mond interponiret wird: item/ der
Donner ist ein Schall in der Wolcken/ so da entstehet
durch Auslöschung deß Feurs; das sind vollkommene
definitiones. Dargegen/wann ich sag/der Donner ist

Vollkommen und unvollkommene definitiones

ein sonus in der Wolcken/oder/der Donner ist ein Auslöschung deß Feurs/das wäre unvollkommen definirt.
Sprichstu aber/ zu dem sono gehören nicht allezeit
nothwendig 3.absonderliche corpora. alldieweilen weder der Luft noch der Wind/weil sie gantz flüssiger Na-
tur/dargegen aller Härtig- und Festigkeit gantz man-
gelhaft seyn/einen Thon und Schall für sich verursachen können/ über das/ wann ein frisches Tuch mitten
entzwei gerissen wird/so lässt sich zwar ein sonus hören/
dabei aber weder 2. noch 3. corpora concurriren. ℞.

Ob 3. absonderliche Corpora nothwendig zum sono erfordert werden?

Die Zahl diser Leiber muß man nicht ermessen aus derselben Viele und Menge/sondern aus underschidlichen
Würckungen/ auch eines einigen corporis, welche einen sonum zu machen/zusamen kommen: zu dem werden nothwendig 3.Leiber erfordert/wann ein sonus soll
produciret werden/ wo nicht allzeit actu, doch ratione
von einander underschiden: auf diese weis kan nur ein
Ding wesentlich und würcklich da stehen/ dannoch in

zwei-

zweifache confideration kommen / als das ſtoſſende/ und das geſtoſſene/kan auch beedes deß thönenden und deß hinderhaltenen ſtell erſetzen; e. gr. wann ein ſonus vom Wind erreget wird / ſo verwaltet derſelbe allein das ambt percutientis, das da ſchlägt / der Luft aber theils deß percuſſi, theils deß intercepti: dannenhero hat der Luft zweifache Betrachtung/als daß er beweget hab / und daß er ſei beweget worden: dann wann der-ſelbe von einem ſchnellen und ſtarcken Wind bewogen und überwältigt wird/ſo gehets nicht anderſter/als wie auf dem Meer/wann ſich ein groß Ungeſtüm erreget/ da übereilet ein Well und Würbel die andere/eine wi-derſtehet der andern : alſo hier / wann der Luft ſich dem Wind opponirt, ſo wird er ſelbſten Urſach ſeiner eigenen Bewegung und Zuſammen-ſchlagung. Der ſonus aber/der durch den Riß eines Tuchs entſteht/der ſchreibt ſein gantze Handlung/und ſein gantzes Weſen einig und allein dem Luft heim und zu/dann da lauffen die partes aëris gantz ſchnell / aus forcht daß nicht ein läres in der Natur gelaſſen werde / auf die Seiten deß Tuchs/dannenhero weil die förderſten von den hinder-ſten geſtoſſen/getriben/und gleichſam zerbrochen wer-den/ſo iſt der Luft auf einer ſeiten/wie er fortſtoßt/cor-pus concutiens, auf der andern Seiten aber / wie er fortgeſtoſſen wird/corpus concuſſum. Doch iſt das zu mercken / wann weiche Leiber / als Luft / Wind und dergleichen/einen ſonum von ſich geben ſollen/ſo müſ-ſen ſie notwendig den ſtand eines feſten Leibs antreffen/ ſonſt werden ſie nicht erthönen.

Gleichnis von de Meer-wellen.

Ein zerriſſe-nes Tuch er-thönet.

Caput II.
Von dem Urſprung deß Thons.

Nicht gnug iſt es zur production deß ſoni, daß nur 2. Leiber collidirn und aneinander ſtoſſen / ſondern es wird darzu noch ein drittes Ding erfordert/

Corpus in-termedium wird zum ſono erfor-dert.

A iij   wel-dert.

welches gleichsam das medium ist / darinnen die con-
cuſtio und collisio geschiehet/dann ſoll das geschehen/
muß nothwendig ein corpus zum andern moviri wer-
den/darzu gehört aber ein Mittel-Ding / ohn welches
die action ihren Thon und Schall nicht erlangen kan/
und das iſt auch die Urſach/warum weiche Leiber und
die gar ſcharpf ſeyn/auch keine Ebene haben/keinen ſonum von ſich geben / als wann ein Nadel die andere/
eine Woll die ander anrühret und anschlagt / warum

Warum et-
liche Cörper
erthönen/et-
liche nicht/et-
liche mehr/
weniger/län-
ger oder kür-
tzer als die
andern.

die zuſammen-ſtoſſende Leiber / wann ſie gar ungleich
ſeyn/weniger voll und lang/ wann ſie eben und keine
Höle haben/entweder gar ſchwächlich/oder gar unan-
nehmlich erthönen / warum auch oftmalen die jenige
Leiber/welche heftig zuſammen geſtoſſen werden/ nur
deſto weniger reſoniren, als wie 2. groſſe Höltzer / da
hingegen die weniger zuſammen geſtoſſene einen lauten Thon von ſich geben/wie die Glöcklein/oder ein zer-
riſſenes Tuch? Urſach iſt das gedachte corpus intermedium,daſſelbe iſt entweder Luft/Feur oder Waſſer :
Es wird aber deſſen Thon-vermögenheit nicht eher a-
ctuirt,daß es würcklich einen Thon von ſich gibt/bis es
in den ſtand eines ſtoſſenden Cörpers gebracht wird/
und alſo zwiſchen zweien zuſammen ſtoſſenden Leibern

Wie die
interceptio
u.fract.aëris
geschehe?

hinderhalten und zerbrochen wird. Diſe interceptio
und fractio geſchicht aber alsdann erſt/wann das mitlere corpus zwiſchen den 2. äuſſern alſo heftig ausge-
ſchlagen und ausgetrieben wird / daß nicht ein ieglich
ſtuck und theil deſſelben ordentlich nach und nach/eines
nach dem andern beweget wird/ſondern eines anteyer-
tiret.kombt dem andern bevor / und ehe das vorige ge-
wichen/kemt das andere ſchon drauf/tringt und treibt
jenes auszugehn/ dannenhero entſtehet.motus tumul-
tuarius & inordinatus ; Weiche Cörper aber/und die
gar ſcharpf ſeyn/die können nicht alſo erthönen/weil ſie
mit ihrem Schlag das mitten-ſtehende corpus nicht ſo

feſt

feſt comprimiren und condenſiren fönnen / daß die
Hinderhaltung und Brechung deſſelben Austreibung
zuvor fomt. Ungleiche Leiber aber/weil ſie in ihren ho=
len und eingetruckten theilen den Luft vergeblich com-
minuiren,dannenhero geben ſie auch einen geſchwäch=
ten ſonum von ſich; hole Leiber aber/weil ſie mehr Luft
einſchlieſſen und zerſchlagen / dannenhero erthönen ſie
auch deſto mehr. 2. Hölßer/wann ſie auch ſchon hef=
tig zuſammen geſtoſſen werden / geben ſie doch gerin= underſchie=
gen Thon von ſich / weil der Luft gar gering zertheilet liche thonba=
wird/ aber 2. eherne Leiber / weil ſie mit ihrer Härtig- re Leiber.
und Leichtigfeit mehr Luft brechen und zerſchlagen /
dannenhero machen ſie auch mehr und gröſſern thon :
ein zeriſſenes Tuch aber das thönet länger / als eines
andern Leibs ſeine percuſſio , weil der nahe Luft bald
hier/bald dorten/in mehr theil diſtrahirt und zerſchla=
gen wird. Iſt alſo diß die Ordnung deß ſoni,wann 2. *Ordo ſoni.*
thonbare Leiber alſo an einander geſtoſſen werden/daß
das intermedium zwiſchen denſelben mächtig gedru=
cket/das Gedruckte zeruben/ das Zeriebene gebrochen/
und das Gebrochene reſolviret wird / daß es erthönet
und erſchallet.

Caput III.
De Subjecto Soni.

Etliche vermeinen / der ſonus hafte nicht in dem *Sonus iſt nit*
Mittel=corpore, ſondern in ſeinem objecto und *in objecto,*
Gegen=leib: wir aber ſagen Nein darzu/ weil der Luft *ſondern in*
gleichſam die Materi deß ſoni iſt/zu dem/wann der ſo- *medio cor-*
nus allein den thonmächtigen Leibern inhærirte,fönbte *pore.*
derſelbe mit nichten vom Wind hinderhalten werden/
ja man würde negiren müſſen/daß der ſonus aus Zu=
brechung und Zerdruckung deß mittlern Leibs entſprin=
ge/oder man müßte aſſeriren , diſes medium corpus,
wann es zubrochen und zeriben werde/ würcke aller=

A iiij erſt

erſt in die thonbare Leiber / und bringe auß denſelben
den ſonum herfür. Sprichſtu aber 1. alle andere ſinn=
liche Eigenſchaften haben dieſe Beſchaffenheit/daß ſie
einig und allein ihrem objecto inhæriren, als Geruch/
Farb/Geſchmack/ꝛc. ꝶ. Iſt wahr : der ſonus allein
aber iſt hiervon ausgenommen/hat diß beſonders/ quòd
non hæreat in ſubjecto, wie jene/ Urſach/ jene haben
ein feſtes beſtändiges Weſen / flieſſen aus der natürli=
chen Complexion ihrer objectorum, ſind auch Zeichen
und Mittel/dadurch wir dieſelbe theils erkennen/theils
unterſcheiden ; der ſonus aber iſt nicht/als nur/wann
er actu geſchiehet : er begleitet nicht die Subſtantz der
thonenden Leiber / dannenhero wo er generiret wird/
nemlich in ſeinem mitlern Leib/ daſelbſten wird er auch
als in ſeinem ſubjecto recipiret; im gegentheil/wann
die Farb dem Mittel deß Geſichts anhienge/und darin=
nen inhæſivè wäre/ſo würde nicht die ſpecies objecti,
ſondern nur deß medii geſehen/zu dem/wann der Ge=
ſchmack verderbet/oder die Geſchmack=ſachen mit einer
andern Eigenſchaft angeſtocket ſind/ſo werden ſie nicht
recht vom Geſchmack geurtheilet. 2. Ein Ding kan
nicht zugleich medium transvehendi, und das ſubje=
ctum recipiendi ſeyn. ꝶ. Iſt wahr von dem jenigen/
das von einerley Theilen allein herkomt/ dann in Anſe=
hung underſchiedlicher Theilen/kan wol eine Sach das
medium ſeyn/dadurch es ſich ausbreitet/ und das ſub=
jectum, darinnen es haftet und beſtehet. 3. Die cor=
pora ſonora werden vom thon und ſchall denominirt.
und wir ſagen ins gemein/ wir haben den und den ſo=
num gehört / gewißlich um keiner andern Urſach wil=
len / als weil ſie den ſonum in ſich haben und halten.
ꝶ. Die Thon=benamſung iſt nicht zu verſtehen ſubje=
ctivè, ſondern effectivè, das iſt / die Leiber welche einen
ſonum von ſich geben / die werden thönend genennet/
nicht/als ob ſie mit dem Thon afficiret und angefüllet
seyen/

Der 1. Ge=
genſatz/ alle
Sinn lieben
ſich auff ihr
objectum.

Sonus hat
etwas beſon=
ders für an=
dern Sinnen.

Der 2. Ge=
genſatz/ ein
Ding könne
nicht medi=
um und
ſubjectum
ſeyn.
3. Corpora
werdē von dē
ſonis deno=
minirt.

ſeyen/ſondern weil ſie den ſonum würcken und herfür
bringen.

CAPUT IV.
Von den Eigenſchaften der thonba-
ren Leiber.

Ann thonbare Leiber mit ihrer colliſion einen
Schall von ſich geben ſollen/ſo wird erfordert/ 1.
daß ſie die kraft haben/das intermedium corpus aufs
allerſchnelleſte anzuſchlagen/damit ſind aber allein die
jenige Leiber begabet / welche von ſich ſelbſten tüchtig
ſind/aufs allerheftigſte ſich anzuſtoſſen/dann diſe allein
können das mitten-ſtehende corpus arctiſſimè comprimiren,das gedruckte zum allerſtärckſten und ſchnel-
leſten impelliren . das fortgeſtoſſene zum allerbeque-
meſten brechen und zerreiben. Solches geſchicht deſto
beſſer/wann ſie die Kraft haben / ſich einander feſt zu
widerſetzen/auch zum allerſchnelleſten ſich an einander
zu ſtoſſen / dahero wann die Obſiſtentz und Wider-ſatz
ſtarck gnug iſt/ſo kan eines deß andern Stoß deſto kräftiger excipiren, ſonderlich wann die zuſammenſtoſſung
ſelbſten mit ſonderbarer Stärck verbunden iſt : diſe Re-
ſiſtentz/ wann ſie den Cörpern benommen iſt / ſind ſie
nicht ſo gar tüchtig ad geneſin ſoni, ſondern ſie erlangen eine Unvermögligkeit in productione ſoni ; e. gr.
wann 2.Leiber/die ſonſt an und vor ſich ſelbſten bequem
gnug ſeyn/heftig an einander zu ſtoſſen/ dannoch aber
gar weich/ſittſam und mählich an einander geſchlagen
werden/ als wann ein Hand / ein Tafel an die andere/
ohn einigen impetum geſchlagen / und gleichſam nur
gezogen/ und mählich applicirt wird/ ſo geſchicht dannenhero keine Brechung deß intermedii, conſeq. auch
keine Erthönung. 2. Gehört darzu celeritas ictus.
dann weil der ſchnelle motus weiß nicht was für eine
Erzitterung in den Leibern verurſachet/ wird es billich

Das Mittel-
Corpus
muß noth-
wendig zer-
ſchlagen wer-
den.

Starcke Re-
ſiſtentz gehört
darzu.

A v   für

für das einige Fundament der gantzen Diversität / so
im sono sich ereignet/gehalten. Dann nach dem diese

Schnelle Be-
wegung thut
viel darbei. Bewegung desto grösser oder geringerer/ desto stärcker
oder schwächer geschiehet / so erthönen auch die Leiber
ietzt gröber oder reiner / als deß andernmals. Die
Schnelligkeit aber dises motus rühret her von der Hefftig-
und Behendigkeit deß anstossenden Leibs: wie nun
die Härtigkeit/ so in den Leibern ist / denselben die Kraft
gibt/ starck zu resistiren / wie auch die Ebene der Leiber
dieselben tüchtig macht/ zur genauen Anschlagung/ also macht der schnelle motus violentiorem resisten tiam, dahero geschichte/ daß alle weiche Leiber/ als da ist
ein Schwamm/ Wolle/ Nadel/ 2c. einen unvernehmli-
chen sonum von sich geben: müssen also die thonbare
Leiber seyn hart/ eben/ leicht / hohl und löchericht/ müssen auch gebürend und zimlicher massen an einander sti-
tuiret/ auf einander gesetzet seyn. Leichte Cörper/ wegen ihrer gleichen superficie, dardurch sie den gantzen
Lufft continuè aufhalten und zerschlagen können/ ma-

ursach eines
rauhen und
gelinden/ ei-
nes klaren und
dunckeln
Thons. chen einen starcken/ leichten und klaren Thon: Ungleiche Cörper aber/ und die noch darzu gar rauh seyn/ ob
eminentias suas depressiones, dardurch sie den Lufft
nicht gantz und gar/ auch nicht einig und allein/ weniger
continuè, sondern nur stückweis zerschlagen und zer-
reiben/ geben dannenhero auch einen unvollkommenen
rauhen und halbierten sonum von sich. ex. gr. Ein
Liecht/ wann dasselbe auf ein liechtere superficiem fällt/
so macht es auch einen grössern schein: wann Spreuer
auf ein Dantz-platz gestreuet werden/ so wird der Thon
und die stimm der Dantzenden nicht so klar gehört/ Ursach ist inæqualitas pavimenti, die Ungleiche deß Bodens: Also ein Saal/ der mit vielen Tapezereyen um-
hänget ist/ gibt einen obtusen / verdunckelten und ge-
dämpfften sonum von sich/ weil derselbe darinnen
gleichsam erstöckt wird. Eine Music ist nicht so klar und
ver-

verständlich / wann die Kirch voller Leut/ als wann sie
gantz laer ist. 3. Hohle Leiber machen mehr ictus und
Schlåg/wegen ihrer Höle/ darinnen auch die reflexio *Hohle Leiber*
geschiehet/dann das intermedium corpus so darinnen *vergrössern*
verschlossen / thut måchtig viel zu einem långern und *den Thon.*
låutern sono. in dem dasselbe/ wann es ausgeschlagen
wird/gleich wieder an die hohle Seiten zuruck geschlagen wird. Wird also zum Thon erfordert fort s resi-
stentia,celeritas ictuum,qualitas corporum,so dann
auch die unabsetzliche Fortsetzung der Stuck und Theilen.

CAPUT V.
Von mancherlei Arten deß Soni.

Nderschiedliche species soni entstehen aus derselben manigfaltigen combination und Zusam-
men-fügung ; Es ist ein langer und kurtzer/ ein reiner *Mantefalti-*
und grober/ein gerader und wieder zuruckschlagender *ge Abthei-*
Thon. Es ist ein anderer sonus actu, ein anderer po- *lung deß*
tent â,jenesen seinFormal-subjectum ist Luft/Wasser *Soni.*
und Feuer ; dieses Eisen/ Ertz/Silber/Gold/Stein/
Holtz/und noch andere harte und leichte Cörper mehr.
Ein anderer sonus geschiehet aus Zerbrechung deß *Underschied-*
Lufts/so da entstehet / wann feste Leiber zusammen ge- *liche Verur-*
stossen werden ; ein anderer nur ex allisione. wie der *sachung deß*
Luft von einem starcken Wind getrieben/an einen festen *soni.*
Leib anschlågt/ also die Lung/ wann sie respiriret / so
schlågt sie den Luft an die 2. Theil der trachex. Ein
anderer sonus entstehet ex coitione. aus der Zusam-
men-gehung/als da geschicht in zerreissung eines Tuchs
oder Papiers/dann damit nicht ein vacuum in der Natur gefunden werde / so lauffen die partes aëris gantz
schnell zusammen an die Seiten deß Tuchs / da dann
die ersten von den letzten getrieben und gestossen/und also zerbrochen werden/daß sie einen sonum von sich geben.

ſen. Ein anderer entſtehet extenſione aëris, wann
der Luft auſgedehnet wird/als da geſchicht in den ſibi-
lis und Ziſchen; andere conſtrictioue aëris, wann der
Luft angeſtrenget und angehalten wird / als wie in den
fiſtulis und Pfeiffen/ oder Hölen und Löchern / darein
der Wind den Luft treibt und alſo anſtrenget. Etliche
ſoni ſind natürlich/ welche aus einem innerlich=ange-
bornen principio, wann die Leiber an einander ſtoſſen/
formirt werden: etliche ſind gewaltſam/welche auſſer-
lich verurſachet werden: jene ſind zweierlei Art / etliche entſtehen von lebhaften/ etliche von lebloſen Leibern; dieſe entſtehen aus Bewegung deß Lufts/ deß
Winds/ꝛc. jene aus Kraft der bewegenden Seel/ welche letzere abermalen gar underſchieden ſind/nach dem
die organa ſind/welche ſie herfür bringen. Summa/

Differentia
ſonorum
unzahlbar.

differentiæ ſonorum ſind unendlich/gleich/ wie bei den
Menſchen der Underſchied der Angeſichter/deß Gangs/
der Zuneigung/ allerdings unausſprechlich / alſo auch
die varietät der Stimmen/ ſo aus Beſchaffenheit corporum & organorum herflieſſet.

CAPUT VI.

Von der nächſten Haupt-urſach deß Soni.

Er Luft/gleich wie er von unendlichen Bildern/
ſo von ihren objectis, durch das medium herfür
ſchimmern/ erfüllet iſt/alſo auch ebener maſſen mit unendlichen ſpeciebus ſonorum, under denen doch nur
diſe ſich allein dem Gehör ſinnlich præſentiren / welche

Luft iſt nie-
malen ohne
Thon und
Schall.

mit einer ſinnlichen Bewegung zu der hörenden Kraft
im Ohr/proportionato modo deferiret und gebracht
werden/ derohalben/ wie die Natur aller Ding/in ſtä-
ter Bewegung begriffen iſt/alſo werden auch alle Ding
mit einem beſtändigen motu beweget: aus dieſer im-
merwärenden Bewegung entſtehet die Zuſammen-ſtoſ-
ſung der Leiber: aus diſer colliſion, nach dem die cor-
pora

pora fonora beſchaffen ſind / entſtehen die unendliche Varietáten ſonorum, welche zwar nicht allezeit/ aber wohl kóndten vernommen werden / wann das Gehór entweder durch hóhere Góttliche Kraft / oder vermit- telſt eines ſonderbaren Ohr-Inſtruments / corrobo- rirt und geſtárcket wúrde. Sagen alſo fúrs 1. diß ſei *Sonus iſt* der jenigen Leiber/ſo nach geſchehener Zuſammen-ſtoſ- *nichts andes-* ſung ſich erthónen/Beſchaffenheit/ daß in dem ſie reſo- *ſter/als eine* niren / darbei auch erzittern : aus ſolchem Erzittern *Erzitterung.* entſtehet allererſt die Brechung deß Lufts/und hieraus der ſonus ſelbſten/ nicht zwar/ als ob ſolcher tremor, welcher auch ein ſpecies iſt deß impulſus, allezeit ſinn- lich ſei/dann weil er aus unzahlbaren diadromis, hin- und wieder-lauffen beſtehet / ſo übertrifft er weit alle ſcharpfe Sinn und Sinn-ſchárpfigkeit/daß er mit áuſ- ſerlichen Sinnen nicht kan vermercket werden : derſel- be geſchiehet aber / wann ein corpus, ſo an ein anders ſich ſchlágt/ gleichſam gantz und gar in ſich ſelbſten er- zittert / ſich ráumlich beweget / durch ſolch Erzittern gleichſam mit kleinen Wellen und Nachfolgüngen zer- ſchlagen wird. Diſes tremoris iſt ein iedes corpus fá- hig/es ſei feſt oder flúſſig / gleich- oder ungleicher Na- tur/hart oder weich/rauch oder leicht/ja daſſelbe erzit- tert nicht allein/ſondern macht auch den Luft / als das *Luft erzittert* intermedium corpus, gleicher maſſen erzittern / alſo *auch im* daß der Luft nach den undulationibus, ſucceſſioni- *ſono.* bus, tremoribus colliſi corporis, auch erzittern muß/ daher ie bequemer die Leiber ſeyn ad tremorem, ie tú- glicher ſind ſie auch den thon zu produciren. e. gr. Wer eine Saiten an einem Inſtrument nur ſánftiglich be- rühret/wird er alsbald vermercken / daß ſie erzittert/ und einen lebendigen Thon von ſich gibet/alſo daß nicht nur die Augen ſolchen tremorem ſehen/ ſondern auch die Hánde fühlen : eine Glock/die nur ein wenig mit ei- ner Nadel gerühret wird/erzittert gantz uñ gar/ſchlágt auch

Welche Lei-
ber zum thon
die tüchtigste
und untüch-
tigsten seyen.

auch den Luft continuis undulationibus, daher währt
der Klang/ so lang der tremor währt: : im gegentheil/
ie untüchtiger etliche Leiber zum erzittern seyn / ie untüchtiger sind sie auch den sonum zu produciren, als
da ist Wollen/Tuch/Wachs/Laimen/Hartz/rc. Sind
also lang-ausgedehnte / eherne/löcherichte / hohle und
schön ausgeputzte Leiber / zum erzittern und erthönen
zum allertüchtigsten/dargegen fixa, fest-stehende/ wei-
che/ungleiche/rauhe / allzu-feste Leiber / die erzittern
zwar und erthönen/aber nicht so hell/klar und sinnlich/
als die andere. Sprichstu aber/wie kan es doch immer
geschehen/ daß wann ein Mäur nur ein wenig mit der
Hand geschlagen wird/man doch den Thon und Schall

Wie der so-
nus eine
gantz dicke
Maur durch-
tringen könne?

auf der andern Seiten / wann das Ohr zur Mäuren
gehalten wird/gantz vollkomlich hören und vernehmen
kan? glaublich ists einmal nicht/daß das Erzittern in-
termediæ molis verstehe der Mäuren/welche offtmals
so grausam dick/daß sie auch nicht mit deß Atchimedis
seinen Instrumenten und Mäurbrechern/kan beweget
werden/disen sonum verursache : lächerlich ists auch/
daß etliche sagen / der sonus werde per ambages auf
die andere Seiten der Mauren gebracht: Aber wie da/
wann die Fenster genau verschlossen seyn/ wann einer
in einem Thurn ist/der allenthalben zugemaurt ist/ da
gantz und gar kein Ausgang zu finden/ wie solte da die
Thönung geschehen?/ Oder gesetzt / wann die Fenster
eröfnet/und der sonus durch seine Umschweiff auf die
andere Seiten gebracht würde/solte dann nicht ein wenig Zeit fürüber lauffen ? da doch der sonus motu
momentaneo, im Augenblick deferiret wird: dann so
bald wir nur die Mauren anrühren und schlagen/als-
balden wird der sonus auf der andern Seiten gehöret/
muß also der sonus mitten durch die Maur hindurch
gehen : aber wie? hic rhodus, hic saltus. &c. Das ist
das 2. so hierbei zu mercken/nemlich das intermedium
corpus,

Corpus, das ist ein zweifacher Luft eines ieden Dings/
der innerliche und der äusserliche. Dann gleich wie
das Ohr / als das Hör-organum, neben dem äusserli- *Der inner-*
chen Luft/von Natur noch ein andern innerlichen ihme *lich und äus-*
eingepfropften Luft hat/also auch alle Ding haben ne- *serliche Luft*
ben dem äusserlichen/einen innerlichen/ in ihren poris *wird erwi-*
residirenden geheimen Luft / wie dann die lebendige *sen in allen*
Thier von Hippocrate corpora transpirativa genen- *corporibus.*
net werden/ja auch an den Fischen erfordert die Natur
deß Lufts receptacula, neimlich die Lungen und Bla-
sen/damit auch im geringsten Ort nicht Mangel wäre
dises hochnöthigen Elements/dann weil alle Leiber bestehen aus ihren Material-stucken/dise aber nicht alle
zugleich vollkomlich mit einander überein kommen/
dannenhero hat die Natur disen innerlichen Luft einem
ieden Ding eingepflantzet/ damit nirgends/auch mi-
nimâ divisione continui,ein vacuum,welches der Natur so gar zuwider / entspringen und herrühren möchte: ist also der Luft der einige dünne Leib/ der durch alle
und iede/ auch die allergeringste spatia, diffundirt und
eingetheilet ist/welcher der schwachen und arbeitsamen
Natur zu hülf kommen muß: ist also gewiß/so bald 2. *Wie der*
corpora an einander schlagen / so werden ihre tremo- *sono ordine*
res und undulationes in den nächsten Luft deriviret, *propagiret*
diser aber/weil er angefangen zu erzittern / durch das *werde?*
Erzittern der thönenden Leiber / erreget wieder ein andern tremorem in dem nächsten Luft/und dasselbe continuo motu,fort und fort/bis der sonus der hörenden
Kraft im Menschen sich stellet / und daselbsten den innerlich-eingepflantzten Luft erreget und beweget / also
endlich die sensation und Sinn-fühlung im Menschen
verursachet / nicht anderster / als wie in einem stillen
Wasser / wann ein Stein hinein geworffen wird/ eine
Welle oder undulatio von der andern entstehet. Wann
nun eine Maur geschlagen wird/ so erzittert zwar dieselbe

selbe nicht gantz und gar / so wenig der gantze Erdbo-
dem erzittert/ wann ein Stück und Theil desselben beweget wird/sondern nur der jenige Theil der Mauren/
so nahe bei dem thönenden Cörper ist/welcher auch mit

Was den
sonum ver-
hindere?

den poris erfüllet ist / die machen dann / daß auch der
Luft/so in den poris verborgen liget/erzittert: diser sonus aber erreget wieder ein andern Luft/und so fortan/
biß daß er sich endlich per continuam propagationem
vor die Ohren deß jenigen stellet / der auf der andern
Seiten der Mauren stehet/daher/wann die Maur gar
zu dick und fest wäre/so würde der sonus desto schwär-
licher propagirt, und also gar nicht vernommen werden: dann wann ein corpus also fest und dick wäre/daß
es die particulas aëris gar nicht admittirte, oder die
particulæ aëreæ, so in den poris verborgen ligen/al-
so gering wären/daß sie schwärlich erzittern köndten/
so würde gantz kein sonus nicht vernommen werden.
ex. gr. Wann iemand einen gläsern Krug (dann das
Glas ist nicht porös wie andere natürliche Leiber) gantz
fest und steif hermeticè zubinden würde / und aber in
demselben ein Mensch solte oder köndte verschlossen
werden/würde er gantz im geringsten nichts / auch bei
dem grösten Thon und Geräusch/vernehmen.

Consectarium 1. von einem Wunder-
stein in Schottland.

Tauber stein
under dem
man nichts
hören kan.

HEctor Boëtius schreibt/in Schottland einer Landschaft Namens Pifa/ sei ein grosser Stein/von
den Einwohnern surdus, der taube Stein geden-
net/darum / daß die jenige / so darunder verborgen li-
gen/ohnerachtet schon ein starcker sonus dabei erreget/
oder sonsten ein grob Geschütz los geschossen wird /
gantz nichts/ als nur ein starcke Bewegung deß Lufts/
verspüren/die Ursach ist kein andere/als excessiva soli-
ditas, die unerhört/unzimliche / gantz überschreitende
Dichte

Dichte dises Steins/ so von der Natur also beschaffen ist/
daß er dem Luft/der äusserlich zur Erregung deß soni nötig ist/wegen seiner vollkommenen Zusamen-setzung aller
und jeder theilen/allen Zutritt benimbt; so gehets auch in
dem Gesicht/welches durch das medium diaphanum ge- Gleichnis
schiehet/je klarer/heller und reiner dises ist/ ie weiter und vom Gesicht.
ferner es die species visibiles dem Gesicht herbei bringet:
je dunckeler / neblichter / dämpffigter aber dasselbe / desto
untüchtiger es auch zum sehen ist. ex. gr. Man nehme ein
Blat vom Spießglas/auch das allerdünneste und zarteste/
und sehe dardurch/so wird er so klar alles für augen sehen/
als wann er gantz nichts hätte zwischen dem Aug/und dem
objecto; Er nehme aber 2. Bläter/so wird er zwar alles
wieder klar sehen/aber nicht wie zuvor.: über das nehme
er das blat dreifach/so werden ihm die objecta schon dunckeler vorkommen/ und das je länger ie dunckler / ie mehr
er die gedachte Bläter vermehren und häuffen wird / biß
daß sie gantz zum dicken/dunckeln/unscheinbaren corpore
werden/dardurch das Gesicht nicht penetriren kan/dann
durch die Multiplication der Bläter/so wegen ihrer Menge in ein corpus opacum degeneriren/wird dem Gesicht
ein Hindernus geleget / daß es sein objectum nicht erreichen kan/ohnerachtet in demselben dicht-dunckeln Leib ein
häuffiger Luft verborgen liget / die sichtbare Sinn-bilder
dem Gesicht beizubringen. Gleicher massen verhält sichs
auch mit dem sono, dann wann ein hültzerne/ehrine/oder Kunst.prob
andere zum Thon tüchtige Tafel gemachet / und in eine von einer Ta-
Maur gesetzet würde/so ist es gewiß aus dem Gegen-satz/ fel/ dardurch
der sonus würde so leicht vernommen werden / als wann man nichts
gantz nichts zwischen dem sono und deß Menschen Ohr höret.
interponirt wäre: nun gsetzt aber/ die Tafel würde du-
pliret,also/daß die andere der ersten gar genau appliciret
würde/so ist es gewiß/daß der sonus nicht mehr so hell und
klar/wie vorhin/auf der andern seiten erschallen würde/
solte nun die Tafel tripliciret werden/ so würde man zwar
den Thon noch hören/aber schon etwas gröbers und dun-
       B   ckelers/

ctelers/consleqq. nach der Menge solcher Tafeln/ welchē
præcisè einander müssen beigefüget werden / würde der=
selbe ie länger ie obtuser fallen / bis die Tafeln zu solcher
Dicke kommen werden / daß man gantz nichts mehr wird
hören können/dan wiewol der Luft häuffig ist zwischen den
Tafeln/so ist er doch/wegen der vielfältigen discontinua-
tion, so ihme gantz zuwider/nicht fähig/ die species audibiles zu empfangen / kan auch gantz nicht erzittern / dan=
nenhero weil er gleichsam in der Mitten absorbiret und
dissipiret, also zur propagation deß soni gantz untüchtig
gemacht ist / kan er sich auf keinerlei weis/ auf der andern
Seiten der hörenden Kraft deß Ohrs sich stellen.

Consectarium 2. Ob auch ein Sonus im
Wasser sei?

Alls besagtem erhellt/wie doch/und auf was weis/der
sonus innerhalb deß Wassers geschehen: oder wann
er ausser demselben geschehen / wie er im Wasser könne
vermercket werden: dann weil das Wasser gleichsam ein
dicker Luft ist/ja der Potentz nach der Luft selbsten/ dan=
nenhero wann 2. Leiber in demselben sich mächtig stossen/
kan der sonus nicht anderster durch das tremulirende me=
dium fortgeführet werden/ als wie das Gesicht durch ei=
nen neblichten Luft/ und sich also vor den Ohren præsen=
tiren: dann wann die collisio im Wasser geschehen ist/
mercket man alsbalden ein undulation, nach diser ein an=
dere/und so fortan/bis daß solche Erzitterunge deß Was=
sers/ als soni vectores, bis an das öberste deß Wassers
continuirt werden/da sie dann sensibiliter erscheinen/un̄
von dannen endlich durch die Luft bis zu den Ohren ge=
bracht werden: ist probiret worden bei den Melitensischen
ürinatoribus,welche wann sie dactylos, Finger-muscheln
suchen wollen (ist eine Art der Austern/welche im Wasser
mitten unter den Felsen verborgen stecken/und nicht kön=
nen bekomen werden / die Stein werden dann zerspalten)
so lassen sie sich unter das Wasser hinunder: da ist eins=
mals

undulatio
aqua ist ein
Beweiß/ daß
im Wasser
auch ein sonꝰ
sei.

Prob von den
urinatori-
bus.

mals der autor selbsten zugegen gewesen/ut curiosus spe-
ctator, alles fleissig in acht genommen/hat gesehen/daß/
so bald sie den Felsen under dem Wasser geschlagen und
gehauen/sihe/so balden hat sich das Wasser gantz völ-
lcmlich in superficie, und zwar auf einen ieden Schlag/
gekrümmet und bewogen/ nicht anderster / als wann es
von einem gelinden Wind bewogen würde / nach der Bewegung aber deß Wassers/wurde ein stumpfer sonus ver-
nommen/und diß nach ieden Streichen: welches dann ein
offenbarliches Zeichen ist der undulation,welche von den
ictibus verursachet/ mitten durch das Wasser bis zu der
superficie sind continuirt worden ; nach dem sie aber
gantz unden auf dem Boden gleiche ictus gethan/hat man
in superficie aquæ gantz keine crispationes verspüren
können / dargegen haben sie in der Mitten oder Höhe deß
Felsen gehauen / hat man dort zimlich merckliche/ hier a-
ber die allergrösseste crispation vermercken können. Daraus zu schlieffen/undulationes im Wasser verhalten sich
eben/wie die soni, so durch ein dicke molem hindurch getriben werden / und die collisio muß gar hefftig seyn/da-
mit der sonus kan gehöret werden/daraus erscheint/war-
um der motus der Fisch im Wasser/welche zweiffels frei **Warum der**
einen sonum von sich geben/doch ausser dem Wasser nicht **motus der**
vermercket werden? die Ursach ist/weil die geringe colli- **Fisch im**
sio gar schwächliche undulationes verursachet/ welche/ **Wasser nie**
vermercket
ehe sie ad superficiem herfür dringen / wieder vergehen. **werde?**
Ist eben auch die Ursach/warum das Sicilianische Meer
auch zur allerheitersten und stillesten Zeit / dannoch ohne **Warum das**
underlas culpum, krumm und kraus sei wegen der stäti- **Sicilische**
gen undulationen , gleichsam als wann es mit stätigen **Meer ohn**
Winden agitiret würde? ꝝ. Weil dasselbige mächtige **underlas mit**
æstus erleidet/hefftig in sich selbsten siedet und aufschwal- **crispatiöibᵍ**
sich bewege?
let/auch gantz schnelle/ iedoch widrige fluctus hat/die mit
solcher Ungestüm dahin getriben werden/daß sie auch den
grund deß Meers bewegen : dannenhero entstehet dise unaufhörliche crispation; ja/als der autor Anno 1638. di-

ses Meer erforschet/hat er nicht nur einmalen/darzu gar
eigentlich die Kracher der Kieselstein/ so unden im Boden
von Hitz beweget worden/vernommen / aus deren mächtiger Zusammenschlagung nothwendig undationes und
Wellen-bewegungen entstehen müssen / und weil dieselbe
bis an superficiem deß Wassers gelangen/ist es kein wunder / daß das Meer so vielen crispationibus underworffen ist.

Consectar. 3. de Vacuo in Natura.

OB ein läeres Ding in der Natur aller Ding / warhaftig und eigentlich also genennet/ könne und solle
zugelassen werden/wird von den Philosophis mächtig be-
stritten; etliche von den Neuern haben es mit einer expe-
rimentischen Prob festiglich beweisen wollen / so zwar
erstlich von Torricello einem fürtreflichen Mathematico deß Großfürsten in Hetrurien erfunden, und dem
autori erstmals zu Rom/ von Joh. Carolo Medices, einem vornehmen Cardinal/ist gezeiget worden. ex. gr. tubus vitreus, ein gläsern Canal oder Rohr / unden gantz
zugeschlossen / wird oben durch das orificium und offene
Mundloch mit Quecksilber angefüllt / und wann es um-
gekehret ist/wird dasselbe in ein Gefäs geduckt/ welches
auch zimlich mit Quecksilber angefüllet ist / darüber wird
nachgehends Wasser gegossen/darnach wird das orificium miteinem Finger zugeschlossen/damit nichts herauf-
fer fliesse; so bald der tubus in das Gefäs gethan wird/so
steigt der mercurius drinn/ weil er nun Raum bekomen/
hinab/darnach wieder ein wenig hinauf/wieder hinab/un
das so lang/bis er sich also etlich mal librirt,gewogen und
aufgehoben/in dem understen Theil deß tubi ruhet und sitzen bleibt/und läst also/nach der Meinung diser subtilen
Philosophen/den obern Theil deß tubi läer/sine corpore
succedente, daraus schliessen sie dann / das spatium in
dem obern Theil deß tubi gelassen / sei warhaftig und eigentlich das vacuum, weil es nicht geschehen können/daß
underdessen ein ander corpus in den Ort deß weggehen-

Kunst-Prob der neuen Philosophen/ quod detur vacuum?

den

den mercurii hätte können gebracht werden. Aber weil
gefehlt/victoria ante triumphum! Verständige Philo-
lophi erklären auf mancherlei weis diesen läeren Raum
in dem tubo überbliben; Etliche schliessen zwar den Luft
aus/setzen aber hinein ein anderes subtiles corpus,das al- *Vnderschid-*
lerdings dem Liecht gleich sei/der Klarheit nach/welches *liche Mei-*
sie ætherem nennen/diser/weil er über alle Welt-Cörper *nungen von*
diffundirt und ausgebreitet sei/ alle und iede poros, aller *disem vacuo.*
und ieder Leiber/gantz innig und genau durchtringe/ deßwegen auch bei dem mercurio in d röhren intimè zugegen
sei/so sei es dahero kein wunder/wan der mercuri° weicht/
daß der æther an statt deß lufts daselbsten verbleibe; Andere vermeinen der äusserliche Luft/die Notfäll der arbeitsamen uñ schwachen Natur zu ersetzē/penetrire auch die
poros deß glases ; andere vermeinen der Luft penetrire in
den tubum,nicht zwar per tubos,sondern an den seitē deß
tubi und mercurii,per cylindracea eorundem confinia,
per ipsam extimam superficiem, dann der mercurius
nehme nicht so genau und eng alle Seiten und Eck deß tubi ein / daß nicht allezeit etwas wenigs Luft an statt deß
weggehenden mercurii sich setzen und eintringen köndte/
sonderlich wann die Natur laboriret, ihr selbsten gleichsam wehe thut : Andere vermeinen/die läer gelassene spatia werden erfüllt mit einer andern gantz dünnen subtilen
Substantz/ oder von dem spiritu, der von dem mercurio
expiriret und ausgehet. Wir lassen solche Meinungen/ *Ob im va-*
sagen aber für gewiß/ daß daselbsten kein vacuum nicht *cuo ein sonp*
seyn könne/weil in demselben ein heller sonus offenbarlich *geschehen*
vermercket wird / welches dann vor disem zu Rom / von *könne ?*
Caspare Berthio, einem sinnreichen Mathematico, mit
disem Experiment ist erwisen worden : derselbe hat einen
bleyern Canal/100. Schuhe lang/eines Fingers dick/zu-
richten lassen/deme oben ein gläserne Schole/von ziml-
licher Dicke/mit fleis zu disem End gemachet/ aufgesetzt/
auch mit solchem Fleiß den Hals deß tubi verwahret/daß
aller Zugang dahin dem Luft ist benommen gewesen / da
hat

hat nun der autor den Rath geben/er ſolte innerhalb der
Schalen ein Glöcklein ſambt einem kleinen Hammer/an
der Seiten der Schalen anhängen / welches er auch mit
ſolcher dexterität gethan / daß der eiſerne Hammer äuſſerlich von einem Magnet herbei gezogen und aufgehoben / ſo bald er vom Magnet iſt freigelaſſen worden/ hat
er mit ſeinem eigenen Gewicht/damit er an das Glöcklein
angeſchlagen/einen ſonum, Thon und Schall verurſachet. Nach dem nun alle requiſita zu dem bevorſtehen-
den Experiment verſchaffet worden/ hat dieſer Berchius

Ein ſchöne
Kunſt-prob
wider das
vorgebene
vacuum. den gantzen tubum mit der Schalen / mit Waſſer ange-
füllt/auch am andern End das Mundloch mit einem epi-
ſtomio verſchloſſen/darauf in ein Faß mit Waſſer einge-
taucht: nach dem dieſes geſchehen / hat man die Mund-
ſchrauben oder das Hänlein eröfnet/da iſt das Waſſer in
dem bleyern Canal hinab gefloſſen / doch nicht gantz und
gar ſich entläret/ſondern ohngefehr bei 10. Schüh intra
tubum ſtehen verbliben / nicht anderſter/als wie zuvor
mit dem Queckſilber/ in den gläſernen tubum eingeſchloſ-
ſen/geſchehen iſt. Die meiſten haben hieraus ſchlieſſen
wollen/das jenige ſpatium, ſo vom Waſſer ſei verlaſſen
worden / ſei nothwendig das vacuum, weil ja kein ander
corpus dahin hab kommen können: dieſelbe aber öffentlich
zu confundiren, hat der autor den Magnet in die Hand
genommen/denſelben äuſſerlich an die gläſerne Schalen/
doch gerad gegen dem eiſernen Hammer über gehalten/
welcher alſobalden denſelben an ſich gezogen / aufgeho-
ben/und nach dem derſelbe weggethan worden / hat der
Hammer proprio pondere an das Glöcklein angeſchla-
gen/und einen reinen/hellen ſonum von ſich geben. Jene
haben zwar behärten wollen / daß auch im vacuo ein ſonus geſchehen könne: die Verſtändigſten aber haben aus
diſem öffentlichen Experiment geſehen / daſelbſten kömte
mit nichten ein vacuum ſeyn/ da ſolche offenbare Zeichen
deß Lufts in dem ſono gezeiget würden. Sprichſtu aber/
wie/und auf was weiſe/durch was für verborgene Weg/

kan

kan dann der Luft sich in den Ort deß weichenden Wassers · **Wie der Luft**
substituiren? ℞. Sag mir zuvor/wie doch der Magnet **in einen un-**
zugängliche
das Glas und andere gar harte Leiber/auch wie das Liecht **Ort gelange?**
den allerfesten Cryftall durchtringen kan? dann die labo-
rirende Natur hat solche verborgene/ geheime Weg und
Gäng/ daß sie mit Menschlichem Verstand nicht können
begriffen werden: bleibt also darbei/ob schon das vacuum
in der Natur müglich wäre/ könte doch in demselben kein
sonus nimmermehr geschehen; dann weilen der sonus ist
ein affectio aëris, ja weil der Luft ist die material-Urfach
deß soni, so muß es nothwendig/wans an difem mangelt/
auch an jenem ermanglen.

Caput VII.
De Anatomia Auris.

Gewißlich/wer die wunderbare Providentz und Für- **Wunderba-**
sorg deß groß-gütigen Gottes im Himmel/in Er- **re Providentz**
Gottes.
bau- und Zurichtung der Sinn-Werckzeug im Menschlichen Leib/auch den Wunder-Fleis der Natur / als Gottes
Kunst/in ordentlicher Zusammen-setzung derselben/ tief-
gründlich gnug erforschet hat / der muß nothwendig be-
kennen/kein Fatum noch Stoisches Geschick / kein blind-
glücklicher Zusammen-fluß der atomorum , hab solcher
Wunder-Sachen Werckmeister seyn können. Von dem
Ohr allein dißmals zu reden/ist dasselbe ein leibliches In- **Ohr was es**
ftrument/aus underschiedlichen Stücken bestehend/so von **sei?**
der Natur in allen lebendigen Thieren/die sonos zu ver-
nehmen/ist disponirt und zugerichtet worden. Diß organum ist in etlichen Thieren gantz sichtbar und offenbar/
in etlichen ligt dise Kraft gantz verborge/und also schwärlich zu finden: dann die Fisch/welche keine Lungen haben/
damit sonsten andere Thier den Luft an sich ziehen / und
wieder von sich lassen/in welchem Theil sie hören/ist unge- **Fisch ob sie**
auch Ohren
wiß/ob die Löcher vor den Augen gesetzet/zum hören oder **haben und**
riechen gegeben seyen? ja etliche derselben haben gar **hören?**
keine Ohren / dann die keine Augen / haben auch keine
Ohren/ wie die Meerschnecken/ Auftern/ c. welche/ wie-

wol sie sich zusamen ziehen/wann sie mit den eisern Fisch-
angeln gesucht werden/iedoch scheints / daß sie mehr aus
Bewegung deß Wassers fühlen/als von einer Erthönung
hören solten. Bei den jenigen Fischen aber/welche respiriren und Lungen haben/als die Wallfisch/Meerschwein/
Meer-Ochsen/ꝛc. da sind die Ohren nicht verborgen/wie-
wol der äussere Zugang zu denselben gar schwär zu erforschen ist. Gleich wie aber die Fisch innerhalb deß Was-
sers/als in einem gar zu dicken / ungeschickten medio soni, so die species soni mehr retardiren als promoviren,
gar obtusè, stumpf und schwach hören / also haben sie
auch kein solch auserlesenes organum deß Gehörs./ wie
andere irdische Thier/welche in medio aëreo wohnen und
leben : bei denen ist das Ohr aggregatum quoddam, aus
underschiedlichen/manigfaltigen/ungleichen / under sich
selbst underschidenen Dingen/zusammen gesetzet/die doch
alle wol wunder-würdig seyn. Dann dises organum, welches äusserlich im Haupt gär schön herfür scheint/ ist mit
seinen ductibus meatibus, welches gleichsam sonorum
semitæ seyn/ mit einer wunderlichen Ordnung aus- und
eingetheilt/mit seinen cavernulis zu manigfaltigem Gebrauch ausgehölet / mit den ossiculis als mit Stützen ge-
bildet/mit den nervis und musculis ausgedehnet/mit dem
innerlich eingepflantzten Luft lebhaftig gemachet / daß sie
œconomiam absolutissimam, ein gantz vollkommene
Haushaltung und Zurichtung deß Ohrs darstellet. Es ist
aber das Ohr zweifach/innerlich und äusserlich ; jenes hat
seinen Sitz in osse petroso, zwischen den jenigen meatibus,welche wie die Brüst herfür schwellen / daher sie von
den Griechen mammosum quid genennet werden: dieses
ist äusserlich auf beeden Seiten deß Haupts/ gantz groß/
als wie Flügel oder Wannen ausgespannet ; jenes ist
componirt von 5. ductibus, 3. cavernulis, tympano,
3. ossiculis, 2. musculis, wie auch Seyn-Blut-und Le-
bens-Adern/letzlich vom innerlichen eingepflantzten Luft:
dises bestehet aus seinen partibus, als Haut/Knorpel/

Fleisch/

(Marginalia:) Wunderba-
re Zurüstung
deß Ohrs.

Das inner-
lich und äus-
serliche Ohr.

Fleiſch/ Band / 6. Muſcheln / underſchiedlichen Blut-
Senn- und Lebens-Adern.

Caput VIII.
Von dem innerlichen Ohr.

Jeſes hat 5. Gäng/ Weg oder Straſſen/dardurch Das Ohr hat
der ſonus in den innerlichen terminum deß Gehörs 5. meatus.
gelanget : der 1.iſt gleichſam der vornehmſte und königliche Weg/ meatus auditorius genennet / iſt bei den Knaben gantz und gar knorpelicht/bei den Erwachſenen halb
beinicht/bei den Alten gantz beinern. Der 2. findet ſich in
der innerlichen Weite der Hirnſchalen/auf der letzern ſei-
ten deß proceſſus petroſi, darein er gleichſam gehauen
und gegraben iſt/daher gehet er oblique und äuſſerlich zu
dem mittlern Sitz dieſes felſichten Gangs / da er nur tenui ſquama von den 2. innern Hölen deß rechten Ohrs
underſchieden iſt. Der 3. iſt einem runden caniculo gantz
gleich/und weil er im Anfang/wie ein geringer Federkiel/
etwas weit uñ groß/ ſo wird er von der äuſſerlichen coch-
leâ deß felſicht und ſteinichten Gangs hinein in das innere Ohr geführet/dannenhero/weil er auch etwas oblique
gehet/ ſo penetrirt er in der mitten der 4. Löcher daſſelbe
gantze Bein. Der 4. Gang iſt von diſem auch tenui ſqua-
mâ doch beinern/abgeriſſen und underſchieden / welcher
eben auch in ſolche Höle geführet wird/darein auch der 5.
ſich ziehet und endiget. Tympanum acuſticum wird al- Die Ohr-
ſo genennet das Hörhäutlein / entweder weil es wie die trummel wie
Heer- und Kriegs-trummeln/der Ohr-ſchnecken überge- ſie beſchaffen.
ſpannt/und diſe mit jenem überzogen iſt/oder weil daſſelbe von dem Luft und Schall/wie ein Trummel oder Paucken mit dem Schlegel / geſchlagen und gerühret wird/
heiſt auch myrinx , weil es den innerlichen Luft von dem
äuſſerlichen underſcheidet : es iſt aber diſes Häutlein unter allen das dünneſte und zarteſte / einem ſpinnen-geweb
gantz gleich/doch hat es ein geringe denſiter , iſt hell und
durchſichtig / wie ein Spiegel / hat gantz keine aſperitet.

selbe nicht gantz und gar / so wenig der gantze Erdbo-
dem erzittert / wann ein Stück und Theil desselben beweget wird / sondern nur der jenige Theil der Mauren /
so nahe bei dem thönenden Cörper ist / welcher auch mit
den poris erfüllet ist / die machen dann / daß auch der
Luft / so in den poris verborgen liget / erzittert: diser sonus aber erreget wieder ein andern Luft / und so fortan /
biß daß er sich endlich per continuam propagationem
vor die Ohren deß jenigen stellet / der auf der andern
Seiten der Mauren stehet / daher / wann die Maur gar
zu dick und fest wäre / so würde der sonus desto schwär-
licher propagirt , und also gar nicht vernommen werden: dann wann ein corpus also fest und dick wäre / daß
es die particulas aëris gar nicht admittirte , oder die
particulæ aëreæ , so in den poris verborgen ligen / also gering wären / daß sie schwärlich erzittern könten /
so würde gantz kein sonus nicht vernommen werden.
ex. gr. Wann iemand einen gläsern Krug (dann das
Glas ist nicht porös wie andere natürliche Leiber) gantz
fest und steif hermeticè zubinden würde / und aber in
demselben ein Mensch solte oder könte verschlossen
werden / würde er gantz im geringsten nichts / auch bei
dem grösten Thon und Geräusch / vernehmen.

*Was den
sonum ver-
hindere ?*

Consectarium 1. von einem Wunder-
stein in Schottland.

HEctor Boëtius schreibt / in Schottland einer Landschaft Namens Pifa / sei ein grosser Stein / von
den Einwohnern surdus, der taube Stein geden-
net / darum / daß die jenige / so darunder verborgen ligen / ohnerachtet schon ein starcker sonus dabei erreget /
oder sonsten ein grob Geschütz los geschossen wird /
gantz nichts / als nur ein starcke Bewegung deß Lufts /
verspüren / die Ursach ist kein andere / als excessiva soli-
ditas, die unerhört / unzimliche / gantz überschreitende
Dichte

*Tauber stein
under dem
man nichts
hören kan.*

Dichte difes Steins/ fo von der Natur alfo befchaffen ift/
daß er dem Luft/der äufferlich zur Erregung deß foni nötig ift/wegen feiner vollkommenen Zufamen=fetzung aller
und ieder theilen/allen Zutritt benimbt; fo gehets auch in
dem Geficht/welches durch das medium diaphanum ge= **Gleichnis**
fchiehet/je klarer/heller und reiner diefes ift/ ie weiter und **vom Geficht.**
ferner es die fpecies vifibiles dem Geficht herbei bringet:
ie dunckeler / neblichter / dämpfigter aber daffelbe / defto
untüchtiger es auch zum fehen ift. ex. gr. Man nehme ein
Blat vom Spießglas/auch das allerdüñefte und zartefte/
und fehe dardurch/fo wird er fo klar alles für augen fehen/
als wann er gantz nichts hätte zwifchen dem Aug/und dem
objecto; Er nehme aber 2. Bläter/fo wird er zwar alles
wieder klar fehen/aber nicht wie zuvor : über das nehme
er das blat dreifach/fo werden ihm die objecta fchon dun=
ckeler vorkommen/ und das je länger ie dunckler / ie mehr
er die gedachte Bläter vermehren und häuffen wird/ bis
daß fie gantz zum dicken/dunckeln/unfcheinbaren corpore
werden/dardurch das Geficht nicht penetriren kan/dann
durch die Multiplication der Bläter/fo wegen ihrer Men=
ge in ein corpus opacum degeneriren/wird dem Geficht
ein Hindernus geleget / daß es fein objectum nicht errei=
chen kan/ohnerachtet in demfelben dicht=dunckeln Leib ein
häufiger Luft verborgen liget / die fichtbare Sinn=bilder
dem Geficht beizubringen. Gleicher maffen verhält fichs
auch mit dem fono, dann wann ein hültzerne/ ehrine/ oder **Kunft.prob**
andere zum Thon tüchtige Tafel gemachet / und in eine **von einer Ta-**
Maur gefetzet würde/fo ift es gewiß aus dem Gegen=fatz/ **fel/ dardurch**
der fonus würde fo leicht vernommen werden / als wann **man nichts**
gantz nichts zwifchen dem fono und deß Menfchen Ohr **höret.**
interponirt wäre : nun gfetzt aber/ die Tafel würde du=
pliret,alfo/daß die andere der erften gar genau applicirt
würde/fo ift es gewiß/daß der fonus nicht mehr fo hell und
klar/wie vorhin/ auf der andern feiten erfchallen würde/
folte nun die Tafel triplicirt werden/ fo würde man zwar
den Thon noch hören/aber fchon etwas gröbers und dun=

B **ckelers/**

ckelers/conseqq. nach der Menge solcher Tafeln/ welchē
præcisè einander müssen beigefüget werden / würde derselbe ie länger ie obtuser fallen / bis die Tafeln zu solcher
Dicke kommen werden / daß man gantz nichts mehr wird
hören können/dañ wiewol der Luft häuffig ist zwischen den
Tafeln/so ist er doch/wegen der vielfältigen discontinua-
tion, so ihme gantz zuwider/nicht fähig/ die species audibiles zu empfangen / kan auch gantz nicht erzittern / dannenhero weil er gleichsam in der Mitten absorbiret und
dissipiret, also zur propagation deß soni gantz untüchtig
gemacht ist / kan er sich auf keinerlei weis / auf der andern
Seiten der hörenden Kraft deß Ohrs sich stellen.

Consectarium 2. Ob auch ein Sonus im Wasser sei?

ALs besagtem erhellt/wie doch/und auf was weis/der
sonus innerhalb deß Wassers geschehen: oder wann
er ausser demselben geschehen / wie er im Wasser könne
vermercket werden: dann weil das Wasser gleichsam ein
dicker Luft ist/ja der Potentz nach der Luft selbsten/ dannenhero wann 2. Leiber in demselben sich mächtig stossen/
kan der sonus nicht anderster durch das tremulirende medium fortgeführet werden/ als wie das Gesicht durch einen neblichten Luft / und sich also vor den Ohren præsentiren : dann wann die collisio im Wasser geschehen ist/
mercket man alsbalden ein undulation, nach diser ein an-
dere/und so fortan/bis daß solche Erzitterunge deß Was-
sers/ als soni vectores, bis an das oberste deß Wassers
continuirt werden/da sie dann sensibiliter erscheinen/uñ
von dannen endlich durch die Luft bis zu den Ohren gebracht werden ; ist probiret worden bei den Melitensischen
urinatoribus, welche wann sie dactylos, Finger-muscheln
suchen wollen (ist eine Art der Austern/welche im Wasser
mitten under den Felsen verborgen stecken/und nicht können bekommen werden / die Stein werden dann zerspalten)
so lassen sie sich under das Wasser hinunder : da ist einsmals

undulatio aquæ ist ein Beweiß/ daß im Wasser auch ein son⁹ sei.

Prob von den urinatori-bus.

mals der autor selbsten zugegen gewesen/ut curiosus spe-
ctator, alles fleissig in acht genommen/hat gesehen/daß/
so bald sie den Felsen under dem Wasser geschlagen und
gehauen / sihe / so bald en hat sich das Wasser gantz völ-
lemlich in superficie, und zwar auf einen ieden Schlag/
gekrümmet und bewogen/ nicht anderster / als wann es
von einem gelinden Wind bewogen würde / nach der Bewegung aber deß Wassers/wurde ein stumpfer sonus ver-
nommen/und diß nach ieden Streichen: welches dann ein
offenbarliches Zeichen ist der undulation,welche von den
ictibus verursachet/ mitten durch das Wasser bis zu der
superficie sind continuirt worden ; nach dem sie aber
gantz unden auf dem Boden gleiche ictus gethan/hat man
in superficie aquæ gantz keine crispationes verspüren
können / dargegen haben sie in der Mitten oder Höhe deß
Felsen gehauen / hat man dort zimlich merckliche/ hier a-
ber die allergrösseste crispation vermercken können. Daraus zu schliessen/undulationes im Wasser verhalten sich
eben/wie die soni, so durch ein dicke molem hindurch getriben werden / und die collisio muß gar hefftig seyn/da-
mit der sonus kan gehöret werden/daraus erscheint/war-
um der motus der Fisch im Wasser/ welche zweiffels frei
einen sonum von sich geben/doch ausser dem Wasser nicht
vermercket werden? die Ursach ist/weil die geringe collisio gar schwächliche undulationes verursachet/ welche/
ehe sie ad superficiem herfür bringen / wieder vergehen.
Ist eben auch die Ursach/warum das Sicilianische Meer
auch zur allerheitersten und stillesten Zeit / dannoch ohne
underlaß crispum, krumm und kraus sei wegen der stätigen undulationen , gleichsam als wann es mit stätigen
Winden agitiret würde? ℞. Weil dasselbige mächtige
æstus erleidet/hefftig in sich selbsten siedet und aufschwal-
let/auch gantz schnelle/iedoch widrige fluctus hat/die mit
solcher Ungestüm dahin getriben werden/daß sie auch den
grund deß Meers bewegen : dannenhero entstehet dise unaufhörliche crispation; ja/als der autor Anno 1638.di-

Warum der motus der Fisch im Wasser nie vermercket werde?

Warum das Sicilische Meer ohn underlaß mit crispationibus sich bewege?

ses Meer erforschet/hat er nicht nur einmalen/darzu gar
eigentlich die Kracher der Kieselstein/ so unden im Boden
von Hitz beweget worden/vernommen / aus deren mäch=
tiger Zusammenschlagung nothwendig undationes und
Wellen=bewegungen entstehen müssen / und weil dieselbe
bis an superficiem deß Wassers gelangen/ist es kein wun=
der / daß das Meer so vielen crilpationibus underworf=
fen ist.

Confectar. 3. de Vacuo in Natura.

OB ein läeres Ding in der Natur aller Ding / war=
haftig und eigentlich also genennet/ könne und solle
zugelassen werden/wird von den Philosophis mächtig be=
stritten; etliche von den Neuern haben es mit einer expe=
rimentischen Prob festiglich beweisen wollen / so zwar
erstlich von Torricello einem fürtreflichen Mathema=
tico deß Großfürsten in Hetrurien erfunden / und dem
autori erstmals zu Rom/von Joh. Carolo Medices, ei=
nem vornehmen Cardinäl/ist gezeiget worden. ex. gr. tu=
bus vitreus, ein gläsern Canäl oder Rohr / unden gantz
zugeschlossen / wird oben durch das orificium und offene
Mundloch mit Quecksilber angefüllt / und wann es um=
gekehret ist/wird dasselbe in ein Gefäs gedunckt/ welches
auch zimlich mit Quecksilber angefüllet ist / darüber wird
nachgehends Wasser gegossen/darnach wird das orifici=
um miteinem Finger zugeschlossen/damit nichts herauf=
ser fliesse; so bald der tubus in das Gefäs gethan wird/so
steigt der mercurius drinn/ weil er nun Raum bekommen/
hinab/darnach wieder ein wenig hinauf/wieder hinab/un
das so lang/bis er sich also etlich mal libriri,gewogen und
aufgehoben/in dem underften Theil deß tubi ruhet und si=
tzen bleibt/und läst also/nach der Meinung diser subtilen
Philosophen/den obern Theil deß tubi läer/sine corpore
succedente, daraus schliessen sie dann / daß spatium in
dem obern Theil deß tubi gelassen / sei warhaftig und ei=
gentlich das vacuum, weil es nicht geschehen können/daß
underdessen ein ander corpus in den Ort deß weggehen=
den

*Kunst.Prob
der neuen
Philosophen/
quod detur
vacuum?*

den mercurii hätte können gebracht werden. Aber weil
gefehlt/ victoria ante triumphum! Verständige Philosophi erklären auf mancherlei weis diesen läeren Raum
in dem tubo überbliben; Etliche schliessen zwar den Luft
aus/setzen aber hinein ein anderes subtiles corpus, das allerdings dem Liecht gleich sei / der Klarheit nach/ welches
sie ætherem nennen/diser/weil er über alle Welt-Cörper
diffundirt und ausgebreitet sei / alle und iede poros, aller
und ieder Leiber/gantz innig und genau durchtringe / deßwegen auch bei dem mercurio in d' röhren intimè zugegen
sei/so sei es dahero kein wunder/wann der mercuri° weicht/
daß der æther an statt deß lufts daselbsten verbleibe; Andere vermeinen der äusserliche Luft/die Notfäll der arbeitsamen un schwachen Natur zu ersetze/penetrire auch die
poros deß glases : andere vermeinen der Luft penetrire in
den tubum, nicht zwar per tubos, sondern an den seitē deß
tubi und mercurii, per cylindracea eorundem confinia,
per ipsam extimam superficiem, dann der mercurius
nehme nicht so genau und eng alle Seiten und Eck deß tubi ein / daß nicht allezeit etwas wenigs Luft an statt deß
weggehenden mercurii sich setzen und eintringen köndte/
sonderlich wann die Natur laboriret, ihr selbsten gleichsam wehe thut : Andere vermeinen/die läergelassene spatia werden erfüllt mit einer andern gantz dünnen subtilen
Substantz/ oder von dem spiritu, der von dem mercurio
expiriret und außgehet. Wir lassen solche Meinungen/
sagen aber für gewiß / daß daselbsten kein vacuum nicht
seyn könne/weil in demselben ein heller sonus offenbarlich
vermercket wird / welches dann vor disem zu Rom / von
Caspare Berthio, einem sinnreichen Mathematico, mit
disem Experiment ist erwisen worden : derselbe hat einen
bleyern Canal/100. Schuhe lang/eines Fingers dick/zu-
richten lassen/deme er oben ein gläserne Schole/von zimlicher Dicke/mit fleis zu disem End gemacher/ aufgesetzt/
auch mit solchem Fleiß den Hals deß tubi verwahret/daß
aller Zugang dahin dem Luft ist benommen gewesen / da

*Unterschid-
liche Mei-
nungen von
disem vacuo.*

*Ob im va-
cuo ein sono
geschehen
könne?*

B iij   hat

hat nun der auror den Rath geben/er solte innerhalb der
Schalen ein Glöcklein sambt einem kleinen Hammer/an
der Seiten der Schalen anhängen / welches er auch mit
solcher dexterität gethan / daß der eiserne Hammer äuſ=
serlich von einem Magnet herbei gezogen und aufgeho=
ben/ so bald er vom Magnet ist freigelassen worden/ hat
er mit seinem eigenen Gewicht/damit er an das Glöcklein
angeschlagen/einen sonum, Thon und Schall verursa=
chet. Nach dem nun alle requisita zu dem bevorstehen=
den Experiment verschaffet worden/ hat dieser Berthius
**Ein schöne
Kunst-prob
wider das
vorgebene
vacuum.**
den gantzen tubum mit der Schalen / mit Wasser ange=
füllt/auch am andern End das Mundloch mit einem epi=
stomio verschlossen/darauf in ein Faß mit Wasser einge=
taucht: nach dem dieses geschehen / hat man die Mund=
schrauben oder das Hänlein eröfnet/da ist das Wasser in
dem bleyern Canal hinab geflossen / doch nicht gantz und
gar sich entläret/sondern ohngefehr bei 10. Schuh, intra
tubum stehen verbliben / nicht anderster/als wie zuvor
mit dem Quecksilber/in den gläsernen tubum eingeschlos=
sen/geschehen ist. Die meisten haben hieraus schliessen
wollen/das jenige spatium, so vom Wasser sei verlassen
worden / sei nothwendig das vacuum, weil ja kein ander
corpus dahin hab kommen können: dieselbe aber öffentlich
zu confundiren, hat der auror den Magnet in die Hand
genommen/denselben äusserlich an die gläserne Schalen/
doch gerad gegen dem eisernen Hammer über gehalten/
welcher alsobalden denselben an sich gezogen / aufgeho=
ben/und nach dem derselbe weggethan worden / hat der
Hammer proprio pondere an das Glöcklein angeschla=
gen/und einen reinen/hellen sonum von sich geben. Jene
haben zwar behärten wollen / daß auch im vacuo ein so=
nus geschehen könne: die Verständigsten aber haben aus
disem öffentlichen Experiment gesehen / daselbsten könne
mit nichten ein vacuum seyn/ da solche offenbare Zeichen
deß Lufts in dem sono gezeiget würden. Sprichstu aber/
wie/und auf was weise/durch was für verborgene Weg/

tan

kan dann der Luft ſich in den Ort deß weichenden Waſſers **Wie der Luft**
ſubſtituiren? ꝶ. Sag mir zuvor/wie doch der Magnet in einen un-
das Glas und andere gar harte Leiber/auch wie das Liecht juganglichen
den allerfeſten Cryſtall durchtringen kan? dann die labo- Ort gelange?
rirende Natur hat ſolche verborgene/ geheime Weg und
Gäng/ daß ſie mit Menſchlichem Verſtand nicht können
begriffen werden: bleibt alſo darbei/ob ſchon das vacuum
in der Natur müglich wäre/ könte doch in demſelben kein
ſonus nimmermehr geſchehen; dann weilen der ſonus iſt
ein affectio aëris, ja weil der Luft iſt die material-Urſach
deß ſoni, ſo muß es nothwendig/wans an diſem mangelt/
auch an jenem ermanglen.

Caput VII.
De Anatomia Auris.

GEwißlich/wer die wunderbare Providenß und Für- **Wunderba-**
ſorg deß groß-gütigen Gottes im Himmel/in Er- re Providenß
bau- und Zurichtung der Sinn-Werckzeug im Menſchli- Gottes.
chen Leib/auch den Wunder-fleis der Natur / als Gottes
Kunſt/in ordentlicher Zuſammen-ſetzung derſelben/ tief-
gründlich gnug erforſchet hat / der muß nothwendig be-
kennen/kein Fatum noch Stoiſches Geſchick / kein blind-
glücklicher Zuſammen-fluß der atomorum , hab ſolcher
Wunder-Sachen Werckmeiſter ſeyn können. Von dem
Ohr allein dißmals zu reden/iſt daſſelbe ein leibliches In- **Ohr was es**
ſtrument/aus underſchiedlichen Stücken beſtehend/ſo von ſei?
der Natur in allen lebendigen Thieren/die ſonos zu ver-
nehmen/iſt diſponirt und zugerichtet worden. Diß organum iſt in etlichen Thieren gantz ſichtbar und offenbar/
in etlichen ligt diſe Kraft gantz verborg?/und alſo ſchwärlich zu finden: dann die Fiſch/welche keine Lungen haben/
damit ſonſten andere Thier den Luft an ſich ziehen / und **Fiſch ob ſie**
wieder von ſich laſſen/in welchem Theil ſie hören/iſt unge- auch Ohren
wiß/ob die Löcher vor den Augen geſetzet/zum hören oder haben und
riechen gegeben ſeyen? ja etliche derſelben haben gar hören?
keine Ohren / dann die keine Augen / haben auch keine
Ohren/wie die Meerſchnecken/Auſtern/ꝛc. welche/ wie-

B iiij wol

wol sie sich zusamen ziehen/wann sie mit den eisern Fisch-
angeln gesucht werden/iedoch scheints / daß sie mehr aus
Bewegung deß Wassers fühlen/als von einer Erthönung
hören solten. Bei denjenigen Fischen aber/welche respiriren und Lungen haben/als die Wallfisch/Meerschwein/
Meer-Ochsen/rc. da sind die Ohren nicht verborgen/wie-
wol der äussere Zugang zu denselben gar schwär zu erforschen ist. Gleich wie aber die Fisch innerhalb deß Was-
sers/als in einem gar zu dicken/ungeschickten medio soni, so die species soni mehr retardiren als promoviren,
gar obtusè, stumpf und schwach hören / also haben sie
auch kein solch auserlesenes organum deß Gehörs./ wie
andere irdische Thier/welche in medio aëreo wohnen und
leben: bei denen ist das Ohr aggregatum quoddam, aus
underschieblichen/manigfaltigen/ungleichen / under sich
selbst underschidenen Dingen/zusammen gesetzet/die doch

**Wunderba-
re Zurüstung
deß Ohrs.** alle wol wunder-würdig seyn. Dann dises organum, welches äusserlich im Haupt gar schön herfür scheint/ ist mit
seinen ductibus meatibus, welches gleichsam sonorum
semitæ seyn/ mit einer wunderlichen Ordnung aus- und
eingetheilt/mit seinen cavernulis zu manigfaltigem Gebrauch ausgehölet / mit den osiculis als mit Stützen ge-
bildet/mit den nervis und musculis ausgedehnet/mit dem
innerlich eingepflantzten Luft lebhaftig gemachet / daß sie
œconomiam absolutissimam, ein gantz vollkommene
Haushaltung und Zurichtung deß Ohrs darstellet. Es ist

**Das inner-
lich und äus-
serliche Ohr.** aber das Ohr zweifach/innerlich und äusserlich: jenes hat
seinen Sitz in osse petroso, zwischen denjenigen meati-
bus,welche wie die Brüst herfür schwellen/ daher sie von
den Griechen mammosum quid genennet werden: dieses
ist äusserlich auf beeden Seiten deß Haupts/ gantz groß/
als wie Flügel oder Wannen ausgespannet: jenes ist
componirt von 5. ductibus, 3. cavernulis, tympano,
3. osiculis, 2. musculis, wie auch Senn-Blut-und Le-
bens-Adern/letzlich vom innerlichen eingepflantzten Luft:
dises bestehet aus seinen partibus, als Haut/Knorpel/
Fleisch/

Fleiſch/ Band / 6. Muſcheln / underſchiedlichen Blut-
Senn- und Lebens-Adern.

Caput VIII.
Von dem innerlichen Ohr.

Dieſes hat 5. Gäng/ Weg oder Straſſen/dardurch **Das Ohr hat**
der ſonus in den inerlichen terminum deß Gehörs **5. meatus.**
gelanget: der 1.iſt gleichſam der vornehmſte und königliche Weg/meatus auditorius genennet / iſt bei den Knaben gantz und gar knorpelicht/bei den Erwachſenen halb
beinicht/bei den Alten gantz beinern. Der 2. findet ſich in
der innerlichen Weite der Hirnſchalen/auf der letzern ſei-
ten deß proceſſus petroſi, darein er gleichſam gehäuen
und gegraben iſt/daher gehet er oblique und äuſſerlich zu
dem mittlern Sitz dieſes felſichten Gangs / da er nur tenui ſquama von den 2. innern Hölen deß rechten Ohrs
unterſchieden iſt. Der 3. iſt einem runden caniculo gantz
gleich/und weil er im Anfang/wie ein geringer Federkiel/
etwas weit uñ groß/ſo wird er von der äuſſerlichen coch-
leâ deß felſicht und ſteinichten Gangs hinein in das innere Ohr geführet/dannenhero/weil er auch etwas oblique
gehet/ſo penetrirt er in der mitten der 4. Löcher daſſelbe
gantze Bein. Der 4.Gang iſt von diſem auch tenui ſqua-
mâ doch beinern/abgeriſſen und underſchieben / welcher
eben auch in ſolche Höle geführet wird/darein auch der 5.
ſich ziehet und endiget. Tympanum acuſticum wird al- **Die Ohr-**
ſo genennet das Hörhäutlein / entweder weil es wie die **trummel wie**
Heer- und Kriegs-trummeln/der Ohr-ſchnecken überge- **ſie beſchaffen.**
ſpannt/und diſe mit jenem überzogen iſt/oder weil daſſelbe von dem Luft und Schall/wie ein Trummel oder Paucken mit dem Schlegel / geſchlagen und gerühret wird/
heiſt auch myrinx, weil es den innerlichen Luft von dem
äuſſerlichen underſcheidet ; es iſt aber diſes Häutlein under allen das dünneſte und zarteſte / einem ſpinnen-geweb
gantz gleich/doch hat es ein geringe denſitet, iſt hell und
durchſichtig / wie ein Spiegel / hat gantz keine aſperitet.

B y   ſon-

sondern inwendig und auswendig ist es gantz glatt / doch nicht gantz gleich und eben : dann deß innersten Beinleins/

Der Ohr-hammer wie er geartet? so gleichsam einen Hammer præsentirt/sein processus ist gleichsam wie ein zuruck-lenckender Schwantz / von der circumferenz von oben herab bis zu seinem centro, nicht anderster als wie der nervus an der Heertrummel transversim überzogen und angeheftet. ist/dem beinern Circkel aber ist die Ohr-trummel angewachsen/ daher es mit den Muscheln und dem Geäder der Fleischmauß angebunden und ausgedehnet ist / nicht anderster wie die Fell an den Heerpaucken mit Saiten und Stricken starck pflegen an-

Os petrosū wird beschrieben. gespannt und angezogen werden. Os petrosum hat auch 3. kleine Hölen und Löchlein/das 1. ist das jenige welches pelvis, das Ohr-becken genennet wird/weil es wie ein Becken ausgehölet ist : andere nennens cochleam & antrum auris, wird verglichen mit einer holen Paucken/ darum/ daß wie in diser der gemeine Luft geschlagen wird/und derselbe doch seinen eigenen sonum von sich gibt / also vermeinen etliche/wann der innerliche Luft von der mycinge

Ohr-becken/ Ohr-Laby-rinth und Ohrposaunt. und dem kleinen Beinlein geschlagen werde/ so gebe derselbe an tag sonorum differentias,welche von dar ad auditorium nervum gebracht werden. Die 2. Höle wird wegen seiner vielen langen hohlen Gängen / labyrinthus und fodina genennet. Die 3. wird buccina genennet/entweder von einem krummen Blashorn/oder von einer Art der Meerschnecken/heist auch antrū buccinosum. Das innere Ohr aber hat 3. Beinlein/ der quantitet nach gar klein/aber der form und dem gebrauch nach künstlich und zierlich gemacht/daß es mit Worten schier nicht kan ausgesprochen werden : hart und fest sind sie / so wol in den Kindern/als bei den Betagten/da doch die andere menschliche Glieder allezeit nach dem Menschlichen Alter sich richten/doch bei den Kindern sind sie/wegen der feuchtigen visciditet viel welcker und schwächer / als bei den Alten/ daher sie auch etwas obtuser hören : sind bewegliche Bein/ von der Natur mit solcher Kunst zugerichtet / daß wann

das

das eine sich reget/oder beweget wird / auch die 2, übrige
sich mit bewegen/und hangen doch nicht an einander/sind
gesetzet in der äussern Gegend der Ohr=schnecken/ heissen *Malleus,*
malleus, incus & stapes, nicht so sehr von dem gebrauch/ *incus & sta-*
als von der form also genennet. Der Hamer ligt gleich= *pes,*
sam auf dem Ambos / dieser nimbt den Hammer an und
auf. stapes wird von der figur eines Stegreifs also ge=
nennet/werden aber nicht bei allen Thieren gefunden: in
etlichen ist nur malleus & incus; in etlichen nur incus &
stapes: in etlichen/ als bei dem Affen/ ist deren keines.

Caput IX.

Vom Nutz und Gebrauch deß innerlich=
und äusserlichen Ohrs.

Gleich wie die wunderbare Majestät der Natur in al=
len Dingen/also läßt sie sich auch sonderlich mercken *Wunderba=*
in der wunder=würdigen Zubereitung der Ohren: dassel= *re Zuberei-*
be bestehet aber nicht ex una simplici & similari parte, *tung der Oh-*
auch nicht aus vilen vermisch= und vermengten Stucken/ *ren.*
sondern aus underschiedlichen / so von sich selbsten abson=
derlich bestehen/ist es aggregiret und zusammen gesetzet/
damit dasselbe zu seiner Verrichtung desto geschickter wä=
re/daher weil einer Senn=adern die Empfindung deß so- *Warum deß*
ni zu vertrauen war/ hat sein Substantz nicht zugelassen/ *sensus inner-*
daß es ausserhalb deß Haupts/wegen vieler Gefahr/dar= *lich?*
in dises organum gerathen kan/ gesetzet würde : damit
aber nicht bald ein kalter/ bald ein warmer / bald ein an=
derer schädlicher Luft hinein tringen möchte/und also dem
innerlichen medio und nervo Schaden zufügen / hat es *Warum die*
nothwendig seine cavitates und Hölen haben müssen / so *Cavitátes?*
gar dem äusserlichen Luft verschlossen/ aber doch den
manchfaltigen Arten soni eröfnet stunden / dannenhero *Warum die*
haben die Beinlein/Muscheln und Band geschehen müs= *osficula?*
. Sehen wir den Ort an/hat die Natur einen bequem= *Warum an*
ern und dienlichern dem Ohr nicht assigniren können/ *disem Ort?*

weil

weil es der Thür zur Speis und Tranck / nemlich dem
Mund / wie auch dem Werckmeister der Reden / als der

Warum zweifach und offen?
Zungen / gar nah verwandt: Es ist aber das Ohr doppelt /
damit nicht / wann das eine verderbt / der gantze sensus zu
grund gienge: das Ohr stehet offen / daß es allezeit fix und
fertig wäre zu hören / und damit im Notfall wir auch aus
dem Schlaf möchten erwecket werden: wie ein Schne-
ckenhaus ist es gebauet / damit die species soni. wann sie

Warum schnecken-weis.
daselbsten vereinigt / un durch die manchfaltige reflexion
der Hölen mercklich vermehret / sich desto stärcker dem
Sinn stellen und præsentiren mögen. Eben um diser Ur-

Warum die Ohrlappen.
sach willen hat auch die Natur das Ohr / als wie ein schne-
cichte Wannen / ausserhalb deß Haupts gesetzet und ausgebreitet / damit also species soni versamlet / das Gehör
stärcketen / daher die surdastri, übel-hörende Leut / damit
sie desto besser hören mögen / so heben sie ihre Hand gekrümmet oder gebogen für das Ohr / dann weil daselbsten
der sonus versamlet und vermehret wird / so fällt er desto
stärcker in das Ohr. Damit aber auch nicht ein allzu starcker sonus dem Gehör-organo schaden bringen möchte /
hat die Natur gar weislich gethan / daß sie die meatus, innerliche Ohrengäng / mit underschiedlichen anfractibus,

Warum die meatus und anfractus?
gleichsam als mit Berg und Hügeln exasperirt hat / damit also zwischen den hoggerichten krummen Umschwei-
fen / die Heftigkeit deß anfallenden soni gebrochen / derselbe desto sitsamer und ohne schaden / dem organo sich beibringen möge: damit aber auch nicht der Unrath / und die
überflüssige vom Hirn herunder fliessende Feuchtigkeit
das organon verletzen und verderben möge / ist deßwegen
die haaricht- und siederichte Höle verordnet worden / wel-

Warum die pinnula?
che mit der Schnecken-krümme / so nah beisammen / den
Schweis / Unrath und andere Excrementen / daselbsten
gleichsam wie in einem Becken versamlet / verhindern / daß
sie nicht weiter fliessen können. Der Xylter und der tohus
aber / weil sie etwas abhängisch / können sie leichtlich gedachten Unrath in bestimte Gefäs wegführen / sind aber

auß einer knorpelichten Substantz / halb weich und halb
hart gemacht / damit nicht auß vieler Faltung und Run-
tzelung / sie verwelcken / lappen / und also die sonos zu recipiren untüchtig würden. Den meatum acusticum hat **Warum der**
die kluge Natur um 2. Ursachen willen der Hörtrummel **Hörgang.**
vorher gesetzt / theils damit der kalte und schädliche Luft uñ
sonus in demselben ein wenig temperirt und gelindert /
desto unschädlicher in den tympanū fallen möchte: theils
damit die allzuhefftige Bewegung deß Lufts äusserlich in
derselben krummen Strassen gebrochen / seine Kraft verlieren möchte / damit nicht / wie in hefftigem Büchsen-
schiessen und Glocken-leuten zu geschehen pflegt / die Ohr-
trummel zersprengt / und dem Ohr die surditēt zugezogen
würde. Damit aber auch nicht kleine Thierlein in die innerliche organa schliessen möchten / hat die kluge Natur
dises medium mit einem leimechten humore angefüllt / **Warum der**
damit sie in demselben / gleichsam als wie im Vogelleim **Schleim in**
behangend / möchten gefangen / und das organum vor Ge- **Ohren?**
fahren verwahret werden. Das tympanum aber **Warum das**
ist im äussersten theil deß Hörgangs gesetzt / gleichsam als **tympanum**
eine verschlossene Clausen / damit der äusserliche Luft von **nicht bei-**
dem innerlichen abgehalten würde ; nicht ist sie aber bei- **nern / nicht**
fleischern /
nern / weil es also ohne gefahr deß Bruchs nit wäre : auch **sondern fel-**
nicht fleischern / weil es also wegen der Feuchtigkeit gar **licht?**
leichtlich verwelcken und schwach werden könte / sondern
fellicht / darzu gantz dünn und trucken / wie es die Art der
Thonen / sie überzuführen / erfordert hat / und damit sie desto geschickter wäre / die sonos zu recipiren, hat sie die Natur gegen dem äusserlichen Ohr concavam , gegen dem
inerern aber convexam gemacht / eben auf die Art / wie ein
Blat vom herba numularia, oder umbilico veneris anzusehen ist / und damit keine Gefahr deß zerreissens zu be-
förchten wäre / hat es dasselbe häutlein auf einem beinern
Zirckel mit festen Saiten und Nerven ausgespañet / dann **Warum der**
weil es auf zweierlei weis beweget wird / einmal vom äus- **beinern Zir-**
serlichen / dann vom innerlichen Luft / durch das gähnen / **ckel?**
niessen /

nieſſen/Naſen-ſchneutzen/ꝛc. hat daſſelbe Häutlein feſt ů=
ber einen beinern Zirckel müſſen geſpannet werden / und
hat doch hier die Natur nicht geruhet / ſondern zu Erhal=
tung deß tympani, hat ſie noch 3.andere Hüter und Helf=
fer geſetzet/als da iſt malleus, incus & ſtapes, durch wel=
che 3. ſtůck die Ohr-trummel wider allen Gewalt wun=
derbarlich beſchützet wird : dann innerlich ligt ſie auf dem
Fuß deß Hammers/damit durch deſſen Gegen-ſatz dieſel=

Warum der
Hammer im
Ohr?

be wider allen impetum vertheidiget würde / damit ſie
nicht mehr/ als ſie erleiden mag/ hinein geſtoſſen/ und al=
ſo zerriſſen würde : damit ſie aber auch nicht allzuſehr

Wie derſelbe
beſchaffen
ſei?

vom innerlichen Luft heraus getriben/ und alſo in gefahr
deß zerreiſſens kommen möchte/ hat die Natur deß Ham=
mers ſeinen Fuß alſo exaſperirt und genau angefüget /
damit der innerliche Luft nicht mehr an die Trummel ſtoſſe/
und ſie herauswarts treibe/als es billich iſt/und die Natur
es ertragen kan : weil aber der beinern Fuß deß Hamers/
ſeiner äuſſerſten Spitzen nach/ohne offentliche gefahr der
Durchlöcherung deß tympani normaliter gerad zu/nicht
hat inſiſtiren noch anſtehen können/hat die Natur denſel=
ben nach der Länge an die Trummel angefügt ; weil aber
auch alſo der Hämmer nicht gnugſam/ weder dem inner=
lich= noch dem äuſſerlichen Luft hätte widerſtehen können/
als ſind demſelben noch andere 2. Hülfs-beinlein adjun=
girt worden/als incus & ſtapes, der Ambos und der Steg-

Warum der
Ambos?

reif : dann wann aus Bewegung und Anſtoſſung deß in=
nerlichen Lufts/die Trummel und der Hammer heraus=
werts getriben werden/ ſo thut der incus das / daß er den
Eingang deß Hammers/nach dem er ſein terminum er=
reichet/und in demſelben motu der Hammer den Ambos
ſtarck gnug zuſammen gedrucket / aufhält / endiget und
ſchlieſſet : daher iſt auch diſer Ambos mit 2. apophyſibus
gleichſam als mit fulcris, Stützen und Seulen begabet/
die eine iſt im oſſe petroſo eingeleget/ die andere mit der
längichten Spitzen deß Stegreifs alſo ſchön befeſtiget (iſt

Was r Steg-
reif ſei?

ein Beinlein/ſo einem Stegreif gantz gleich/ allenthalben
gantz

gantz frei/ mit seiner Spitzen am Ambos hinunder han-
genb/abwerts etwas gebogen) damit nicht der Ambos in
seiner hefftigen und gewaltsamen Zusammen-druckung
etwas zu weichen/und also auch dem weichenden hammer
ein gewisse Zeit helffen und beizubringen abgehalten
würde; allenthalben ist er aber durchgraben / damit er
nicht dem eingepflantzten Luft und dem sono den Eingang zur Ohr-schnecken verbieten möchte. Dise 3. Bei-
ner aber haben nicht sollen mit Fleisch oder Haut überzogen werden/weil dise Sachen den sonum hätten verdäm-
pfen können/sondern mit einer beinern materi, damit sie
den sonum mit ihrer Härtigkeit desto besser bewahren
möchten.

margin: **Warum dise 3. Stück bei-nern?**

CAPUT X.
Von der Eigenschaft deß innerlichen Lufts.

DAß in den Hölen deß felsichten Beins ein eingeschlos-
sener Luft sei/kan niemand leugnen/es sei dann/ daß
er ein vacuum in der Natur zulassen wolle. Fragt sichs
aber/wie derselbe im Ohr sei/ob er von dem äusserlichen
underschieden sei/was sein Ambt und Verrichtung/wie er
darinnen erhalten werde? Wir sagen / diser Luft sei den
Ohren von ihrem ersten Ursprung eingepflantzt und angeboren: ist neben dem äussern sono ein nötiges Mittel/
den sonum zu verursachen/ist vor sich gantz rein und lau-
ter/ruhig/still/unbeweglich/häuffig / doch ohne sono ; ist
aber nicht einerlei Art mit dem äusserlichen Luft ; dann
gleich wie diser/wann er durch das respiriren zu uns gezogen wird/damit er mit seiner Kälte das Hertz nicht allzusehr alterire und verändere / wird derselbe zuvor von
der Natur in den Lungen alteriret und præpariret / dar-
nach/wann er mit dem Dampf deß Bluts vermischet ist/
so wird er ein tüchtige materi, daraus nachgehends die
lebhafte Geister generiret werden/also auch der Luft/der
durch das respiriren in die Nasen gezogen wird / darnach
das Hirn durchtringet / wird nicht eher ein tüchtige Ma-
teri/

margin: **Der innerli-che Luft was er sei?**
margin: **Ist vom äus-serlichen Luft underschiden.**

teri/daraus die spiritus animales gezeuget werden/bis er
zuvor alterirt und præpariret sei / also daß er nicht mehr
die Natur und Eigenschaft hat deß äusserlichen Lufts/
gleiche Beschaffenheit hat es aber mit dem angezogenen
Luft zur generation der Lebens- und Sinn-geister / und
mit dem innerlichen / der den Ohren eingepflantzet ist / ist
gleicher Natur mit dem spiritu animali, wird aber nicht
unbillich ein Luft genennet / weil derselbe die Substantz

Wird dannoch ein Luft genennet.

hat wie der äusserliche / gantz dünn und zart / hell und
durchsichtig/kombt auch mit dem äusserlichen Luft überein in ipsa temperie, ist nicht so gar warm/wie der spiritus vitalis, weil er von der Substantz deß Hirns/und von
dem umgebenden/durch die Naslöcher eingezogenen Luft
etwas kälter worden ist/auch nicht so gar trucken / wie je-
ner/weil ihn die Feuchte deß Hirns contemperiret hat;
ist aber nicht nur einer an der Zahl / sondern successivè,
nach und nach kan er gezeuget/ und wiederum corrumpi-

Ist gleicher Natur mit dem sinnreichen Geist.

ret werden: dann weil er gleicher Natur ist mit dem spiritu animali, muß nothwendig geschehen/ daß wie diser täglich dissipiret, in auras dissolviret wird / auch wieder
gantz neu generiret, also gehet es auch mit dem innerlichen Luft/hat gleichen Ursprung mit den Leb- und sinnreichen Geistern/welche in den Luftröhren/in den Hölen und
ventriculis deß Hirns enthalten seyn.

Caput XI.
De Propagatione Soni.

Wie der sonus fortgeführt werde.

Hier finden sich dreierlei Meinungen/wie doch der sonus in der Luft fortgeführet werde? Etliche wollen/
es geschehe blos per esse reale, dem Wesen nach; andere/
per esse notionale & intentionale, wie mans ihm blos
einbildet/oder welches eben das/ per suas species audibiles, seinen Hörbildern nach; etliche statuiren beedes. Die
mittlere Meinung/daß der sonus per species propagiret
werde/scheint der Vernunft mehr gleichförmiger/ alldieweilen der sonus in allen Dingen nachfolget dem fluxu
specie-

Specierum visibilium, allein die succeßio, nach und nach
geschehende Bewegung ausgenommen: dann weil die
sichtbare Sinn-bilder in der Luft zu dem End ordiniret *Species vi-*
sind/daß sie das Material-objectum der sichtbaren krafft/ *sibiles* und
so sonsten vor sich selbsten zum sehen im proportioniret *audibiles*
ist/durch sich selbsten als vicarias objecti stellen/ scheinet werden mit
gewißlich/ um eben dieser Ursach willen seyen die species einander ver-
audibiles erfunden/ daß sie objectum sonorum zu der gleichen.
hörenden Krafft/ durch die ausgetruckte Arten deß soni
daselbe führen und bringen sollen/ist aber nicht zu negiren,
daß nicht der sonus bisweilen nach seinem Real- und Natürlichen esse etlicher massen deferiret werde/alldieweilen
der sonus aus stätiger Bewegung deß Lufts/grosse Kräften überkommet/ als ohn welchen er weder nach seinem
Real- oder Notional-Wesen könte auf einerlei weis propagirt werden. Sprichstu aber/ das Liecht diffundiret
sich ja/nach seinem Real-wesen/bis in das medium, warum nicht auch der sonus? R/. Hier ist dispar ratio, die Unterscheid
Ausbreitung deß Liechts geschicht im Augenblick/auch in- zwischen der
stündig ohne aufhören/instantanee, der sonus aber ge- Fortführung
schiehet successive, nach und nach allgemach; zu dem/die deß Liechts
Liecht-strahlen dependiren wesentlich von dem/da sie her- soni.
die schiessen/der sonus aber kan geschehen/ auch wann
das nicht da ist/von dem der sonus herkomt/wie im Echo;
in der radiation und Ausstrahlung ist auch ein Underschied zwischen dem sono und visu: dieses propagiret recto motu, geraß für sich sein Augenbilder/ jener promi-
scuo motu, bald auf diese/bald auf ein andere weis: dann
gleich wie eine Wasserwell die andere treibt/und ein Stein Gleichnus
der in ein Seeteich geworffen wird/verursachet unendliche von deß Wel-
circulos aus proportionirter Wellen-stossung/ also auch len.
der sonus wird durch unendliche Circkel/weil der Luft bald
uniformiter, bald difformiter beweget wird/ fortgefüh-
ret/treibt auch diese fort/nicht nur superficietenus, oben
hin/sondern sphærice diffusos, daher wann wir die Bewegung deß Lufts sehen solten/ gewißlich er würde uns
C zweif-

fondern inwendig und auswendig ist es gantz glatt / doch
nicht gantz gleich und eben : dann deß innersten Beinleins/
so gleichsam einen Hammer præsentirt/sein processus ist
gleichsam wie ein zuruck-lenckender Schwantz / von der
circumferenz von oben herab bis zu seinem centro, nicht
anderster als wie der nervus an der Heertrummel transl-
versim überzogen und angeheftet. ist/dem beinern Circkel
aber ist die Ohr-trummel angewachsen/ daher es mit den
Muscheln und dem Geäder der Fleischmauß angebunden
und ausgedehnet ist / nicht anderster wie die Fell an den
Heerpaucken mit Saiten und Stricken starck pflegen an-
gespannt und angezogen werden. Os petrosum hat auch
3. kleine Hölen und Löchlein/das 1. ist das jenige welches
pelvis, das Ohr-becken genennet wird/weil es wie ein Becken ausgehölet ist : andere nennens cochleam & antrum
auris, wird verglichen mit einer holen Paucken/ darum/
daß wie in diser der gemeine Luft geschlagen wird/und derselbe doch seinen eigenen sonum von sich gibt / also vermeinen etliche/wann der innerliche Luft von der mycinge
und dem kleinen Beinlein geschlagen werde/ so gebe derselbe an tag sonorum differentias,welche von dar ad auditorium nervum gebracht werden. Die 2. Höle wird
wegen seiner vielen langen hohlen Gängen / labyrinthus
und fodina genennet. Die 3. wird buccina genennet/ent-
weder von einem krummen Blashorn/oder von einer Art
der Meerschnecken/heist auch antrü buccinosum. Das
innere Ohr aber hat 3. Beinlein/ der quantitet nach gar
klein/aber der form und dem gebrauch nach künstlich und
zierlich gemacht/daß es mit Worten schier nicht kan ausgesprochen werden : hart und fest sind sie / so wol in den
Kindern/als bei den Betagten/da doch die andere menschliche Glieder allezeit nach dem Menschlichen Alter sich
richten/doch bei den Kindern sind sie/wegen der feuchtigen
visciditet viel welcker und schwächer / als bei den Alten/
daher sie auch etwas obtuser hören: sind bewegliche Bein/
von der Natur mit solcher Kunst zugerichtet / daß wann

das

Der Ohr-hammer wie er gestaltet?

Os petrosū wird beschrieben.

Ohr-becken/ Ohr-Labyrinth und Ohrposaunt.

das eine sich reget/oder beweget wird / auch die 2. übrige
sich mit bewegen/und hangen doch nicht an einander/sind
gesetzet in der äussern Gegend der Ohr-schnecken/ heissen *Malleus,*
malleus, incus & stapes, nicht so sehr von dem gebrauch/ *incus & sta-*
als von der form also genennet. Der Hamer ligt gleich- *pes,*
sam auf dem Ambos / dieser nimbt den Hammer an und
auf. Stapes wird von der figur eines Stegreifs also ge-
nennet/werden aber nicht bei allen Thieren gefunden: in
etlichen ist nur malleus & incus; in etlichen nur incus &
stapes: in etlichen/ als bei dem Affen/ ist deren keines.

CAPUT IX.

Vom Nutz und Gebrauch deß innerlich-
und äusserlichen Ohrs.

Gleich wie die wunderbare Majestät der Natur in allen Dingen/also läßt sie sich auch sonderlich mercken *Wunderba-*
in der wunder-würdigen Zubereitung der Ohren: dassel- *re Zuberei-*
be bestehet aber nicht ex una simplici & similari parte, *tung der Oh-*
auch nicht aus vilen vermischt- und vermengten Stucken/ *ren.*
sondern aus underschiedlichen / so von sich selbsten absonderlich bestehen/ist es aggregiret und zusammen gesetzet/
damit dasselbe zu seiner Verrichtung desto geschickter wä-
re/daher weil einer Senn-adern die Empfindung deß so- *Warum deß*
ni zu vertrauen war/ hat sein Substantz nicht zugelassen/ *sensus inner-*
daß es ausserhalb deß Haupts/wegen vieler Gefahr/dar- *lich?*
ein dises organum gerathen kan/ gesetzet würde : damit
aber nicht bald ein kalter/ bald ein warmer / bald ein anderer schädlicher Luft hinein tringen möchte/und also dem
innerlichen medio und nervo Schaden zufügen / hat es *Warum die*
nothwendig seine cavitates und Hölen haben müssen / so *Cavitätes ?*
zwar dem äusserlichen Luft verschlossen/ aber doch den
manchfaltigen Arten soni eröfnet stunden / dannenhero *Warum die*
haben die Beihlem/Muscheln und Band geschehen müs- *ossicula?*
sen. Sehen wir den Ort an/hat die Natur einen bequem- *Warum an*
lichern und dienlichern dem Ohr nicht assigniren können/ *disem Ort?*

weil

weil es der Thür zur Speiß und Tranck / nemlich dem
Mund / wie auch dem Werckmeister der Reden / als der

Warum
zweifach und
offen?
Zungen / gar nah verwandt; Es ist aber das Ohr doppelt /
damit nicht / wann das eine verderbt / der gantze sensus zu
grund gienge: das Ohr stehet offen / daß es allezeit fix und
fertig wäre zu hören / und damit im Notfall wir auch aus
dem Schlaf möchten erwecket werden ; wie ein Schne-
ckenhaus ist es gebauet / damit die species soni. wann sie

Warum
schnecken-
weis.
daselbsten vereinigt / uñ durch die manchfaltige reflexion
der Hölen mercklich vermehret / sich desto stärcker dem
Sinn stellen und præsentiren mögen. Eben um diser Ur-

Warum die
Ohrlappen.
sach willen hat auch die Natur das Ohr / als wie ein schne-
ckichte Wannen / ausserhalb deß Haupts gesetzet und ausgebreitet / damit also species soni versamlet / das Gehör
stärcketen / daher die surdastri, übel-hörende Leut / damit
sie desto besser hören mögen / so heben sie ihre Hand gekrümmet oder gebogen für das Ohr / dann weil daselbsten
der sonus versamlet und vermehret wird / so fällt er desto
stärcker in das Ohr. Damit aber auch nicht ein allzu starcker sonus dem Gehör-organo schaden bringen möchte /
hat die Natur gar weislich gethan / daß sie die meatus, innerliche Ohrengäng / mit underschiedlichen anfractibus.

Warum die
meatus und
anfractus?
gleichsam als mit Berg und Hügeln exasperirt hat / damit also zwischen den hoggerichten krummen Umschwei-
fen / die Hefftigkeit deß anfallenden soni gebrochen / der selbe desto sittsamer und ohne schaden / dem organo sich beibringen möge ; damit aber auch nicht der Unrath / und die
überflüssige vom Hirn herunder fliessende Feuchtigkeit
das organo verletzen und verderben möge / ist deßwegen
die haaricht- und siederichte Höle verordnet worden / wel-

Warum die
pinnula?
che mit der Schnecken-trumme / so nah beisammen / den
Schweiß / Unrath und andere Excrementen / daselbsten
gleichsam wie in einem Becken versamlet / verhindern / daß
sie nicht weiter fliessen können. Der Xyster und der tobus
aber / weil sie etwas abhängisch / können sie leichtlich gedachten Unrath in bestimte Gefäs wegführen / sind aber

auß einer morpelichten Substantz / halb weich und halb
hart gemacht / damit nicht auß vieler Faltung und Run-
tzelung / sie verwelcken / lappen / und also die sonos zu recipiren untüchtig würden. Den meatum acusticum hat **Warum der**
die kluge Natur um 2. Ursachen willen der Hörtrummel **Hörgang.**
vorher gesetzt / theils damit der kalte und schädliche Luft un
sonus in demselben ein wenig temperirt und gelindert /
besto unschädlicher in den tympanū fallen möchte: theils
damit die allzuhefftige Bewegung deß Lufts äusserlich in
derselben krummen Strassen gebrochen / seine Krafft verlieren möchte / damit nicht / wie in hefftigem Büchsen-
schiessen und Glocken-leuten zu geschehen pflegt / die Ohr-
trummel zersprengt / und dem Ohr die surditēt zugezogen
würde. Damit aber auch nicht kleine Thierlein in die innerliche organa schliessen möchten / hat die kluge Natur **Warum der**
dises medium mit einem leimechten humore angefüllt / **Schleim im**
damit sie in demselben / gleichsam als wie im Vogelleim **Ohren?**
behangend / möchten gefangen / und das organum vor vilen Gefahren verwahret werden. Das tympanum aber **Warum das**
ist im äussersten theil deß Hörgangs gesetzt / gleichsam als **tympanum**
ein verschlossene Clausen / damit der äusserliche Luft von **nicht bei-**
dem innerlichen abgehalten würde: nicht ist sie aber bei- **nern / nicht**
nern / weil es also ohne gefahr deß Bruchs nit wäre: auch **fleischern /**
nicht fleischern / weil es also wegen der Feuchtigkeit gar **sondern fel-**
leichtlich verwelcken und schwach werden könte / sondern **licht?**
fellicht / darzu gantz dünn und trucken / wie es die Art der
Thonen / sie überzuführen / erfordert hat / und damit sie desto geschickter wäre / die sonos zu recipiren, hat sie die Natur gegen dem äusserlichen Ohr concavam, gegen dem
innern aber convexam gemacht / eben auf die Art / wie ein
Blat vom herba numularia, oder umbilico veneris anzusehen ist / und damit keine Gefahr deß zerreissens zu be-
förchten wäre / hat es dasselbe häutlein auf einem beinern
Zirckel mit festen Saiten und Nerven ausgespañet / dann **Warum der**
weil es auf zweierlei weis beweget wird / einmal vom äus- **beinern Zir-**
serlichen / dann vom innerlichen Luft / durch das gähnen / **ckel?**

niessen /

nieſſen/Naſen-ſchneutzen/ꝛc. hat daſſelbe Häutlein feſt ü-
ber einen beinern Zirckel müſſen geſpannet werden / unꝰ
hat doch hier die Natur nicht geruhet / ſondern zu Erhaltung deß tympani, hat ſie noch 3.andere Hüter und Helf-
fer geſetzet/als da iſt malleus, incus & ſtapes, durch welche 3. ſtück die Ohr-trummel wider allen Gewalt wunderbarlich beſchützet wird: dann innerlich ligt ſie auf dem
Warum der Fuß deß Hammers/damit durch deſſen Gegen-ſatz dieſel-
Hammer im be wider allen impetum vertheidiget würde / damit ſie
Ohr? nicht mehr/ als ſie erleiden mag/ hinein geſtoſſen/ und alſo zerriſſen würde: damit ſie aber auch nicht allzuſehr
Wie derſelbi vom innerlichen Luft heraus getriben/ und alſo in gefahr
beſchaffen deß zerreiſſens kommen möchte/ hat die Natur deß Ham-
ſei? mers ſeinen Fuß alſo exaſperirt und genau angefüget /
damit der innerliche Luft nicht mehr an die Trummel ſtoſſe/
und ſie herauswarts treibe/als es billich iſt/und die Natur
es ertragen kan: weil aber der beinern Fuß deß Hamers/
ſeiner äuſſerſten Spitzen nach/ohne offentliche gefahr der
Durchlöcherung deß tympani normaliter gerad zu/nicht
hat inſiſtiren noch anſtehen können/hat die Natur denſelben nach der Länge an die Trummel angefügt; weil aber
auch alſo der Hammer nicht gnugſam/ weder dem inner-
lich- noch dem äuſſerlichen Luft hätte widerſtehen könen/
als ſind demſelben noch andere 2. Hülfs-beinlein adjün-
Warum der girt worden/als incus & ſtapes, der Ambos und der Steg-
Ambos? reif: dann wann aus Bewegung und Anſtoſſung deß innerlichen Lufts/die Trummel und der Hammer heraus-
werts getriben werden/ ſo thut der incus das / daß er den
Eingang deß Hammers/nach dem er ſein terminum er-
reichet/und in demſelben motu der Hammer den Ambos
ſtarck gnug zuſammen gedrucket / aufhält / endiget und
ſchlieſſet: daher iſt auch diſer Ambos mit 2. apophyſibus
gleichſam als mit fulcris, Stützen und Seulen begabet/
die eine iſt im oſſe petroſo eingeleget / die andere mit der
Was der Steg- längichten Spitzen deß Stegreifs alſo ſchön befeſtiget (iſt
reif ſei? ein Beinlein/ſo einem Stegreif gantz gleich/ allenthalben
gantz

ganz frei/mit seiner Spitzen am Ambos hinunder han=
gend/abwerts etwas gebogen) damit nicht der Ambos in
seiner hefftigen und gewaltsamen Zusammen=druckung
etwas zu weichen/und also auch dem weichenden hammer
ein gewisse Zeit helffen und beizubringen abgehalten
würde: allenthalben ist er aber durchgraben / damit er
nicht dem eingepflanzten Luft und dem sono den Ein=
gang zur Ohr=schnecken verbieten möchte. Dise 3. Bei=
ner aber haben nicht sollen mit Fleisch oder Haut überzo=
gen werden/weil dise Sachen den sonum hätten verdäm=
pfen können/sondern mit einer beinern materi. damit sie
den sonum mit ihrer Härtigkeit desto besser bewahren
möchten.

CAPUT X.
CAPUT X.
Von der Eigenschaft deß innerlichen Lufts.

DAß in den Hölen deß felsichten Beins ein eingeschlos=
sener Luft sei/kan niemand leugnen/es sei dann/ daß
er ein vacuum in der Natur zulassen wolle. Fragt sichs
aber/wie derselbe im Ohr sei/ob er von dem äusserlichen
underschieden sei/was sein Ambt und Verrichtung/wie er
darinnen erhalten werde? Wir sagen / diser Luft sei den
Ohren von ihrem ersten Ursprung eingepflanzt und an=
geboren: ist neben dem äussern sono ein nötiges Mittel/
den sonum zu verursachen/ist vor sich ganz rein und lau=
ter/ruhig/still/unbeweglich/häuffig / doch ohne sono; ist
aber nicht einerlei Art mit dem äusserlichen Luft; dann
gleich wie diser/wann er durch das respiriren zu uns ge=
zogen wird/damit er mit seiner Kälte das Herz nicht all=
zusehr alterire und verändere / wird derselbe zuvor von
der Natur in den Lungen alteriret und præpariret / dar=
nach/wann er mit dem Dampf deß Bluts vermischet ist/
so wird er ein tüchtige materi. daraus nachgehends die
lebhafte Geister generiret werden/also auch der Luft/der
durch das respiriren in die Nasen gezogen wird / darnach
das Hirn durchtringet / wird nicht eher ein tüchtige Ma=
teri/

teri/darauß die spiritus animales gezeuget werden/biß er
zuvor alterirt und præpariret sei / also daß er nicht mehr
die Natur und Eigenschaft hat deß äusserlichen Lufts/
gleiche Beschaffenheit hat es aber mit dem angezogenen
Luft zur generation der Lebens- und Sinn-geister / und
mit dem innerlichen / der den Ohren eingepflantzet ist / ist
gleicher Natur mit dem spiritu animali, wird aber nicht
unbillich ein Luft genennet / weil derselbe die Substantz

Wird dan-
noch ein Luft
genennet.
hat wie der äusserliche / gantz dünn und zart / hell und
durchsichtig/kombt auch mit dem äusserlichen Luft überein in ipsa temperie, ist nicht so gar warm/wie der spiritus vitalis, weil er von der Substantz deß Hirns/und von
dem umgebenden/durch die Naslöcher eingezogenen Luft
etwas kälter worden ist/auch nicht so gar trucken / wie je-
ner/weil ihn die Feuchte deß Hirns contemperiret hat;
ist aber nicht nur einer an der Zahl / sondern succeßivè,
nach und nach kan er gezeuget/ und wiederum corrumpi-

Ist gleicher
Natur mit
dem sinnrei-
chen Geist.
ret werden: dann weil er gleicher Natur ist mit dem spiritu animali, muß nothwendig geschehen/ daß wie diser täglich dissipiret, in auras dissolviret wird / auch wieder
gantz neu generiret, also gehet es auch mit dem innerlichen Luft/hat gleichen Ursprung mit den leb- und sinnreichen Geistern/welche in den Lufttröhren/in den Hölen und
ventriculis deß Hirns enthalten seyn.

CAPUT XI.
De Propagatione Soni.

Wie der so-
nus fortge-
führt werde.
HIer finden sich dreierlei Meinungen/wie doch der sonus in der Luft fortgeführet werde? Etliche wollen/
es geschehe blos per esse reale, dem Wesen nach ; andere/
per esse notionale & intentionale, wie mans ihm blos
einbildet/oder welches eben das/ per suas species audibiles, seinen Hörbildern nach ; etliche statuiren beedes. Die
mittlere Meinung/daß der sonus per species propagiret
werde/scheint der Vernunft mehr gleichförmiger/ alldieweilen der sonus in allen Dingen nachfolget dem fluxu
                                                    specie

specierum visibilium, allein die succeßio, nach und nach
geschehen. Bewegung ausgenommen: dann weil die
sichtbare Sinn-bilder in der Luft zu dem End ordiniret *Species vi-*
sind/daß sie das Material-objectum der sichtbaren kraft/ *sibiles* und
so sonsten vor sich selbsten zum sehen improportioniret *audibiles*
ist/durch sich selbsten als vicarias objecti stellen/ scheinet werden mit
gewißlich/ um eben dieser Ursach willen seyen die species einander ver-
ibiles erfunden / daß sie objectum lonorum zu der glichen.
freuden Kraft / durch die ausgetruckte Arten deß soni
dahin führen und bringen sollen/ist aber nicht zu negiren,
daß nicht der sonus bisweilen nach seinem Real- und Natürlichen esse etlicher massen deferiret werde/aldieweilen
der sonus aus stätiger Bewegung deß Lufts/grosse Kräften überkommet / als ohn welchen er weder nach seinem
Real- oder Notional-Wesen könte auf einerlei weis propagirt werden. Sprichstu aber/ das Liecht diffundiret
sich ja/nach seinem Real-wesen/bis in das medium, warum nicht auch der sonus? R/. Hier ist dispar ratio, die Unterschied
Ausbreitung deß Liechts geschicht im Augenblick/auch in-zwischen der
ständig ohne aufhören/instantancè, der sonus aber ge-Fortführung
siehet successivè, nach und nach allgemach; zu dem/die deß Liechts
liecht-strahlen dependiren wesentlich von dem/da sie her-soni.
sie schiessen/der sonus aber kan geschehen / auch wann
das nicht da ist/von dem der sonus herkomt/wie im Echo:
in der radiation und Ausstrahlung ist auch ein Underschied zwischen dem sono und visu: dieses propagiret recto motu, gerad für sich seim Augenbilder/ jener promi-
scuo motu, bald auf diese/bald auf ein andere weis: dann
gleich wie eine Wasserwell die andere treibt/und ein Stein Gleichnus
der in ein Seeteich geworffen wird/verursachet unendliche von der Wel-
circulos aus proportionirter Wellen-stossung / also auch len.
der sonus wird durch unendliche Circkel/weil der Luft bald
uniformiter, bald difformiter beweget wird/ fortgefüh-
ret/treibt auch diese fort/nicht nur superficietenus, oben
hin/sondern sphæricè diffusos, daher wann wir die Bewegung deß Lufts sehen solten / gewißlich er würde uns

C   zwölf-

zweifelsfrei ein gantz vollkommenes systema repræsentiren, wie die Himmel nach und nach in grössere Zirckel pro-
tuberiren und sich ausbreiten/ allezeit einer grösser als der
ander.

Caput XII.

De Vocis naturâ & genesi.

Nichts bekandters/ nichts gemeiners ist in der Welt/
als die Stimm/ niemand leugnets/ als der kein Ohren hat: durch die Stimm wird alles in der Welt regieret.

Lob der Menschlichen Stimm. Vor ist ein Band deß Weltlichen Regiments/ eine Erhalterin der Menschlichen Gewerb und Geselschaft/ eine
Mittheilerin deß Glaubens und der Sitten/ eine Lehrerin
der Unwissenden/ eine Erhalterin deß Friedens und der
Gerechtigkeit/ eine Schützerin der Stätt und Länder/ die
einige Versöhnerin der sterblichen Menschen/ ohn welche
nichts anmutiges/ noch beständiges in der Welt wäre/ ja
alle Menschliche Gemeinschaft müste nothwendig under-
gehen; Aber nichts abstrusius grund-verborgener ist/ als
die Ursach der Stimm: dann wer wil den Underscheid so
manchfaltiger stimen/ bei allen Thieren klärlich gnug anzeigen? Wir hören ja schier täglich die Klag-stim̃ der Eu-
len/ den Traur-klang deß Geiers/ das seufzende Girren der

Underschid-liche voces bei den Thie-ren. Turteltauben/ das gleichthönende Gesang deß Guckugs/
das liebliche schwätzen der Nachtigallen/ das Zwitzern der
Sperling/ das Rufen der Hahnen/ das Klappern der Ele-
phanten/ das Pläcken der Schaf/ das Brüllen der Och-
sen/ das Bellen der Hund/ ꝛc. diß alles hören wir nicht nur/
sondern verwundern uns noch darüber/ weil nicht was für
Merckzeichen der Lieb/ deß Hasses/ Zorns/ Widerwillens/
der Traurigkeit/ ꝛc. under denselben verborgen ligen/ aber
wie dise Stimmen alle in gutture formiret werden/ auch
mit was für gleichförmiger Aufschlagung deß Lufts dieselbe gezeuget werden/ ist alles dunckel und verborgen.
Underschiedliche Meinungen finden sich bei den Geleer-
ten: Epicurus hat gewollt/ die Stimm sei fluxus atomorum.

rum, der kleinen Luftstäublein / welche/ wann wir reden/ **Unterschied-**
wir aus unserm Mund sehen heraus gehen. Democri- **liche Mei-**
tus setzt hinzu atomorum in finitas partes scissuram, **nungen von**
der Stimm.
und sagt/ wann diese gebrochene und getheilte Stücklein
durch runde gyros Circkel=umgäng bis an die Ohren ge=
bracht werden/ so entstehe daraus sensus auditus. Die
Stoici gehen etwas vernünftigers/ sagen/die stimm werde
produciret von dem Anstos deß getribenen Lufts / dar=
durch er in gyram fluctuiret und getriben werd. Besser
wird sie beschriben/ daß sie sei ein Thon oder Schall eines
Thiers/ herfür gebracht von der glottide aus Anschla=
gung deß ausgeathemeten Lufts / um die Gemüts=Mei=
nunge und Affecten dadurch zu eröfnen/das ist ipsa vocis
natura & essentia, da stehen alle causæ und Ursachen/ so
zu Producirung der Stimmen als nöthig erfordert wer= **Eigentliche**
den. Und zwar die Formal=wesentliche Ursach ist der so- **Ursachen**
nus, der Luft die Material / larynx oder der oberste Theil **derselben.**
an der Luftröhren die efficiens würckende Ursach/die Fi-
nal=Zweck= und End=ursach ist die intention etwas durch
die Stimm andeiten wollen.

COROLLARIUM.

Nicht ein ieglicher von einem Thier ausgelassener
sonus ist eigentlich vox, eine Stimm / sondern nur **Die Inten-**
der jenige/der von der glottide gemacht wird/ cum in- **tio macht ei-**
tentione, etwas darburch anzudeiten / dann es scheint/ **gentlich die**
Stimm.
als sei die Stimm von der Natur um keiner andern Ur=
sach willen bei den Thieren instituiret worden/als nur die
affectus der leidenden Kraft und der Seelen darburch
auszudrucken : Zwar bei den Menschen ist sie verordnet/
zu Erklärung seines Willens : bei den unvernünftigen
Thieren aber/ihre natürliche Zuneigungen an Tag zu ge=
ben. ex. gr. Die Katz hat eine andere Stimm/ wann sie
hungerig ist/ein andere wann sie ramelt/ein andere wann
sie schmeichelt/ein andere wann sie erzürnt / also auch bei
andern Thieren ; daher sollen die soni etlicher Insecten

C ij   und

Nicht ein jeglicher sonus der Thier ist ein Stimm.

und Gewürm/als da ist das Girgeln der Heuschrecken uñ der Hausheimen/das gemürmel der Bienen und Wespen/ das Zischen der Schlangen/eigentlich keine voces genennet werden/sondern ein gemeiner sonus, der entweder ex allisione der Flügel oder der Zungen/ oder eines andern Glieds ist verursachet worden: also auch die Fisch/weil sie keine Instrumenten haben zu respiren und die Stimm zu formiren/also können sie auch auf keinerlei weis vocem von sich geben/und obwol von grossen Fischen ein excitirter sonus vernommen wird / wird doch derselbe nicht mit Hülf der Instrumenten so zur formirung vocis bestimet seyn/sondern nur ex elisione An= und Ausschlagung deß Lufts und deß Wassers / so sich in den underschiedlichen krummen Hölen und Löchern deß ungeheuren Fischkopfs aufhaltet/ producirt. Hier wird auch verworffen der Pythonier oder Gastromithen/ Bauchwahrsager / ihre Sprach/so sie aus der Höle deß Bauchs herfür bringen/ vergleichen auch an etlichen Landfahrern observiret worden/ welcho um Gewins willen mit verschlossenen Lefzen und Mäulern dannoch geredet haben.

Fisch ob und wie sie einen sonum geben.

Das Bauch-reden.

CAPUT III.
De Organo Vocis.

Larynx was es sei/ und worzu es diene?

Larynx ist der oberste Theil der Luftröhren oder tracheæ, ein solch organum, das aus lauter Knorpeln und etlichen Häutlein bestehet/ist mit Muscheln und Nerven begabet/eigentlich darum zugerichtet/ daß dardurch die Stimm solte ediret werden/ ist ein hartes corpus, dick und dicht/groß/weit/lang/breit und tief/ hat auch etwas Protuberantz/so sonderlich an der Männer Hals zu sehen ist/rund und Zirckelweis/doch etwas obliquid, schlimm und krumm: von vornen her gantz Circkel=rund/aber von hinden her / da es den œsophagum anrühret/ weicht sie semsim ab von der Runde/überkomt dargegen eine Länge/ innerhalb dessen Leib ist ein Loch/welches eine fissuram uñ Zerspaltung hat/ Griegisch glotus genennt/darinnen eigentlich

gentlich die Stimm formiret wird / wann nemlich der
durchgehende Luft zusamen gedruckt und zusammen ge=
schlagen wird/und die Stimme produciret auf gantz wun=
derbareweis/mit Hülf 13. Muscheln; sind also 2. Stück
bei dem larynge oder Stimm=organo wohl in acht zu neh= *Glottis was*
men/glottis und epiglottis: jenes ist die Substantz der *es sei/ und*
laryngis, dünn=häuticht/fett/brußlicht/ am End hats ei= *worzu es die-*
nen Spalt wie ein Pfeiffen/doch wie ein Zung gestalt; di= *ne?*
ses ist ein Stück und Theil der glottidis, gleichsam wie ein *Epiglottis*
Deckel/so etwas krumm oben heraus scheint/hindert/daß *was es sei?*
nicht etwas Speiß und Tranck durch die glottidem in die
laryngem hinein falle/ daher es auch die Thür und Vor=
Mauer/ anticamera laryngis genennet wird: wann die=
selbe sich eröfnet / so ziehen wir den Athem in uns / lassen
auch denselben wieder aus/ hat auch seine eigene/von der
Natur bestimbte Muscheln/mit welchen es ietzt verschlos=
sen/ietzt wieder eröfnet wird. Ist also nicht die Lung die *Was die ei-*
eigentliche Ursach der Stimm/weilen der Luft / welchen *gentliche Ur-*
die Lung ausbläßt/die Stimm zu formiren / nicht gnug= *sach der Stim̃.*
sam Anschlagung hat/ sondern gibt nur den Luft darzu/
wie ein Blasbalcken/auch nicht die Zung / die Gurgel/
nicht die Lefzen/Zähn/ weniger der Gaum/sind die eigent=
liche organa vocis, alldieweilen diser Stück im Menschen
ihr Ambt ist/die von dem Athem=zünglein schon gemach=
te Stimm fein articulatim, verständlich und deutlich zu
pronunciren, so sehr/daß etliche Buchstaben nicht ander=
ster als mit den Lefzen können formiret werden/ so gar/
daß deme/ so gar keine Lefzen / unmüglich ist dieselbe aus=
zusprechen; etliche können nur mit der Zungen / etliche
nur von den Zähnen/andere nur von der Gurgel/ andere
blos vom Gaumen ausgesprochen werden. Die Zung ist
gleichsam Choragus Capellmeister/moderirt und dispo=
niret alles was zur Vollkommenheit der Stimm erfor=
dert wird,

CAPUT

CAPUT XIV.
De vocum variis Differentiis.

GEwiß ist es / nach dem die larynx manchfaltig beschaffen / so entstehen daraus manchfaltige Underscheid der Stimmen / dieses bringt herfür grosse / kleine /
grobe / reine / rauhe / glatte / standhafte / zitterende / starcke /
schwache / grobe / subtile / klare / heissere / fröliche / traurige
Stimmen. Uber das ist ein andere Stimm bei den Nüch-
tern / ein andere bei den Trunckenen / ein andere bei Ge-
sunden und Verständigen / ein andere bei Dollen und Unsinnigen / mit einem Wort / so viel Underscheid der Farben / so viel können auch der Stimmen concipiret werden.
Dieselbe können aber zu z. Ursachen sonderlich gezogen
werden : entweder zur Natürlichen Beschaffenheit laryngis , oder zum Luft / oder zur Ausathemung desselben.
Was zum larynge gehört / ist entweder von seinem temperament und was daraus folget / oder von dessen accidentibus und Zufällen. Ist das temperament feucht /
ohne Zufluß anderer Feuchtigkeiten / so bringt sie herfür
ein dunckele / dusele und confuse Stimm : ists aber mit
andern humoribus angefüllt / so machts ein rauhe und
heisere Stim ; Ist das Temperament trucken / so machts
eine helle / klare / wohlerklingende Stimm / und die Drü-
cken prædominiret, eine klingende / hell erschallende
Stimm / der Kranch Stimm nicht ungleich. Ist das
Temperament warm oder kalt / so gibts vor sich selbsten
keinen Underschied der Stimm / sondern allein per acci-
dens, zufälliger weis / nach dem die Wärme den laryngem
entweder austrücknet / oder erweitert / die Kälte aber ziehet ihn zusammen / und tringt ihn fest. Ist dann das temperament wohl vermischet / so bringts herfür eine helle /
süsse / liebliche / holdselige / weiche / lautere / annehmliche
Stimm. Neben diesem bringt auch die Natürliche Beschaffenheit deß laryngis, welche in der Figur / Grösse /
Sitz / Gang und superficie bestehet / underschied der Stimmen

[Marginalien:]
Underscheid der Stimmen / nach beschaffenheit laryngis,

Dreierlei ursachen.

Woher die dunckele und clare Stimm?

men herfür: iſt derſelbe lang und rund/ machts eine glei=
che/helle/ungekrümte/unverkehrte Stimm; iſt der meatus durch den laryngem weit und breit/ſo gibts eine groſ=
ſe und tieffe Stimm; iſt er Eng / ſo gibts eine geringe
ſchlechte Stimm/wie in den Flöten und Pfeiff=röhren zu
ſehen iſt. Die ſuperficies iſt entweder glatt und zart/oder
rauch und ungleich; von der Räuhe komt eine rauhe un=
liebliche Stimm/von der Lindigkeit eine linde/reine/ſüſſe/
liebliche Stimm. Der Luft macht auch underſchiedene
Stimmen: grober Luft macht ein grobe Stimm/ reiner
Luft ein reine Stimm; daher ſind die Stimmen im Win=
ter gröber als im Sommer/ wegen Beſchaffenheit deß
gröbern Lufts: iſt der Luft viel und ſchnell/ gibts den al=
lerſchärpfeſt und reineſten ſonum: iſt er viel und lang=
ſam/den allergröbſten und tiefeſten: iſt er wenig und ge=
ſchwind/halb ſcharpf und rein: wenig und langſam ma=
chet eine geringe ſchwache ſtimm. Die expiration macht
auch ein grobe oder reine/groß oder kleine/hoch oder tieffe
Stimm; eine beſtändige/ gleiche/ſtäte/ allezeit gleichlau=
tende einſtimmige Stimm macht ſie / wann ſie ſtandhaf=
tig/feſt und unbeweglich iſt/ dargegen eine unbeſtändige/
ſchwache/ zitterende / gantz ungleiche und widerſtimmige
Stimm/wann ſie ſchwach/zitterend und unbeſtandig iſt.

Corollarium I. Von der Urſach der groſ=
ſen und kleinen Stimm.

Nicht unbillich hält man darfür/die groſſe und kleine
Stimm entſpringe entweder aus groß oder kleiner
Bewegung/wie Plato: oder aus Enge und Weite deß in=
nerlichen Luftgangs/wie Galenus: oder aus Wärm und
Kälte/ wie Abentina darfür gehalten: Beſſer aber wer=
den dieſe cauſæ partiales alle zuſammen geſetzet. ex. gr.
Auß einer groſſen Poſaunen kombt nothwendig ein groſſe
Stimm/wann ſie groß/und mit heftiger Anblaſung ver=
bunden iſt/die Gröſſe der Poſaunen iſt vielen Lufts fähig/
und zur Außſtoſſung ſolches vielen Lufts iſt vonnöthen die

inner=

C iiii

Seitennoten:
Figur uñ Be=
ſchaffenheit
laryngu.
was ſie für
Underſcheid
mache?

Der Luft was
er für Under=
ſcheid mache

Die Expira=
tion thut
auch das ſel=
nige.

Woher groſ=
ſe und kleine
Stimm?

Gleichnis
von einer Po=
ſaunen.

innerliche Wärm deß Posaunen-bläsers / darinnen die
Kraft und Stärck an= und einzublasen gesetzt ist. Wir setzen hinzu ; nicht nur der grosse und kleine Luft / nicht nur
die Kälte und Wärme/nicht nur die Enge und Weite der
grossen Luftröhren / sondern auch vornemlich die Enge

Luftspalt der
glottidis
was er für
unterscheid
mache?

oder Weite der glottidis oder Luftspalts/werde nothwendig erfordert zur formirung einer grossen und kleinen
Stimm : diese aber wird von der Wärm weiter / von der
Kälte Enger gemacht/macht auch grössere und geringere
expiration, daraus folgt / warme Leut von Natur haben
ein grosse/kalte aber ein geringe Stimm : dann die Kraft
der Wärme ziehet leichtlich zu sich den Athem und den
Luft/ und so viel desto mehr / so viel häufiger sie ist/und
gleich wie die Wärm die Respiration stärcket/ also im gegentheil die Kält schwächt dieselbe/daher geschichts auch/

forcht schwä-
chet die stim.

daß die sich heftig förchten/keine andere / als eine geringe
gebrochene Stimm von sich geben/dann in solcher Forcht
gehet die Wärm undersich dem Hertzen zu / verläst die
obern Theil / welche von solcher Wärm destituiret, anfangen zu erkalten / darnach zu erschwachen / letzlich eine
geringe schwache Stimm von sich geben.

Corollarium 2.
Von den Ursachen der groben und reinen
Stimm.

Warum
Knaben und
Weiber eine
eine Stim
haben?

Hat gleiche Beschaffenheit mit dem vorigen/dann bei
den Knaben und Weibern dependiret die formirung
der reinen Stimm von der Enge deß Canals oder Luft-
röhren/welche wann sie nach und nach mit dem Alter sich
erweitert/gehet nothwendig auch die reine in ein gröbere
Stimm/ so lang bis bei den Alten das organum wieder
eine truckenere Natur überkombt / so hört sie endlich auf
von der groben in der reinen Stimm / daher wann die
Knaben pubesciren, Mannbar werden/auch voller Samen stecken/so geschiehet mutatio vocis, wegen der grossen Gleichheit und dependenz, so die vasa spermatica

Samen-gefäs/mit den vocal- und Stimm-gefäsen haben: dann weil jene die Wärm und Feuchtigkeit/so billich den Stimm-organis gehöret/zu sich ziehen/müssen noth- *Woher die* wendig diese/ weil sie solcher Hülfs-mittel beraubet sind/ *mutatio* eine andere Stimm suchen und an sich nehmen / welches *vocis.* nicht nur bei den Menschen wahr ist/sondern auch bei den unvernünftigen Thieren: dann die Stier brüllen viel reiner als die Kuh/Capaunen guckern viel reiner und schärpfer als die gantze Hanen/ic. Warum aber die Weiber und die Verschnittenen allezeit so eine reine schwache Stimm behalten/ist die Ursach / daß weilen die Samen- *Warum die* glieder und Samen-gefäs bei den Weibern keine solche *Weiber und* nothwendige Dependentz haben mit den vocal-organis, *Verschnitte-* wiewol sie auch tempore pubertatis, wann sie mannbar *ne allezeit* werden/ etwas Veränderung der Stimmen empfinden: *gleiche Stim̄* weil aber doch dise mutatio gegen dem Mann gehalten/ *behalten?* gleichsam insensibilis, unmerckbar ist/ daher behalten die Weiber schier allezeit gleiche reine und scharpfe stim̄: bei den Verschnittenen aber/weil die Samen-gefäs gar weggekommen seyn/behalten nothwendig die organa vocalia allezeit gleiche und einerlei Beschaffenheit/welche sie anfänglich erlangt haben/das geschicht auch bei den Thieren / dann verschnittene Stier brüllen reiner und schärpfer/als die verschnittene gantze Farren.

Corollarium 3.

Von den Ursachen der rauhen und gelinden Stimm.

Die Lindigkeit und Glättigkeit deß Canals bringt eine glatte und gelinde Stimm/ dessen Räuhe aber eine rauhe und harte Stimm. ex gr. Eine Posaun/so in- *Gleichnus* nerlich im superficie abradirt,abgeschaben/oder mit Rost *von einer Po-* überzogen ist / oder sonsten mit Feuchtigkeit exasperirt, *saunen.* bringt eine rauhe/heisere Stimm und sonum: so gehets auch mit den Orgel-pfeifen/ daher im Menschen / wann das organum mit einem Fluß oder überflüssiger Feuch-

tigkeit exasperiret ist / da muß notwendig eine raube und
ungleiche Stimm heraus folgen.

Corollarium 4.

Von Vergleichung der Menschlichen Stimm
mit den Music=Instrumenten.

Vergleichung der
laryngis,
mit einem
Orgelwerck/

Gleich wie der Luft vonnöten ist bei den Orgeln / einen
sonum zu geben / also kan auch bei dem Menschen
die Stimm ohne den Luft nicht efformiret werden / und
gleich wie die Lungen ihre lobos und andere receptacula,
den Luft darein aufzufangen/ von der Natur empfangen
haben/also sind auch bei den Orgeln underschidliche Blas=
bälg: und gleich wie der Luft entweder attrahirt oder expiriret wird/ nach dem die Brust sich erweitert / oder zusammen schleust/auch nach dem die Lungen und die Muscheln den Luft entweder an sich ziehen / oder wieder aus=
athemen: also bei der Orgel / nach dem die Blasbälg mit
den Armen entweder aufgehaben oder nidergelassen wer=
den/da geht der Luft bald ein/bald aus/ gleich wie auch in
dem grund der laryngis ein fissur und Spalt eingegraben
ist/bestimet zu mancherlei formirung und Außsprechung
der Stimen: also haben auch die Orgelpfeifen ihre spält/
nach dem sie underschiedliche Art der Stimmen herfür
bringen sollen / aber die palmulæ und Mund=blätlein so
darzu gesetzet werden/bilden ab die musculos, so die glot-

mit einer
Posaunen.

tidem bald auf/bald zuschliessen: also auch eine Posaun/
hat underschiedliche partes, damit sie ein= und ausgezogen werden kan/nach dem der sonus kommen soll/ist auch
am End krum gezogen/damit der Luft ohne Schaden und
Anstos kan diffundiret werden: gleiche Beschaffenheit
hat es auch mit dem larynge. dann darum ist die trachæa
annulös, Rings=weis von der Natur zugerichtet / daß
dardurch die aspera arteria ein= oder ausgezogen/verlän-
gert oder verkürtzet werden könte/daraus nothwendig die
Stärck oder Schwäche der Stimmen entspringen muß:
und gleichwie das erste Mundloch überein komt mit der

glot-

glottide der Posaunen/also das andere Mundloch gegen
der Lungen/ komt überein mit dem äussern krum geboge-
nen Stuck der Posaunen/dañ dardurch wird der Luft ein-
und ausgeblasen/nach dem wir wollen/bald wird derselbe
häufig und hefftig/bald häufig uñ langsam/bald wenig uñ
geschwind/bald wenig uñ schwachlich/nach unserm belieben aus der Lungen/ mit hülf der Muscheln attrahirt, in
das Mundloch der Posaunen getriben / und zum andern
End wieder ausgeblasen/daher entstehet ein hoher reiner
tiefer grober/sitsamer/ starcker und schwacher sonus.

Margin: Wie der sonus in der Posaunen geschiebet.

CAPUT XV.

Von den Natürlichen Stimmen aller Thier.

Reierlei Thier können hier betrachtet werden / die
vierfüssige/fliegende und kriechende/deren keines fähig ist der modulation; weniger der Red selbsten/ ausgenommen etliche wenig Vögel/welche mit einer süssen modulation die Ohren der Zuhörer erfüllen/auch mit Nach-
lallung der Menschlichen Stimm die Zuhörer gantz er-
starrend machen: dann weil ihre Zung nicht überein komt
mit der larynge, auch kein einige Tüchtigkeit nicht hat/vo-
cales oder consonantes zu pronunciren, ist es kein Wun-
der/daß ihnen auch mangelt / die articulirt deutlich/ und
verständliche pronunciation , dannenhero sie mit ihrer
Natürlichen stimm begnüget seyn : also die Ochsen bröl-
len/die Schaf bläcken/die Hund bellen/die Pferd wicheln/
die Elephanten klappern / die Löwen brüllen/ die Esel
jachzen/ic. wiewol dieser sonus underschiedlich seyn kan/
nach dem dise Thier ihre Natürliche Zuneigungen an tag
geben wollen: dann ein andere Stimm hat der Hund wañ
er schmeichelt/ein andere wann er ergrimmt/ein andere
wann er unbekante Leut anbellet/ ein andere wann er aus
Lieb per coitum sich vermischen wil. Und das ist die Natürliche Sprach / dardurch die Thier unius speciei sich
under einander/durch Gottes allweise Fürsorg erkennen
und verstehen / uns aber ist sie nicht anderster / als nur

Margin: Warum die Thier nicht articulart reden können.

Margin: Der Thier natürliche Stimm.

Margin: Die Thier verstehn einander/ob sie der Mensch verstehn kön-

aus ne 2

aus den Zeichen und Würckungen kund und offenbar: ob
aber/und wie ein Mensch natürlicher weis/ aller Thiere
Sprach verstehen könne/weil es dises Orts nicht ist/wird
es anderstwo ex professo ausführlich gehandelt werden.

§. 1. Von dem Faulthier Haud/und dessen Wunder-stimm

Das Faul-
thier in Ame-
rica wird be-
schriben.

WAnn die Music in der Neuen Welt erstmals wäre
erfunden worden / solte man vermuthen/ der erste
Ursprung derselben komme einig und allein her von disem
Thier: seine Natur und Figur ist gantz ungewohnt/ wegen seiner gar langsamen Bewegung wird es pigritia ge-
nesit/ist so groß als eine Katz/mit einem häßlichen Maul/
mit so langen Klauen/die wie die Finger herfür gehn/am
Hindertheil deß Haupts hats eine comam, so das Genick
bedeckt / die Fette seines Bauchs ist so zäh eund klabrig/
daß es den Boden damit kehret/stehet auch niemalen auf
seine Füß/gehet so langsam daher/daß es gantzer 15. Tag
nicht weiter als eines Bogenschuß weit kommen kan/man
weiß nicht/was es für Speis isset/ man kan auch nicht se-
hen/was es für Speis zu sich nimt/ gemeiniglich hält es
sich auf in den Gipfeln der Bäume / zween Tag muß
es hinauf steigen/ und so viel wieder herunder. Die Na-

Wöhr und
Waffen di-
ses Th ters
wider äusser-
lichen Ge-
walt.

tur hat dises Thier duplici armatura wider andere feind-
selige Thier ausgerüstet/die 1. ist in den Füssen/darin hat
die Natur solche Stärck geleget/ daß was dises Thier ergreift / das hält es so fest/ daß es mit keiner Gewalt aus
seinen Klauen kan gerissen werden / sondern vor Hunger
in denselben sterben muß. Das 2. ist/ daß dises Thier die
Menschen/so es beleidigen wollen/mit seinem greßlichen
Gesicht dermassen commoviret / daß sie aus Mitleiden
dasselbe zu molestiren underlassen müssen: dann neben
den Threnen/so es aus seinen Augen fliessen lässet/ siehet
es die Zuseher also dolorosè, kläg- und beweglich an/daß
es gleichsam reden wil/ man soll das jenige nicht vexiren/
was die Natur so schwach/elend und erbarmlich gemacht
hab. P. Joh. Torus, Procurator der Provintz deß Neu n
Reichs

Reichs in America/so dem Autori difes alles erzehlet/und
dergleichen Wunderthier bei sich gehabt/hat es mit seiner
Prob beweisen wollen / hat also ein solches Thier in das Wunderba-
Carthaginensische Jesuiter-Collegium in novo Regno re Prob von
bringen lassen / und demselben ein lange Stangen under disem Thier.
die Füß geworffen/diese hat es also fest und steif ergriffen/
daß es ihme nicht mehr hat können genommen werden/
weil sich nun dieses Thier also freiwillig hat suspendiret,
und auf dise weis angebunden/hat man dasselbe an einem
sondern Ort samt der Stangen/ zwischen zween Balcken
aufgesteckt / daß es also 40. ganzer Tag gehangen/ ohne
Speiß/ Tranck und Schlaf / darbei aber die Zuseher so
scharpf und streng angesehen / daß es dieselbe mit seinem
doloroso aspectu dermassen bewogen / daß schier keiner
gewest/der nicht Mitleiden mit ihm gehabt hätte: Endlich
hat man es von disem alltägigen suspendio erlöset / und
dargegen einen Hund vorgeworffen/den es alsobalden so
fest mit den Füssen ergriffen/und 4. ganzer Tag gehal-
ten/daß er für Hunger sterben müssen. Dises Thier läßt
nun seine Stimm nicht hören/als nur bei der Nacht/und
darzu eine ganz Wunder-stimm/dann es steigt damit auf
und nieder durch die Music-intervalla, ut, re, mi, fa, sol, **Singe die**
la, sol, fa, mi, re; ut: zwischen iedweder es macht es ein su- **intervalla**
spirium, oder halbe paulam, nicht anderster / als wie die **musica.**
Schul-jungen die erste Music-elementa her zu singen
pflegen/so gar/daß als die Spanier erstes mals in dieselbe Gegend kommen/und bei Nacht solche vociferation
vernommen/haben sie nicht anderster vermeint/ dann die
Leut in der Neuen Welt müsten in den Music-praeceptis
unterrichtet seyn. Von den Einwohnern wird es Haud
genennet/um keiner andern Ursach willen/als daß es bei
iedem Grab und intervallo vocis & toni dise stimm wiederholt: ha, ha : nach dem folgenden Exempel:

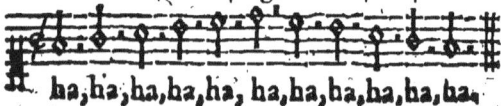

ha, ha, ha, ha, ha, ha, ha, ha, ha, ha, ha,

§. 2. Von den Stimmen der Vögel.

Under allen Thieren haben vornemlich die Vögel die Art und Gab zu singen und zu reden/von der Natur empfangen/so sehr/daß was der Elephant thut mit seinem klugen Gedächtnus / die Hirsch mit ihrer Treue gegen dem Menschen/die Affen mit ihren Possen-händeln/ die Füchs mit ihrer Listigkeit: das thun under den Vögeln der Papagei und die Nachtigall/mit ihrer Red und Ge-sang: Und damit wir von dem Papagei erstlich reden/ist solches ein Indianischer Vogel/gantz gemein und bekant/ von der Natur mit solchen Gaben ausgerüstet/daß er mit Scharpffsinnigkeit seines Verstands / und mit seiner ver-ständlichen Rede / welches unserer Menschlichen Ver-nunft allein zugehört / nicht fern vom Menschen zu seyn scheinet/nach dem vers: psittacus humanas, dum pro-mit voce loquelas, &c. Cælius erzehlt ein grosses Wun-der von diesem Vogel: Jener Papagei/sagt er/welchen der Cardinal Ascanius zu Rom um 100. Goldgülden ge-kaufft/hat gantz articulatissimè, verständlich und deutlich continuatis verbis, vom Anfang bis zum End/das Sym-bolum Apostolicum, Credo in Deum patrem, &c. als wie ein Mensch/vollkommen und vernünftig hergespro-chen. Ebenmässig ist geschehen/als Basilius der Morgen-ländische Käiser / seinen Sohn Leonem ins Gefängnis werffen lassen/als ob er ihm hinderlistig nach dem Leben gestanden wäre/daher ist das gantze Käiserliche Haus mit Heulen und Wehtlagen über diesen betrübten Zustand Leonis erfüllet worden/auch die præficæ und Klag-Wei-ber haben deßwegen etliche erbärmliche Klaglieder ge-sungen: was geschicht aber? ein Papagei im Käfig einge-schlossen/hört ohn underlas seufzen und weinen den Na-men Leo, Leo, hat er solches mit den Klag-worten geler-net und nachgesprochen: als nun Basilius der Käiser/sei-ner gewonheit nach / denselben wolte hören singen/ver-nimt er/daß der Papagei auch über den armen Leonem klagt:

Lob deß Pa-pageies.

Imitiret Menschliche Stimm:

Recitiret das Apostoli-sche Glau-bens Bekant-nus.

Liberiret Leonem deß Käisers Sohn aus dem Ge-fängnis.

klagt; diefes ist dem Vater so zu Hertzen gangen/ daß er
von seinem Grimm etwas nachgelassen / forchtend / es
möchte in künfftiger Zeit gesagt werden / der Kaiser wäre
viel härter gewesen / als sein Papagei / und wäre in dem
Mitleidens Affect von einem Vogel überwunden worden/
hat also den Sohn aus dem Gefangnis gelassen/ihn besser tractirt auch/als er sterben wollen / zum Erben deß
Reichs eingesetzt. Hier fragt sichs nun/was doch diser Vogel vor andern für ein habitudinem und Geschicklicheit/
die Wörter zu formiren/von der Natur empfangen hab?
oder wer dem Papagei sein χαῖρε, zur Zeit Kaisers Au-
gusti ausgesprochen hab? ꝛc. Nichts anderster/als die
wunderbare Constitution dieses Thiers/ dessen Glieder
mit deß Menschen Gliedern allerdings überein kommen/
hat einen grossen Kopf/ein fähigen weitläuftigen Mund/
einen von oben her beweglichen Schnabel / aufgebäußte
Kinbacken/wie die Menschen / eine dicke / fleischerne und
breite Zungen / under derselben hat er drei Gäng / so ad
radicem sich ziehen/mit welchen er sie wunder-läufftig und
beweglich macht / der Anfang der grossen Lufftröhren ist
nicht wie bei andern Thieren und Vögeln/so gleich wie der
übrige Canal / sondern oben under der glottide viel wei-
ter/ wie es dessen anatomia gnugsam ausweist. Diese
Glieder/weil sie andern Vögeln/ etlich wenig ausgenom-
men/mangeln/ist es kein Wunder/daß diser Vogel allein
von der Natur mit der Prærogativ der Menschlichen
Rede begabet ist. Eben dise conformation ist auch etlicher massen bei der Häßen in acht genommen worden/da-
her samt derselben Wunder-Schwäßhaftigkeit/da sie offtmal den Papagei selbsten weit übertrift. Autor hat ein
Häßen gesehen/welche nicht nur reden/ sondern auch singen können/mit solchem fleiß / daß wer sie nicht gesehen/
nicht anderster vermeint / er höre einen Menschen reden
oder singen/nach dem vers / pica loquax certâ Dominū
te voce saluto, &c. Niphus schreibt/die Häßen imitiren
so ge-

[Marginalien:] Organum vocis bei dem Papagei kompt aller-dings über ein mit dem Menschlich.

Häß imittiret auch die Menschliche Reden.

so genau deß Jägers Stimm/ daß sie auch die Hund bewegen. Pausanias erzehlt / ein Haß hab das Schreyen

Wunder.sa-
chen von der
Häßen.

und Weinen eines kleinen Kinds so eigentlich exprimiret,
daß sie dem Herculi Anleitung geben/seinen Sohn Athe-
nagoram wieder zu finden. Oppianus gibt für/die Häß
imitire aller andern Thier ihre Stimm/es brülle wie ein
Kalb/bläcke wie ein Schaf / pfeiffe wie ein Hirt/rc. Plutarchus confirmirts : Ein Balbierer/ sagt er/ hatte seine
Balbier-stuben vor einer Kirchen / welches forum græ-
cum ist genennet worden/der ernährte eine wunderschwä-
ßige und red-gespräche Häßen / welche nicht nur nachge-
machet der Menschen Stimm/ der Ochsen brüllen / sondern auch sonos instrumentorum, darzu freiwillig/ohne
Undrrichtung/ ist aber geschehen / daß in der Nachbar-
schaft ein reicher Mann zu Grab getragen wurde / mit
Zincken- und Posaunen-schall / und als sich die Leich vor
dem Haus ein wenig verzogen / die Musicanten aber mit
ihrer Music fortfuhren/ da ist die Häß von derselben

Häß ver-
stumt für in-
nig.tiefem
Dichten.

Stund an also stumm und sprachlos worden / daß sie im
geringsten nichts mehr reden / auch sonsten nichts nötiges
fordern wollen/welches schnelle Stillschweigen jederman
verwunderlich vorkommen/der eine hat dise/der ander ein
andere Ursach beigebracht / ist aber kein andere gewesen/
als die übung/ und der hefftige Fleiß im meditiren, daß
sie doch den sonum solcher Instrumenten / die sie gehört/
nachmachē möchte/daher ist ihr plötzlich das Maul wider
aufgangen/hat aber nichts von den gewöhnlichen Reden
hören lassen / sondern nur die melodias der Posaunen/
welche sie mit solcher Geschickligkeit nachgeäffet / daß es
alle mutationes & proportionum numeros gantz vollkommen exprimiret hat. Die Ursach dieser loquacitet
bei der Häßen ist einig und allein die Gleichheit der laryngis und der Zungen/wie auch deß Vogels scharpffsinniges
ingenium. Disen folgen nach alle andere Vögel/welche
gleiche Beschaffenheit haben organi vocalis, als da sind
die graculi, Tholen/Raben/rc.

§.3. Von

§. 3. Von der Nachtigallen und ihrer Stimm.

Jllich hat die Natur in der Nachtigallen gleichsam ein vollkommene Ideam der gantzen Music-kunst vorgestellt/auf daß die Capellmeister von derselben lernen sollen/wie ein vollkommenes Gesang zu ordiniren/wie die moduli in der Gurgel zu formiren; ja/wie der Pfau mit der Schönheit seines Spiegels zu prangen pfleget / also die Nachtigall mit ihrer süssen stimm/ liebt und hört gern die Music: in Wüsten und Einöden singt sie nur simplici cantu, sine ullo modulationis apparatu, gantz schlecht ohn einige Zierligkeit/aber wann sie auditores hat/da legt sie gleichsam divitias vocis an Tag/erfindet unzahlbare sonos und modulationes,bald ziehet sie die Stimm in uni- sono gantz gleich/in die Länge/bald inflectirt sie dieselbe / bald singt sie leiser/bald heller / itzt stärcker / dann schwä- cher/bald drehet sie die Stimm/ macht sie wunder-krauß mit Coloraturen und glottilmis, bald singt sie lange Vers/als heroicos, bald kürtzere / als sapphicos, bald gar kurtz / als adonios; unverdessen meditiren die junge Nachtigallen bei sich / versuchen sich bißweilen die Alten zu imitiren, der Praeceptor singt vor mit grossem Fleiß/ der Schuler hört zu mit grosser Andacht/ja man vermer- cket bald auch die Bestrafung deß Alten/und die Verbes- serung deß Jungen: wer kan sich aber gnugsam verwun- dern über solche Wunder-stimm/in so kleinem Leiblein/ über solchen standhaften Geist und anhaltenden Athem/ in dem der sonus bald continuo spiritu in die Länge ge- zogen/bald mit inflectirtem Athem geendert/bald mit ge- brochenem Athem getheilet / bald mit einem krummen conjungiret / bald mit zuruck-gezogenem ausgelassen/ bald unversehens verdunckelt wird. Bißweilen murmelt sie bei sich selbsten/bald nimt sie an sich einen geraden glei- chen/bald einen groben/reinen/ bald einen starcken häufi- gen/bald einen ausgedehnten / bald einen zwitzerenden/ bald einen hohen/bald tiefen sonum, Summa/was die

Von d' Nach- tigallen sol- len die Musi- ci lernen.

Der Nachti- gallen wun- derbare kunst im singen.

Nachtigal- len lehren einander.

D   gantze

gantze Kunst in so vielen 100. ja 1000. Jahren erfunden
hat/das alles wird in solchen engen faucibus dises Vöge=
lins verrichtet/ja/das noch mehr / schier ein iegliches hat
seine sonderbare modulos, daher streiten sie offtmals so
hefftig mit einander/daß der Todt das Leben beschließt/ehe
der Athem/als das Gesang ausbleibet / so gar / daß die
Nachtigall billich epitome totius harmonicæ modula=
tionis mag genennet werden. In der Anatomi dises Vö=
geleins findet sich ein gantz kurtze Zungen / ein larynx auf
wunderbare weis zugerichtet / voller Zäserlein und Mu=
scheln/die übrige Theil sind von andern Vögeln nicht un=
derschieden; daraus ist zu schließen / die gantze Krafft der
underschiedlichen Stimmen komme her von den unzahl=
barer fibris, dardurch die glottis bald eng zusammen ge=
drucket/bald laxirt und offen gelassen / bald diducirt und
wieder eingezogen wird/also auf alle Seiten gebogen: die
Zung ist gleichsam plectrum, schlägt alle sonos und voces
aus. Daraus ist auch zu schließen/die diminutiones gut=
turales, so die Italiäner in der Gurgel machen/und cril=
los nennen/geschehen nicht von der Zungen/ sondern un=
mittelbar von der glottide, sei nichts andersters / als ein
tremor der Gurgel/so vom ausgeathmeten Lufft in orifi=
cio glottidis verursachet wird. Der autor ist aber hier
gar sorgfältig gewesen / damit er desto genauer alle und
iede zinzillationes, Zwitzer und Triller / oder chroma=
tismos sibilationum, die Coloraturen / so sie im Zwitzern
hören lassen/welche ins gemein glottismi Zungen=schläg/
weil sie mit Hülf der glottidis geschehen / genennet wer=
den / nach Proportion der Music=zeit vorstellen möchte/
hat eine anderthalb=schühige Saiten genommen/vermit=
telst derselben die Anhaltung der glottismorum bei der
Nachtigallen gemessen/ dannenhero hat er allezeit zween
curso-recursus der Saiten bei einem Tact gefunden/also
daß ein ieglicher diadromus einen halben Tact gemachet/
der eine dem Auf= der ander dem Niederschlag respondi=
ret/nach dem er nun solches angemercket/ hat er die Prob
ural=

Anatomi
der Nacht=
gallen.

Ein Kunst=
Prob deß
Autoris,
wie derselbe
der Nacht=
gallenGsang
observiret,
und nach der
Music aus=
getheilet hat.

in aller früh an einem bequemen Ort angefangen/ darbei
befunden/daß die Nachtigall ie bisweilen per semiminimas, bisweilen per fusas, auch bisweilen per semifusas
ihre glottismos fibilares, zwizernde Coloraturen dispo=
nire/wann sie aber ihre gar kleine und geringe glottismos
adornirten/haben sie dieselbe mit solcher Geschwindigkeit
gemachet/ daß dieselbe nicht anderster als per trifulas &
quatrifulas notas, deren 32. oder 64. einen Tact mache/
haben können vorgebildet werden / darbei aber auch un=
derschiedliche glottismos observiret / die allerklareste/ so *Glottismi,*
mit der allerreinesten Stimm gemachet werden/nennet er *pigolismi,*
pigolismos, welche sie aber durch ein gewisses Murmeln *teretismi,*
machen/teretismos,welche sie aber ihterruptâ voce,doch *glazismi,*
in gleichem intervallo machen/nennet er glazismos. Di= *was sie seyen.*
se Wunder-stim arguirt nun Gottes seine WunderPro=　GOttes
videntz/der disem thierlein/so zur Recreation deß Mensch=　Wunderlichen Gemüts verordnet ist / solchen hohen Grad in der　Providentz.
Music mitgetheilet hat / daß es nicht allein in formirung
der Clauseln/wie auch in der Behendigkeit/alle Kunst=In=
strumenta weit übertrift/sondern auch seiner Geschicklig=
keit nach/allen Fleiß der Musicorum verlachet / affectirt
nicht nur die Art und weis zu singen diatonicè, sondern
auch chromaticè und enharmonicè, darzu mit solcher
wunderbarer Art und Manier / daß kein Music=Instru=
ment solche Chromatische Enharmonische gradus genau=
er und eigentlicher praestiren kan/ als die Nachtigall in ih=
rem kleinen Hals/zweifel auch nicht daran/ daß dises Vö=
gelein wegen bequemer Constitution seines Stimm=orga-
ni, nicht auch solte der Menschlichen Rede fähig seyn/wan　Nachtigall
unt ein Lehrmeister wäre/ der die Buchstaben und Silben　ist d Mensch-
recht vollkomlich sibilo exprimiren könte; was aber Al-　lichen Rede
drovandus erzehlt von dreien Nachtigallen / so zu Aug-　fähig.
spurg im Wirthshaus das / was bei Tag geschehen / bei
Nacht under sich selbsten geredet/halten viel nur für eine
Fabel / oder muß durch heimliche Zauberei / Blenderei/
oder mit Hülf deß darzwischenkommenden Teufels geschehen seyn.　　　　　　　D ij　　§. 4.

§. 4. Von den Stimmen der andern Vögel.

Wunderbar ist es/aber doch warhaftig/was zu Rom geschehen / in einem berühmten Kloster deß Prediger-Ordens/da hat Domianus a Fonseca,ein Portugallenser/ein Mann von grosser Kunst und Ansehen / in seinem musæo und Studier-Stuben ein Vögelein im Käfig eingeschlossen gehabt/ von der Art der jenigen Lerchen/
Ein Art Lerchen betet die Catholische Litani. welche sie gallandram nennen/dises ist von den Fratribus Ordinis dermassen underrichtet worden/ daß sie litanias sanctorum,gleichsam als mit Menschlicher Stimm/nicht nur recitiret; sondern auch noch viel anders geschwatzt/ welches ohne Verwunderung nicht hat können vernomen werden: der autor selbsten hat diß Wunder nicht glauben wollen/bis ers selbsten gesehen und gehört/als er einsmals in der Nacht dem Vögelein gar andächtig aufgemercket/ hat endlich dasselbe nach vielem lieblichen singen / viel Namen der Heiligen/ in Italiänischer Sprach gantz klar und deutlich zu pronunciren angefangen/ bisweilen hat es dise Wort hinzu gesetzet/ora pro nobis, bisweilen dise/ Jesus Christus crucifixus,bald wieder andere/ bis auf die 70. Namen / welche sie also wunder-deutlich hergesagt/
Alle Vögel können zur red gebracht werden. daß sich niemand hätte bereden lassen/daß es ein Vogel un kein Mensch wäre/daraus schliessen wir noch einmal/daß gleich wie die Nachtigallen zum Gesang : also können sie auch zur Rede gewehnet werden / halten auch die Histori von den Nachtigallen zu Augspurg im Wirthshaus nicht so gar für unglaublich und unmüglich / ja zweifeln nicht daran/daß nicht alle Vögel / welche die Natur mit einem harmonischen Cantu begabt/solten tüchtig seyn/Menschliche Stimmen zu formiren/wann sie nur wol underrichtet würden. Das Königlein stehet der Nachtigallen an der Seiten/als von deren sie in formirung ihrer glottismotorum etliche modulos entlehnet/wiewol nicht so schnell und geschickt/ macht auch seine glottismos allezeit auf einerlei weis. Der Finck/das Zeißlin/ das Rothschwäntzlin/

lin/die Lerch/und so viel Vögel stimmig seyn/ gehören hie=
her/doch komt keiner zur solchen manchfaltigen Varietät
der Modulation wie die Nachtigall. Die andere Vögel
haben zwar ein thonbare Stimm / aber mit keinen glot-
tilinis gezieret/als der Hahn/die Henne/der Guckuck/der
Schwalb/der Widhopf/die Eule/ die Wachteln/ıc. dann
weil ihre Stimm nicht ordiniret ist den Menschen zu delectiren, so lassen sie nur dieselbe Stimm von sich verneh-
men/welche dienen/ihre Gemüts-Neigungen zu eröfnen.
Zwar der Hahn gibt mancherlei Stimm von sich/ein an=
dere/wann er eifert/ein andere/wann er die Henne hacket/ *Galliciniū*
ein andere/wann er die Zeit anschreit/daher das gallicini- oder Hanen=
um komt. Die Henne macht auch underschidliche Stim- geschrey.
men/anderster ruft sie/ wann sie ihre Jungen zusammen
locket/anderster/wann sie Eyer legt/ anderster wann sie
zörnt. Die Wachtel wiederholt allezeit einerlei Gesang/
an statt eines pigolißmi; der Guckuck bleibt bei seinem
gu cu/ wie das Exempel gibt:

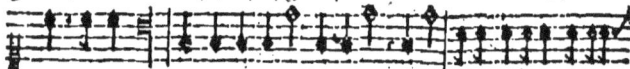

Cuculicu. to to to to to.to to to,to to. glo glo glo, gloglo.
Der Hüner geschrey. Wann sie Eyer legen. Wañ sie den Jungen

glo glo. gucu. gucu. . bikebik
locken. Guckuck. Der Wachtel-schlag.

Under allen Vögeln aber exprimirt die Amsel zum
allerbesten aus differentias harmonicas, also daß/ was
der Papagei/die Hätz/der Rab können/ in Exprimirung
der Menschlichen Stimm/ja/was die Nachtigall und an=
dere wohlstimmige Vögel können in Austruckung ihrer
glottilmorum. das kan die Amsel under allen Vögeln mit
singen / sonderlich wann sie von einem guten Vor-singer
undertichtet wird; kaum wird ein Art eines Gesangs gefunden werden / daß es dieselbe nicht erlernen solte/und

Die Amsel
ist der aller-
vortrefflichste
Singer.

zwar so exactè/daß sie alle Noten pronunciren wird/daß
es auch nicht im geringsten semitonio verfehlen solle.

Ob der Schwan singe?
Vom Schwanen wird auch mächtig viel gerühmet/ son=
derlich/daß er kurtz vor seinem Todt gar süs und lieblich
singen solle/ daher der cantus cygneus komt/ und zwar/

Anatomi des=selben.
wann wir das organum vocis bei dem Schwanen beden=
cken/ ist dasselbe gantz wunderbar: dann die trachæa ist
mit underschiedlich gebogener Krümme/ gleichsam als
wie ein Posaun ausgedehnet/dem undern Theil der Brust
inseriret mit einem holen receptaculo, von dannen gehts
wieder herfür/ und nach dem sie noch andere Krümme
mehr hat/wird es endlich bifurcato ductu in die Lungen
eingeführet. Wir sagen aber/diese und dergleichen man=

Warum ih=me die Natur ein so lange trachæam gegeben?
cherlei ductus & tractus seyen dem Schwanen nicht um
der Music/ sondern um anderer Ursachen willen ange=
schaffen: dann weil derselbe gar einen guten urinatorem
gibt/ auch offtmal eine gantze Stund under dem Wasser
in Durchgrabung deß Wassers/und suchung der nötigen
Speis sich aufhält/ als hat er nach seinem langen Halß/
auch ein lange trachæam vonnöthen gehabt/und weil die=
se allein nicht gnug gewesen/ hat ihm auch die Natur den
holen Luft=fang in der undern Brust eingepflantzt/daß er
in demselben/gleichsam als in einem Brust=sack/den zum
Athem nothwendigen Luft behalten möchte/ damit er
nicht mit hinderlassung der Speis/allezeit herfür schwim=
men muß. Diesem nach halten wir den Schwanen=gsang
für ein blose Fabel/ von den Poeten erdacht/ aus Anlaß
der Nymphen/welche sie wegen ihrer Weisse Schwanen
genennet/ sintemalen die kluge Natur die organa vocis
in den Thieren nicht allezeit zur formirung einer sonder=
baren Stimm/sondern auch zu andern nothwendigen Ge=

Schwein singen nicht.
bräuchen ordiniret hat/sonsten auch ein Schwein/ welche
einen schönen laryngem aus Güte der Natur empfan=
gen hat/zum schönsten und lieblichsten singen müste/ wel=
ches doch/zu sagen/lächericht/ja thöricht wäre,

§.7.

§. 7. Von dem Quackſen der Fröſch.

Ob Je die Fröſch ihren coaxatum verrichten/hat auch
Ariſtoteles ſelbſten gezweifelt/das iſt gewiß/daß ſie
ſolche Stimm nicht ediren mit der glottide, ſondern mit
einem andern Theil deß Leibs/wie aus deſſen anatomi zu
ſehen ; da findet ſich ein Zunge gegen dem Schlund löß-
lich/äuſſerlich bei den Kinbacken gantz unbeweglich /.der
Spalt deß laryngis, weil er wegen ſeiner Exilität allerdings die Augen fliehet / iſt ſchwärlich zu finden / hat auch
2. Hölen/in welchen 2. Augen ſtehen ; Die Zung iſt aber
innerlich lößlich geſetzet/und mit Fleiß umgekehret/damit
ſo wol das Spältlin/als die Zung ſelbſten möchte geſehen
werden. Die Lungen ſind mit Luft alſo angefüllt/ daß ſie
gleichſam bauſen/ haben ſolche geſtalt / wie die Marmel-
ſtein / mit underſchiedlichen Flecken und Farben anzuſe-
hen/dieſem nach ſagen wir/das Quackſen werde verurſachet mit der undern Lefzen deß Kinbackens / alſo/daß der
obere Kinbacken unbeweglich bleibt/ dann wann er ein
wenig Waſſer zu ſich nimt zwiſchen die fauces,der Athem
aber/ſo aus den Lungen ausgetriben wird / in dem er das
zwiſchen-ſtehende Waſſer zu penetriren ſich underſtehet/
muß er endlich mit gewalt durch den eigen Spalt laryngis heraus brechen/ und in dem er alſo das Waſſer exſpi-
ret und bewegt / ſo machet er den coaxatum. Geſchicht
alſo diſer ſonus nicht/ wie bei andern Thieren / glottide,
ſondern aus Gewalt deß Lufts / ſo aus der Lungen durch
den glottidem ausgeathmet wird / dardurch das eingenommene Waſſer anſchlägt und durchtringt / nicht an-
derſter/als wie in den Waſſer-pfeifen zu geſchehen pflegt/
damit in den Orgeln das Vogel-geſang formiret wird/
welche Pfeifen in das Waſſer geſteckt / mit gewaltigem
Trieb angeblaſen werden ; iſt alſo das Quackſen eigentlich keine Stimm/ſondern ein bloſer ſonus, ſo aus andern
Urſachen entſtehet/ ja man kan ihn auch in einem allererſt
todten Froſch erwecken/wann man eine Röhren durch die

Anatomi des Fröſch.

Wie das Quackſen der Fröſch geſchehe

Wie das Vogel-geſang geſchehe in den Orgeln

D iiij   Seiten

Seiten hinein in die Luftröhren stoffet/dardurch das Waſ=
ſer/ſo noch in dem Rachen ſich befindet / mit gewalt auf=
und angeblaſen wird.　Nicht aber ohne ſonderbaren Nu=
ßen hat die Natur dem Froſch diſes Quackſen angeordnet/
dann weil er zum meiſten under dem Waſſer ſich aufhält/
auch viel Lufts bedörftig iſt/wie ſeine groſſe und pauſſende
Lungen gnugſam anzeigen/hat die Natur dieſe Hölen der
Gurgel mitgetheilet / daß in derſelben das verſamlete
Waſſer den in der Lungen aufhaltenden Luft und Athem
zuruck hielte : dann weil er kein epiglottidem hat / muß
ſolch Waſſer an deſſen ſtatt ſeyn /．damit nicht der Luft in
der Lungen/wie in einer aufgeblaſenen und eröfneten Bla=
ſen/mit einander auf einmal herauſſer gienge / muß alſo
jenes diſen zuruck halten / biß durch das Quackſen der in=
nerliche Luft auß= und der äuſſerliche dargegen eingelaſ=
ſen wird.

Vom Nußen ſolches Quack= ſen.

§. 8. Von den Grillen/Häuſchrecken und Hausheymen.

ETliche vermeinen/ die Grillen verrichten ihre Stim=
entweder mit dem Mund/ oder blos ſtridore alarũ,
wie bei den Häuſchrecken : aber das contrarium lehret ih=
re anatomi ; da findet ſich ein wunderbares Kunſt=ſtück
der ſinnreichen Natur : daſſelbe hat eine zwiſache Trum=
mel/under einer zwiſachen Bruſt/gleichſam als mit einer
Fiſch=ſchupen bedecket/die Bruſt und der Wanſt ſind mit
einem groſſen antro und tiefen Loch ausgehölet/der obere
Theil iſt mit einer kotichten Haut umgeben/gleichſam als
mit einem Schwibbogen/empfangt den ſonum, diſer aber
ſpringt zuruck von dem zuſammen=geſchlagenen Luft in
ſolche weite Kammer / den Luft ſtoſſen aber etliche gar
harte Häutlein/gleichſam wie die meſſinge Blechlein/diſe
wann ſie beweget werden / geben ſchier gleichen ſonum
von ſich : dieſe Häutlein werden verwahret mit ihrer
Schelſen/doch alſo/ daß ſie nicht gar verſchloſſen ſeyn/
ſondern der Luft hat ſeinen freien Zugang / werden bewe=

Anatomi der Grillen.

get

get mit 2.Muſcheln. Dieſem nach gehören underſchiedli= *Welche*
che organa darzu/wann diſes Thier ſeinen ſtridorem von *organa zum*
ſich geben ſolle/nemlich/die 2.Trummeln/under der zwi= *ſono gehört.*
fachen Schupen verborgen ligend/ ein zwifache Höle/der
Schwibbogen/ die Blechlein oder die Häutlein / welches
das vornehmſte Stück iſt/wann dieſes zerriſſen/ ſo verge=
het der ſonus, wann es aber auch von andern Leibern ab=
geſondert iſt/gibts dannoch einen ſonum von ſich.Sagen
alſo/dieſes Thier ſei groſſer Hitz / daher es auch nur im *Wie der*
Sommer ſingt/iſt alſo eines friſchern und kältern Lufts *ſonus*
hoch bedörftig/und deßwegen / wann es etliche allzuharte *geſchehe.*
Häutlein/ſo innerhalb der Trummel verborgen ligen/zu=
ſammen ſchlägt/ſo bewegt es dardurch den Luft / und in
dem diſer anſchlägt an der blechern Haut/ſo erweckets den
ſonum. Iſt alſo die würckende Urſach deſſen das Thier
ſelbſten/die formal Urſach das Blech mit dem fornice,
die material, der ausgeſtoſſene Luft/ die final, die Erqui=
ckung und Beſchützung dieſes Thiers vor ſeinen Feinden,
Der Häuſchrecken Art aber edirt ſeinen ſonum mit den *Heuſchrecken*
Flügeln/alſo daß ſie auf einander gelegt/bewogen werdē/ *ſonus ge=*
deren der obere in ſeinem Innern Theil einen ſchwartzlech= *ſchicht mit*
ten Leib hat/der undere hat ein Leiblein von gleicher Sub= *den Flügeln.*
ſtantz/iſt gelegt in dem äuſſerſten Theil deß obern/mit dem
äuſſerſten Theil/diſem ligt an ein ſchöne Trummel/wann
ſich nun dieſelbe mit einander ſtoſſen und reiben/wird ſol=
cher ſtridor, ja auch bei den todten/ nur mit Anrührung
eines griffels / excitiret. viel gröſſer aber in den Leben=
digen/weil daſelbſten häufiger Luft enthalten iſt / daher
ſchlagen die gantz dicke Flügel den geſtoſſenen Luft an ſolch
Häutlein/und daher komt der ſonus in der Trummel. Der
Grillen ſind aber zweierlei Art/ etliche ſind wilde/ etliche *Grillen ſind*
heimiſche/ſo ſich gern in Stuben / Küchen und Heerben *zweierlei.*
aufhalten/doch alle beede erwecken ihren ſonum auf glei=
che weiſe/wie die Häuſchrecken.

D 5 CAPUT

CAPUT XVI.

Problemata circa sonum & vocem.

FOlgen zum Beschluß etlich verborgene Frag-Puncten vom sono und von der Stimm. 1. Fragt sichs/ warum die Stimm acutius in der Fern/obtusiù: aber in der Nähe vernommen werd/da viel mehr das gegentheil geschehen solte/ weil die gravitet der Stimm in der Langsame/acumen aber in der Behendigkeit bestehet/ die jenige Sachen aber werden desto langsamer moviret, ie weiter sie von ihrem principio abgesondert sind/und desto geschwinder/ie näher sie dem principio verwandt sind/ wie in einem Pfeilschuß erscheint: gewißlich/der lonus. so von ferne gehöret wird/ solte viel gröber seyn/ als der in der Nähe: doch widerspricht die Experientz/ cominus obtusiùs, eminus acutiùs sonum percipi, was ist die Ursach? R/. Warhaftig geschicht solches nicht/sondern es düncket uns nur also/darum/weil der sonus in der Nähe/ wegen der Heftigkeit deß bewogenen Lufts/ gleichsam obtundiret und gedämpfet wird/ in der Ferne aber wird er nach und nach debilitirt, und also wegen seiner Dünne und Schwäche wird er für heller und schärpfer gehalten.

2. Warum ein kaltes Wasser schärpfer und mehr rausche/als ein warmes/da es doch aus einem Faß herausser fließt? R/. Weil das kalte Wasser viel dicker und zusammen-gebackter ist/ als das warme/ so muß es auch einen acutiorem sonum von sich geben/als dises/ welches vom Feur dünn gemacht/ und in vapores dissolviret ist/ also einen langsamern motum hat/ als jenes: kommt hinzu/ daß der umher stehende Luft dicker ist/ als der Dunst deß Wassers/ conseqq. wird der sonus rarior und dünner. Hieher gehört auch/ warum der Mensch im Sommer eine reinere/im Winter ein dunckelere stim habe? 3. Warum die Thier/wann sie jung seyn/ eine reinere Stimm/ wann sie aber älter werden/eine gröbere Stimm von sich geben/die Kälber allein ausgenommen/ welche alsdann

ein

Marginalien:

Warum ein Stimm reiner in der Fern/ gröber in der Nähe?

Woher der reine und grobe sonus.

Warum ein kalt Wasser mehr Geräusch mache dann ein warmes.

ein gröbere Stimm haben/als wann sie Ochsen werden? ℞. Die Ursach ist die underschiedliche Beschaffenheit deß laryngis, dann weil derselbe bei den Kälbern weiter pflegt zu seyn/ nachgehends aber etwas in die Enge gezogen wird/ists kein Wunder/daß ein Kalb viel gröber brülle als ein Ochs : das gegentheil aber befindet sich bei andern Thieren/ mit Dilatirung deß laryngis, wird auch die stiñ gröber. 4. Warum man viel härter und schwärer singe mit der reinen/als mit der groben Stimm? ℞. Dorten muß man die Stimm gar zu hefftig intendiren, aus solcher intention entspringt die Difficultät: hier aber nicht also; daß aber am Fieber kranck ligende Leut/wann sie gesund worden/nicht gleich singen können/ist die Ursach/die exasperationes faucium, der Hals ist noch gar rauch vom Fieber. 5. Warum das Anschauen eines Wolfs die Heiserkeit bringe? ℞. Das thut die heftige Forcht/damit der Mensch erschüttert wird/wañ er unversehens einen Wolf sihet : dann die Natürliche Wärm und der Lebens-geist wird durch die Forcht von den obern in die underste Theil gezogen/verringert also die Kraft zu moviren / welche in der Wärm ist/dargegen erkältet er die vocal-instrumenta, macht sie also unmächtig/ die Stimm zu proferiren. So gehets in Gegenwart vornehmer Leut / daß viel aus Forcht gar verstummen/ vergessend der Sach/ so sie vorbringen sollen. Sonsten/daß der Wolf keine stiñ-beraubende Kraft hab/noch von sich gehen lasse/ist der Beweißthum/daß viel Wölf allenthalben gesehen werden/welche zahm mit den Menschen gantz freundlich umgehen / aber ohn einige Würckung solcher verborgenen Qualität/ wie etliche wollen. 6. Warum wir einen Menschen/er pfeiffe auch mit dem Mund so lieblich er wolle / dannoch nicht so gerne hören/als natürliche Flöten und Pfeifen ? ℞. Was die Natur selbsten thut/ ist viel annehmlicher / als was die Kunst/si mia naturæ, derselben/auch bisweilen gewaltsam/nachthun wil. Daß wir aber einen Singer lieber hören/wann ein Pfeifen-werck/als wann nur ein Leyr

Marginalia: Warum ein Kalb viel gröber schreie daß ein Ochs.

Marginalia: Warum mã viel schwärer rein als grob singe.

Marginalia: Warum das Wolf-sehen eine Heiserkeit bringe.

Marginalia: Warum wir das Natür-, pfeifen lieber hören/als das Menschen-pfeifen.

darzu stimt/ ist die Ursach/ daß die Pfeif der Stimm viel gleichförmiger/auch derselben Fehler viel besser verdeckt/ und sie darzu perficiret, welches in der Leyren/ so heterogeneæ naturæ, nicht geschehen kan. 7. Warum in voce barytonâ die Dissonantz der Stimm eher vermercket werde/als in oxytonâ? ℞. Weil vox gravis einer langsamern Bewegung ist/und mehr Zeit erfordert/die acuta aber etwas geschwinders/und weniger Zeit gebrauchet/demnach ein langsame Stimm viel eher und besser/ als ein schnelle vernommen wird. 8. Warum wir im oscitiren und gähnen weniger hören/als sonsten? ℞. Weil der faule/schlaferige Wind/ welchen wir è faucium finibus ausstossen/ durch die Ohren gehet/dieselbe erfüllt/auch einen äusserlichen strepitum verursachet/ oder sonum obfuscantem; Kompt hinzu/ daß unter dem gähnen die Kinbacken von einander gezogen werden/ durch welche distraction der äusserliche Luft keinen solchen freyen Zugang zu den Ohrē hat/wie sonsten. 9. Warum man ausserhalb deß Hauses einen sonum viel besser vernehme/ als innerhalb deß Hauses/unerachtet derselbe in dem Haus ist excicirt worden? ℞. Weil der sonus, ausser dem Haus ausgelassen/ einen freien Raum bekomt/also in der Luft dissipiret wird/ deßwegen gantz welck und schwach ist/ und nicht sowol kan vernommen werden; der äusserliche sonus aber/so in das Haus fällt/wird daselbsten recolligirt, und also viel besser vernommen inner- als ausserhalb deß Hauses. 10. Warum wir lieber hören als lesen? ℞. Weil wir das gehörte viel leichter lernen und behalten/als das gelesene/ weil die Stimm deß Lesers mehr beweget/ als die muta narratio autoris: in der Erzehlung ist gemeiniglich die gesellschaft/ welche unserer Natur gar annehmlich ist/ welches nicht geschiehet in solitariâ lectione. 11. Warum der Sinn zu hören/bei der Jugend so leicht verletzet werd? ℞.Weil zwischen der Hör-kraft und dem Hör-object eine gewisse Proportion erfordert wird/ so kan leichtlich geschehen/ wann das object allzu hefftig und scharpf/ dargegen

das

Marginalien:

Warum in voce barytonâ die dissonanz eher gemercket werde/als in oxytonâ.

Warum wir im gähnen weniger hören.

Warum der sonus besser in- als ausser dem Haus vernommen werde.

Warum wir lieber hören/als lesen.

Warum das Gehör so leicht verletze werde:

das organum etwas zart/und schwach/daß daffelbe lædi-
ret und verletzet werde. 12. Warum das Gehör vor andern Sinnen das Waffer abhorrite? ℞. Weil daffelbe **Warum die**
mit feiner Kälte den vornehmften nervum deß Ohrs/auch **Ohren das**
deffen vornehmftes Stuck angreift/ daher find die Ohren **Waffer nicht**
der urinatorum, under dem Waffer gemeiniglich der Ge- **leiden können.**
fahr deß Bruchs underworffen; dann weil fie den Athem
defto ftärcker zuruck ziehen/ muß endlich die Ohr-trummel/
weil fie von dem zuruckgehaltenen defto heftiger angetriben wird/ auch vor fich nicht ftarck gnug ift/ dem einbre-
chenden Waffer zu weichen/brechen und zerreiffen: daher
pflegen die Wafferleut zuvor Oel in die Ohren zu hemen/ *urinatores*
weil das Oel das Waffer/ wann es cum impetu daher *praferviren*
komt/zuruck hält/un als ein unleidenliches Ding von fich *fich mit Oel.*
treibt. Daher erfcheint auch die Urfach/ warum under
dem gähnen man das Ohr im geringften nicht kratzen fol-
le/dann alsbann wird die Trummel heraus getriben/ fo
durch folch kratzen leichtlich kan verletzet werden. 13. Wo- **Woher das**
her doch die mancherlei foni entftehen in den Krancken? **fingen und**
℞. Aus heftiger Bewegung underfchieblicher/ auch un- **fauffen in dem**
derfchieblich anftoffender Feuchtigkeiten/fo das innerliche **Ohren.**
Ohr gantz occupiren. Alfo das Zifchen der Schlangen
entfpringt aus einem gelinden Wind/ fo fchwächlich heraus fällt/das Klingen der Ohren aus deffen underbroche-
nem Lauf/das Geräufch aus feinem ftarcken Anftoß/ fein
fluctuation aus Bewegung der Feuchtigkeit/daher wann
ein äufferlicher ftrepitus ereget wird/fo weicht der inner-
liche/weil der gröffere den geringern vertreibt. 14. War- **Warum die**
um die von Natur taub find/ auch zugleich ftumin find? **Tauben auch**
℞. Das gefchicht wegen Gemeinfchaft der Nerven in der **ftumm feyn.**
Zungen und im Ohr.

APPENDIX de Phonognomiâ.

Wie man eines leden Leibs fein Temperament
aus dem fono und deffen Stimm muth-
maffen könne?

Das

DAs ist eine schöne Kunst/ auß Beschaffenheit der Menschlichen Stimm in die innerste Gemüts-Zuneigungen zu penetriren. Der sonus aber kan auf zweierlei weiß betrachtet werden/als lebendig/ oder leblos. Jener ist entweder vernünftig/ oder unvernünftig ; jener ist vox humana mit Hülf laryngis und epiglottidis herfür gebracht/ mit der intention, etwas anzudeuten/ damit dann die Menschliche Stimm von allen andern sonis underschieden ist. Dieser ist vox brutorum. zu dem End/ihre Seelen-passiones anzuzeigen. Der leblose sonus ist die Zusamenschlagung underschiedlicher Leiber/als Donner/Büchsen/Höltzer/Metallen/rc. daher weil ein sonus viel schärpfer ist als der ander/so muß notwendig folgen/ der Leib deß reinern soni bestehe auß dünnerer Substantz/ bringe auch mit sich ein prædominium ; entweder vom Luft oder Feuer. Darvon folgen nachfolgende experimenta und Phonocritische Thon-Proben : 1. Wie die Natur underschiedlicher Art Holtz/Bein und Mineralien durch den sonum zu erforschen sei ? Resp. Man nehme cylindros, runde lange Höltzer allerlei Art/gantz gleich in der Grösse/wohl gedörrt/binde sie zusammen/und hänge sie auf/schlag alsdann mit einem plectro dran/da wird man vernehmen underschiedliche Arten der sonen, und wann man observiret die Gleichheit der Consonantien/ kan man leichtlich von der Natürlichen Construction der Leiber/wie viel nemlich eines fester/dicker/dünner oder poroser sei/als das andere/urtheilen : dann weil die Dicke eines Leibs entstehet aus vieler Zusamen-setzung der irrdisch und wässerigen Theilen/wird also desto dicker seyn als das andere/nach dem es partes constipatiores hat/ daher je dichter ein corpus ist / ie schwärer ist es auch) : ist es desto schwärer/kan es desto langsamer moviret werden/und daher komt der tiefe und grobe sonus : ist aber das Temperament irdisch und trucken/ so komt ein starck-grober sonus ; ist es aber wässericht und feucht/ein grob-dunckeler sonus. Die Dünne und Rarität aber /weil sie ihren Ur-

sprung

fprung hat aus einer über die maß porofen Subſtantz/
auch vielen lufts fähig iſt/ſo folgt/ ie poroſer die Leiber/ie
dünner ſie auch ſeyn / und ie leichter / ie geſchwinder ſie
können beweget werden / conſeqq. komt auch ein reiner
und hoher ſonus; wann nun eines feſten Leibs ſein ſonus
gegen einem andern gehalten / etwas grob-dunckel iſt/ſo
findt ſich dabei prædominium aqueum, wie beim Bley/
wegen überflüſſigkeit der Mercurialiſchen Feuchtigkeit:
hat es aber einen grob-ſtarcken ſonum, ſo iſt das Temperament gar gut/wie im Eiſen und Stahl; iſt aber der ſonus acutus und tenuis, ſo arguirts eine poroſe/doch/wöl-
dichte Subſtantz/wie im Zin; iſt er acutus vehemens &
penetrativus, ſo iſt das corpus feurigen Temperaments/
oder einer leichten/gantz dünnen Subſtantz/wie im Büch-
ſen-ſchieſſen. 2. Wie man das Temperament der Säft
und anderer flüſſigen Sachen finden ſoll? Reſp. Nim 3.
4. oder 5. Gläſer/alle gleich in der Form und Größ/fülle
ſie mit underſchiedlichen Säften/als Waſſer/Wein/öl/ꝛc.
doch fülle ſie auf gleiche weis: darnach reibe den Ranft eines ieglichen Glaſes mit einem naſſen Finger/ſo lang/bis
ein ſonus komt/welcher nach underſchied der Säften auch
underſchiedlich ſeyn wird: dann ie ſubtiler ein liquor iſt/
und ie gröber/deſto reiner oder tiefer wird er ſoniren; daher das öl / weil es feſt und zäh iſt / wird deſto tiefer und
gröber erthönen / Waſſer wird gravius lauten als aqua
vitæ, dieſes als die ſpiritus oder quintæ eſſentiæ. Und
wiewol das öl der Subſtantz nach viel ſubtiler iſt/als das
Waſſer/welches aërea naturæ iſt / doch wegen ſeiner zähen und ſeimichten ſubſtantz/verurſachets einen gröbern
ſonū: iſt nun der ſonus deß einen glaſes grob verdämpft/
ſo arguirts bei dem Saft ein wäſſeriges Temperament/
wie im Brunnen-waſſer / welches doch/ gegen dem Pfü-
tzen-waſſer/ſo eines irdenen und heftigten Temperaments
iſt/etwas acutius ſoniret; iſt aber der ſonus acutus & tenuis, ſo iſts ein Anzeichen aërei temperamenti, wie alle
triefende Waſſer/welche allezeit einen reinern ſonum ha-
ben/

Wie man δι
Temperamēt
der Säft und
anderer flüſ-
ſigen Sachen
finden ſoll.

Underſchied-
liche Säfte
haben under-
ſchiedliche
ſonos.

ben/als das Elementarische Waſſer ; iſt aber der sonus
acutiſſim⁹,ſubtilis&penetrans, gantz hefftig uñ ſcharpff/
ſo arguirts ein feuriges Temperament/wie bei den ſpiritibus & quintis eſſentiis. Je ſubtiler nun ein liquor vor
dem andern/das wird der sonus geben.

Experimenta Phonocritica, de voce
animalium & hominis.

Woher die underſchiede-ne Stimmen bei den Thie-ren.

Die Stimm iſt den unvernünfftgen Thieren zu dem
End von der Natur eingepflantzt/daß ſie dardurch
ihre paſſiones entweder gegen ſich ſelbſten/ oder gegen
dem Menſchen zu verſtehen geben. Daher kan ein Thier
pro qualitate temperamenti underſchiedliche Stimmen
von ſich laſſen; werden ſie von der cholera moviret, ſo iſt
der sonus bei ihnen acutior,als wann ſie vom Hunger getriben werden/dann die dünne und ſubtile Gall acuirt die
ſtimm/welche die Melancholi undPhlegma wegen Langſame und Zähe der Feuchtigkeit remittirt, wann aber das
Geblüt ebullirt, ſo gibts eine temperirte Stimm. Wann
nun die paſſio von der cholera herrühret/ ſo iſt die Stim
deſto reiner/wie bei Hunden und Katzen/wan ſie raſen/zu
ſehen : appetiren ſie dann coitum,ſo geben ſie von ſich eine reine/doch ſeufzende Stimm / iſt ein Anzeigen deß ſie-

Wie man der Thier Stimm ver-ſtehen ſoll.

denden Gebluts/ꝛc. Aus diſer Erkantnus könte eine Scientz und beweisliche Wiſſenſchaft formiret werden / dardurch einer die Stimm und die Sprach derThier verſtehn
könte/wie von Apollonio Thyaneo gerühmet wird/auch
bei dem autore in ſeinem Turre babylonicâ weitläuftig
zu leſen/da viel neue und ſeltzame Sachen gefunden werden. Bei den Menſchen aber können die Affecten deß in-

Affecten der Menſchen werden durch die Stimm erkant.

nerlichen Gemüts viel leichter und gewiſſer durch die
Stimm/ als durch die Phyſiognomi indagiret werden/
daher als Plato die Natur und Eigenſchaft eines Jüng-
lings hat erkennen wollen / hat er geſagt: loquere, ut te
videam; Rede/ daß ich dich ſehe. Anzudeiten/ durch die
Stimm müſſe die innerliche Zuneigung erlernt werden.:
weß=

weßwegen auch Jacob der Patriarch nicht nur durch den
tactum, sondern durch die Stimm / den Underschied sei=
ner Söhne observiret. Galenus hat die Capacität der
Brust auch durch die Stimm erkandt/die jenige/ sagt er/
welche eine starcke Stimm haben / welche sie ohne inter-
ruption fortführen können / die hätten ein grosse Brust/
darzu gehören aber auch grosse weite Lungen/mit starcken
Muscheln / latyngis & epiglottidis ; nach dem nun die
temperamenta bei den Menschen sind / so haben sie auch
underschiedene Stimen/als da ist ein langsame/geschwin= menten/ so
de/süsse/rauhe/vermengte/clare/knarcende/klingende/rei= sind auch die
ne/tiefe/oder auch mittelmäsige Stimm. Wie aber hier= Stimmen.
aus die Passionen und Affecten der Menschen mit zimli=
cher Probabilität können geschlossen werden / davon folgen underschiedliche Conjecturen. 1. Welche Menschen
mit einer grossen Stimm gar grob schreyen / die werden
von Aristot. under die Esel gerechnet / wird geschlossen/
daß sie seyen homines injuriosi, contumeliosi, petulan-Welche Leu=
tes, das ist / boshaftige Leut : dann der Esel hat gar ein Esels=stimm
grosse und grobe Stimm / und ist darbei gantz indiscret, und Esels=
boshaftig/muthwillig. Die Ursach aber solcher starcken Eigenschaf=
ten haben.
Stimm ist die grosse Luftröhren / dardurch viel Luft aus=Woher ein
geblasen wird : die Ursach der groben Stimm ist/waß der starcke stim=
viele Luft gar langsam aus der Luftröhren ausgestossen
wird : gehört also zur starcken Stimm/ ein grosse/weite
Brust/ein grosse arteria, dicker Hals/und hat das prædominium die Erden. Ein grobe tiefe Stimm aber ent=
stehet aus Kälte und Langsame / zeiget an ein kaltes und
truckenes/das ist/ein irdisches Temperament/wer damit
begabet ist/der ist geitzig/forchtsam/indiscret,grob/stoltz/
wie dergleichen Natur in Caligula Cornelius Tacitus
angemercket hat. 2. Weiche anfänglich mit einer groben Stimm anfangen / letzlich aber in der reinen aufhö=Grobe Stim
ren/die werden als klagende/ zornmütige/ traurige Leut/ anfangs/ zu=
den Ochsen verglichen/ welche solche Natur haben. Die aufret Ochsen
Ursach ist/daß bei den Traurigen und Leidmütigen sich die Natur.

E   Wärme

Wärme versamlet / von der Circumferentz biß an das centrum deß Hertzens / sambt den Lebens-geistern / also daß die obere Glieder von der Wärm verlassen / und mit Kält ergriffen werden: weil nun an solchem Ort die Kälte prædominiret, so pflegt die Stimm langsam und grob

Woher der Traurigen Stimm.

zu seyn/und die häufige Wärm um das Hertz bedarf häufigen Lufts/daher ziehen die Traurigen viel Lufts an sich/ welcher/weil er langsam wieder ausgehet / so bewegt er viel deß äusserlichen Lufts/daher entstehet anfänglich ein grobe Stimm/weilen aber durch das Reden und Klagen viel Leids und Unmuths vom Hertzen weggehet/nach dem Vers / egeritur lacrymis, egeriturque dolor, daher geschichts/daß die Wärm um das Hertz / in dem sie hinaus gehet/so bewegt sie den Luft etwas schnellers als zuvor/

Welche/reine Weiber-stimm.

daraus komt dann der reine sonus. 3. Welche Leut im reden ein weiche / reine und gebrochene Stimm von sich lassen/diß sind weich= und weibische Leut/wie bei Weibern und schmeichlenden Kindern zu sehen/welche/wann sie reden/mitten in der Rede nachlassen / ist ein Zeichen einer grossen Bewegung um das Hertz/nach dem vers/ incipit

Woher dieselbe.

effa[...] mediaque in voce resiltit. Die Ursach ist der Mangel der Natürlichen Wärm/und überfluß der ausgehenden Feuchtigkeit/dann dardurch wird jene gleichsam obruirt und geschwächt/daher bewegt sie gar weichlich und underbrochen. Ein solche Stimm gibt an Tag dimidium humidi præ calido, und ist das Temperament weibisch/ weich/inclinirt auch ad propensiones molles, und zu Niderlassung deß Gemüts. 4. Welche im reden ein grosse/starcke/grobe/perplexische Stimm haben/die sind/nach Außsag deß Philosophi, kühn/starck / und mit der Hand fertige Leut. Vox perplexa ist aber/wann die Wörter we-

Vox perple-xa was es sei.

gen allzuschneller Behendigkeit deß Redenden/under sich selbsten confus,undeutlich und unverständlich seyn/ und also raptim plötzlich aus dem Mund ausgehen / daß ein Sylb gleichsam die andere schlägt/dieselbe unvernemlich

Woher sie komme.

macht; die Ursach ist das allzu hitzige Temperament/da-

bei

bei trucken / das irrdische und truckene aber gibt ein grobe
tiefe Stimm/die Wärm aber bewegt viel Lufts/daher ent-
siehet die Perplexische Stimm. 5. Welche eine weiche **Welche sitt-**
und sitsame Stimm haben/die sind/ nach deß Philosophi **same Stimm**
Meinung/ sanftmütig/ gelind/ gütig/ꝛc. werden mit den *arguiret*
Schafen verglichen : diese vernimt man bei den Knaben **Schafs-Na-**
und Jungfrauen/wann sie frölich seyn / und.der Natur **tur.**
nach wohl disponiret, und bleibt darbei/welche Leut/wañ
sie natürlich reden ohne Affect / eine geringe/ weiche/ und
nachgelassene Stimm haben/die sind sanftmütig und etwas forchtsam/wie die Schaf/welche dergleichen Stimm
haben/daher die jenige/ welche leichtlich die injurias ver-
tragen/nicht zu sehr zürnen/weniger rachgierig seyn / die
sind temperamenti humidi & frigidi. 6. Welche im
reden vocem acutam & intensam von sich lassen/die sind
zornmütig/mutwillig/frech und geil/wie die Böck/deren **Reine erba-**
Natur sie haben/dann die Geiß ist ein solch Thier/welches **bene Bocks-**
solch Temperament hat / so zur Trückene declinirt, hat **und Geissen-**
auch melancholiam mit Schleim vermischt / welches/ **Stimm.**
weil es sich nicht wol zusammen reimet / ists ein Anzeigen
einer corruption deß feuchten im Truckenen/ daher dann
auch ihr Gestanck komt.

ARTIS MAGNÆ
de
CONSONO & DISSONO,
LIBER II. PHILOLOGICVS.

Un wolan/nach dem Natur-thon/folget
in guter Ordnung der Kunst-Thon/ das ist/ die **Wober die**
Music ; dieselbe hat gleich im Anfang der Welt **Music ihren**
ihren Ursprung genommen aus mannigfaltiger collision **Ursprung.**

E ij   der

der Leiber auch aus underschidlichen Stimmen der Thier/
welch seminariū nachgehends der Mensch/ als der Zweck
aller Ding / etwas weiters ausgeführet / und in ein voll=
kommenes Music-systema gebracht hat; dann gleich wie
der einfache sonus eine Stimm/also dise hat einen sonum
harmonicum mit der Zeit gemacht / und ist jener vor di=
sem vorher gangen / von welches soni harmonici Ur=
sprung/Fortpflantzung/Veränderung/sonderlich bei den
Hebræern und Griechen / wir in diesem Buch handlen
wollen.

CAPUT I.
Von der Erfindung der Music.

IN disem grossen Welt-Theatro ist nichts gemeiners
als der sonus : derselbe aber/wie er noch heutigs tags/
Der erste Anfang der Music. also hat er auch den ersten Welt-Menschen mancherlei
Anleitung und Gelegenheit geben zu seiner Erfindung/
und zwar vornemlich die Wind / wie auch das Zischen et=
licher Thier/daß weil die erste Weltleut meistentheils dem
Baur= und Hirten-Leben abgewartet/ auch daselbsten ih=
re Wohnungen und Hütten geschlagen/wo sie fette Wai=
den und feuchte Oerter befunden / so mit Bintzen / Röh=
ren/Schilfen und dergleichen/bewachsen gewesen/ hat es
nicht geschehen können / daß solche leut den gantzen Tag
müssig / ohne einige Gemüts-Erfrischung hätten zuge=
Aus Röhren sind die erste Pfeifen kom= men. bracht/sondern vermuthlich haben sie ihnen aus pfeiffigte
langen/ geraden Stengeln/ allerhand Pfeifen/ Zincken/
Krumbhörner zugerichtet / dann das thun unsere Hirten
und Baursleut noch auf den heutigen Tag/ so ist auch das
ingenium viel frischer und schärpfer gewesen / zu dem/
weil sie der Zimmer-kunst / ohn welche die Menschliche
Gesellschaft nicht bestehen kan / wohl erfahren gewesen/
hat es nicht gefehlet / daß nicht bißweilen ex casuali col-
lisione corporum, under dem Arbeiten/mancherlei soni-
Woher die Schlag-In= strumenten. tus & strepitus ist erwecket worden/durch welche gelegen=
heit sie dann auch vermuthlich in die Wissenschaft der

Schlag=

Schlag-Jnstrumenten gelanget seyn. Hat also die Music ihren ersten Ursprung nicht von den Griechen / Chal-
deern/Egyptiern/sondern von den ersten Welt-Menschen
vor der Sündfluth/ja wann heutigs Tags alle Menschen
von der Welt solten weggenommen/und nur etlich wenig
Kinder hinderlassen werden/ist kein Zweifel/ daß sie nicht
theils aus tringender Nothdurft / theils aus sonderbaren
Fällen/mit der Zeit in mancherlei Erfindung dem menschlichen Geschlecht nötig/gerathen solten : dann die Erfindung der Sachen sind dem Menschen eingepflantzt/wer-
den nicht nur aus den Büchern gelernt/sondern auch mit
Verstand etwa bei hochtringender Nothdurft/oder à casu
& experientiâ, oder aus Eingebung eines guten Engels
eruiret. Derhalben/daß die Music auch von Anfang geweßt sei/neben dem daß es die H. Schrift augenscheinlich
bezeiget / sagts auch die Vernunft selbsten. Was Jubal
gethan/ist bekant/die 70. sagen/ er hab am ersten Psalter
und Cithar-spiel gelehrtt. Nach der Sündfluth aber sind
die Egyptier die ersten gewesen/welche die verderbte Music wieder instaurirt haben : dann dise/von dem Cham und
seinem Sohn Mizraim underrichtet/haben die Music dermassen illustriret, daß auch das Wort Music von dem
Egyptischen Wort moys seinen Ursprung genommen :
von denen ist sie nachmals zu den Griechen / von diesen zu
den Lateinern und andern Völckern gebracht worden.

Ein iegliche Facultät setzt ordine naturæ ein objectū
vorher/damit sie vornemlich umgehet. Das eigentliche
objectum der Mathematic ist quantitas terminata,wel-
che weil sie zweifach ist/continua & discreta , also macht
sie auch ein zwifache Facultät/die Geometri und die Arithmetic ; beede Quantitäten könen wieder auf zweierlei weis
betrachtet werden/entweder absolutè oder relatè, daher
komen zweifache Mathematische disciplinæ,puræ & mix-
tæ, oder materialiter & formaliter, daher komt das ma-
terial- und formal-objectum , durch welches letzere ein
Kunst-Wissenschaft von der andern unterschieden wird.

Margin notes:
Erfindung aller Ding ist müallich und leicht.

Von wem die Music erstlich erfunden/und wie sie fortgeführt worden.

Objectum Mathematica.

Disciplinæ Mathematica.

Auf

Formale objectum Optice & Musica.

Auf dise weis ist das formal-objectum der Optic/ linea visualis, die sichtbare Gesichts-Lini: der Music/numerus sonorus, die thonbare Zahl/ dann mit disen Eigenschaf-ten gehet kein andere Facultät um/als die Optic und Mu-fic; dann wiewol beedes die Optic und die Geometri für ihr gemein Material-objectum haben lineam, iedoch be-trachtet dise Scientz die lineam anderster/under einer an-dern Ration und Formalität/als iene; dann iene betrach-

Wie Optic uñ Geometri/ wie Arithme-tic und Mu-fic underschie-ben seien.

tets ut est linea extensa, diese aber/ut est visualis, und so fern ist eine von der andern underschieden: Also die Arith-metic und Music haben für ihr gemein Material-ob-jectum, numeros, aber diese betrachtets under einer an-dern Formalität / als iene/ nemlich/ wie sie sonori und thonbar sind/ oder wie sie gewisse proportiones in sich schliessen/und so fern ist die Music von allen andern scien-tiis underschieden: der numerus sonorus aber ist nichts anderster/als ein solche Zahl/ die ein gewisse Relation an-zeiget zu den Stimmen selbs/und dann auch zu den sonis, nach Beschaffenheit der Zusammen- oder Widerstimmi-

Musica est sciétia sub-alternata.

gen Intervallen. Daraus schliessen wir 1. die Music sei ein subalternirte Scientz/darbei aber zu wissen/die Kunst-Wissenschaften (scientias) seien principales & minus principales, iene dependiren von den gemeinen principi-is, so durch das Liecht der Natur/ oder der Sinnen erkant sind / daraus sie auch ihre conclusiones und gültige Schluß-Reden führen/als da ist/ Geometria, Arithme-

Welches Disciplina subalternã-tes & sub-alternatæ seyn. Musica sub-alternatur Arithmeti-ca.

tica, &c. werden daher subalternantes scientiæ genen-net/diese aber sind/welche neben den gemeinen principiis auch die conclusiones principiorum, so von den Haupt-scientiis demonstriret worden/ für ihre principia erken-nen/und so fern sind diese von ienen nicht nur in formali objecto, sondern auch in formalibus principiis under-schieden/und denselben subalterniret. Dises nun gesetzt/ erhellt auch 2. die Music sei ein solche Scientz/ welche der Arithmetic subalternirt sei: darzu gehören 3. Stuck: 1. das gleich-gemeine objectum materiale. 2. gleich-ge-meine

meine principia, neben den conclusionibus. 3. die ge=
wisse Formalität und Perfection deß gemeinen objecti,
darinnen die scientia subalternata dasselbe betrachtet.
Dise 3. Stück finden sich bei der Music : 1. betrachtet sie
numerum, so allen beeden gemein ist. 2. gebraucht sie die Wie ein Di=
principia, so sie von der Arithmetic empfangen. 3. be= *sciplin der*
trachtet sie den numerum nicht præcisè & per se, sondern *andern subal=*
wie er mit einer gewissen Perfection der Sonorität bega= *ternirt wer=*
bet ist. Solte aber dise Sonorität auch den Linien appli= *de.*
cirt werden / so würde die Music nicht nur der Arithme=
tic/sondern auch der Geometri subalternirt werden/ und
hätte zu seinem formal-objecto lineam sonoram, wie in
harmonicâ geometriâ, und in der echosophia weitläuf=
tig soll erwisen werden. Es führet aber die Music drei=
erlei principia, definitiones, postulata & axiomata, weß=
wegen sie billich für ein eigentliche und vollkommene Sci=
entz gehalten wird.

Caput II.
Von Abtheilung der Music.

Music ins
gemein wa=
sie sei.

Die Music weitläuftig genommen/ ist nichts ander=
ster / als eine widerstimmige Ein= und einstimmige
Widerstimmigkeit/da underschiedliche Sachen concurri=
ren, ein einige Harmoni zu machen: ist theils Artificial/
Kunstreich/theils Natural/Natürlich. Die Natur=Mu=
sic begreift in sich die gantze Natur aller Ding / so fern sie *Die grosse*
harmonicè disponiret ist / als da ist die grosse Welt=Mu= *Natur-Mu=*
sic / die wunderbare Zusammenstimmung der Himmel/ *sic was sie sei.*
Elementen und aller Creaturen/sonderlich die Menschli=
che Music /. so da bestehet entweder in harmonischer Zu=
sammenstimmung deß Menschlichen Leibs / oder aller in=
nerlich= und äusserlicher Sinnen. Die Kunst=Music ist *Die Kunst.*
entweder organica oder harmonica. jene begreift in sich *Music ist*
die wunderbare Zurichtung allerhand Music-Instru= *zwisach/*
menten/seien gleich pneumatica. so durch Wind getriben *hat dreierlei*
werden/oder enchorda. so mit Saiten bezogen sind/oder *Instrumen-*
ten.

E iiij pul-

pulsatilia, Schlag-Instrumenten. Dise betrachtet ver=
mittelst der Vernunft und der Sinn/die Underscheid der
Sonen/Modulationen und Consonantien. Andere thei=
len die Music ab in speculativam & practicam, daher
wird der jenige musicus theoricus genennet/ welcher blos
mit der Vernunft/alles was in der Harmonischen Music
vorlauffen kan/judiciret und urtheilet; ein practicus ist
dargegen/ der sich allein auf seinen Gehör-sinn verläst/
weiß die Ursach seiner Musicalischen Würckung so fern
nicht/ so fern er diß tractiret, und gleich.wie die Wissen=
schaft vortreflicher ist als die Kunst/ also übertrift jener
disen gar weit/ doch sind sie beede vor sich unvollkommen/
ist aber die theori nut der praxi verbunden/so machts ei=
nen vollkommenen musicum, der nemlich nicht nur zu se=
tzen weiß/sondern gibt auch von iedem Satz Red und Ant=
wort; darzu gehört aber allerdings encyclopedia musi-
co.philosophica von allen scientiis, Arithmetic/ Geo=
metri/Music/Historie/Dialectic/Rhetoric/rc. so gar/daß
wann wir die Music in rigore verstehen wollen / ist sie
nichts anderster/als eine vollkommene Wissenschaft aller
Harmonischen Thonen/ sie mögen vorfallen/wo und wie
sie wollen.

Musica spe-
culativa &
practica.

Theori mit
der praxi
macht voll-
kommene/ein
ohn die ande-
re macht un-
vollkommene
Musicos.

Die gantze
Philosophi
gehört zur
Music.

Caput III.
Von der alten Hebreer ihrer Music.

Die Erfindung der Saiten ist uhralt/dann weil nichts
so nötig / als der Gebrauch der Fäden/mancherlei
Sachen darmit zusammen zu binden / die Auffspannung
aber der Fäden einen annehmlichen sonum erweckt/ also
ist kein Zweifel/daß nicht der Saiten Gebrauch schon von
der ersten Welt hero sei üblich gewesen/und zwar/daß ei=
ne viel-saitige Cithar vor der Sündfluth gewesen sei / be=
zeiget die H. Schrift: daß auch David ein zehen-saitiges
Psalter-spiel gebrauchet habe / bezeuget seine Histori:
Was aber die alten Hebreer für gebräuchliche Instru=
menta gehabt / hat der Autor in allen Rabbinisch- und
Thal=

Gebrauch
der Fäden er-
findet die
Saiten-
Music.

Thalmudischen Büchern gar fleissig nachgeschlagen. Under vilen andern Hebræischen Autoribus tractirt dieselbe
gar eigentlich der Autor deß Buchs Schiltehaggibbo- *Der Hebree*
rim, diser sagt die mancherlei Music-Instrumenta in dem *ihre instru-*
Heiligthum seien an der Zahl 36.gewesen/welche alle Da- *menta po-*
vid gar künstlich hab tractiren können. R. Saadias in Dan. *lychorda.*
zehlt auch so viel: das Thalmudische Buch aber Aruchim
zehlt nur 34.

§. 1. Von der Hebreer ihrem Neghinoth.

Neghinoth
was es für
SInd solche Instrumenta gewesen/ welche dem Na- *Instrumen-*
men nach/entweder mit der Hand / oder mit einem *ten gewesen.*
andern plectro, als Federkiel/Fidelbogen/Stimhammer/
kleinen Stecklin sind gerührt und gespielet worden. Schilte haggibborim sagt/ Neghinoth seien gewesen hültzerne
Instrumenta/lang und rund/mit vilen Löchlein und dreien
Saiten : wann sie dieselben wolten thönend machen / kra-
tzeten sie die Saiten mit einem Bogen von zusammen-ge-
strickten Pferds-haaren ; solche Instrumenta sind gewe-
sen/das psalterium.nabliü.assur,nesel,kinnor,maghal,
minnim, davon mit wenigem. Davids Psalter/was es *Psalterium*
eigentlich gewesen / ist ungewiß : etliche haltens für kein *was es gewe-*
absonderlich Instrument/sondern hab nur gewisse gene- *sen.*
ra harmoniæ angedeitet. Josephus sagt/ es hab 12. sonos gehabt/und sei mit Fingern gerühret worden. Die alten Patres haltens für das allervortreflichste Instrument
deme zur Perfection nichts gemangelt / welches man am
obern Theil/wie eine Lauten/ geschlagen hab. Ja Augustinus helts allerdings für eine Lauten. Hieronymus beschreibts auf Art und Weis wie einen viereckichten Schild
mit 10.Saiten. Hilarius hälts blos für das nablium,
sei mit Saiten zugerüstet gewesen: und zwar / psaltere
heist eigentlich/nach Aussag Suidæ, mit den obersten Fingern die Saiten begreiffen. Die meiste Gelehrten ver- *warum Da-*
gleichens mit unserer Harpfen/ wie dann diese allezeit zu *vid mit einer*
Harpfen ge-
seinem Bildnis pflegt gemahlt zu werden/in der Form ei- *mahlt werde:*
       E v   nes

nes Triangels/ welches die Alten sambucam genennet.
Von den übrigen Instrumenten sagt Schilte haggibbo-

Nevel,assur rim, nefel oder nablium hab 22. Saiten gehabt/ in 3.
kinnor,ma- Octav getheilet/ assur aber sei aus 10. kinnor aus 32.
chul, min- machul aus 6. minnim aus 3.oder 4. Saiten bestanden/
nim, was setzt hinzu/ nevel sei wie ein Tisch/ kinnor wie ein Cythar
es für Instru- auf die heutige Art/machul & minnim aber wie ein Viol
mentē gewe- oder Geigen zugerichtet gewesen. Sonsten soll das deca-
sen. chordum ein Geheimnis-reich Instrument gewesen seyn/
so die Harmoni der dreifachen Welt repræsentiret/wie in
der hieroglyphischen Music wird gesagt werden. Haghniugab, dessen im Chaldeischen Targum Onkeli & Uzie-

Haghniugab lis gedacht wird/ ist ein Saiten-Instrument gewesen der
was es gewe- grossen Geigen bei uns/ viola di gamba, oder auch der
sen. Bassgeigen nicht gar ungleich/hatte 6. Saiten/wie zu sehen beiR.Hannase c.10.und Schilte haggibborim; wird
gar oft confundirt mit dem machul,von dem es nur in der
Zahl der Saiten ist underschieden gewesen.

§.2. Von der Hebreer Schlag-Instrumenten.

Toph oder 1. Ist das toph oder die Paucken/ hat seinen Ur-
Paucken was sprung von den Egyptiern genommen/dann derselben Prie-
es gewesen. ster/wie Schilte haggibborim bezeugt/haben die Paucken
zum allermeisten in dem Götzen-Tempel der grossen Muter der Göttin Vestæ gebrauchet. R. Abrah. Hannase
sagt/es hab die Gleichheit eines Schiflins/Schelchs oder

Cymbalum Trogs gehabt/ daher es dann von den Griechen cymba-
woher es den lum ist genennet worden/weil es ein Instrument gewesen
Namen. instar cymbæ, wie ein Kahn oder Fischer-Schiflein/ setzt
hinzu/dasselbe sei mit der Haut eines Thiers überzogen
gewesen/ und mit einem plectro, wie ein Strempfel im
Mörser/oder mit eisern und ehrinen Schlegeln gerühret
worden/bald starck/bald schwach/bald kraus und spissir,

Machul was bald gedämpft/ wie bei unsern Paucken. 2. Machul.
es gewesen. wird zwar von etlichen under die Saiten-Instrumenta
gezehlt/aber R.Hannase wil beweisen/daß es ein Schlag-
Instru-

Jnstrument gewesen sei / vergleichts mit dem systro der
Egyptier/und mit dem crus malè bei den Griechen/sagt/
es sei ein runder Circkel oder grosser Ring gewesen / mit
vielen Glöcklen umhängt / von Eisen/Ertz/Silber oder
Gold gemachet / 3. Finger weit / mitten im Bogen ein *Glocken-Jn-*
Hammer oder Schlegel/wie in einer Glocken/daher es ei- *strumenta.*
nen gar lauten Thon von sich geben / und deßwegen von
den Lateinern tintinnabulum genennet worden / solchem
nach aber kan diß Jnstrument füglicher under die Jalza-
loth oder minangnghinim, das ist/Glockenwerck gerech-
net werden. Das systrum der Egyptier aber ist ein eisern *Systrum Æ-*
Jnstrument gewesen / nicht mit kleinen Glöcklin/sondern *gyptiacum.*
mit eisernen Ringen zugerichtet / mit einer Handhaben/
welches aus Zusammen-schlagung der Ring ein trauriges
Gemürmel von sich geben/davon aber mysticè und weitläuftig in deß autoris seinem œdipo, im Buch von der
hieroglyphischen Music der Egyptier gehandelt wird.
Daß aber auf diese weise so wol das systrum bei den Egy-
ptiern/ als das toph bei den Hebreern sei zugerichtet ge- *wird aus der*
wesen/ und die Jungfern in ihren Täntzen und Freuden- *H. Schrifft*
spielen gebrauchet haben/ist zu lesen im Exodo von Mir- *bewisen.*
jam/ Mosis Schwester / und im Buch der Richter von
Jephte Tochter/soll auch noch heutigs Tags in Palæstina
im Gebrauch seyn/wie von glaubwürdigen Leuten berich-
tet wird. 3. Gnetsé berosim. was es für ein Jnstrument *Gnetsé be-*
gewesen/kan man eigentlich nicht wissen/etliche confundi- *rosim was*
rens mit dem systro, andere mit den crotalis uñ Klapper; *es gewesen.*
andere mit den gnaccaris und Bauren-Jnstrumenten:
R Hannas é sagt/es seien instrumenta gewesen/ welche
einen hellen lauten Thon/doch ohne Music-Harmoni von
sich geben/seien gewesen 2.thänne ne Höltzer oder Bretter/
deren das eine einem Mörser/das andere dem Strempfel
im Mörser gleich gewesen / mit einer Handhaben in der *Mörser. Jn-*
Mitten/welche nun dasselbe schlagen wollen / die namen *strument.*
das corpus in die lincke / den Schlegel aber in die rechte
Hand/damit schlugen sie bald auf den Ranft / bald in die
Mitte/

Mitte / bald an das äufferſte deß Mörſers / bald mit diſem / bald mit jenem / bald mit beeden Knöpfen deß

minangn-
ghinim.
  Strempfels. 4. Minangnghinim. was es ſei / ſtreiten
auch die autores; etliche haltens für ein Pſalter-ſpiel/
etliche für ein Cymbel-art/ andere blos für Kinder-klap-
pern. Der Thalmudiſche Tractat Aruchim ſagt/es ſeien
Inſtrumenten geweſen / welche durch Zuſammen-ſchlagung manchfaltiger Sphærulen/einen groſſen ſtrepitum
durch den Mund von ſich geben. Hannaſé ſagt/es ſei ein
-hültzerne Tafel geweſen/viereckicht/oben mit einer Hand-

Tafel- und
Rollen-Jn-
ſtrument.
haben/über der Tafel ſeien underſchidliche hültzerne/oder
ehrine Kügelin/mit einem eiſernen Drat oder gezwirnten
Faden durchgezogen geweſen : wann nun die Tafel gerühret worde/ſo haben die globuli bald an einander ſelbſten/
bald an die Tafel geſchlagen/alſo einen hellen lauten Thon
von ſich geben. 5. Magraphé tamid, und magraphe d'

magraphé
tamid.
aruchim ſind underſchiedliche inſtrumenta geweſen: jenes war ein Schlag-Jnſtrument / dardurch das Volck
zur Kirchen beruffen worden / eines ſolchen ſtarcken und
lauten Thons / daß Hannaſé vorgibt / man habs in der
Statt Jericho hören können: was es aber für eine Figur
gehabt/unñ wie es einen ſolchen portentoſum ſonum hab
von ſich geben können/das wil niemand erklären/doch ſa-

Glocken-Jn-
ſtrument/ ſo
von Jeruſal.
in der Statt
Jericho ge-
höret worde.
gen etliche/daſſelbe ſei geſtanden im Grund deß Tempels
zu Jeruſalem/der Ort aber ſei alſo gewölbt geweſen/daß
die Stimm/nach dem ſie in dem gewölbten ſuperficie deß
tholi und Schwibbogen manchfaltig an- und zuruck ge-
ſchlagen/auch oft und vielmal vermehret worden/ einen
ſolchen ſonum, den man auch zu Jericho hätte vernehmen können/erwecket hat. Der Gebrauch dieſes Jnſtru-
ments war/ die Prieſter und Leviten zu verſamlen/ auch
diejenige/ſo unrein waren/für die Thier deß Tempels zu
ſtellen; und zwar/wann die Sach mit conjecturis auszu-
machen wäre / ſolte dieſes Jnſtrument wol mit unſern
groſſen Glocken/ welche/wie bekant/ man in weit entlege-
nen Oertern hören kan/können verglichen werden.

§. 3.

§. 3. Von den Wind-Jnstrumenten der
Hebreer.

1. Maſtakitha, vom Ziſchen alſo genennet / iſt ein
Jnſtrument geweſen ϖλυκάλουον, von vilen Röhren Maſraki-
und Pfeifen zugerichtet/welche zuſammen gebunden / in *tha.*
ein Holtz gradatim eingeſtöcket wurden: von oben her waren die calami offen/von unden her aber mit überziehung
einer Haut/ vermittelſt eines Holtzes zugeſtopfet / war
auch mit einem Handgriff verſehen / damit der Kaſten
nach und nach in ein engers ſpatium hat können coarctiret werden. Diß Jnſtrument applicirte man zu den Lip- Flötbene Jn-
pen/und wann das Anblaſen geſchehen/iſt vermittelſt der ſtrument.
Finger/ſo die Löcher auf der Seiten bald zu- bald aufge-
ſchloſſen/ein underſchidlicher ſonus vernommen worden/
nach dem die Pfeifen entweder lang / breit oder kurtz ge-
weſen/oder auch/nach dem man ſtarck oder ſchwach drein
geblaſen hat / iſt alſo nicht ungleich geweſen dem ſyringe
Panıs. 2. Sampunia, ohn zweifel corrupt Griechiſch/ Sampunia.
ſυμφωνία,deſſen neben dem vorgehenden Dan.c.3.v.5.
im Chald. und Griechiſchen Text gedacht wird ; iſt/ wie
Schilte haggibborim beſchreibt / ein zwei-röhriges oder
zwei-pfeiffiges Jnſtrument geweſen/ δύαυλον, zwiſchen
welche mitten eingeſetzet wurde ein runder Bauch/aus einer Wider- und Hammels-haut gemachet/darein die gedachte 2. Pfeifen geſtöcket wurden/ alſo/daß eine hinauf/
die ander hinunderwerts geſehen : wann nun der obere
Canal angeblaſen wurde / ſo hat der mit Wind und Luft
angefüllte Bauch/ wann er comprimirt worden/ der undern Pfeifen den Luft mitgetheilt/und alſo/nach dem die Sackpfeifen-
diſponirte Löcher zugeſchloſſen oder geöfnet worden/ ver- Jnſtrument.
mittelſt der Finger underſchiedliche ſonos von ſich geben/
iſt alſo unſerer Sackpfeifen diß Jnſtrument gantz gleich
geweſen/ und wird noch heutigs tags in Jtalien ſampu-
gna paſtorale genennet. 3. magraphé d'zruchin,thal-
mudiſch/

mudisch/ist ein Music-Instrument gewesen/ unsern Kir-
chen-Orgeln gleich/daß wie Schilte haggibborim lehret/
ist es aus vielen Pfeifen underschiedlicher Ordnung bestanden / ist auch von Blasbälgen animiret und getriben
worden/über das hatte es auch etliche taxillos und Löcher/
so einer ieden Pfeifen correspondirt/die wann sie vom Organisten gedruckt/und die Bauchzüg eröfnet worden/eine
wunderbare Varietät der Sonen von sich geben.

§. 4. Von den Pfeifen der Hebreer.

Pfeifen/so bei den Hebreern gebräuchlich gewesen/
sind dreierlei Art : 1. gebrauchten sie Hörner von den Thie-
ren/so auf Pfeifen-art zugerichtet worden. 2. gebrauchten sie ein gewisse Art Pfeifen oder Flöthe/so von Cranch-
oder Störch-beinern genommen worden. 3. gebrauchten
sie auch Instrumenta auf die weis/ wie ein Ochsen- oder
Bockshorn gekrümmet ist/ welche bei dem Mundloch etwas dünn und eng gewesen/nachgehends fort und fort bis
zum End oder Thon-loch etwas weiters worden/ auf die
Art/ wie unsere Zincken oder Cornetto : wiewol etliche
diß Instrument mit dem jenigen/ welches abub genennet
wird/confundiren, dann diß ist ein Pfeifen gewesen/wel-
che die Leviten bei den Opfern gebrauchet. Chalil aber/
abub und keren werden gemeiniglich confundirt : sonsten
wird mancherlei Pfeifen in der Schrift gedacht / welche
doch allezeit zu einem aus disen dreien köñen gezogen werden. Sonsten in den Thalmudischen Schriften wird auch
eines sonderbaren Instruments gedacht/welches R. Hannasé orthaulum nennet/ist nichts andersten/als ein Was-
ser-orgel/ organum hydraulicum, davon anderswo ausführlich.

§. 5. Vom Nutz und Gebrauch der Music-Instrumenten bei den Hebreern.

Kein Zweifel ists/ daß die Music der Hebreer zu Zeiten Davids und Salomons nicht sei zum allervollkommensten gewesen ; dann weil David von Jugend auf ein musicum

ficum gebẽ/sich damit höchlich delcctirt/ ist es glaublich
daß er dieselbe/nach dem er König worden / mächtig pro-
moviret hab. Salomon aber/infusâ imbutus scientiâ,
wie er mit allen und ieden Wissenschaften / also ist er auch
sonderlich mit der Music-Scientz von Gott extraordina-   *Salomons*
ri begabet worden : dann lieber/ wie hätte sein Göttliches *noch vollkom-*
Bauwerck nach der harmonischen Proportions-Regel o- *mener.*
mnibus numeris, vollkommen/ohn sonderbare hohe Music-Wissenschaft geschei en können ? Gewißlich alle Ge-
fäß deß Tempels sind mit einer Wunder-Ordnung harmonicè ein- und abgetheilt gewesen / alle Music-Instrumenta sind mit höchster Kunst elaborirt, mit größter Varietät zugerichtet gewesen. Josephus sagt/Salomon hab *Hat 40000.*
auf die 40000. Music-Instrumenta gehabt / zum Ge- *Music-In-*
brauch der Kirchen-Music/alle aus Conträfeht gemacht/ *strumenta*
muß also Salomons Music die unserige weit übertroffen *gehabt.*
haben/ist auch nicht glaublich/ein solch unzahlbarer Vor-
rath von allerhand / mit höchster Weisheit zugerichteter
Instrumenten / hab blos allein gedienet / ad inconditos
quosdam & artis omnis expertes sonos producendos,
Nein/ Kunst und Geschicklichkeit ist darbei gewesen / iedes
hat seinen Meister gehabt/der es der Kunst nach vollkom- *Wie dieselbe*
men hat tractiren können. Ist also dazumalen ein Wun- *tractirt wor-*
der-Ordnung der Sänger und Capellmeister gewesen/ei- *den.*
ne Wunder-Abtheilung der Music-Chören/ein Wunder-
consensus der Lobgesänger / so nach den harmonischen
modulis gesetzt gewesen/ ist auch nicht glaublich / daß die
Instrumenta all in einem Chor nur unisonam vocem
von sich geben haben / sondern viel mehr πολυπίκιλον
harmoniam , eine manchfaltige Zusammenstimmung/
zu dem/ nicht allerlei Instrumenta haben gleiche Gesän-
ger gehabt/sondern diversa diversis, alles umgewechselt/ *Unterschied-*
wie Scilte haggibborim bezeugt/ doch mit einer wunder- *liche Art der*
lieblichen Harmoni. R. Hannasé erzehlt 10.underschid- *Instrumen-*
liche Arten geistlicher Lieder/zu welchen so viel underschie- *ten und der*
dene *Music-Ge-*
sänger.

dene Inſtrumenta ſind deſtinirt geweſen: etliche/ſagt er/
haben gedienet/groß=wichtige Sachen damit zu exprimiren, andere Streit= und Siegs=Sachen / andere zu den
Lob= andere zu den Liebs=geſängern / andere ad hymnos,
andere zum Gebet und devotion, die andern zu benedi-
ctionibus, confeſſionibus, beatitudinibus, jubilationi-
bus, &c. etliche ſetzen hinzu ſolche Inſtrumenten und Ge-
ſänger/welche dieneten zum Gericht/Gedächtnis/Under-
weiſung/ne perdas, canticum dilectorum, von der Ju-
gend/gülden.Kleinod/meditationes, teſtimonia, &c. wel-

Woher die Titel in den Pſalmen.

ches lauter Namen ſeyn der Titeln in den Pſalmen Da-
vids/nach dem ſie nun underſchiedliche Gemüts=Affecten
erregen wollen / haben ſie underſchiedliche Inſtrumenten
gebraucht; zum Lob Gottes gebrauchten ſie allerlei Pfei-
fen/zu Lob= und Danck=geſängern die nablia und pſalt-
ria, die Hertzens=freud und geiſtliches Frolocken zu erwe-
cken/gebrauchten ſie die rubas, maghiloth, magraphis,
Jaljalim: in dem Tempel aber/wann ſie die ſolennia ver-

Die Art und weis ihrer Muſic.

richtet/intonirten ſie nicht alle promiſcuè ohn Ordnung/
ſondern weil ſie in gewiſſe Choros abgetheilt geweſen/ ſo
ſungen ſie zuſammen alternantibus modulis, die Stimmen aber wurden nicht mit allen Inſtrumenten/als Cym-
beln/Paucken/ Trombonen / wegen groſſen Geräuſches/
vermiſchet/damit ſie nicht erſteckt/und die Kraft der Wort
verhindert wurde/ſondern nur zu den nabliis, und die einen ſänftern Thon von ſich geben/ſind ſie adjungirt worden: bisweilen wurden allein die Saiten= inſtrumenta,
bisweilen die Wind=Orgeln/bisweilen die Klapper=In-
ſtrumenta/doch alternis Choris, vernommen/ bisweilen
concertirten ſie auch ſo wol under ſich ſelbſten/als mit andern Chören/ein mehrere Varietät zu verurſachen. Der
Capellmeiſter war der Königliche Prophet ſelbſten/autor

Davids Hof- und Kirchen- Muſic.

pſalmorum, deren etliche er ſelbſten mit eigenem Munde
geſungen; dann wann wir Sixto Senenſi glauben/ ſo waren auch von David 4000.Sänger beſtellt/welche zu den
organis ſingen ſolten/ under welchen 3. die vornehmſten
geweſen/

gewesen / welche neben ihm in dem Tempel gesungen haben die Lieder zu den Cytharn/Psalter/ Cymbaln / als da
ist Eman/Jdithun und Assaph/welcher/wie Esras bezeu-
get/Gott gelobet hat durch die Hand deß Königs Davids/
das ist/mit solchen Liedern/ welche mit der Hand deß König Davids geschrieben gewesen.

CAPUT IV.
Von Davids Music absonderlich.

VOrtrefliche musici sind zu Davids Zeiten gewesen: *Was da zu-*
Asaph der oberste Capellmeister / so mit Cymbeln *malen für*
Gott gelobet / hat selbsten etliche Psalmen und hymnos *vortreffliche*
gemachet. Eman Esraita ist auf den Cymbeln und Po- *Musici*
saunen mächtig erfahren gewesen / soll den 88. Psalmen *gewesen.*
gemacht haben / welchen weil er den Kindern Corah zu
singen übergeben/hat ihn so wol mit seinem/als ihren Namen bezeichnen wollen. Ethan Ezrachi ist mit solcher
Weisheit begabt gewest / daß ihm niemand/ ohne Salomon / in der Weisheit iemaln vorgangen. Jdithun ist
auch ein vortreflicher Singer und Cytharist gewesen /
welchen viel mit Orpheo confundiren. Weil nun solche
und dergleichen dapfere Choragi gewesen deß Göttlichen
Lobs/ja mit der Music-Weisheit von Gott selbsten bega-
bet/ist es kein Zweifel/sie werden ihre hymnos, nicht rudi
& impolitâ vocum confusione, sondern mit höchster
Kunst gesetzet/auch mit grösster Geschicklicheit dieselbe gesungen haben/daß aber auch noch mehr andere/sonderlich
zu Salomons Zeiten vortrefliche phonasci gewesen seien/ *Salomons*
ist leichtlich zu glauben ; dann dem Allerweisesten under *Music gehet*
allen Menschen gebührete in allweg/ die allervollkomlich- *über alles.*
ste Music/mit welcher alle Music-Wissenschaft der Grie-
chen/Lateiner/rc. im geringsten nichts zu vergleichen/was
es aber für ein Music gewesen / mit was für notis sie sey
exprimiret gewesen/ hat uns die uhralte Zeit mißgönnt/
daß wirs nicht wissen können.

F   §. 1.

§. 1. Von David Carminibus und Vers-Psalmen.

PHilastrius Brixiensis erzehlt/es seien Ketzer gewesen/ welche vorgeben/ David sei ein Componist gewesen/ Jrdisch- und Weltlicher Lieder/ welcher Jrrthum auch Paulo Samosateno beigeleget wird. Die Wieder-täufer zu unserer Zeit geben für/ das Psalter-Buch sei nicht von David selbsten/ sondern von etlich neuern Juden nach Christi Todt/ beschrieben worden. Andere ver-meinen/metricum scribendi genus die Poet-kunst sei gar zu weich und Welt-unheilig/diene allein fabulas zu com-poniren, oder sei nur erfunden/unreine affectus iræ & amoris zu decliniren/wollen nicht gestehen/ daß iemalen etliche heilige Bücher poëticè geschrieben wären. Von Jobs Buch haben etliche gehalten/ es sei deßwegen kein warhafte Histori/sondern nur ein Tragisches Gedicht und Comödi der Hebreer: aber beweislich ists/daß David mit keinem andern/als metrico stylo, auf Poëtische weis sei-ne Psalmten gemacht hab: 1.Beweists die Schrift klar/ wann sie oft und viel Carminum Davidis gedencket/dar-durch viel allezeit nur die Psalmen Davids verstehen wol-len. 2.Stimmen hier überein alle Patres, David sei ein Göttlicher Poet/und seine Psalmen seien Carmina gewe-sen: im hymno vom Leiden Christi steht: impleta sunt, quæ cecinit David fideli carmine. Hieron. in seiner Vorrede über die Bibel ad Paulinum, sagt/ David unser Simonides, unser Pindarus, unser Alcæus, unser Flac-cus & Catullus, singt und schallt Christum mit seiner Ley-ren/ und in seinem Psalter-spiel erweckt er ihn von den Todten auferstehend/rc. Ambros. in seiner Vorrede über die Psalmen nennt ihn divinum & sanctum Carminum præcentorem. Euseb. sagt von Mose und David/ ihre Carmina seien hexametra, trimetra, & tetrametra, die phrasis loquend: sei nichts dann schön/nichts dan präch-tig/nichts dann lieblich/ der Verstand aber sei mit keiner Menschen-schrift zu vergleichen. Summa/gleich wie al-lerlei

Davids Au-torität wegē seiner Psal-men.

Was von der Poeterei zu halten.

David hat auf Poëtische weis seine Psalmen ge-machet.

Lob des Psalterii.

le literatura und Kunst-geschickligkeit von den Hebreern zu den Griechen und Lateinern ist derivirec worden / also hat auch die poēsis ihren Anfang aus der Schrifft genommen/ja/ lang vor Troja , lang vor der Argonautischen Schiffarth/lang vor den Olympischen Spielen/haben Moses/Debora/Samuels Muter/und David / carminum leges gantz genau observirt in ihren Gesängern/ von welchen die Profan-authores viel entlehnet haben/ wie Josephus, Justinus, Origenes und Eusebius bezeugen.

Poēsis woher sie ihren ursprung genommen.

§. 2. Von den Titeln der Psalmen.

Aß die Psalmen Davids mit den Music-Instrumenten seien gesungen worden / beweist under anderm auch der Titel und überschrift vieler Psalmen/ da solche Wörter gefunden werden / welche die Music-Instrumenta selbsten andeiten / zu welchen dieser oder jener Psalm hat müssen gesungen werden. ex gr. der 4. Psalm hat disen Titel / in finem, in carminibus, psalmus David. Im Hebræischen steht das Wort lamnazeach, wird von den Gelehrten underschiedlich ausgeleget. Hieron. gibts victori, Cajet. vincenti, dardurch wird nach der Hebreer Meinung verstanden/ præfectus cantorum, der Capellmeister/der öberste / so die andern all regieret/ der auch mit der Geschickligkeit zu singen/und mit der Music-Erfahrenheit den andern allen vorgangen : diesem gab David seine Psalmen zu singen/ nach den instrumentis musicis. Daß aber in dem Titel folget / in carminibus, stehen viel der Hebreer in der Meinung/durch das Hebr. Wort werde ein gewisses Music-Instrument verstande/ fröliche und triumphirliche Sachen darauf zu singen: daher haben die Hebreer den Titel also : prætecto cantorum ad instrumenta musica. R. Salomon versteht hierdurch den-jenigen conatum, da die cantores einander in der Kunst zu singen übertreffen wellen/und also certatim pro victoriâ gesungen haben. Geistlicher weis aber kan das Wort in finem auf Christum / der deß Gesetzes End ist/und auf die Kirch / deren mysteria am End der Welt

Psalmē Davids sind mit gewissen Instrumenten gesungen worden.

Titulus Psalmi 4. Lamnazeach was es sei?

F ij geschē-

geschehen sollen/ gezogen werden. Der 5. Psalm führet
den Titel hannegiloth, anzudeuten / diser Psalm sei von
David dem aller erfahrensten Cytharisten übergebe worden / daß er denselben ad hannegiloth singen solte. In
diser Meinung stehet Vatablus und Lyranus. Psalm. 6.
hat den Titel pro octavâ, das ist/ solte in dem allerhöchsten
tono, mit der allereineste Stimm/ q. in superdiapason
in der obern Octav / von einem Discantisten gesungen
werden/ und ist derselbe dem præfecto symphoniacorum
gegeben worden/ daß er ihn zum neghinoth singen solte
lassen; der Chaldæus gibts also : in laudem laudatorio,
cytharâque octo fidium. Im 9. Psalm. stehet/ psalmus
ad muthlabben, das ist/ nach der Art deß gemeinen Ge-
sangs/ dessen Anfang hieße muthlaboē. Der 22. Psalm
hat de cervâ matutinâ, das ist / man solte ihn singen
nach der Weise deß gemeinen Gesangs / dessen Anfang
war / cerva matutina, die früh-gejagte Hindin; ita Va-
tabl. & Hieron. Fœlix hats geben/ pro cervâ auroræ.
Dennnach/ gleich wie die Comisch- und Tragische Poeten/
gleich vornen an in den Titeln der Comödien/ das Instrument angezeiget haben/ darauf sie gespielet werden solten/
nemlich auf gleich- oder ungleichen Pfeifen / wie bei Te-
rentio die Acta der Magalensischen Spielen auf 2. Pfei-
fen/ also ist solches auch vermuthlich in den Psalmen Davids observirt worden/ da gewisse instrumenta genennet
werden/ zu denen sie sollen gesungen werden. Sonderlich
aber ist zu mercken der Titel deß 8. Psalm. in finem pro
torcularibus. R. David vermeint/ githith, so im Hebr.
steht/ sei ein Nam eines Music-Instruments/ zu dem diser
Psalm solte gesungen werden ; andere derivirens vom
Gath oder geth, einer Philistischen Statt / darinnen diser Psalm von David erstlich sei gesungen worden; andere sagen/ das Instrument/ zu dem es solte gesungen wer-
den/ sei aus diser Statt gebracht worden. ita R. Salom. &
Lyranus. Cajeta. sagt/ dise Cithar hab die Form gehabt/
einer Keltern/ daher der Nam pro torculari, oder torcu-
laria,

*Ps. 5. hanne-
giloth.*

*Ps. 6. pro
octava.*

*Ps. 9. muth-
labben.*

*Psal. 22. de
cervâ ma-
tutinâ.
Diß ist der
Poeten Ge-
brauch.*

*Ps. 8. pro
torcularibg.*

laria,wie die 70. und Hieron. Andere fehen auf den can-
torem, der ein Sohn gewefen Obededons eines Gethi-
ters. Der autor hält darfür/ diefer Pfalm fei alfo genen- *Githith*
net wordenvon der Statt Gath oder Geth / darinnen ein *was es fei?*
folch melos und Art eines Gefangs fei üblich gewefen/
wie die Griechen fagen / cantica doria, lydia, phrygia,
von den Völckern/bei denen fie im gebrauch gewefen.wie=
wol der Kälter=Nam nicht gar zu verwerffen/ daß diefer
Pfalm auf das Lauberhütten=feft / als ein Danck=pfalm
für die eingefamlete Früchten / fonderlich den reichen
Herbft=Segen/zur zeit deß kälterns fei gefungen worden/
den geiftlichen Verftand/da hohe Geheimnis von Chrifto
und der Kirchen angedeitet werden/an feinem Ort gelaf=
fen/wiewol der Kern der Rinden/ die Speiß der Hülfen/
weit vorzuziehen ift. Was aber ferner das Wort felah
feiund bedeite/find die Gelehrten auch nicht einftimmig.
Cajetan. in pfal. 3. mercket an/ diß Wort werde73. mal *Selah* wie
im Pfalter/nur einmal Hab. 3. fonften nirgends gelefen. *oft es gefun=*
Die Hebreer halten ins gemein darfür/es bedeite cantum *den werde/*
metricum, oder doch aufs wenigfte mutationem metri, *und was es*
heiffe.

Ἀγαψάλμα. Andern bedeitet es eine Verenderung
deß Gefangs / oder die Erhebung der Stimm. Andere
haltens für ein paufam, gleichfam paufationem Spiritus fancti, da man ftillfchweigen/die Sach wohl erwägen
folle. Andern bedeitets die Abtheilung deß Gefetzes / und
deß liedcs/als das End deß einen/und den Anfang deß an=
dern. Andere haltens für einen Anfang der Muficalifchen
Varietät. Der autor wil/man foll alle dife Meinungen
zufammen faffen/fo werden fie die emphafin difes Worts
vollfomlich exprimiren. R. Abrah. fagt/das Wort Se=
lah fei nicht fignificativ, fondern nur directiv, komme her
vom rad. falal. ita Pagninus in fuo thefauro. Vatablus
in Pfal. 3 fchreibt alfo: Vorzeiten pflegten die Singer/
fo oft diß Wort vortam/ihre Stimm zu erheben/als wañ *pian, fortè*
fie ausruffen und fagen wolten/ ô gravem calamitatem! *der Ital.*

videant eam, ac perpendant omnes amici nostri. Cajetanus sagt/das sei vox officiosa, vocem vel elevandi, vel producendi, vel remittendi. Abenezra confirmirts auch.

§.3. De Acrostichis Psalmorum verfibus.

Psalmen so nach Ordnüg deß Alpha- bets gemacht find.

Ein groß Music-geheimnus/ auch ein schön Kunst- Meisterstuck ist/ daß etliche Psalmen nach der Ord- nung deß Hebræischen Alphabets verfertiget.sind / also daß ein ieglicher Vers von einem gewissen Buchstaben or- dentlich anfähet/welches dann der eigentliche modus me- trorum & carminum. Hilarius in Psal.119. sagt/nur 3. Psalmen seyen also acrostichi, als der 110. 111. und. 119. Hieron. setzt hinzu den 144. Psal. andere auch den 24. 33. 36. wiewol der letzere mit einer umgekehrten Ordnung fortgehet/ wie Cajet. observirt ; also sind auch beschrieben die Threni Jerem. und das 31. Cap. Proverb, welches genennet wird metropædia regis Salomonis;

Die Ursach deffen.

die eigentliche Ursach difer Acrostichen Composition gibt R.David Kimchi, den Hebr.Poeten sei es gar gemein ge- wesen/ihre Carmina, darinn sie fürtrefliche Sachen tra- ctirt/nach der Ordnung deß Alphabets zu disponiren/da- mit also dem Gedechtnis möchte geholffen werden. Was aber für tropologiæ & anagogiæ hierunder verborgen ligen/kan anderswo ausgeführet werden/ gnug ists/daß

Die myste- ria.

viel Patres, wie Genebr. anmercket/ hier nicht geringe mysteria & sacramenta Ecclesiæ erkennen/ die geistliche Seelen/ hohe Gemüts-gedancken dardurch zu erwecken.

Sedulii Kirchen-ge- fang.

Eben dife Ordnung hat auch Sedulius in acht genomen/ in seinem hymno ecclesiastico, den er also alphabeticè beschrieben/als A solis ortus cardine. Beatus autor se- culi. Castæ parentis viscera. Hostis herodes impie. Ibant magi, quam viderant. Lavacri puri gurgitis, &c. Daß aber in gedachten Psalmen Davids die Alphabets- Ordnung bisweilen umgekehrt/bisweilen etlich Buchsta- ben

ben ausgelaſſen / bißweilen aber 2. oder 3. Vers von ei- *Warum bi-ſe Ordnung* nem Buchſtaben angefangen werden/halten viel für ein *bißweilen* verborgen Geheimniß: etliche rührens zwar an / die an- *invertiret* dern übergehens; autor hält darfür/ diſer Defect ſei mit *wird e.* der Zeit/ aus manchfaltiger Abſchreibung der Exempla- rien eingeſchlichen.

§. 4. De Tropis & Figuris Pſalmor.

Weil in den Pſalmen Davids underſchiedliche or- *In den Pſal-namenta poëtarum ſich befinden/ als tropi, ſche- men Davids* mata, metaphoræ, hyperboles, alluſiones, proſopopœ- *finden ſich al- lerhand Po-* iæ, apoſiopeſes, apoſtrophes & epiphonemata, &c. ſo *etiſche Zierd* muß nothwendig folgen/ die Pſalmen ſelbſten ſeyen war- *und Red-* haftige carmina, ja die allerzierlichſte / darinnen die gan- *blumen,* ze Poëterei-kunſt im höchſten grad zu finden. Aus vielen nur wenig zu gedencken: Pſal. 137. ſteht ein epizeuxis, Exi- *Epizeuxis.* nanite, exinanite. deßgleichen Pſal 35. Euge, euge. Pſal. 08. Dilecti, dilecti. Interpoſitio verſus intercalaris, ſo *Verſus in-* auch zum metro gehört/findet ſich Pſal. 106. confitean- *tercalaris.* tur &c. welches 6. mal/und im 118. Pſalm. das confi- tebor tibi oftmals. Pſal.24. attollite portas, &c. 2.mal wiederholet wird. Ein apoſtrophe ſtehet Pſal. 137. Filia *Apoſtrophe.* Babylonis. Pſal. 114. quid eſt tibi mare, &c. Proſopo- *Proſopopæ.* pœia finden ſich Pſal. 19. Cœli enarrant, &c. Pſal. 98. Flumina plaudunt. Reverſio deß letzten Vers zu dem *Reverſio.* erſten/da ſie mit einander überein ſtimmen / arguirt auch metrum, befindet ſich Pſalm. 103. Pſal. 104. ſonderlich Pſal. 8. Herr unſer Herrſcher/ꝛc. Euthymius mercket *Der 8. Pſal.* hier ein Geheimniß gottſelig/ dann gleich wie Chriſtus/ *hat ein ſchön* von dem im 8.Pſal. geredt wird/gleichſam in einem Cir- *myſterium.* del dahin / woher er komen durch ſeine Menſchwerdung/ wieder gelanget iſt durch ſeine Himmelfarth / alſo dieſer Pſalm/der gleichſam in die Welt außlauft/komt am End wieder zum Anfang/höret auf/wo er angefangen; dahin gehöret auch das mem clauſum, Eſa. 9. welches/wann es rund herum gezogen wird/ſo hat es keinen Anfang noch

                    F iiij   End/

Mem clau-
sum was es
b͞eicte.

End/bedeitet Chriſti ſein Ewiges Reich / wider die Natur
deß Hebr. Buchſtabens/welcher ſonſten nirgend zu/alle=
zeit offen pflegt gefunden zu werden.

§. 5. Von underſchiedlichen metris
Pſalmorum.

David ein
ſterilicher Po-
et in quovis
genere.

GEwiß iſt es/daß ſich David in ſeinem Pſalter erwei=
ſet als ein recht künſtlicher Poet/nach dem die Ma=
teri es erfordert : bald agirt er einen poëtam lyricum ,
tragicum, comicum, ſatyricum , heroicum, dramati-
cum, epithalamicum, elegiacum, &c. bald ſinget er he-
roicè Chriſti Reichs Sieg / der Kirchen Fortgang und
Herrligkeit/ bald beweint er tragicè den traurigen Fall
Adæ/ und das Elend deß Menſchlichen Geſchlechts/ wie
auch Chriſti allerſchmertzlichſtes Leiden/bald ſchilt er ſa-
tyricè die verkehrte Sitten ſeiner Zeit/bald ſinget er ele-

Varia obje-
Eta & ma-
terialia
pſalterii.

giacè von der geiſtlichen Hochzeit zwiſchen Chriſto und
der Kirchen ; bisweilen führet er 2. Perſonen gleichſam
auf das theatrum , Adam mit ſeiner gantzen Poſterität/
wie ſie ihren unſeligen Stand beklagen: Chriſtum/wie er
über ſeine Verfolger klaget : die Kirchen/ſo allenthalben
mit Feinden umgeben/wie ſie himliſche Hülf von Gott er=
bittet : bald ſtellt er die Feind ſelbſten vor / wie ſie ſich zu
allerhand Laſtern aufmuntern : Gott / wie er ihre Laſter
heimſuchet und ſtrafet : bald redet der Autor allein / bald
die Perſonen mit einander / bald alle beede vermiſchet :
bald führet er ſeine ſoliloquia, tröſtet ſeine Seele/ redet
mit Gott. Summa/kein genus der Poetiſchen Kunſt iſt
iemals erdacht worden/ darinnen nicht David längſt zu-

Quo carmi-
nis genere
Davids
Pſalmen ge-
macht ſeyen.

vor/darzu gar zierlich/ wäre verſirt geweſen. Hier fragt
ſichs aber/quo carminis genere David ſeine Pſalm͞e beſchriben habe? Hierón. ad Paulam urb. ſagt/etliche Pſalmen beſtehen trimetro, etliche tetrametro jambico, ſetzt
hinzu/die 2. erſte Alphabet in Threnis ſeien gleichſam ſap-
phico metro beſchriben/das dritte Alphabet aber trimetro. In der Vorred über das Buch Job ſagt er : vom 3.
cap.

cap. an/biß zum 41. cap. seyen versus hexametri. Uber
den 118.Psalmen sagt er/diser Psalm und das Lied Mosis seyen uno metro gemachet/ man könne in beeden elegiacum genus, da hexametri und pentametri under einander lauffen/vermercken. Joseph.antiq. sagt/trimetro
versu & partim pentametro,seyen die Psalmen Davids
componiret. Isidor. sagt/alle Psalmen seyen bei den Hebreern metrico carmine gemacht/daß nach Art deß Römischen Flacci,uñ deß Griechischẽ Pindari,etliche lauffen
jambicis,elegiacis,andere sapphicis pedibus. Hierbei ist
aber zu mercken/daß die carmina bei den Hebreern gantz
auf ein andere Art/als die unserige heutigs Tags/gema-
chet sind/ die dispositio situs, ordo pedum, qualitas &
quantitas syllabarum ist gantz anderster/sintemalen sie
in ihrer Poesi gar oft zwischen die dactylos & spondæos
noch andere mitten ein setzen/in verso etiam ordine. Hieron. in Job. sagt/wegen Eigenschaft der Sprach nehmen
sie gar oft andere pedes zu sich/ nicht von gleichen sylben/
sondern von gleicher Zeit: bißweilen wird auch ein süsser
rythmus, damit es desto lieblicher klinge/mit ungebunde-
nen Zahlen der süssen darzwischen gesetzt. Nicht aber ohne Ursach gebrauchten die Hebreer diese Art der Poesi in
ihren Psalmen/sondern darum/weil sie wundermächtige
Kraft hat/allerhand affectus bei den Menschen zu erwecken ; gewißlich/ David hat mit seinen Poetischen Liedern
gantz wunderbare und schier unglaubliche effectus verrichtet. Fabeln sinds bloß/und der Poeten Hirn-gedich-
te/von Amphione und Orpheo,daß sie mit ihrem Leyren-
sono Wälder und Stein bewegt/ Flüß zuruck gehalten/
wilde Thier gezähmet/ja/daß auch Orpheus die Euridi-
cen von der Höllen wieder herfür gebracht hab: David
aber gehet ihnen beeden vor / welcher grössere Würckung
warhaftig gethan hat : mit seiner Harpfen hat er die Felsen gebrochen/die Wälder bewogen/die Flüß der Menschlichen Affecten/so gantz schnell und grimmig/per præcipi-
tia über Hals und Kopf hinab geflossen/ zuruck gehalten/

*Die Vers
sind bei den
Hebreern
anderster als
bei uns.*

*Die Ursach
diser Poeti-
schen Psal-
men.*

*Fabel von
Amphione
und Orpheo*

*Von David
ists alles
wahr.*

F 2   die

die wilde und grausame Sitten der Gemüter gezwungen/
den bösen Geist von vielen Saulinischen Hertzen vertriben/hat auch unzahlbare Seelen der Menschen / so vom
Teuffel in den Abgrund der Höllen verführet worden/in
das jenige güldene / alles Jammers befreite Leben und
Liecht der Seligkeit revociret. Zum Beschluß wird der
111. Psalm / als ein schön poetisches Kunst-stück angehänget/in welchem alle und iede Vers/nach der Ordnung

Specimen der Hebräischen Kunst-Poesi/Psal. 111.

deß Hebr. Alphabets gemacht seyn/ in welchem auch bisweilen ὁμόφωνα, bisweilen trimetra, bisweilen ein anders genus zu finden ist/daraus ja gnugsam zu schliessen/
die Psalmen Davids seyen metrici gewesen./ auch in der
Kirchen der Hebreer mit Metrischer Kunst gesungen
worden/allerhand carmina. allerhand genera, allerhand
versus & rhythmi finden sich darinnen / welche doch von
keinem / als der in Hebr. Sprach gar wohl erfahren ist/
können penetrirt und vermercket werden.

§. 6. Von der heutigen Music der neuen Hebreer.

Von der heutigen Juden ihrer Music, Accenten.

Diese/damit sie heutigs Tags die Psalmen und andere lectiones in ihren Synagogen desto besser verrichten mögen / so gebrauchen sie gewisse Music-accentus,
welche in einem gantzen Buch beschriben hat R. Colonymus, deren ieglicher / nach dem er oben her Zirckel-weis
erhaben/oder herunder gebogen ist / oder allezeit mit gleichem tenor einher gehet/also hat er desto mehr oder weniger Kraft in der Music/vocis flexionem zu regieren/davon aber bei Capnione und Münstero ausführlich. Es
führen aber die Teutsche Juden/ auch zum theil die Italiänische/gleiche application der Music-Accenten/ ob a-

Ob sie einerley.

ber die Spanische/ Welsche und Morgenländische Hebreer andere flexuras vocum machen/ in Aussprechung
besagter Accenten/ das hat man bisher noch nicht erfah-

Ihr Nutz und Gebrauch.

ren können. Nicht nur aber dienen solche Music-Accent
zur Art deß singens/ anzudeiten/wo sie gesetzt/einen solchen

chen und dergleichen proceſſum clauſularum müſſen die
Sirger formiren/ und keinen andern : ſondern dienen
auch zur ſchönen und zierlichen pronunciation,deiten an/
wo man den Athem ſuſpendiren und zuruck halten/ den
Vers underſcheiden/ein comma oder colon ſetzen/wo der
Vers ſoll geſchloſſen werdē/wo er anfangen ſoll/was man
langſamer / geſchwinder / ſtärcker / ſanfter / ſüſamer/ꝛc.
ausſprechen ſoll.

CAPUT V.
Von der Griechen ihrer Muſic/ und der-
ſelben Inſtrumenten.

MErcurius, wie Boëthius erzehlt/ aus Nicomacho
Geraſeno, den auch viel mit dem Triſmegiſto Her-
mete confundiren / ſoll das erſte Muſic-Inſtrument erfunden haben: daſſelbe iſt nach Proportion der Welt und
Elementariſchen Muſic/mit 4. Saiten zugerüſtet gewe-
ſen/dardurch ſie mit einer verborgenen Ration / harmonicam illam tetractyn, ſo in der Welt alles regieren ſoll/
nach Beſchaffenheit der 4. Elementen/ andeiten wollen/
haben aber dabei auch alle Muſic-conſonantias vorge-
ſtellt/ alſo/ daß hypate ad parhypaten die 1. Saite zur
andern in der diateſſaron, parhypate ad lychanum, das
iſt die 2.Saite zur 3. in dem rono,lychanus aber ad meſen, das iſt die 3. zur 4. auch in der quart, alſo die parhypate zur meſen, das iſt die 2. und die 4. Saiten im diapente, hypate ad meſen die 1. zur 4. im diapaſon hat
accordiren und zuſtimmen müſſen. Dieſem Mercurio
(von deme/wie auch vom Triſmegiſto,vom autore in ſeinem œdipo weitläuftig tractiret wird) iſt nach langer
Zeit gefolget Coræbus ein Sohn deß Indier Königs/ der
zur hermetiſchen vierſaitigen Cythar noch eine/ nemlich
die 5. addiret hat/darzu nachgehends Hyagnes ein Phry-
gier/ein Erfinder der Pfeifen und Flöthen/die ſechste ge-
than/welche als ſie für unvollkommen befunden Terpan-
der ein Lesbier/hat er die 7. hinzu gethan/ die Zuſammen-
stimmung

Mercurii ſeine 4 ſaiten ae Lerr wie ſie beſchaffen geweſen.

Von wem die Saiten in den Inſtrumenten/ und wie ſie vermehret worden.

stimmung der 7. Planeten anzudeiten. Lycáon hat die 8.
hinzu gethan/als das Firmament zu den Planeten. Pró-
phaſtus die 9. Eſtiacus die 10. Timotheus aber letzlich
hat die 11. hinzu geſetzet: (Es hat aber nachgehends die
Vermehrung der Saiten ſo ſehr gewachſen / daß die po-

Inſtrument ſteri mit diſer Saiten Zahl nicht contentiret geweſen/ſon-
von 36. und dern ſind bis auf die 36. ja bis auf die 46ſte Saiten geſti-
46. Saiten. gen/wie Epigonius ein Ambraciot ſoll gethan haben.

§. 1. Von der Art zu ſingen bei den Grie-
chen gebräuchlich.

Solâ voce JE allererſten Muſici hielten nicht viel auf aller-
& inſtru- hand gleich zuſammen-ſtimmende Inſtrumenta/
mento ſolo gebrauchten auch nicht bald die Symphoni (Zuſam-
haben die ſingung vieler Stimmen) ſondern eine Stimm muſte
Alten gern ſich hören laſſen / entweder zum Thon der Leyren / oder
zu ſingꝭ pfle- der Pfeifen/ nach dem Vers / tu calamos inflare leves,
gen. ego dicere verſus. Auf dieſe weis hielten ſie ein ſonderbare Art der Muſicanten rapſodus genannt / welche die Vers der Poeten ſingen / erzehlen und erklären
mußten; alſo bezeugt Plato, Homeri Vers ſeyen zur Ley-
Concerten ren geſungen worden/die Modulation aber wurde niema-
bei den Grie- len von 2. Stimmen zugleich/ſondern alternis intonati-
chen. onibus, umgewechſelt verrichtet; alſo bei Theocrito ſingen mit ſolchen akernis vocibus die Hirten Daphnis und
Menalca: bei Virgilio Dameta und Menalca; ein Chorus aber wurde genennet/wann bei nah auf die 50. ſolcher
Ein Poeten- lyriſchen Poeten und Sänger / welche theils ihre eigene
Chor was es Gedichte/theils der Götterlob/theils die Siegs-Lieder der
geweſen. Olympiſchen Spielen decantirt, ſind beiſammen ver-
ſamlet geweſen ; wann ſie nun ihre elogia recht geſungen/
ſind ſie zur Belohnung mit einem Ochſen verehret worden. In dergleichen Choros, gibt Pharnutus vor/ ſeyen
auch die Ruſtici abgetheilt geweſen / welche vor die Feld-
Früchten/bei einem Altar/darauf ſie geopffert/ ad ſonū
tibicinis dem Gott Baccho ſeine Laudes geſungen / und
ihre

ihre Vota geliefert haben; Nach dem aber die Poeten ab-
gangen/ist anstatt deß Singers ein Knab / wie Livius be-
zeuget/gestellt worden/ welcher solche carmina und elo-
gia recitiren müssen; daher ist die Gewonheit kommen/
daß nachgehends die Comödianten auf dem Theatro die
Vers der Poeten gesungen haben / wie bei Horatio zu
sehen.

(Marginal note: Woher die Singknaben und Comödianten.)

§. 2. Von allerhand Gesängern der Lyri- schen Poeten.

Ein Pindarisches Lied wird in 3. Theil abgetheilt/Stro-
phe, antistrophe und epodus. Lyrische Vers sind ge-
wesen/welche nach dem Thon einer Leyren oder Cytharn
sind gesungen worden. Strophe heist ein Umkehr/weil die
Tänßer/in dem derselbe Theil gesungen wurde/sich um-
kehren/von der Rechten gegen der Lincken fortgehen müs-
sen. Antistrophe heist ein Gegen-kehr / wann das gesun-
gen wurde/musten die Tänßer im Tanßen einen Contrar-
motum halten/wann aber das epodus kommen/so ruhe-
ten sie und stunden still/gleichsam als wann sie müd / oder
ein pausa darzwischen eingesetzt wäre. Diese Art zu tan-
ßen ist noch auf den heutigen Tag bei den Cretensern. Es
gebrauchten aber in dergleichen Solennitäten die Arca-
des eine Sackpfeifen / die Sicilianer ihre pectides, die
Cretenser eine Leyer / die Lacedæmonier eine Pfeifen / die
Thracier Hörner / die Römer aber gebrauchten bei den
Comödien Pfeifen und Flöthen/welche sie dextras & sini-
stras nenneten/ dise haben sie also zu gebrauchen wissen/
daß wann die Comödi wichtig und ernstlich gewesen / lies-
sen die Pfeifer mit der lincken Pfeifen eine tiefe ernstliche
Harmony vernehmen/wann aber die Comödi frölich/lu-
stig und lieblich war/liessen die Pfeifer eine gleiche Har-
mony erschallen/ist dann die Materi vermischt gewesen/
habe sie auch mit einer vermischten Harmony gespilet: es
sind zweierlei nemlich Seranische und Phrygische Pfeifen
gewesen/jene wurden pares, dise impares genennet/wegen

(Marginal note: Was stro- phe, anti- strophe und epodos in ihren Liedern gewesen.)

(Marginal note: Vnderschied- liche Instru- menta un- derschiedli- cher Völcker.)

(Marginal note: Die Materi wurde wohl observiret.)

Gleich-

94 *Artis magna de Consono & Dissono*

Seranisch. und Phrygische Pfeiffen.

Gleichheit oder Ungleichheit der Löcher; Ein Phrygische Pfeif/wie Varro bezeugt/hatte nur ein Loch / die Seranische aber 2.Löcher. Etliche/wie Plinus bezeugt/gebrauchten darzu die Wasseröhren oder Schilf / welche sie zu gewisser Zeit deß Jahrs geschnitten/und nach drei-jähriger Austrücknung erst zu Pfeifen und Flöten formiret/worzu sie dann die Natur gleichsam selbsten angereitzt/da sie die Röhren mit Knoten oder Knöpfen also disponiret/daß wañ sie den Knoten nach abgeschnitten/uñ zu Pfeifen accommodiret worden/sie/wie der Länge / also auch dem sono nach underschieden waren / und zwar in solcher Proportion/ daß die erste zur andern præcisè um einen Thon varirte/ zur 8. aber in der Octav oder Diapason zustimmete/ und also auch von den Mittel-pfeifen. Es haben aber die Alten in ihrer Music underschiedliche Argumenten geführt/ theils Lob-Lieder der Götter/ wie Orphei hymni ; theils Ruhm-sprüch vortrefflicher Leut / aus den Olympischen/ Pythischen/Nemeischen/Isthmischen Victorien/wie Pindari Gesänger : theils Hochzeit- und Braut-Lieder / wie Catulli poëmata ; theils Leich- und Traur-Klagen / wie die epidimiæ, welche darzu angestellt gewesen/ die Pestilentz zu vertreiben ; andere haben Tragische / Comische : andere andersten gesungen. Also hat Demodocus componirt den Streit Ulyssis mit Achille, die Apologi von Venere und Marte, das Trojanische Pferd/ic. Also hat Foëmus den Ehebruch Martis und Veneris gesungen. Also hat auch Nero der Käiser/ wie Suetonius erzehlet/ nach einer Cytharn/doch mit einer Larven bedeckt/die Fabel von Niobe gesungen/und nach dem er underschiedliche Tragœdias eingemischet / hat er bald die gebärende Canacem, bald den Mutter-mörder Orestem, bald den unsinnigen Herculem eingeführet. Darbei aber zu merken/daß ihre Harmonische modulationes mit gutem bedacht sind nomi, das ist/Gesetz genennet worden / welche man bei hoher Straf nicht hat zu endern dörffen/ als die zu dem End sind erfunden worden / daß wann sie ad sonum

Wasseröhren zu Pfeifen gemacht. **Allerhand Materia, von sie gesungen.** **Neronis insolentia in den Comödien.** **Harmonische modulationes bei den Alten/warum sie nomi genennet worden.**

num cytharæ vel lyræ find gesungen worden/sie theils die
Gemüter mit ihrer Harmony afficirten / theils die Ge=
dächtnis der Zuhörer confirmirten / dahero sind sie auch
dreierlei Art gewesen/ etliche wurden gesungen auf einer
Cythar oder Leyren/etliche auf einer Flöten oder Pfeifen/
etliche wurden auf beederlei Harmony gemachet / solche
modulationes hatten auch underschiedliche Namen/ent= Underschied=
weder von den Völckern/bei welchen sie gemein waren/als liche Namen.
Jóniæ, Æoliæ, Bæotiæ; oder von den Rheimen und Ver=
sen/als arthiæ, trochææ; oder von den Erfindern / ter=
pandriæ, herpaciæ; oder vom Ausgang Pythia. Das
Pythische Gesetz aber hielt in sich den Streit Apollinis Lex pythia.
mit der Schlangen Pytho, welches die Fabel denomini=
ret,deß Gesangs Nam war Delona,weil Apollo aus der
Insel Delo gebürtig gewesen. Dises Pythische Gesetz/
wie Pollux bezeugt/war in 5. Theil abgetheilt/der 1. hieß
exploratio. stellete vor/wie Apollo der Schlangen lati- Apollinis
bula erforschet ; der 2. hieß provocatio, stellete den mo- Kampf mit
dum vor/wie Apollo die Schlangen zum Kampf heraus der Schlang
gefordert; der 3. hieß jambicus, da wurde das carmen Pytho.
selbsten gesungen ad sonum fistulæ, welchen sie ὀδονλισ-
μὸν genennet/da das Zischen und Zähnbeissen der Schlan=
gen vorgestellet worden; der 4. spondæus erzehlte Apollinis seinen Sieg ; im 5. Theil hieß tripudium & trium-
phus, wurden Tänz gehalten/wegen erhaltenen Victori.
Uber das war auch satyrica lex,welches Bacchus aus In= Lex satyri-
dien mit sich gebracht hat / das war lex tibiaria, da die ca.
rhytmi , moduli, gestus und Harmony verendert wur=
den. Daraus erscheint dann / der Alten Griechen ihre
Music sei bestanden in rhytmo,metro,instrumento,po-
etâ & saltatione; erhellt auch daraus/ poëta und musi- Poeten und
cus sei eine Person gewesen/also Orpheus,Linus,Amphi- Musici sind
on haben poësin und musicam conjungiret ; Hesiodus bei den Alten
hat seine poëmata pflegen zu singen/nach dem seno, den eins gewesen.
er mit einer Lorbeer=ruthen in der Luft excitiret, wie Pausanias

sanias bezeügt. Pindarus ist ein Poet und musicᵒ gewesen/ das gibt die inscription, welche bei Verstörung der Statt Thebas Alex. M. vor sein Hausthür hat schreiben lassen:

Πινδάρϗ τῦ μϗσοπιῇ τὴν ϛέγλϖ μή καίετε.

Pindari do- Pindari deß Music=Poeten sein Haus solt ihr nicht ver=
mum ne brennen.
tremetis.

§. 3. Von der Griechen ihren Music=Instrumenten.

Mercurii Alle mythologi halten ins gemein darfür / der erste
Leyer / wie er Erfinder der Leyren oder Cytharn sei gewesen Mer-
sie erfunden. curius ein Sohn Atlantis und Majæ, dieser/ nach dem er durch Einwässerung deß Nil=fluß eine grosse Schnecken gefunden/ hat er sie mit aufgespanten Saiten zur Leyren gemachet: nach dem sie nun zugerichtet/ hat ers Orpheo, oder wie andere wollen/ dem Apollini geschenckt/ an statt dessen er seinen caduceum von ihm empfangen; die Fi-
Was sie für gur solcher Leyren kan man nicht eigentlich wissen: wil
ein Figur und man aber conjecturis glauben/ muß sie solcher gestalt ge-
Gestalt ge- wesen seyn / wie sie in den alten monumentis der Statt/
habt. (Rom) in den alten Geltern und Müntzen/ in den Farne-
sianischen/ Matthæianischen/ Salustischen/ Pincianischē/
Burghesischen Gärten/ und bei dem antiquario Justinia-
neo, so wol in Händen Apollinis als Mercurii, allezeit
under einer Figur zu sehen ist. Etliche machen sie zu einem 3. 4. 7 saitigen Instrument: andere confundirens
mit Amphionis, Orphei und Lini Leyren. Weil aber diß
vortrefliche Musici gewesen/ werden zweifelsfrei ihre In-
Der Alten strumenta auch manubria gehabt haben/ wie die unserige
Instrumenta heutigs Tags: sonsten kan man nicht sehen/ wie eine Mu-
haben auch sic/ allein mit deß plectri Anschlagung/ in dergleichen in-
manubria strumentis, und zwar mit solcher wunderbaren Harmo=
gehabt. ny/ wie die autores beschreiben / von gedachten Poeten
hab können exhibirt werden.

§. 4. Von der Perfection der Griechischen Music.

Den

DEn Anfang zu diser Perfection hat gemacht Pythagoras, ein Samier/der aus dem proportionirlichen
Hammerschlag zum ersten gelehret/die proportiones der
Harmonischen Bewegungen/welche er auch mit den numeris bewisen/und hat also zum ersten mundum harmonicum vorgestellt: ihme sind nachgehends gefolget unzahlbare autores, welche bei Plutarcho zu finden/ so die
Pythagorische præcepta besser ausgeführet haben/dann
dise/nach dem sie aus mancherlei Abtheilung einer Saiten die harmonische proportiones erforschet / haben sie
endlich die Music mit den allervollkommensten Regeln
conscribiret, haben zum ersten die intervalla consona
von den dissonis underscheiden/iegliche intervalla mit gewissen Namen genennet/ haben ein dreifaches Music-ge-
nus, diatonicum, chromaticum, enharmonicum er-
funden/haben die Manchfaltigkeit der Thonen observirt/
und andere unzahlbare Sachen mehr mit grossem Verstand ins Werck gerichtet. Was sie aber für einen modum und methodum gehalten/in Bezeichnung der Harmonischen Proportionen/mit was für notis sie ihre harmonische intervalla bezeichnet/und nach denselben so wol
ihre Gesänger als instrumenta hören lassen / davon sind
ungleiche Meinungen: der autor hat hier vor andern pe-
netriret, als welcher underschiedliche bibliothecas, auch
die Vaticanische aufgeschlagen / underschiedliche manu-
scripta durchgangen/dabei 2. Tractat gefunden/ Grie-
chisch und Lateinisch geschrieben von Gaudentio Philosopho, und Alypio musico antiquissimo, aus deren Colla-
tion er die gantze Characterische Zeichen-Music der Alten
nicht ohne Müh eruiret und erfunden hat.

Pythagoras hat den An-fang gemacht zur Perfecti-on der Music.

Wie weit die Griechen in ihrer Music gelanget.

Ihre Music-Zeichen.

CAPUT VI.

Von der heutigen Music der Griechen.

DIe Griegische Kirch hat die von ihren Vorfahrern
weislich angerichtete Music nach und nach zimlich
excolirt und fortgeführet: dann damit sie nicht angesehen
                                    G   wurde/

Die Grieg. Kirch wil den Heiden nichts nach-geben.

würde/als ob sie den Heidē/ihren Vorfahren/im Eifer die
Götter zu lobē/etwas nachgeben wolten/haben sie zu dem
end die Kirchen-Music mit grosser zierd zu verrichte/ande-
re notas erfunden/welche der autor aus underschidlichen

Von der
Griechen ih-
ren Music-
Noten.

Griegischen Büchern ausgezeichnet / und befunden / daß
die erste Music-Elementen bei den Griechen/aus welchen
die übrige Noten gemachet werden/an der Zahl 14. seyen/
8. auf- und 6. niedersteigend/welche wieder getheilet werden in corpora & spiritus, die werden einander manchfaltig subordiniret/ haben auch underschiedliche Zeichen/
die Verenderung deß toni anzudeiten : ihre grosse Zeichen

Semæjolo-
gia græcorū.

so sie gebrauchen/sind stum̄/ zeigen nur an/wie lang man
in den Stimmen verharren solle/vergleichen sich mit der
Quantität unserer Music-Noten/wie auch mit den Zierd-
und Wort-blumen der Redner/welche semæjologia wol
zu mercken ist/dann es scheinet / als haben sie viel von den
alten Griechen entlehnet/und in ihre Music gebracht/als
ξυρὸν bedeitet eine dürre/heisere Stim̄/wie in den Mur-

Erklärung
etlicher Mu-
sic-Zeichen
bei den Grie-
chen.

melenden/ȣϱά viζμα von der Umwältzung deß Himels/
bedeit eine schnelle läufige Stimm / wie die Verschnittene
haben/ wann sie die clausulas harmonicas mit schönen
Coloraturen zieren wollen / σωϱός bedeitet die gegenge-
setzte Stimm/so die andern gleichsam Creutzweis von einander theilet : aporrhöe, circumincellio ist/wann sich die
Stimm drähet/inflectirt und gleichsam einwickelt. Neben den Zeichen aber haben sie auch etliche Wörter/damit
sie alle harmonische modulationes erklären/so allerdings

Ihre Sol-
misation und
toni.

mit unserer solmisation überein stimmet / als ananes ,
neagie, aanes, neeanes, aneanes, neanes, nana, agie.
Nach dem aber dise Stimmen mutiret werden / so komt
daraus die Veränderung deß toni, deren sie 8. zehlen :
4. sind κύϱιοι, authenti. 4. πλάγιοι, obliqui. Davon anderswo ausführlich.

ARTIS

ARTIS MAGNÆ
de
CONSONO & DISSONO,

LIBER III. ORGANICVS.

Alle Music-Instrumenten / deren hin und wieder bei alten und neuen autoribus gedacht werden/sind gemeiniglich in 3. genera getheilt: die 1. werden genennet Enchorda, weil sie Saiten haben / und mit Federkielen / oder auch blosen Händen / zu harmonischen motibus angetrieben werden / als da sind Lauten/ Geigen/Citharn/Leyren. Die 2. werden genennet pneumatica, weil sie mit Wind angetrieben/ und mit Luft zum harmonischen sono angefüllet werden / als Orgeln/Pfeifen/Posaunen/Trompeten. Die 3. sind pullatilia oder κρᾶσα, Schlag-Instrumenta, als Paucken/Trummeln/ Cymbeln/Glocken/ic. Gleich wie aber die Erfindung der Saiten gar leicht ist / also ist sie auch uhralt : dann weil nichts gemeiners ist / auch nichts nötigers/ als der Gebrauch der Fäden zum Nähen oder Flicken ; ein iegliche Ausdehnung aber der Fäden gibt einen annehmlichen sonum von sich/auch aus underschiedlicher Aufspannung derselben entstehen underschidene soni, ist also den Music-Erfahrnen nichts leichters gewesen/ als dergleichen Instrumenta zu erfinden; und zwar von der Antiquität derselben ist kein Zweifel / wie oben gedacht. Wiewol aber nichts bekandters und gemeiners ist / als der Saiten-sonus,ist doch nichts unbekandters und verborgener / als deffen Ursprung und Eigenschaft. Der autor hat hier keinen Fleiß noch Kosten gespahrt/die experimenta sonorum gründlich zu erforschen.

Dreierlei Music-Instrumenten.

Saiten- Wind- und Schlag-instrumenta.

Saiten- sonus verborgen.

G 2 PARS

PARS I. Ars Chordotomica.

Cap. 1. Von Zurichtung der Saiten/und derselben Underschied/Eigenschaft/Gütigkeit und Beschaffenheit.

Dreierlei Saiten aus dreierlei Materi.

DReierlei Saiten befinden sich in den Instrumenten: die 1. sind/welche aus den Därmen der Thier gemachet werden: die 2. welche aus Metall in die allerdünneste Fäden gezogen werden: die 3. sind/die aus Seiden oder anderer Materi gemachet werden. Die erste werden von allerhand Thieren gemacht/von Widder- Schaf- Geis- Hunds-Därmen/und andern mehr: die besten sind/die aus Schaf- Geis- und Katzen-Därmen gemacht werden:

Warum nit alle Därm darzu tüchtig seien.

Ochsen- und Küh-Därm sind zu welck und schwach/halten nicht lang/die Wolfs-därm sind zwar zäh/aber etwas obtus und dunckel; ie dicker aber die Saiten sind/ie mehr Därm gehören darzu/also/daß oftmalen die grosse Baß-saiten aus 40. 50. 60. Därmen/mit Hülf der kleinen Sailer-rädlen/gedrehet und gemachet werden. Zu Rom ist ein fünf-saitige Baß-Violon/dessen grössere Saite aus 200. die ander aus 180. die 3. aus 100. die 4. aus 50. die 5. aus 30. Därmen gemacht ist:

Schaf-Därm die besten.

die Därm der Schaf aber sind so lang/daß sie sich oftmals in die 80. Schuch lang erstrecken. Der autor Alrazel, im Buch von Beschreibung A den, sagt/daselbst sei ein Art der Schaf/deren Schwänz bei 10. Pfund Wollen tragen/die Därm seyen so lang/daß sie sich uff 100. Schuch extendiren.

Die Gütigkeit der Saiten kompt von der Nahrung

Die Gütigkeit der Saiten bestehet in der laimichten Zähigkeit der Därmen/die aber entstehet aus deß Thiers seiner Nahrung/daher die jenigen Thier/welche in wässerichten und sümpfigten Orten ihre Speis suchen/nicht gar tüchtig sind zu den Saiten: die allerbesten sind dise/welche an den Bergen ihre Nahrung suchen/viel laimichte und hartichte Kräuter fressen/daß also deß Thiers seine Natürliche Complexion sich nach demselben Futter ziehet und gewohnet/und sind auch die Därm diser Thier nicht zu ieder zeit dien-

dienlich zu den Saiten/sondern nur so lang solche laimich= *Die Därm*
te zähe Speisen währen / nemlich zu Sommers= und *sind nicht so*
Herbst=zeit/ da ihre wässerichte Complexion und Feuch= *dergeit dien*
tigkeit/so sich im Früling wegen der vilen Feuchtigkeit deß *lich zu Sai*
frischen Futters gesetzet/von der Sonnen=hitze ist verzeh= *ten.*
ret/und die Nahrung gleichsam außgekochet worden. Die
Metalline Saiten können aus iedem Metall gemachet
werden/nur Bley und Zinn außgenommen/weil sie wegen
ihrer Stupidität keines rechten soni fähig seyn : die mes=
singe und stählene sind dem täglichen Gebrauch nach die
allerbesten/dann sie schlagen den Luft desto stärcker/geben *Welches*
also einen lebhaften sonum von sich ; Gold=fäden/wiewol *Metall zu*
sie etlicher massen tüchtig sind zu den Saiten / werden sie *Saiten tüch* *tig.*
doch/wegen ihrer Stupidität / so sie mit dem Bley und
Zinn gemein haben/von den Instrument=machern nicht
hoch geachtet.   Sie werden aber also gemacht : Eisen/
Messing/Silber/wird erstlich in lange dünne Ruthen ge= *Wie die me*
zogen/darnach mit Hülf der Zähnichten Instrumenten *tallene Sai*
werden sie durch gewisse Löcher/ welche ie länger ie enger *ten gemachet*
sind/in kleine Fäden/ so dünn oder dick man wil/außgezo= *werden.*
gen/also/nach dem sie offtmal durch 30. underschidene Lö=
cher hindurch gezogen worden/kommen sie in solche Sub=
tilität/daß sie nicht dicker sind / als die geringste Härlein ;
durch die Experientz ist erfunden worden / semiuncia argenti könne in solche länge extendirt werden/ daß es 600.
Schuch vergleichet.   Seidene Saiten werden aus der *Seidene*
Seiden gemachet/nemlich ex visco der Seiden=würmer/ *Saiten wo*
von welchen sie selbsten in kleine Fäden gezogen wird/und *ber/wie auch*
wiewol schier alle Würm auch ihr Gespinst und Fäden *deß Seiden* *wurms*
machen/iedoch gehört diser Ruhm allein den Seidenwür= *Ruhm.*
mern/daß ihre Fäden die allerlieblichste Saiten geben :
der andern ihre filationes. weil sie gar zu brüchig/dienen
nicht zur Music. Doch ist diß der Underscheid der Därm
und der seidenen Saiten : jene geben von sich selbsten einen lieblichen Thon von sich/diese aber müssen zuvor mit
Hartz oder Colophonien asperirt und gestrichen werden.

Corol=

COROLLARIA.

Wunder-prob vom Spinnen-geweb.

1. Ein wunder-verborgenes harmonisches Kunst-stück findet sich in dem Garn-geweb der Spinnen / dann wann ihre Saiten also starck wären / daß sie sich töndten schlagen lassen / so würden sie ein vollkommenes Deca-chordum hören lassen : wie dann die Spinnen gemeini-glich ihr Geweb hexagonisch/sechseckicht machen/und ein iegliches Eck mit 10. Saiten proportionirlich durchwe-

Wie künst-lich und har-monisch die Spinne ihr Geweb ma-che.

ben / daß ihre Länge ein vollkommen Decachordon ma-chen / dann solch hexagonum reticulare ist in 6. gleiche superficies eingetheilt / und die 10. Saiten in iedem Eck sind also künstlich undergewebt / daß es wie ein vollkom-men decachordon anzusehen ist/die Saiten sind auch al-so proportionirt, daß die erste zur letzten ein diapason mit dem semitonio machet / die übrige ordentlich andere consonantias. 2. Es werden aber auch Saiten aus an-

Hänfine und flächserne Saiten.

tern vegetabilibus und lebendigen Dingen gemachet/als Flachs/Hanf/cocco indico, Aloes-blättern/ Juca-kraut und andern mehr ; zwar die flächserne und hänferne Fä-den/wann sie zuvor mit Hartz exasperiret sind/ geben eine Würckung in den instrumentis, aber nicht so groß / wie die seidene/sind auch nicht so zäh und hart/wiewol bei den barbaris die Fäden aus den Blättern deß cocci indici ge-machet/an statt der Saiten dienen/nicht ohne grosse Wür-

Saiten aus Kräuter. fä-serlein gema-chet.

ckung. Aloes-fäserlein geben zwar einen sonum von sich/ halten aber nicht: zwar man hat ein Indianisches Instru-ment gesehen/aus aloës juccae und cocci. fäden gemacht/ von solcher Stärck/daß sie mit unsern Saiten streiten sol-ten/das ist aber nicht so sehr den Fäden/als der Natur deß Krauts unter solchen Himmels-Constitution zuzuschrei-ben. 3. Die Erfahrenheit lehret / daß eine Saite aus

Vergleichung der därm. und metallen sai-ten.

Schafdärmen schwächer ist als eine metalline/in gleicher Dicke: dann jene wird nach Observirung Mersenni, wan ihre Dicke 6. mal tenacior ist lineâ, mit 7.lb.gebrochen/ ein güldene und silberne aber von gleicher Dicke von 23.

die

die meſſinge von 18. die eiſerne von 19. Doch iſt ſolches
nicht gewiß / weil die Saiten nicht einerlei Conſtitution
ſind/ſondern man muß zuvor die Nahrung / die Beſchaf=
fenheit deß Himmels / und die Eigenſchaft deß Thiers/
aus deſſen Därmen die Saiten gemacht werden / erfor= Därm.ſäiten
ſchen ; dann das iſt gewiß/daß die Italiäniſche Saiten viel unberſchied=
ſtärcker und daurhaffter ſind/ als die Teutſche und Fran= lich.
zöſiſche/wegen trockener Complexion/ſo die Schaf haben
è decoctione humore, & vilcidiori pabulo. Gleiche Be=
ſchaffenheit hat es mit den metallenen Saiten : dann nach
dem das Metall gut/ſo ſind auch die Saiten ; Goldfäden Ungariſch
aus Ungariſchem Gold gemacht/werden gar hoch gehal= Gold und
ten/dann diß Gold iſt zarter / reiner und ſtärcker als das Spaniſch
andere /. daher es auch allem andern Gold vorgezogen Eiſen das be=
wird : alſo auch eiſerne Säiten / aus Spaniſchem Eiſen ſte.
gemachet/ſind beſſer als die andern / nemlich reiner / lau=
terer und ſtärcker. Seidene Saiten haben auch einen
groſſen Underſcheid/dann die Meiländiſche Seiden über=
trift die Neapolitaniſche weit/weil ſie zäher / ſtärcker und Seiden un=
währhaffter iſt : dieſe hat zwar ein ſchönere Farb / aber die derſchiedli=
Kraft und Härte iſt nicht darnach/die Urſach iſt die natür= cher Länder
liche Conſtitution der Seidenwürm / ſo ſie aus gröſſerer iſt under=
oder geringerer Gütigkeit der Nahrung erlangen : viel= ſchiedlich.
leicht iſt dieſelbe in der Lombardi viel laimichter / und alſo
viſcus der Seiden=würm zäher und ſtärcker/als in Cham=
panien/geſchicht auch/daß einerlei Seiden doch nicht glei=
che Stärck und Währung hat / weil ſie in der Farb ver=
brennet werden.

CAP. 2. de Inſtrumentis polychordis.

Fünferlei Art werden gezehlet der viel-ſäitigen Inſtru= Fünferlei
menten : 1. ſind die Clavicymbel/ Spinetten/ Clavi= Art der viel-
cordia/ manuchordia, diſe haben alle Clavier. 2. ſind die ſäitigen In=
manubria, als Cytharn/ Pandoren/Lauten / Theorben/ ſtrumenten.
Leyren/Geigen : etliche derſelben gebrauchen an ſtatt der
Schlag=Inſtrumenten die Finger in beeden Händen/ die

lincke zur harmonischen Abtheilung der Saiten/die rechte
zur Erregung derselben. Etliche 3. gebrauchen die Fe-
derkiel/ wie die Cytharn und Pfalter ; etliche 4. werden
mit beeden Händen gerühret/wie die Harpfen/etliche mit
Fiddelbogen / wie die Geigen / etliche 5. aus beeden ver-
mischt/ wie die Teutsche Leyren.

§. 1. Von den Clavicymbalis.

Woher sie
den Namen. Werden also genennet/ weil gemeiniglich die Musicalische Claves auf derselben palmulis und Clavibus an-
gedeutet werden / um der Lehrjungen willen / damit sie die
Harmony desto leichter finden können/etliche werden also
zugerichtet/daß sie mehr einer Harpfen/als Clavicymbel
Neue Ma- gleich sehen/dann die Saiten stehen nicht horizonaliter,
nier derselbē, sondern verticaliter übersich / sind gar bequem/ nehmen
nicht viel Platz ein/zieren die Gemächer wie schöne Kästen
und Behälter/ können auch wie Harpfen und Clavicymbel gebraucht werden. Zu Rom ist eine neue Art Spinet-
Neue Spin- to/anderthalben Spannen lang / hat nur 18. palmulas
netten Art. oder Claves, der Ionus ist gar acut, hat grosse Kraft /
wann viel Clavicymbel zusammen stimmen. Ein gemein
Clavier der Clavicymbel aber hat ordentlich 4. octavas, oder 52. pal-
gemeinen mulas, ein iegliche Octav 13. claves, 8. weisse und 5.
Clavicymbel schwartze/sind also angeordnet/daß iegliche Octav in 12.
semitonia inæqualia getheilet sind. Weil aber in solchem
gemeinen abaco nicht alle Consonantien gefunden wer-
den/sonderlich 3. und 6. majores & minores, soll man sie
nun gebrauchen/müssen die claves vermehrt werden/ wie
dann zu Rom siebenerlei Art der Clavicymbeln von sibe-
Unterschid- nerlei abacis claviariis sive testaturis gefunden werden.
liche Arten In dem 1. hat eine Octav 13. palmulas. In dem 2. eben
der Clavi- so viel/doch auf ein andere weiß. In dem 3. so aus beeden
cymbel. vorgehenden gemachet/hat eine Octav 17. claves. Das
4. 19. auf ein andere weis / nach dem dreifachen genere
harmoniæ. Das 5. eben so viel / doch per transpositio-
nem. Das 6. hat 27. Das 7. 32. claves in einer Octav/
doch

doch ist die sechste die allerbequemste/ die allergeringste intervalla darzustellen/dergleichen Clavicymbel underschiedlich in Sicilien und Italien/sonderlich zu Rom gemachet
sind. Doch die Confusion solcher vielen clavium zu ver-
hüten/ haben etliche ein dreifaches Clavier in einem Instrument gehalten.

§. 2. De abaco simplici, in quodcun-
que intervallum per certa registra variabili.

Ist noch nicht lang/ hat Nicolaus Romanus ein
Art Clavicymbels erfunden/ welches zwar nur ein ge-
meines Clavier hat/ aber kan in alle intervalla geendert
werden/also daß ein Thon in 9. commata getheilet/durch
so viel Register kan varirt werden/ nach dem die Stimen
oder die transpositio Cantus es erfordert / kan es in ein
ieglichs intervallum erhöhet oder niedergelassen werden:
als wann man den Thon um ein semitonium minus erhöhen wil/so zeucht man dasselbe Register/und stehet alsdann das gantze Clavir um ein semitonium höher / wil
mans aber um ein 3. minorem erhöhen / so ziehet man
das Register/so der 3. minori zustehet/rc. und so fortan.
Kan also diß einige Instrument præstiren/was 9. underschiedliche können/so um ein comma voneinander gestimmet seyn / und weil der Thon in diesem Instrument in 9.
commata getheilet ist/und so viel Saiten einem ieglichen
Thon zugehören/auch das gantze Clavir 4. Octav hat/so
folgt/daß das gantze Instrument 212. Saiten hat/ nemlich so viel/als 9. absonderliche instrumenta haben/ in 4.
Octaven getheilt.

(Marginalia:) Clavicymbel hat nur ein Clavir/ aber 9. absonderliche Regi-
ster/daß es 9. maleon transponirt werden.

(Marginalia:) Thut was 9. underschiedliche thäten.

§. 3. Wie man ein Instrument stimmen soll/
das 17. palmulas hat.

Wir nennen disen modum κύκλωσιν harmonicam,
ein Circulirung / weil nach der dritten Octav schier in einem ieden genere der clavis und Thon wiederkomt: da
man angefangen/da muß man allezeit per 5tam auf/und
oer 4tam absteigen/bis man zu dem æquisono komt/ der

(Marginalia:) Eigentliche Art und Ma-nier ein In-strument zu stimmen.

mit

mit der erſten Stimm correſpondiret; wil man aber zu=
ruck gehen ad uniſonum, ſo muß man abſteigen per 5.
und aufſteigen per 4. Alſo auch) in dem Chromatiſchen
und Enharmoniſchen gradu, als : f c G d A ç H
f✱ c✱ g✱ d✱ a✱ &c.

§. 4. Von der Proportion der Säiten auf
den Clavicymbeln.

Alle Säiten könten gleich ſeyn.   Kein Zweiffel iſt / daß man nicht in den Jnſtrumen=
ten die Proportion der Säiten wohl in acht nehmen ſolle/
damit ſie eine vollkommene Harmony von ſich geben/ daß
wiewol in rigore harmonico alle Saiten in gleicher Län=
ge und Dicke ſeyn können/ und nur allein in Austhönung
oder Nachlaſſung der potentiæ tenſivæ ihre Mängel
könten erſetzet werden/iedoch weil es gar ein beſchwärlich
Ding/auch unannehmliche ſonos mit ſich bringet/ ſo iſts

Aber beſſer iſt / ſie ſeyen gantz un= gleich.   beſſer / daß man eine gewiſſe Proportion der Saiten hal=
te/ſo wol in der Dicke/als in der Länge / dann alſo werden
die Conſonantien deſto reiner und lieblicher / und wiewol
nicht alle Säiten der Länge und der Dicke nach underſchi=
den ſind/ſondern oftmal 5. 6. 7. in gleicher Dicke / aber
nicht in gleicher Länge gebraucht werden/wäre doch rath=
ſamer/daß ſo viel intervalla, ſo viel Säiten genommen
würden/alle in der Dicke und in der Länge ungleich / nur
die ſemitonia ausgenommen / die könten mit ihren tonis
gleich überein ſtimmen.

§. 5. Von den Symphonien ſo auf die
Clavicymbala gehören.

Præludia was ſie ſeien/ worzu ſie die= nen.   Præludia ſind ſolennitates harmonicæ, ja totius
concentus harmonici moderatores, erfordern eine ab=
ſonderliche Compoſition / darinnen der Organiſt nicht
blos ſeine Kunſt ſehen und hören läſt/ ſondern er ſolle da=
mit/gleichſam als mit præambulis, die Gemüter der Zu=
hörer erwecken und bereiten/zu dem Apparat deß folgen=
den Geſangs; ins gemein werden dergleichen compoſiti=
ones genennet præludia, Jtaliäniſch toccatæ, ſonatæ,
ricer=

ricercatæ. Joh. Jacob Froberger/ Käiserl. Organist/ deß vortreflichen Organisten Hier. Freſcobaldi Diſcipel/ hat ein ſolch Kunſt-ſtück über das ut, re, mi, &c. geſetzt/ daß nichts darin kan deſideriert werden/weder in der com- poſition, noch in den Fugen/noch in der Zeit/ꝛc.

ut, re, mi, ſa ſol, la, gar künſtlich ge- ſetzt.

Cap. 3. Von Lauten/ Mandoren und Citharn.

Dieſe inſtrumenta haben an ſtatt deß abaci oder Claviers einen Canonem von vielen Saiten/ das iſt die anſa oder Handhabe eines ieden organi harmoni- ci, als da ſind Lauten/ Mandoren/ Citharen/Geigen/ꝛc. under dieſen iſt aber weſentlich kein Underſcheid/ ſondern nur in der Menge der Saiten/ in der Weis zu ſtimmen: teſtudines theorbæ haben gemeiniglich weite Bäuch/die Citharn/Mandoren aber einen geringern und ebenern Bauch und Rücken: jene haben gemeiniglich 10. 12.14. dieſe auf das höchſte 5. oder 6. Saiten/deren die erſte dop- pelt ſind/die letzte aber einfach/ wird cantarella genennt. Die Laute hat (im Latein.) den Namen von der Figur deß Thiers/welches ſeinen umbonem wie einen Schwibbo- gen krümet/und dergleichen Inſtrument æmuliert. The- orba iſt von der Lauten underſchiden/weil jene 2.Häls/di- ſe nur einen hat. Thiorba hat den Namen von einem circumforaneo Neapolitano, welcher der erſte gewe- ſen/der den Hals der Lauten erlängert/ und hernach du- plieret hat: ſchertzweis aber hat er ſolch Inſtrument ꝛ ſle- gen eine tiorbam zu nennen/das iſt/ein mörſner-art/ dar- innen man wie in einer kleinen Mühlen/Mandeln/Senf und andere Körner zerſtoſſen/ und mit zugegoſſenem li- quore in Milch zu diſſolviren pflegt/ Hier. Capſperger ein Teutſcher Edelman/ ein vortreflicher Muſicus/ hat nachgehends diß Inſtrument alſo excoliert/und zu ſolcher Perfection gebracht/ daß es heutigs Tags alle andere inſtrumenta weit übertrift.

Vnderſchied zwiſchen Lau- ten/ Mando- ren/Cithern.

Lauten wo- her ſie den Namen.

Thiorba hat den Na- men vom autore.

Perfection diſes Inſtru- mento.

§. 1. Von

§. 1. Von den Säiten so auf eine Lauten sollen gezogen werden/ihrer Ordnung/Stell und Einstimmung.

Lauten-Säiten wie sie beschaffen.
Die Säiten einer Lauten und thiorbæ sind nicht von Metall / sondern von den Gedärmen der Thieren gemachet / der Länge nach sind sie alle gleich / aber der Dicke nach unterschieden/sind auch alle doppelt/ausgenommen die letzte/ die Proportion einer Säiten gegen der andern in der Dicke wird genommen aus der Menge der Därmen daraus sie gemacht werden. Zu Rom wird die gröste Lauten-säite von 9. Därmen gemacht / die 2. von 8. die geringste aus einem Darm. Chordotonia heist die Säiten harmonisch aufzuziehen und einzustimmen : hat die Laute 11. Säiten oder Chór/10. doppelt/eine einfach/soll sie

Die Stimmung derselben.
also gestimmet werden/ c d e f g a d g h e a allezeit über sich steigend. Der gantze Canon aber wird in 9. ungleiche/ proportionaliter abnehmende spatia eingetheilet/ ein iedes spatium hat eine Säiten/ so an den Hals fest gebunden ist/thun eben das dise Bänd/was die palmulæ in abaco harmonico eines Clavicymbels ; Etliche theilen die gantze Seiten in 18. gleiche Theil / darnach wieder in so

Abtheilung der Bänd.
viel gleiche Theil/bis sie die ligaturas finden. Mersennus hat die gantze Länge der Säiten getheilt in 100000.Theil/ und für den ersten Bund genommen 94444. für den andern 89298. und so fortan/ic. diser modus gründet sich auf den methodum deß Aristoxeni, der ein gantze Octav in 12. semitonia abgetheilet.

§. 2. Von den Citharn.

Wie viel Säiten ein Cithar hab.
Die Cytharn und Lauten sind nur den Säiten nach unterschieden/weil jene metalline hat/ und in geringerer Zahl. Die Teutsche/Frantzösische und Hispanische Cythar hat nicht mehr als 4. oder 5. ordines chordarum, die Italiänische aber kompt bis auf 6. Keine aber wird mit Händen ohnmittelbar geschlagen wie ein Laute/ sondern mit einem Federkiel/zwischen dem Daumen und dem
                                                                    Zeiger.

Zeiger. Es wird aber der Canon oder Handhab einer Cytharn anderster/als einer Lauten getheilt: hier finden sich
gemeiniglich 9. : dorten / sonderlich in der Italiänischen/
17. Bünd. Es finden sich auch underschidliche Arten der
Cytharn/Germanicæ,Gallicæ,Italicæ,Anglicæ,Hispa-
nicæ,Turcicæ,Persicæ,Africanæ,&c. Die Teutsch= und

Italiänische wird also gestimmet / d c g a, die Spanische

also/ g c f a d. Die Türckische hat einen überaus lan=
gen Hals/ mit 3. Säiten / wird colachon genennt / ihre

Concordantz ist dise/ c c g Folget in dem grossen opere
autoris ein überaus schöne Composition auf Lauten/The=
orben/Cytharen/rc. zu schlagen / so der vortrefliche Cy=
tharist Lælius Colista gesetzet / verè Romanæ urbis Orpheus.

§. 3. Von den Geigen oder Violen.

Hierdurch verstehen wir ein iegliches Instrument /
welches einen Bauch und Hals mit Säiten hat / wird ge=
rührt mit einem Bogen von Pferdshaaren/in der lincken
Hand haltend / mit der rechten die Säiten ohnmittelbar
truckend. Dise sind gar mancherlei/ werden täglich neue
erfunden / etliche vermehren die Säiten / etliche machen
Kexren draus/die Engeländer gebrauchen darzu auch me=
talline Säiten/davon bei Mersenno zu lesen/nota lyram
barberinam & panharmonicam chelyn Joh. Baptistæ
Donii , wiederum lyram Argolicam Ceronis. Jener
Graf von Sommerset Anglus hat ein gantz neue Art von
Geigen/mit 8. Säiten erfunden/ begreift alle Music-ge=
heimnis im höchsten grad / ist werth / daß mans höre/zie=
het die Zuhörer in die gröste Verwunderung. Chelys major, sonsten ein Baß=Violon genennet / hat gemeiniglich
4. Säiten/ die Handhabe ist der dritte Theil der gantzen
länge/seine Stimmung ist dise/ G D A E. Linterculus,
von der Figur eines Tröglins also genennt / ist ein kleine
Geige/

Geige/seine Concordantz ist b f c g. Chelys hexachorda
hat 6. Säiten/ der Hals etwas langers als der Violon/

*Viola di
gamba.*

hat gar grosse Liebligkeit. Die Frantzosen stimmens also/
d g c e a d. die Italiäner aber also / D G c e a d. nennen

*Discant-Gei-
gen.*

dise 6. also/ canto cantarelle, sorana, mezzana, tenor,
boardon, basso. Chelys minor ist gar ein schön Instru-
ment/ zum coloriren gar dienlich/hat gemeiniglich 4. säi-
ten/doch kan man in denselben auff 4. Octav hinauff stei-

*Zwölffäitige
Geig oder
Leyer.*

gen. Lyra dodecachorda hat 12.Säiten/ist gar bequem
zur Harmony/wird nicht nur eine Säite allein gerühret/
sondern etliche zugleich/daß offtmal 2. 3. 4. 5. Stimmen
in einem Strich gehöret werden : an statt daß die gemeine Leyer mit ihrem traurigen Geräusch eine Unannehmligkeit machet/so bringt diese die allerlieblichste Harmony
für die Ohren/ja movirt die affectus, dolores, planctus;
wird also gestimmet: c d g d a c h f ✕ c✕ g✕ d✕ a✕.

*Die gemeine
Bettlers-
Lyren.*

Lyra vulgaris, die Bettlers-Leyer / ist ein sinnreiche structur, wegen Abtheilung der Säiten/deren etliche 2. etliche 4. haben : bringt allerhand Harmony herfür/ hat seine gewisse plectra und palmulas, welche/ wann sie gedrucket werden/die Säiten allerhand modulationes von sich
geben / in dem das Rad herum getriben wird / und die
Säiten antreibet und erthönend machet ; ist mit einem
Wort nichts andersten / als ein monochordon oder dy-
chordon, doch mit mancherlei Abtheilung der Säiten

*Trompete
marino.*

und der palmulen. Monochordon, sonsten trompete
marino,hat nur eine Säiten/lang und dreieckicht./wird
mit einem Fiddelbogen oben her gestrichen. Folget in
dem grossen opere deß autoris eine schöne Composition
für die Geigen/gar künstlich gesetzt von Greg. Allegri, Capellmeister deß Päpstlichen Stuels zu Rom.

§. 4. Vom Psalterspiel.

*Psalterspiels
Beschaffen-
heit.*

Dieses Instrument/wann es recht geschlagen wird/
übertrifft all andere Säitenspiel in der Liebligkeit. Die
Form ist dreieckicht/hat 3. Reihen Säiten / die,1. hat 4.
octava

et vom E bis auf f f f. Die 2. hat
) minore, gehet vom A bis auf
vas cum diatessaron, geht vom
ries hat ihre abgesonderte Säiten dupliren / oder tripliciren/
1, nach der grösse deß Instru-
r in einem clavi den unisonum
olch Instrument D. Gio. Ma-
icher musicus, hat 148. Säiten/

Die Be-
schwärligkeit
deffen im
spielen.

m schlagen bringe / ist nicht zu
wärlich ding: dañ so bald beede
Säiten rühren / so müssen die
geschlagene Säiten gar gelind
/ damit der tremor der Säiten
s entstehende Confusion der So-

TE PNEVMATICA,

n Instrumenten / so von
10 Athem animiret
erden.

sdam supponendis.

eß dicht beisammen stehenden
egen dem hohen und tiefen so-
he Theil der Säiten / wann sie
werden; dann wie aus 2. mal
er Säiten gegen der andern/die
h in den pnevmaticis die illisio-
n Lufts um das Zünglein deß
endig die Octav bringen; disem
ufts in einer Pfeifen ist in pro-
gen dem 1. Thon / so komt das
er sesquitertiâ triplâ, quadru-
t das diatessaron, 12ma, dis-
ri/daraus die Pfeifen gemacht

Vergleichüg
deß Lufts in
den Pfeifen
mit der Ab-
theilung ei-
ner Säiten.

wer-

Die Materi werden/muß gantz homogenea, einer Natur seyn/auch gleicher Ebene/sintemalen auch die geringste unsichtbare Ungleichheit der superficiei eine grosse Diversität in dem sono machet/also das geringste Stäublein in den Orgelpfeifen machet sie discordiren. 3. Underschiedene Materi der Pfeifen bringt underschiedene sonos, und ie underschiedener die Materi ist/ie underschiedener sind auch die soni, sintemal kein Holtz/Metall/Horn/kein hartes corpus, das nicht nach seiner underschiedenen composition auf underschiedliche weis resoniret. 4. Die underschiedene Zubereitung der Pfeifen/der Länge/Breite und den Löchern nach/verursachet auch underschiedene sonos, und sonandi methodos.

Margin: Die Materi der Pfeifen wie sie soll beschaffen seyn.

Margin: Underschidene Soni aus underschidener Materi und Zurichtung der Pfeifen.

Cap. 2. Von der Abtheilung der Pneumatischen Luft-Instrumenten.

Margin: Form der Pfeifen.

DIse instrumenta, wie sie vom Luft lebendig gemacht werden/also müssen sie alle entweder cylindracea, lang und hohl/oder conica, dick und hohl/oder aus disen vermischt seyn/weil der harmonische sonus nicht kan produciret werden/es sei dann/daß der Luft zwischen den verschlossenen Instrumenten beweget werde. Die Materi ist gantz underschiedlich: etliche werden aus Haberstengeln/aus Gänsfedern/etliche aus Holtz/Baumrinden/Hörnern und Beinern der Thier/andere aus Metall/Bley/Zinn/Silber/Ertz/ꝛc. gemachet. Bestehet also der Underschied dieser Instrumenten allein in der Form und Materi derselben: die allereinfältigsten sind/welche aus den Hörnern der Thier gemachet werden/wie der Jäger und Hirten Hörner: auf diese folgen ohnmittelbar die Pfeifen aus Federkielen/Haber-helmern gemachet/wie die einfältige Antiquität gebrauchet/werden gemeiniglich von den Griechen monaulia genennt/wann z. 4. 5. 6. 7. solcher Pfeifen in ein systema gebracht werden/so heissen diaulica, triaulica, tetraulica, pentaulica, von der Zahl der Pfeifen/daher komt auch das heptaulum oder decaulium

Margin: Materi der Pfeifen.

Margin: Monaulia, diaulia, triaulia, &c. was es seyn.

eß Hirten-gottes Pans. Uber das sind etliche Pfei-
riel Löcher haben ; die dreilöcherichte werden tristo-
mennt/gleichsam von 3. orificiis, die vierlöcherichte *Tristoma,*
tomæ, a 5. pentastomæ, à 6. hexastomæ,&c. diese *tetrastomæ*
ieder underschiedlich : etliche gehen gerad für sich/ was sie seien?
: werden wie ein Horn gekrümmet / andere wie ein **Underschid-**
ng in die Runde gedrehet. Die letzere sind / die von **liche Abthei-**
macht werden / conico ductu, oben weit/bei dem **lung dersel-**
loch eng/oder auch oben eng / unden weit / wie die **ben.**
nen/welche wieder underschiedlich / ductiles & in-
:s; Aus disen allen werden vollständige Orgeln ge-
/mit underschiedlichen Registern/von Blasbälgen
:t und lebendig gemachet.

§. 1. De fistulâ tristomâ.

s monaulum verhält sich gegen diesen viel-löche- **Beschreibig**
chten Pfeifen/wie der unisonus gegen andern con- **der Flöthen:**
nis. Die dreilöcherichte wird sonsten flauto genen-
gar bequem zur Music / und hat seine oscula oder
álso ordiniret, daß 2. fornen/ eins hinden stehet/
s mit dem Daumen tractiret wird : wil nun der **Wie sie tra-**
us oder Pfeifer ut,re,mi,&c. pfeifen / muß er erst= **ctiret wird.**
: Löcher zutrucken/ und leni flatu in die Flöten bla-
rnach die 2. fördern Löcher zu/ das hinder aber of=
:ten/über das eins zu/und 3.offen/letzlich alle 4.of=
il man weiter gehen / muß man wieder fornen an=
/doch etwas stärckers blasen : wil man die Octav
u/muß man noch stärcker blasen : wil man ein se=
ium machen/ muß das Loch halb geschlossen seyn.
sichs aber hierbei / warum in solcher dreilöcherich- **Natur. war-**
feifen die toni nach 4. gradibus nicht fortgeführet **der in der**
n / sondern ohnmittelbar in einem Sprung / gehet **Pfeifen.**
on der 4. in die 5. ℞. Die Notdurft der Natur ist
Natur Wunder-Ursächerin/dann sie hält so steif an
terminis , daß eher die Welt solte zu grund gehen/
dieselbe überschratten solte / das geschicht auch in

H   der

der condensation und rarefaction deß Lufts/ kraft wel=
cher dise und kein andere Stimm kan herfür gebracht wer=

Woher ein
grober tieffer
Thon in den=
selben.

den/dann ie länger und dicker ein Canal ist / ie tieffer und
gröber er lautet/die Ursach ist amplitudo spatii, darinnen
der Luft mit dem Wind oder Bläsen getriben / ohne con=
densation an die Mundlöcher der Pfeiffen anschlägt/also
mit ihrem gravi und tardo motu, bringt sie einen solchen
sonum herfür; also in dieser fistulâ tristomiâ, wann alle
Seiten=Löcher zugeschlossen werden/ entspringt die aller=

Die Abthei=
lung deß
Lufts in den
Pfeiffen.

tieffeste Stimm/ weil also die Länge der Pfeiffen wachset;
wann aber nur 2. orificia zugeschlossen werden/ so wird
die Länge der Pfeiffen gleichsam abgekürtzt/ dannenhero
steigt sie um ein Thon über sich/ und so fortan.

§. 2. De lituis, cornamutis, utriculis, und andern dergleichen Instrumenten.

Litui
Krumbhörner

Cornamusa
Sackpfeiffen.

Litui sind underwerts gekrümte Pfeiffen/bei den Egy=
ptiern gar gebräuchlich. Cornamusam verstehen
viel von der Sackpfeiffen/das ist aber ein bekantes Instru=
ment/der Schäfer und Bauren einiger Trost: in diesem
Instrument/wann der Sack mit Wind angefüllt/und mit
dem Arm gedrucket wird/so macht er die darinn steckende
Pfeiffen lebendig / welche/nach dem die orificia zu= oder
aufgeschlossen sind/underschiedene Harmony herfür brin=
gen. Ist aber noch nicht lang/ist ein neu Instrument er=
funden worden/welches die Frantzosen mulettam nennen:

Musetta
new Instru=
ment der
Frantzosen.

hier/wann der Luft in die Bälg gelassen/getruckt und aus=
gelassen wird / animirt er die Pfeiffen ohn aufhören/hat
unzahlbare plectra, so den Löchern der Pfeiffen corre-
spondiren/welche der auladus wie die palmulas in einem Cla=
ricymbel gebrauchet/ die Pfeiffen=Löcher zu eröfnen oder
zuzuschliesen: ist ein hör= und seh=würdiges / auch liebli=
ches und wunderbares Instrument. Die dulcini oder
Fagott sind zur Music die allerbequemste/den Baß zu fo=

Fagott ist
lieblich.

niren kan nichts lieblichers erfunden werden. In Franck=
reich ist auch ein ander Instrument/ serpens genannt/ so
krum

als ein Schlang/gebräuchlich/ so zu dem Baß auch
ienlich ist/ist auch stärcker als ein Fagott/ aber weit
so lieblich.

CAPUT 3.

Von den Orgeln/derselben Zubereitung
und Eigenschaften.

se Orgel ist under allen pneumatischen Instrumen-
n gleichsam das compendium und epitome, also **Lob deß Or-**
as allerschönste und vollkomlichste; wer wolte sich **gelwercks.**
mit Tertull. verwundern / tot unius machinæ
ra, tot partes, tot compagines, tot itinera vocū,
mpendia tonorum, tot commercia modorum,
es tibiarum, &c. nichts ist mit derselben zu verglei-
ichts ist auch diser sichtbarn Welt ehnlicher/als ein
rc.

§. 1. De Partibus Organi.

in Orgel hat vornemlich 7. Theil: 1. sind die Blas-
, anemotheca die Windlade. 3. secretum fistula- **7. Absonder-**
. polystomaticum oder der Löcher-Zug/darein die **liche Stuck**
i gestellt werden. 5. die canones, systemata, Re= **gehören zu ei-**
5. die Pfeifen. 7. das Clavier. Die Pfeifen sind **net Orgel.**
hiedlich/der Materi und Form nach/hültzern/blen= **Pfeifen sind**
nern/Flöthen/chorauli, Posaunen/Trombonen/ **underschied-)**
poglossæ, wie Menschen-Zungen; etliche sind of= **lich.**
the gedeckt; conus fistulæ die undere Spitz ist in-
atis longitudinis, dienet nur darzu/daß der Wind
h hinein geführt/an das Zünglein anschlage/und
um herfür bringe. Gedeckte Pfeifen sind von den
in dem underschieden / 1. daß ihr Gipfel verdeckt
aß sie bei iedem Zünglein 2. Flügel oder öhrlein
so einig und allein zu der Stimmung gerichtet sind.
um aber ist ein gewisse Art Pfeifen / so in den Or= **Doppelte**
funden wird/wird eine Pfeif über die ander gesetzt/ **Pfeifen.**
nsosen nennens Achemener, sind viel stärcker als
e Pfeifen / auch dem sono nach von diesen under=
t.

§. 2. De secreto organico.

Vitruvius nennt diß auch Canonem musicalem, ist das vornehmste Stuck in einer Orgel / wird secretum das Verborgene genent/weil es den Zuhörern secretum harmoniæ verbirgt. Ist ein enge Behältnis der zusammen geführten Winden / bestehend aus so viel paraglossis (also nennet man die jenige Zünglein / welche eröfnet/den Wind in die Pfeifen gehen lassen) als palmulæ auf dem Clavier sind. Dann wann dise gedruckt werden/ so trucken die pilotides (also nennet man den Drat/welcher zwischen den palmulis und den paraglossis eingesetzet wird) die paraglossas nieder/ dardurch bekomt der Wind seinen Lauf zu den jenigen Pfeifen / welche die palmulæ und paraglossæ andeiten ; und damit die niedergetruckten paraglossæ nicht allzeit also stehen bleiben/ so ist ein anderer gekrümter Drath daran gehängt/welcher sie in vorigen stand treibt/und das orificium zuschließt.

(Marginalia: Was das Verborgene in einer Orgel.)

(Marginalia: Das innerliche Kunststuck einer Orgel.)

§. 3. Von den Registern/Windfängen/ Blasbälgen.

Damit nicht alle Pfeifen auf einmal confusè angiengen/sondern nach Underschied der Harmony dise und jene zu vermischen/ und die Music desto annehmlicher zu machen/ sind die Register erdacht worden / dardurch die gantze Harmony dirigirt/varirt/verändert/intendirt und remittirt wird; sind nichts als etliche Höltzer/ welche so viel Löcher haben/als Pfeifen oben darauf stehen / durch welche wie sie gezogen werden / die undere Löcher deß cribri organici secreti geöfnet oder zugeschlossen werden: so bald nun diese Register mit der Handhaben heraus gezogen werden/so stehen die undere Löcher deß cribri offen/ und gehet der Wind alsdann in die Pfeifen. Die receptacula ventorum sind die Canäl oder portaventi, wie sie genennet werden/sind hültzern/und von solcher Quantität/ als die grösse der Orgel erfordert/haben ihren Ursprung aus den Blasbälgen / mit welchen sie auch continuiret

wer-

(Marginalia: Worzu die Register dienen.)

(Marginalia: Wie sie beschaffen.)

(Marginalia: Canäl zur Windladen.)

n / die Blasbälg viel oder wenig / groß und klein/
er Proportion der Orgel/ꝛc.

.4. Von den Zooglossis und Anthro-
poglossis.

Diese Pfeifen nennet man also / weil sie die Zungen
ieren/sonderlich der Vögel abbilden/daher sie auch
nen gleich der Menschen und anderer Thier Stim=
er für bringen/werden Regal=pfeifen genent/haben
ständige Theil : der 1. ist ein semicylindrus ,wie
ner Canal/aus Kupfer gemacht ; der ander ist eine
aus einem subtilen ertzenen Blech gemachet / dar=
die Höle deß Canals bedeckt wird. Diser Canal bil=
ines Vogels oder Gans undern Theil deß Schna=
as Blech aber bedeitet die Zungen : dise gantze Pfei=
in ein ander rundes Holtz gestöcket/ und damit die
den gewündschten tonum bringen kan / so wird
das runde Holtz ein eiserner Drath durchgezogen/
en also gedrehet / daß die Zung fest an dem Canal
muß / ausgenommen das underste der Zungen/
s ein wenig offen stehet/damit der Wind hinein ge=
/den sonum in der angeschlagenen Zungen zu er=
/welcher desto reiner und höher ist / ie starcker der
die Zungen anstrenget an den Canal. Diser Drat
on seiner Würckung auloton̄us genent/weil durch
ie Pfeifen gegen einander gestimmet werden. An-
oglossæ aber werden die Pfeifen genent/weil sie al=
s Menschliche Stimmen und Gelächter verneh=
ssen/haben eine Wunder=Anmuth / ziehen die Zu=
n grosse Verwunderung/ ist eine vermischte Pfeif
r zooglosâ und dem tubo , doch nicht gar Cylin=
sondern etwas Conisch/darein die zooglossa gesetzt

Zooglossæ was es für Pfeifen.

Regal-Pfeifen werden beschriben.

Was der aulotonus dabei sey.

Anthropoglossæ was es für Pfeifen.

RS III. de ARTE CRUSTICA,
oder von den Schlag-Instru-
menten.

Welche durch die percussion eine Harmony geben: und zwar ein ieglichs corpus hat seinen sonum, vielmehr aber die corpora sonora, aus dem allerporoseften und glätteften Holtz gemachet / wie alle hültzerne Klappern: oder aus den allerhärteften Metallen / wie die Glocken/ Schellen/Cymbeln / oder aus Fellen über ein holes corpus gebreitet/wie die Paucken/Trommeln/ꝛc.

Schlag-In-strumenten sind underschiedlich.

Cap. I. de Sonis Lignorum.

Alle corpora haben sonos.

Ein corpus ift/das nicht einen gewiffen sonum hat/ dann wann man allerlei Höltzer von aller Feuchtig-keit gereiniget/in cylindros zubreiten solte/ so wird man befinden/wie alles Holtz underschiedene composition hat/ also gibt es auch underschiedene tonos. Autor selbften hats mit allen Höltzern probirt von gleicher Gröffe / hat aber in allen underschidenes Gewicht/und underschidenen sonum gefunden / doch hat es mit den experimentis deß Merfenni nicht gar einstimmen wollen/die Ursach ist viel-leicht die vollkommenere Kochung und gröffere Dürre der Höltzer in dem Römischen climate, dardurch die Höltzer nicht so schwär wägen/und auch höher und reiner soniren/ wie auch oben von den Säiten gesagt worden: das ist ge-wiß/underschiedene climata machen andere Constitution der Höltzer/wie auch der Kräuter/Früchten/Thieren/ꝛc. Je mehr die Länder gegen Mitternacht sich ziehen / ie feuchtere Constitution sie erlangen/wornach auch der tie-fere und gröbere sonus sich richtet. Ex. gr. die Römische Weyde ist viel trückener als die Parifische / der Römische Palmenbaum aber ist viel feuchter als der Africanische/ und so fortan.

Underschid-liches Holtz gibt under-schidliche sonos.

Constitutio Climatis

Ein Experiment/wie man ein zylorganum machen soll.

Das ist ein solches Instrument/ da an statt der Pfei-fen cylindrische Höltzer also harmonicè difponirt werden/ daß/wie man sonften auf dem Clavir schlägt/ also schlägt man hier mit Hämmerlein die Höltzer/ daß sie einen har-
moni-

Höltzern Ge-lächter wie sie gemacht wer-den.

schen strepitum von sich geben. Teutsche heissens ein
rn Geláchter ; wird also zugerichtet : Aus einem
thonbaren Holtz / so gleicher Ebene ist allenthalben/
en 26. ligna cylindracea gemachet / welche in 2.
cen getheilet werden / die Proportion ist wie in den
n Pfeifen. Diese Hóltzer werden ordentlich über ein
s Gefás geleget/und mit einem Hámmerlein gerüh=
e palmulæ aber gehen under den Hóltzern hin / zu
ben sie kleine Hámmerlein/damit sie von unden hin=
rühret werden: das vas concavum hat oben 2. me=
: Dráth/ so zimlich dick/über welchen die ligna sánf=
ligen. Wann nun iemand durch die harmonische
alla die palmulas trucket / so schlagen sie mit den
olis die Hóltzer/ daß sie einen annehmlichen sonum **Sind under-**
l geben/welcher durch das undergelegte hohle cor- **schieden/etli-**
ir mercklich befördert wird. Etliche aber machen **che rühret**
ß Instrument sine palmulis, sondern ordentlich **man mit F n-**
ie die harmonische Hóltzer über ein Stroh/oder 2. **mit Hámern.**
ine Dráth / darnach schlagen sie mit einem (oder
mmerlein nach der Musicalischen Harmony.

COROLLARIA.

eraus erscheint/alle Welt=corpora , wann sie also **Aus Holtz /**
sponiret sind/tönnen eine Harmony von sich geben; **Metall /**
thonbarer sie sind / ie besser sie ihren effectum er= **Schellen/**
: also kan man aus einem thonbaren Metall cy- **Glas/könte**
s machen / oder Schellen / Glöcklein / Gláser / an **ein schön In-**
r Hóltzer accommodiren / gibts allezeit ein neue **strument zu-**
ony. Ja man tönte aus diesen 4. Stücken/Holtz/ **gerichtet**
/Schellen/Glásern harmonisch disponiret / ein ei= **werden.**
strument machen/ da die palmulæ so viel Hámer=
en/als harmonische Sachen da ligen/daß der erste
ltz/der ander das Glas/der dritte die Schellen rüh=
also auf einmal ein underschidene Harmony her=
t.

E iiij **Von**

Von einer Katzen-Orgel.

JST noch nicht lang / ist zu Rom von einem ingenioso histrione ein solch Instrument einem Fürsten / seine Melancholi zu vertreiben / gemacht worden : alle lebendige Katzen / von underschiedlicher Grösse / so viel er derselben hat bekommen können / hat er genommen / und in einen Kasten / welcher mit sonderbarem fleis darzu ist gemachet worden / dergestalt eingeschlossen / daß die Schwäntz durch die Löcher heraus schend / in gewisse Canäl sind eingetheilt gewesen / über dise hat er gesetzt palmulas mit spitzigen Stacheln.

Die Katzen aber hat er nach ihrer underschiedenen Grösse thonsweis also angeordnet / daß auf einen ieglichen Schwantz gerad ein palmula mit dem stachel kommen ist : nach dem nun das Instrument zur Lustirung deß Fürsten zugerichtet / hat er dasselbe in einen bequemen Ort gestellt / da es / wann es geschlagen worden / eine solche Harmony von sich gegeben / wie die Katzen stimmen geben können. Dann in dem der Organist mit den Fingern die palmulas niedergedruckt / haben diese mit ihren spitzigen Stacheln die Katzenschwäntz dermassen gestochen / daß sie gantz tell und unsinnig / mit einer erbärmlichen Stimm / bald einen tiefen / bald einen hohen sonum von sich geben / und ein solche Katzen-harmony verursachet / daß es die Zuhörer zu lauterm Lachen bewogen / ja die Mäuß selbsten zum Tantzen hätte bewegen können.

CAPUT II.
Von den Glocken und derselben Gebrauch.

POlydorus Virgiliu schreibt / in der Landschaft Campania sei diß Instrument erstesmals erfunden worden / daher noch auf den heutigen Tag der Nam æris campani gebliben sei / und die Glock nola genennt worden. Andere schreiben es den Egyptiern zu / daß sie das Ertz in einen halben Circkel formirt / und dasselbe in dem Fest Osiridis sollen geschlagen haben / vide de sistro Ægyptico

có in œdipo. Daß es aber ein uraltes Jnſtrument
ſ gewiß aus dem Joſepho und Schiltchägg b᷑ orum,
der Materi und forma fragt ſichs nur/ dann wiewol
ꝰeſ͂en Völckern die Glocken zur Verſamlung der Leut
auchet werden/auch nur von Holtz in underſchiedener *Glocken von*
n/wie auch zu Rom in Septimanâ ſanctâ gebraucht *Holtz.*
/ iedoch gemeiniglich werden ſie aus Eiſen und Ertz
ꝑdjet / doch nicht pur / ſondern eins mit dem andern
ꝰiſchet/ vide J᷑h Bapt. Caſalmin de ritibus veteus
eliæ. Etliche Meiſter/wann ſie Glocken gieſſen wol- *Glocken-guß*
nehmen 3.4.oder 5. Theil Kupfer oder Ertz/ und *woraus.*
ꝰns über einen Theil deß Engliſchen Zihns ; andere
20. lb. Zihn und 100 Pfund Kupfer/welche zwar
auten / aber währen nicht ſo lang ; etliche nehmen
Silber darzu / wegen deß klärern Thons/und leich-
zieſſens. Jn Teutſchland ſollen etliche Glocken ſeyn *Silberne*
ꝛoß/ hell und laut/von lauterm Silber gemachet/ *Glocken.*
ꝰes doch ſchier nicht glaublich/weil es allerdings nicht
chen kan/daß Silber ohne andere Vermiſchung ſol-
klaren hellen ſonum geben ſeu / muß alſo etwas Ku-
/ Zihn oder Ertz darzu kommen. Sonſten was die *Hammer in*
ꝛ in deß Menſchen Mund/das iſt der Hammer in der *der Glocken*
ꝺen/alſo gar nöthig/den ſonum herfür zu bringen; *bildet die*
Proportion iſt von ſolchem Moment/ daß wann er *Zungen im*
ꝛing iſt/ſo bringt er gar einen unvollkommenen ſo *Menſchen*
herfür/iſt er aber zu groß/ſo iſt gefahr/daß nicht die *für.*
ꝼ zerſpringe. Es werden aber in Jtalien die Glocken
gröſſer und ſchwärer gemacht / als von 22000. lb.
ꝛ ſind ſie unbequem zum Läuten / geben auch einen
en ſonum von ſich. Die allergröſte in der gantzen
n Welt iſt die Erfurtiſche. Zwar in Franckreich ſind
gar groſſe Glocken/deren Meiſennus gedencket/als *Glocken von*
ꝰotomago im Thurn B V. von 33000. lb. Zu Lug- *gar groſſem*
ꝰ dem Thurn zu St. Johan. von 28000. in der Kir- *Gewicht.*
ꝛ. V. zu Pariß von 23000. lb. zu Touron S. Mar-
ꝰn 25000. lb. Aber alle übertrift die Erfurtiſche/
ꝰler Glocken Königin. Von

Von der grossen Glocken zu Erfurt.

Wer der
Meister ge-
wesen: wann
sie gegossen
worden/wem
sie dediciert:
wie schwär
sie sey: wie
viel Personē
sie läuten
müssen.

DEr Meister ist gewesen Gerhardus Woù de Campis,
dessen Nam an der Glocken zu finden / ist gegossen
worden Anno 1497. ist dediciert gloriolæ Virgini Mariæ,
davon sie auch den Namen hat/und gloriosa genent wird.
Jhre Uberschrift lautet also/ laude patronos cano gloriosa, fulgur arcens, & dæmones malignos sacra tem-
plis à populo sonanda carmine pulse, sein Gewicht/wie
der Meister daran geschriben / ist 252. Centenariorum.
Der Hammer ist 4. Elen hoch/ unden ein Elen dick / wigt
11. Centenarios. Das Gewerb darinn sie gehet / wigt
drey Viertel eines centenarii, soll sie völlig gehört wer-
den/müssen 24. Personen daran ziehen/und noch 2. dar-
zu/welche von beiden Seiten den Hammer fortstossen:
man hört sie bei gutem Wind bei 3. und 4. Meilen. Der
sonus gibt das tiefe D. in der Orgel. So oft sie angezogen wird/entweder zur Leichen/oder um anderer Ursachen
willen/kostet es 1. Reichsthl. ꝛc.

CAPUT III.
Von den Paucken/Cymbalen/und andern
dergleichen instrumentis.

Paucken wie
sie gemachet
werden.

DIe Paucke oder Trummel ist ein bekant Jnstru-
ment/ wird gemacht aus einem Schaf- oder Wid-
der-fell/und aus aichenē Tafeln/ so wie die cylindri rund
zusammen gefüget werden/oben und unden wird das Fell
mit Seilern übergespannt/und ist darzu aus allen Thier-
häuten allein das Schafsfell tüchtig / und zu dem sono

Deß Schafs
underschied-
liche Nutz-
barkeit/ nur
zu harmoni-
schen Jnstru-
menten.

harmonico bequem/so gar/daß diß einige Thierlein uns
speiset/ kleidet/ und mit einem vierfachen Musicalischen
Jnstrument recreiret, nemlich mit den Därmen in den
Säiten/ mit den Beinern und Hörnern in den Pfeifen/
mit der Haut in den Paucken; daher die Hebreer gar schön
pflegen zu sagen: so lang diß Thier lebe/ so hab es nur eine Stimm/ wann es aber todt / so hab es 7. Stimmen :

dann

die 2. Hörner/2. Knyebein/Därm und Fell werden
viel instrumenta animirt und lebendig gemacht. Ist
noch ein ander Instrument/so die Schiffer und Sol-
gebrauchen/teutsch ein Maultrummen/ tympanū
wird in den Mund gestockt und also animiret / wird **Maul.trum-**
ht aus einem stählenen Blech/rund/mit einem ståh- **mel was sie**
plectro oder Zungen/welches in die Hôle deß Mun- **sei.**
than/und das plectrum mit dem Finger gerühret/
n dunckeles/doch nicht unannehmliches und harmo-
murmur von sich/rc.

ARTIS MAGNÆ
de
)NSONO & DISSONO,
LIBER IV. DIACRITICVS.

ton der alt- neuen Music/von beeder Art
und Weis.

Roß Disputiren ist bei den Gelehrten von **Grosser streit**
oer Alten ihrer Music: etliche ziehen dieselbe un- **bei den Ge-**
ferer Music nicht nur weit bevor / sondern ver- **lehrten von**
en sich auch zum allerhöchsten darüber/ veluti hu- **der alten und**
Sapientiæ apicem. Andere dargegen halten sie **neuen Music.**
lechte geringe Hirten- und Bauren-Music/ so mit
tigen gantz nicht zu vergleichen sei. Jene under-
ich mächtig/ derselben Excellentz und Vortreflig-
zu persuadiren, tringen hart darauf / man solte
erum instauriren und anrichten/dargegen die heu-
schaffen / als die gegen jener nichts dann lauter
llæ, sordes, asperitates, jene sei gantz kunst- und
ch/ zu Bewegung der Affecten die allerbequemstę
n. Diesen Streit und Zweifel aufzuheben/ist die-
ch vorgenommen worden.

PARS

PARS I. EROTEMATICA.

Die Erste Frag.

Was die alten Griechen für ein Music gehabt/ und worinnen deroselben Vortrefligkeit bestanden sei.

Underschidliche Music der alten Griechen.

Diese Music der Griechen kan auf vielerlei weis betrachtet werden; eine gebrauchten sie/recht und wol dardurch zu philosophiren; eine andere zu den Lob= und Ruhm=gesängen der Götter in den Tempeln/ Capellen/ oder der Helden und Siegsherren ihren Triumphen/in offentlichen Schauplätzen; ein andere zum Lust in den hohen Festen/Tänßen/ꝛc.

§. 1. Von der alten ihrer Geheimnißreichen Music.

Lob der Geheimnißreichen Music.

Diese verborgene Music/viel hohe göttliche Sachen in sich begreiffend/gehörte eigentlich für die Philosophos. Aristoteles nente sie die himlische Music/ so ein göttliche Natur habe; Plutarchus venerabile studium, so den Göttern sonderlich angenehm/auch derselben Erfindung sei/ein heilige Harmony/etwas hohes/grosses und göttliches; und Psellus sagt: die Alten haben durch die Music

Music begreift alle Künsten in sich.

die gantze Welt verstanden/schließ auch totum universum in sich/weil nichts ohne die symmetria und proportionirliche Gleichheit gefunden werde; daher erzehlt Hesychius, die Attici haben under dem Namen Music alle Künsten

Was dise Music eigentlich sei.

verstanden. Mercurius Trismegistus, sei nichts anderster/ als aller Ding ihre Ordnung wissen. Socrates in Phedone, sei ein Philosophische Betrachtung / dardurch das Gemüt von dem Leib abgesondert werd/und solle/wie Aristoteles bezeugt/um keines Nutzens willen / sondern blos Lehr=Reinigungs halben/und den Müssigang zu vermeiden/gebraucht werden, Plato hat sie so hoch gehalten/daß

Hat grosse Kraft.

er pflegen zu sagen/die Music hab nicht weniger Kraft in die Seel/als der Luft in den Leib. Dahin zeucht sich auch

Ist zweifach.

die gantze Platonische Philosophy / setzte eine zweifache Music/

Mufic/eine göttliche/in dem ewigen Gemüt Gottes beste-
hend/die andere in der Ordnung und Bewegung der Him-
mel/das sei mirabilis concentus omnium orbium; Da- *den Göttern*
her/wie Plutarchus bezeigt / haben sie den Göttern ein *ilemend.*
Mufic-Instrument in die Hand gegeben/weil keine Verrichtung denselben besser anstünde / als die Harmony/rc.
Vor andern aber soll sie Pythagoras gar wohl verstanden
haben/weil er under den harmonischen principiis die gan- *Pythagora*
ge Wissenschaft der Menschh- und Göttlichen Philosophy *Mufic. Wif-*
verborgen hätte: dann als derselbe einsmals bei einer Ei- *senschaft.*
sen-schmitten fürüber gangen / und den harmonischen
Hammerschlag gehört/soll er draus geschlossen haben/der
Underschied der Sonen rühre her aus der Grösse der
Hämmer/weil die grosse Tiefe die kleine hohe Ionos ver- *Wie weit*
ursacht/aus der Mensur aber der Hämmer hat er die pro- *derselbe mit*
portiones erlernet/dardurch die harmonische intervalla *seiner Ham-*
der Stimmen gemacht werden/welche nemlich consona *merschmid-*
oder dissona, concinna oder inconcinna seien/ist drauff *men.*
alsobald von den Hämmern zu den Säiten gangen/da die
Ohren besser urtheilen können/und hat aus derselben Länge die consonantias und dissonantias partium cum tota erlernet/und daß derselben einige Ursach sei/die Eigenschaft quantitatis discretæ, nemlich der Zahlen / so gar/
daß die Pythagorici daraus die gantze Philosophy haben *Tota Phila-*
anordnen wollen/so groß ist ihr studium gewest in nume- *sophia Mu-*
ris harmonicis. Die Unität oder Eins/ das bedeitete ih- *sica.*
nen die Ideam, das Gemüt und die Form/ dieweil/wie di- *Eins bedeit*
se Zahl untheilbar ist/und einerlei bleibt/man multiplici- *die Form.*
re sie quadratè, oder cubicè: also seyen auch die Ideæ untheilbar und allgemein/ semper idem. Daher haben sie
die Unität für ein symbolum gehalten identitatis naturæ, die übrige numeri aber seyen symbola naturæ alte-
ritatis. Zwei bedeitete ihnen alteritatem & materiam, *Zwei bedeit*
weil jener wie dise/sich theilen lässet/und weilen jener qua- *die Materi.*
dratè multiplicirt/ 4. machet / cubicè 8. welches underschidene numeri sind à 2. also könne die Materi unbestän-
dig

dig und mancherlei seyn. Der andere binarius bedeitete auch die Seel/weil das Gemüt unbeweglich ist / oder nur einerlei circularen motum habe / dargegen die Seel viel= fältige motus von dem Leib empfangt/ und sich lieber zie=

3. bedeit das corpus. het ad motus rectilineos. Drey bedeitete ihnen das cor- pus, so aus Materi und Form gemachet ist / wie 3. aus 2. und 1. gemachet ist/und weil die Welt=Corper so viel di- mensiones haben / als 3. Unitäten hat : und daher ist kommen die berühmte tetractys gevierte Zahl der Pytha-

Tetractys pythagorica was es gewe= sen. gorischen/ein ewiger Brunn der Menschlichen Seel/ bei welcher sie zu schwören pflegten/ darzu gehören diese 4. Zahlen/1. 2. 3. 4. diese machen 10. über welche Zahl die Menschliche Seel nicht zu zehlen pflegt. Diesen tetra- ctyn haben sie nicht nur zu der Physic gezogen / sondern auch zur Ethic und Theologi. Durch 1.deiteten sie an die Welt/durch 2. die erste Multiplicität in derselben/ durch

Was sie dä= durch ver= standen. 3.das Band/ so zur Verknüpfung der Ding nötig ist/weils unmüglich ist/daß 2. Ding in 1. zusammen gehen solten/ ohn das 3. Durch 4. aber deiteten sie an die Zahl der Ele- menten/welche zusammen addirt/ 10. machen / dardurch sie andeiteten die gantze Zierd der gantzen weiten Welt/da- mit sie der weise Schöpfer gezieret hat.

§. 2. Von der H. Kirchen=Music der Alten.

4. Stück ha= ben die Hei= den, bei ihrer Music obser= viret. Plato dial. lib. 7. de leg. erkläret's mit diesen Wor- ten/das 1. Music=Gesetz ist/daß die Gesänger lauter lie= bliche Wort haben sollen. 2. daß man darbei die Götter bitten soll/denen man opfere. 3.sollen die poëtæ wohl zü- sehen/daß sie nicht etwas böses für das gute bitten. 4. solle man der Götter Lob singen/und nach derselben der Helden und Siegsherren/wie sichs gezieme. Haben also die alte Griechen ihre Kirchen=Music geführt/wie heutigs Tags alternis Choris die Psalmen gesungen werden. Gellius nent sie musicam canonicam , dardurch die Länge und die Höhe der Stimm ist gemessen worden; jenes ist rhyth- mus, diß melos genent woroen / da dann die Metrische

Art

Art der kurtzen und langen Syllaben ist in acht genommen worden / daß also die Poëis von der Music nicht ist
abgesondert gewesen. Diese 3. Stück/sagt Plutarchus,
müssen nothwendig mit einander in das Gehör fallen/so-
nus, tempus & litera; Aus dem sono muß man die Har-
mony/aus der Zeit den rhythmum, aus der Sylben und
Buchstaben den Text vernehmen: daraus erscheint/der
Alten ihre Music sey also angericht gewesen/daß 1.2.oder
mehr/mit umgewechselten Choris, nach der rhytmischen
oder metrischen Kunst also gesungen/daß sie alle im sono,
tempore und Syllaben zusammen kommen. Daher sind
die nomi musici oder Musicalische Gesetz kommen/das
war ein gewisse weis zu singen / nach einer determinirten
Zusammenstimmung/ mit einem gewissen metro, welche
Gesetz niemand verhindern dorfte/ weder in der Harmo-
ny/noch in dem metro, sind auch leges genent worden/
weil nach dem Cythar-thon under schiedliche Welt-Regeln
und Lehren mit erzehlet worden.

Poësis ist lederzeit bei der Music gewesen. Sonus, tempus, litera, gehört zur vollkommen Music.

Nomi musici was sie gewesen.

Die 2. Frag.
Von der Alten ihren Music-Instrumenten.

DAvon muß man nachschlagen Plutarchum, Pollu-
cem, Callimachum, und andere / sonderlich die alte
monumenta und Gedenck-zeichen / steinerne Seülen/
Gräber/Bilder/deren unzahlbare zu Rom zu finden. In
dem Garten der Mathæer./auf dem Berg Cælio ist ein
Bild/zur lincken Hand wann man in den Lustgarten gehet/
zu end deß weiten Gangs / ein überaus groß Gebäu von
Marmelstein./ da mit grossem Lust die Musæ mit under-
schiedlichen/bei den Alten gebräuchlichen Instrumenten
zu sehen seyn: dabei sich dann zu verwundern / daß keines
von solchen Instrumenten/wie klärlich zu sehen ist / mit
Fingern/wie heutigs Tags/geschlagen worden/als welche keinen canonem oder Hals gehabt / auch kein Blas-
oder Wind-Instrument/ kein Tastatur oder Clavir / nur
ein einigs ausgenommen/so mit unserer Orgel ein zimli-
che Vergleichung hat / hat Blasbälg und Clavir./ ohne
son-

Zu Rom in einem Lust-garten sind die Musæ mit uralten Instrumenten zu sehen.

Ein uralte Orgel.

sonderbaren Underscheid der Palmalen / ein Weibsbild
ist Organistin. Diese Figur ist gefunden worden vor dem
Holtzthor / in einer alten Mauren stehend; viel halten darfür / solle etwas Chymisches drunder verborgen ligen. Ist

Der Alten Einfalt in den Instrumenten.

sich also hoch zu verwundern / über der Alten Einfalt und
Unvollkommenheit in ihren Instrumenten; vor andern
aber haben sie gebrauchet die Leyren und die Cytharn / so
doch allerdings unserer Harpfen ist gleich formiret gewesen / und mit 2. Händen ist geschlagen worden. Ihre Pfei-

In den Pfeifen.

fen haben sie also gebrauchet / daß sie bald eine / bald 2.
bald mehr / in eine gebunden / und thons-weis disponiret
haben / sonsten / wann sie zur Gesellschaft gangen / haben
sie die Cythar gebrauchet / darzu gesungen / haben auch ein
Art Leyren gehabt / welche nur von den Gelehrten / wegen

Leyr vor die Gelehrten.

einer verborgenen Ursach / ist gebraucht worden / welche /
weil sie Themistocles under der Mahlzeit nicht anneh-
men wollen / ist er vor ungelehrt gehalten worden. Zu Zeiten Alexandri M. wie Plutarchus, Cicero und Ælianus
bezeigen / soll Orphei seine siben-saitige Leyer noch da ge-

Orphei Leyr

wesen seyn / und von Pythagora Samio in den Tempeln
der Egyptier gefunden worden; die 7. Säiten bildeten ab
die 7. Planeten orbes.   Nach dieser Leyren soll auch ein
heptauion von 7. Pfeifen aus Rohr oder Haberhelmen
gemacht worden seyn / mit Wachs an einander gebunden /
nach der Proportion 7. Thonen / ja die vielsaitige In-

Vielsäitige instruméta sind bei den Alten verhaßt gewesen

strumenten sind gleichsam aus den Stätten proscribirt
und verbannt gewesen / wie Plato sagt: die Künstler der
Music-Instrumenten / so viel Säiten und harmonias haben / wollen wir in der Statt nicht nehren / die Leyr und
Cythar soll man behalten in der Statt / uñ etwa ein Pfeifen in den Hirten-Feldern.

Die 3. Frag.

Ob die Alten auch mit vielen Stimmen gesun-
gen / und wie sie componirt haben.

Hier müssen wir 3. Zeiten underscheiden / da die Music bei den Griechen floriret hat; die 1. ist von Orpheo

pheo bis auf Pythagoram, ist gewesen seculum rude & impolitum, kein Zierd noch Ordnung in der Music / bis daß Pythagoras die proportiones musicas aus dem Hammerschlag erfunden / dieselbe in bessere form gebracht / welche sein Nachfolger Xenophylus noch besser ausgeführet / letzlich sein Discipel der Aristoxenus gar zur Vollkommenheit gebracht hat / auf diese sind andere gefolget / Timotheus Thebanus, Aristot. Plato, Aristides und andere unzahlbare mehr; diß seculum floridum hat gewähret bis die Griechische Monarchy ist zertrent / und wie andere Wissenschaften / also auch die Music in Finsternus gerathen / und allerdings zu grund gangen ist. Es ist aber in diesem gelehrten Alter ein dreifache Music gewesen / monodica, polyodica und organica. Die Monodische Music mit einer Stimmen geschach also: der poëta oder musicus machte erstlich ein Lied oder Text mit höchstem fleiß den Göttern oder den Helden zu Lob und Ehren; darnach setzte er die Melodi so zierlich darüber / daß alle harmonicæ leges, sonderlich die Metrische Zeit / fleissig ist in acht genommen worden: letzlich hat er solch Lied auf offenem theatro mit solchen gestibus corporis, flexanimi voce, vivâ rerum repræsentatione, her erzehlt und gesungen / daß Wunder-Bewegungen zu Zorn / Widerwillen / Lieb / Mitleiden / bei den Zuhörern entstanden seyn. Bisweilen haben 2. Poeten gegen einander versweis gesungen / intonirt / sind auch bisweilen Leyren / Cytharn darzu geschlagen worden / da sie dann bald Diatonische / bald Chromatische / bald Enharmonische intervalla gebrauchet / ad stuporem. Von der Polyodischen Music aber ist gefragt worden / ob die Alten auch mit vielen Stimmen gesungen haben. R. Ja / was die Natürliche Zusamenstimmung betrift / so der Mensch von Natur hat / auch bei den barbaris gehört / und bei Schifleuten / Schnittern / rc. ins gemein vernommen wird / mag leicht einer ein Gesang anfangen / wird der ander einen Baß oder Tenor darzu singen / aber ohn einige rechte Harmony. Was aber

3. Zeiten der Griechischen Music.

Welches seculum floridum gewesen.

Die Monodische Music mit einer Stimm / wie sie geschehen.

Die Polyodische Music mit vielen Stimmen / ob sie auch bei den Alten gewesen.

die artificialem muficam betrift / wie heutigs Tags ge=
bräuchlich / da sagen wir Nein ; die authores gedencken
zwar bisweilen die polyodiam , harmonischen Concent/
aber es ist nur von einer Stimm/ und von einem Instrument zu verstehen : ja die Griechen abhorrirten von sol=
cher Vielstimmigkeit / weil dardurch der Glantz deß Me=
trischen carmıns verdunckelt/ und die Kraft der Wörter
verhindert wurde.   Zwar Euclydes erzehlet 4. Theil
deß Gesangs / ἀγωγὴν, ρυλὼ, πετἡεία, πλοκὴ,

Agoge, tone,
pettëia, plo-
ce was es bei
den Alten ge-
wesen.

aber das ist nicht vom canto, alto, tenore & basso zu ver=
stehen/ sondern es sind underschiedliche Eigenschaften der
Stimmen/ harmonische Figuren / wie man lieblich und
annehmlich singen soll : agoge ist ein Durchzug der Stim
von einem consono zum andern ; tone ist die Verharrung
der Stim/ entweder in dem ersten/ oder demselben einstim=
migen Ort : plocc ist die Colorirung der agoges, wie auch
die πετἡεία deß Tones ; agoge gehet gerad fort / ploce
gehet aber um den agogen herum variando.   Eben das
ist auch zu antworten auf die Frag : Ob auch die Instru=

Von der Al-
ten ihrer In-
strumental.
Music.

mental=Music der Alten sei polyodisch und vielstimmig
gewesen? R. Ja/ was die Natürliche polyodiam betrifft/
so auch heutigs Tags bei unsern Schäfern und Hirten
vernommen wird / und ist glaublich/ die alten Hebreer/
wann sie in dem Tempel mit so viel Hörnern/ Pfeifen/
Posaunen Gott gelobet / seien nur also auf das Gehör
gangen/ und nicht aus der Kunst ihre symphonias ange=
stimmet haben.   Und das ist auch noch heutigs Tags der
Türcken ihre vollstimmige Music/ wie der autor von den
Gefangenen in der Insel Melito selbsten gehört hat.

Die 4. Frag.
Was die Alten für Noten gebraucht?

Noten sind
nötig in der
Music.

Die Noten sind in der Music nichts dann nöthig/ das
Auf= und Absteigen der Stimmen / wie auch andere
intervalla anzuzeigen.   An statt der Noten haben nun
die Alten etliche gewisse Buchstaben gebrauchet / nicht
zwar

zwar gantz Griegiſch/ bald gerad / bald krum/ bald kurtz/ **Die Alten**
bald lang gezogen: ein ieglicher Buchſtab ſtimte überein **haben Buch-**
mit einer Sáiten in dem lyſtemate. muſico ; dergleichen **ſtaben darfür**
gebraucht.
Noten ſind in der Vaticaniſchen Bibliothec viel zu finden.
Alipius hat ſie beſchriben nach den 3. generibus, ſo wol
in der Vocal= als Jnſtrumental=Muſic / theilet ſie ab in
15. tonos, iedem tono ſetzt er under 18. Sáiten mit den
notis. Ein Exempel ſolcher griegiſchen Noten=Muſic iſt
gefunden worden in der berühmten Sicilianiſchen Bibliothec deß Cloſters zu S. Salvator, deſſen auch oben gedacht
worden.

Dier. Frag.

Ob der alten ihre Muſic vollkommener und vortrefflicher geweſen als die heutige?

SUpponire 1. die Art und weis zu ſingen ſei eines ieden **Jedes Land**
Lands und Volcks eigen/iedes hab ſeinen ſonderbaren **hat ſeinen**
ſtylum, ſo nach der natürlichen Complexion der Men= **Muſic-ſtylū**
ſchen und deß Lands Beſchaffenheit ſich richtet. Dann ſo **ſich nach**
daß die Phryges von den Doriern/ und dieſe von den Lydi- **der Einwoh-**
ern/und diſe von den Phrygiern/in dem ſtylo muſico ſei- **ner Comple-**
xion ziehet.
en underſchieden geweſen / beweiſens ihre ſonderbare Ge-
ſanger gnugſam/haben auch ſo feſt über ihrem ſtylo ge-
halten/daß ſie auch kennen andern/als den ihrigen/ anneh-
men wollen. Die Dorier/ weil ſie gar gelind / gütig und
eiferig geweſen in ihrer Götter=Dienſt/haben ſie auch ſol- **Der Dorier**
che melodias gebrauchet/ſo mit ihrer inclination einge= **ſtylus.**
ſtimmet. Die Phrygier waren ein frech/geil | leichtfertig **der Phrygier**
Volck/ dem Tantzen/ Springen ergeben / alſo haben ſie **ſtylus.**
auch einen ſolchen luſtigen ſtylum , der ihrem Temperament gleich geweſen/erwehlet. So gehets auch noch heu- **Jtalläner/**
tigs Tags in Europa/ die Italiáner haben einen andern **Teutſchen/**
Frantzoſen/
ſtylum als die Teutſchen/dieſe als die Frantzoſen/dieſe als **Spanier/**
die Spanier / ja die Engeländer haben auch einen gantz **Engeländer**
fremden ſtylum: ieder richtet ſich nach dem natürlichen **haben under-**
Temperament/und deß Lands Gewonheit. Die Jtallá= **ſchiedliche**
ner haſſen an den Teutſchen ihre moroſiſche Gravität/ſo **ſtylos.**

J ij   ſie im

Was sie an einander haſ-ſen und ſtraf-ſen. ſie in ihrem ſtylo ſehen laſſen: an den Frantzoſen die gar zu vielfältige teretiſmos und Erzitterung der Stimmen in den harmoniſchen Clauſeln/ꝛc. an den Spaniern den angenommenen Pracht und Stoltz; dargegen dieſe ſtra-ſen an den Italiänern die unannehmliche Wiederholung der Trillen/dardurch)/ſonderlich wann ſie undiſcret gema-chet werden / alle Zierd der Harmony benommen wird / komt hinzu das ungereimte caprizi̇ren der Stimmen/ da mehr Gelächter als affectus bewogen werden/ nach dem Sprüchwort: Itali caprizant, Hilpani latrant, Germa-

Woher ſol-cher Under-ſcheid deß ſtyli. ni boant, cantant Galli. Die Teutſchen haben ein kal-tes Land / alſo ein kalte Complexion und grobe Stimm. Die Frantzoſen ſind frölicher leichter Natur/daher lieben ſie auch am meiſten den ſtylum hyporchematicum im Tantzen/Springen/Galliarden/Courente. Die Spani-er achten der Muſic vor ſich ſelbſten nicht gar hoch / nur 2. under ihnen ſind berühmt wegen der Muſic/ Salina in der Theory/Chriſtophorus Moralis in der Practic. Die

Italiäner haben den Vorzug. Italiäner aber haben den Vorzug in der Muſic / weil ſie das allertemperirteſte Land haben/alſo auch den allervoll-kommenſten und temperirteſten ſtylum , ſo ihrer Natur gemäs iſt. Guido Aretinus hat zum erſten die figurirte Muſic ſamt den vielſtimmigen Inſtrumenten erfunden/ Præneſtinus die zierliche Kirchen-Muſic/Julius Cacinus den ſtylum recitativum, Ludov. Viadana die Tabulatur und Baſſum continuum. Und das iſt die Urſach/warum

Ländlich/ſitt-lich. ein ſtylus dem andern nicht gefalle/ſintemal ländlich ſitt-lich/ein ieglich Land liebt ſeine weis/zu dem richtet ſich der ſtylus nach eines ieden Natur / und die Gewonheit iſt die andere Natur/was man gewohnt / davon wil man nicht laſſen/daher geſchichts / daß nicht nur die Teutſche und Frantzoſen der Italiäner ihre Muſic / als ihren Ohren ungewohnt/und ihrem ingenio zuwider/verwerffen/ſon-

Nicht allen gefällt alles. dern auch andere Völcker/Griechen/ Syrier/ Egyptier/ Africaner/wann ſie nacher Rom kommen/halten ihr un-förmliches Geſchrey/ungereimte Stimmen / viel höher

als

als die allerdelicateste Music der Italiäner/wann sie aber
derselben gewohnen/so ist ignen nichts über solche Music.
Doch soll man keines Lands stylum verachten / sonderlich Kein *stylus*
der Teutschen und Franßosen / weil sie ihre sonderbare *zu verachten.*
Zierligkeit haben im componiren. Teutsche lieben den stylum moteɗicum, und die syncopationes und fugas; die
Franßosen lieben den stylum hyporchematicum und das
hupfen/springen; die Italiäner haben alles beedes.

Supponire 2. underschiedliche complexiones der
Menschen machen/daß nicht einer ein stylum liebt wie der *Underschied-*
ander/und mit gleichem stylo afficirt und bewogen wird. *licheComple-*
Die Melancholici lieben eine tiefe/beständige und Trau- *xionen lieben*
rige Harmony. Die Sanguinei den hyporchematicum *underschidlit-*
stylum,wegen leichter Erregung der Blut=Geister. Cho- *chestylos.*
lerici lieben heftige Harmony / wegen der Vehemenß ihrer auffschwallenden Gallen; daher Martialische Kriegs=
köpff/so zu Trompeten und Heerpaucken gewohnet / alle
zartere und reinere Music verwerffen. Phlegmatici lieben reine Weiber=stimm/weil diser sonus die Phlegmati=
sche Feuchtigkeit gar gelind aff ciret. Daher komts auch/ *Warum ofc.*
daß ein Lied/ein tonus, bei dem andern mehr / oder keine *mal ein Mu-*
Kraft hat/als bei dem andern/rührt alles her von der un= *sic bei dem ei-*
derschidlichen Beschaffenheit deß Temperaments/so gar/ *nen mehr*
daß auch theils mehr Lust und Lieb haben zu einem inter- *Kraft hab/*
vallo, als 3. 6. 8. als zu dem andern. Daraus folget *als bei dem*
nun der Schluß/der theoriæ nach/und der Manchfaltig= *andern.*
keit halber/so bei der Music vorkomt/sei die heutige Music
viel edler/vortreflicher und vollkomlicher / als der Alten
ihre.

§. 1. Von der ält-neuen Vocal=Music.

Wahr ists/die Poetische / Metrische oder Scenische *Der Alten*
Music der Alten hat Wunder=Würckung gehabt/darzu *ihre Music ist*
hat aber gehört eine Person/so der Poesi vollkomlich kün- *tiefbeweglich*
dig gewesen/so auch über die massen schön hat singen/und *gewesen.*
under dem recitiren wunder=annehmliche Geberden von
sich sehen lassen können/daher dann der stylus recitativus

J iij   bei

stylus recitativus, was sein Ursprung.
Comödien-Music zu Rom hat grosse Würckung.

bei den Comödien auf den theatris seinen Namen und Ursprung genommen; was aber die Scenische Comödien-Music noch heutigs Tags zu Rom vor Wunder-Würckungen habe/das ist nicht zu beschreiben: die Bewegung ist offtmal so groß und hefftig/ daß die autores überlaut anfangen zu schreien/seufzen/weinen/ sonderlich in casibus tragicis, daß auch in diesem Stück die heutige Music der alten nichts bevor gibt.

§. 2. Die vielstimmige Music der Alten und Neuern.

Der Alten Unvollkommenheit in der Music.

Die alten Griechen haben mehrers nicht als 3. consonantias gewußt/und dieselbe nicht anderster/als durch die Säiten eines polychordi ordentlich ausgespannt/erlernet/von dissonantiis, wie man sie gebrauchen könnte/ oder ob sie auch müglich zu gebrauchen / wußten sie gar nichts / da doch die gantze Music-Zierd bestehet in künstlicher Vermischung der Consonen und Dissonen; zu dem/ verstunde sie gar nur den allereinfältigsten Contrapunct/ *1240. Music-zeichen. Carnificina memoriæ.* darzu gebrauchten sie über die 1240. Music-characteres oder Noten-zeichen: was das für ein carnificina memoriæ, in Erlernung derselben gewesen/ ist leichtlich zu erachten; wie hoch aber nun bei 200. Jahren die Music in allen Stücken gestiegen/so gar/daß sie nicht wol höher steigen kan/ist gnugsam bekant.

§. 3. Von der alt- neuen Instrumental-Music.

Der Alten Einfalt in den Instrumenten.

Die instrumenta der Alten sind mit den heutigen gantz nicht zu vergleichen; Leyren/Cytharn/Pfeifen sind ihre vornehmste Instrumenten gewesen / schlecht und grob gnug ausgearbeitet/ hatten gemeiniglich nur 4. auf das höchste 7.Säiten/keinen Halß/wurden blos mit einem Federkiel geschlagen/von Trillen/Mordanten/ haben sie nichts gewußt/von Orgelwercken haben sie gar nichts ge- *Organa hydraulica bei den Alten.* habt: zwar ihre organa hydraulica sind von Herone Alexandrino erstes mals erfunden / von Archimede, wie Tertull. schreibt/zugerichtet /und von Herone, wie Vitruvius

truvius fagt/hoch beliebet worden: aber fo unvollkommen
ihre Lenren und Entharn gewefen gegen unfern Lauten/
Theorben/ Mandoren/ Harpfen/ Clavicymbeln : alfo
auch ihre Orgeln gegen den unfern : da war keine Pro=
portion deß Winds zu den Pfeifen/ keine Ordnung in den
Octaven; man bedencke dargegen die Wunder=bäu unfe=   Die Orgeln
rer Orgeln/die fchöne Ordnung und Reihen der Pfeifen/   find ein
wie die Säulen und Thürn/ das Kunft=ftück deß podo=   Wunder=
plectri oder Pedals/die Menge der Regifter/die künftlich   Kunft=ftück.
zugerichte Canál/die vollkommene Harmony/die Vögel=
Menfchen=Stimm/Pofaunen/ Flöthen/ Zincken/2c. und
noch anders mehr/fo in unfern Orgeln zu finden: wer wil
leugnen/daß nicht diefe Kunft bei uns zur höchften Voll=
kommenheit kommen fei. Nichts wollen wir izt von un=
fern automatis inftrumentis fagen/folten die Alten der=   O wann die
gleichen gefehen haben / fie hättens gewißlich als groffe   Alten unfere
Wunderwerck in Säulen und Felfen gehauen / und zum   heutige In=
Gedechtnis hinderlaffen/als die fonften im Gebrauch ge=   ftrumenten
habt/auch die allergeringfte Sachen bis in Himmel zu er=   gefehen und
heben. Archimedis fein Wunder=Feuerfpiegel/der auch   gehört hätte.
weit entlegene Schiff angezündet und verbrennet/ repu=   Archimedis
gnirt principiis Catoptricæ, davon im Buch von der   Feurfpiegel.
groffen Kunft deß Liechts und Schattens ; alfo auch feine
fphæræ, welche Claudianus als Kunft=Wunderwerck be=
fchreibt / können mit unfern heutigen horologiis im ge=
ringften nichts comparirt werden.

Die 6. Frag.

Ob/ warum und wie die Music eine Kraft hab/
die Gemüter der Menfchen zu bewegen/und obs
wahr fei was von den Wunder=würckungen
der alten Music gefchriben wird.

Ifts wahr/was von Alexandro M. gelefen wird/daß
er von Timotheo zur Toll=finnigkeit/durch die Kraft   In *Alex.* M
der Music fei erreget/und von einem Tauraminitanifchen   hat die Music
Jüngling zum Zorn beweget/nachgehends aber von Py-   wunderbare
thagorá, der nur den modum geändert/und den fponda-   kraft gehabt.

icum geschlagen/widerum zur Sanftmütigkeit und Verstand sei gebracht worden / so fragt sichs hier nicht unbil-
lich/durch was für Kraft es geschehen sei. Ist also zu wis-
sen/daß ein solche heftige Bewegung auf vilerlei weis beiden Menschen entstehen kan : 1. Uber- und Widernatür-
lich/durch die Kraft deß leidigen Teufels / dann derselbe
kan ad sonum cytharæ, als ein Zeichen deß gemachten
Bunds/die humores deß Menschlichen Leibs also mächtig
conturbiren und beunruhigen/daß Tollheit/Unsinnigkeit/
Wüterey/und andere dergleichen impetus entstehen müssen. Wie man von einem Cytharisten deß Königs in Dänemarck lieset/daß er den König zu solchem furore erreget/
daß derselbe in seiner rabie 2. von den Seinigen umge-
bracht/welches nicht anderster/als mit deß Teuffels Hülff/
wie aus den Umständen zu sehen / hat geschehen können.
Der 2. modus ist vermischt/halb Natürlich / halb über-
und wider-natürlich/ dann die Besessene vom Teufel/wie
Saul gewesen / und andere/ wann durch die Music der
Dampf der schwartzen aufgeschwollenen Gallen/welchen
die Teufel/wann sie die Hertzen perturbiren wollen/ gar
gern einzunehmen pflegen/vertriben wird / so können sie
darvon erlöset werden. Der 3. ist blos Natürlich / geschicht durch den harmonischen sonum, darzu gehören
nottwendig 4. conditiones, mangelt eine/ so hat sie ihre
Würckung nicht. Die 1. ist die Harmony selbsten. Die 2.
ist die Zahl und die proportio. Die 3. die Red selbsten/
oder der Wörter / so da müssen ausgesprochen werden/
Kraft und Würckung. Die 4. die Beschaffenheit und Fä-
higkeit deß Zuhörers ; und zwar/die Harmony hat solche
Kräft in das Menschliche Gemüt / so viel sie nach dem
harmonischen motu deß Lufts den innerlichen eingepflantzten Luft oder lebendigen Geist gleichmässig moviret und
beweget/daher die Lust und Süssigkeit der Music. Komt
nun hinzu der determinirt und proportionirte numerus, so hat die Harmony doppelte Würckung/bewegt das
Gemüt nicht nur zu innerlichen Affecten/sondern auch zu
äusser-

Marginal notes (left column):

Geschicht theils über- und wider-natürlich.

Theils Natürlich und widernatür-lich.

Theils blos Natürlich. 4 Condit. erfordert die Music/soll sie ihre Wür-ckung haben.

Harmonia ipsa.

Numerus harmonicus.

äufferlichen Leibs-Bewegungen/ wie in dem Tantzen/da
der numerosus sonus der hyperorchematicæ Harmony
die Täntzer zu gleichen proportionirlichen Sprüngen /
mit einer verborgenen Kraft anreitzet und anstreichet.
Komt ferner die Kraft der Red hinzu/sonderlich wann sie *Oratio pa-*
pathetisch beweglich ist/ein schöne Histori / oder traurigen *thetica.*
Fall in sich hält/so hat die Harmony überaus grosse Kraft
allerhand affectus zu erregen/doch muß animus disposi- *Animus*
tus, capacitas audientis vorher, gehen / sonsten würde *dispositus.*
man eher einen Stein/als einen Menschen bewegen kön=
nen. Wer nun einen Martialischen Kriegskopf commo- *Wie man ei-*
viren wolte / der müßte seine Harmony besagter massen *nen Martia-*
anrichten/daß sie etwas tumultuirliches und unruhiges/ *lischē Kriegs-*
auch eines Helden dapfere Thaten in sich begreift / das *kopf commo-*
wird nothwendig bellici furoris effectum bei dem Zuhö= *viren soll.*
rer herfür bringen; auf dise weis hat vermuthlich Timotheus Alexandrum zum Grimm und zu den Wafen an=
gereitzet/weil der König ein kriegerischen Geist ohne das
gehabt/und nur nach Ehr und Ruhm vor andern Men=
schen getrachtet : wann aber derselbe seine Harmony zu
einem andern Affect hätte appliciren wollen/wäre es ver=
geblich gewesen. Also wann ein Mensch in seiner Devo= *Wie einen*
tion stehet / in Betrachtung himlischer Ding / und man *Geist. an-*
bringt ihm deroselben Süssigkeit und Lieblichkeit in das Ge= *dächtigen.*
dächtnus/durch ein schöne darzu erfundene Harmony/da
wird man sehen/wie plötzlich er in äusserliche Affecten und
raptus mentis , durch die harmonische Süssigkeit wird
commovirt werden. Soll demnach die Music bewegen/
gehört ein solch subjectum darzu/dessen natürliche feuch=
tigkeit mit der Music übereinstimmet. Ex.gr. Doria har- *Doria har-*
moniä bewegt nicht alle/sondern nur die jenige/denen sie *monia wen*
übereinstimmet : die Ursach ist der Underscheid der Com= *sie bewegt.*
plexionen/zu dem thut auch der numerus und die proportio der Bewegung und der Zeit mächtig viel zu diser sach.
Also die melancholici , welche einen langsamen humorem haben/abhorriren geschwinde reine Clauseln/können

J v   sie

Melancho-
lici und
Cholerici
seyn wider
einander der
Music nach.

sie nicht leiden / weil der harmonische motus dem langsa=
men Geist nicht in gleicher Zeit übereinstimmet. Darge=
gen die Cholerici, welche einen hurtigen beweglichen Geist
haben / haben grosse Lust zu solchen geschwinden und reinē
Clauseln / weil ihr sinnlicher Geist zu dem harmonischen
Lust auf gleiche und einerlei weis angerühret wird. Was
die Wort und Rede für Kraft haben bei den Zuhörern /
ist bekant. Zu Melite und in Sicilien hat ein Pfarrer mit
solchem Eifer geprediget / daß er wegen deß vielen ächzen /
seufzen / weinen / klagen der Zuhörer / oftmals seine Pre=
digt mit gewalt hat abbrechen müssen: Ursach / er wußte
die Zuneigung seiner Zuhörer / er wußte / welche Säiten er
rühren solte / daß es also kein Wunder gewesen / sondern so
oft er gewollt / hat er solche motus bei ihnen erregen kön=
nen. Folget also der Schluß / die Harmony afficirt na=
türlich den Menschen / der numerus und proportio der
Bewegung deß Lufts / greift an den Geist / als das organum der bewegenden Kraft / die Wort stellen der phanta-
siæ das objectum vor / ist s lieblich / so entstehen liebliche
affectus und motus, ist s traurig / kommen die Threnen /
Seufzer / 2c.

Ein bewegl-
cher Prediger
der allerhand
motus bei
den audito-
ribus erre-
gen können.

Ordnung der
beweglichen
Music.

Die 7. Frag / aus der Physic.

Wie der harmonische numerus die Affecten
bewege.

Passiones
im Menschen
haben leibli-
che conditi-
ones.

WEil die affectiones, oder passiones, wie sie die Ethi-
ci nennen / geschehen in dem appetitu sensitivo cor-
poreo & materiali, müssen sie nothwendig auch leibliche
conditiones haben / dann sie beschehen in gewisser Verbindung der ersten Elementarischen Eigenschaften / und
können gar wol vapores genent werden / so aus andern humoribus entstehen / nach dem diese aus den objectis der
phantasi vermischt werden: ist das objectum zornig / so
kommen von der Gallen hitzige vapores, daraus entstehen
solche Affecten / Zorn / Grim / Rasenei. Ist das objectum
lieblich / so kommen aus der Leber süsse vapores, daraus
entstehen solche Passionen / Lieb / Freud / Hofnung. Ist
das

Ordnung al-
ler Affecten /
wie sie im
Menschen er-
reget werden.

das objectum schrecklich / so kommen aus der schwartzen Gällen kalte vapores, daraus entstehen solche Affecten/ Traurigkeit/Schmertzen / Forcht/ Mitleiden. Ist aber das objectum weich/ annehmlich/ lieblich / halb traurig und halb frölich / so kommen kalt und feuchte vapores, daraus entstehen solche Affecten / mässige Freud/ Ruhe/ Sicherheit/Zuversicht/rc. Nun hat es aber ein gleiche Beschaffenheit mit der Music/wie mit den Affectionen/dann wann der harmonische numerus erstlich den innerlichen Luft erreget / und demselben die harmonische motus imprimiret, darnach die Phantasy antreibt und bewegt/ dise humores erreget/dise die vapores, und dise mit dem innerlichen Luft oder Geist vermischet werden / so bewegen sie den Menschen dahin/wohin sie sich ziehen/ und auf dise weis bewegt die Harmony die passiones und Affecten. Sprichstu aber / daß wir solche Bewegungen gar selten fühlen und erfahren? R. Der harmonische motus stimt nicht vollkomlich mit dem sinlichen Geist überein : bisweilen wird er gar zu sehr zerstreuet/bisweilen wird er etwas langsam und faul : soll nun die Harmony ihren effectum haben/muß der innerliche spiritus eben auf die weis / wie äusserlich die numeri harmonici beweget werden. ex.gr. Wann 2. Instrument gantz rein und gleich gestimmet seyn/und nur das eine wird geschlagen mit harmonischen modulis, so bringts eben auch dieselbe harmoniam heraus in dem andern Instrument/das doch nicht geschlagen wird. Vide magiam musicam.

Eigentliche Ordnung/ wie durch die Music die Affecten im Menschen erreget werden.

Warum der effectus nicht auf ein jede Music erfolge.

Die 8. Frag.

Ob underschiedliche toni underschiedliche Affecten erregen/ und was die Ursach sei.

Je Harmony ist eine einstimmige Proportion ungleicher Stimmen/die proportio aber der Zahlen leuchtet aus der Bewegung deß Lufts/der motus aber ist underschidlich/nach dem die intervalla auf und absteigen : weil nun der Geist oder innerlich eingepflantzte Luft/nach der Proportion deß äusserlichen Lufts beweget wird/so geschichts

Proportio der äusserlichen Harmony zu dem innerlichen Geist.

geschichts demnach / daß vermittelst deß bewogenen Gei=
stes underschiedliche affectiones in dem Menschen entste=
hen. Weil aber die toni nach den 7.species diapason ab=
getheilet/mancherlei intervalla an sich nehmen/ einer hö=
her ist als der ander/daher entstehen auch die underschide=
ne Affecten. Graves modi erreichen graves affectus, acu-
ti acutos. Die Ursach aber dieser gantzen Diversität ist
der underschiedene motus und situs deß semitonii durch
die Octav/und hat doch seine natürliche Ursach. Dann
wird es zu letzt oder zu Anfangs gesetzt/ auf=oder absteig=
gend/ so wirds etwas weich / und nimt mit seiner Weiche
auch die folgende ronos ein/daher entstehen weiche Ge=
müts=Bewegungen/Lieb/Traurigkeit; wird es aber mit=
ten gesetzt/ so verursachets ein Kühnheit/ Ernsthafftigkeit/
weil die mollities deß semitonii von den vor= und nachge=
henden tonis also obtundirt und gedämpft wird / daß sie
ihre Kraft nicht auslassen kan/sondern muß ein andere an
sich nehmen ; wird es aber mit der letzt gesetzt / f g a b
so bringts indignation, Widerwillen/ wegen der 2. vor=
gehenden tonis. so das semitonium exasperiren uñ rauch
machen. Komt hinzu der schnellere motus deß semitonii
alsdeß toni, daher wo es gesetzt wird / verursacht es eine
mercfliche Verenderung. Daher billich das semitonium
genent wird totius musicæ anima. Lauft die Stimm
durch die gantze Octav / so ists ein grosmütiges Gesang :
gehets nur bis zur 4. bedeits Lieblichkeit : bis zur 5. Me=
diocrität : bis zur 3. Kleinmütigkeit. Ein tonus ist lieb=
lich/der ander ernstlich/der eine keusch/ der ander geil/der
eine frölich/ der ander traurig. Doch können sich die au=
tores nicht vergleichen / was ieder tonus für ein Eigen=
schaft habe. Die Ursach ist complexionum diversitas.

Das semi-
tonium,
nach dem es
gesetzt/verur-
sachet alle Di-
versität in
der Music /
auch die un-
derschidliche
Affecten.

Ist anima
musica.

Jeder tong
hat sein Ei-
genschaft uñ
Würckung.

Pars II. Pragmatica.

Cap. 1. Von der Erfindung und Fortpflan-
tzung der Figural=Music.

Anno

Anno 1022.hat Gvido Aretinus ein Münch/die Music angefangen zu erneuern : vor demselben/ zu Zeiten Greg. M. gebrauchten sie die 7. erste Buchstaben deß
Alphabets/die tonos zu underscheiden/ die Stimmen sti-
gen auf oder nider/sungen sie durch alle intervalla in gleichem tenor. Ja man findet in dem Kloster Vallis um-
brosæ uralte Bücher/kurtz vor Guidone geschriben/dar-
inn nur 1. rothe Zeil gezogen ist/die Noten zeigen an etliche Puncten über oder under der Lini gesetzt/nach den Jn-
tervallen deß hymni, die Lini aber nenten sie chordam,
weil sie lehret/was man für einen tonum im Gesang halten solle. Nach dem aber Guido einsmals auf das Fest
Johan. Bapt. den hymnum , Ut queant laxis resonare
vibris, bei sich erwegete / hat er / mehr aus Göttlich= als
Menschlichem Trieb und Eingeben/beschlossen / die erste
Sylben dises hymni an statt der Buchstaben zu gebrau-
chen/als ut re mi fa sol la ; Hat auch dieselbe gradatim
zwischen 4. Zeilen mit Puncten/ an statt der Noten gese-
tzet/daß sie leichtlich haben können gesungen werden ; ja
hat nicht geruhet/die gantze Music-kunst zu facilitiren/hat
er seine Music=hand erfunden / davon im grossen opere
Aut. lib. 5. Eben dieser Guido hat zum ersten erfunden
den abacum claviarium, oder Tastatur/wie es die Italiäner nennen/ woraus nachgehends die gantze Polyphoni-
sche Music geflossen ist. Jedoch hat sich noch grosse Jm-
perfection bei diser Guidonischen Music befunden/weil er
blos allein der Puncten/ an statt der Noten gebraucht/
ohn einige gewisse Mensur oderProportion/bis nach 200
Jahren erst Joh. de Mours die Musicalische Noten erfunden: dann weil Guido seine Stimmen=Linien mit disen Zeichen/ b. h. zu bezeichnen pflegte/ hat er per additi-
onem & subtractionem die Noten erfunden / und das
weisse b minimas, das schwartze b semiminimas, mit einem Schwantz fulas , mit 2. Schwäntzen semifulas genennet. Die übrige Noten aber hat er aus dem h. oder b
duro formirt / ohne Schwantz hat er brevem, wann es
                                                    rund

Der Alten
ihre unvoll-
kommene Mu-
sic vor Gui-
done.

Guido er-
findet die
Music sylben
ut ,re, mi,
fa,&c.

wie auch die
Musiclinien.

Erfindet das
Clavier.

Unvollkom-
mene Music
der Guido-
nianischen
Music.

Wie Joh.
de Mours
die Music-
noten erfun-
den hab.

rund gewesen semibrevem, mit einem schwantz viereckicht
longam, noch länger und noch breiter hat er maximam
genennet.

CAPUT 2.

Von der Vortreflichkeit deß Kirchen-gesangs.

Die Kirchen-Music ist uhralt.

Aß die Kirchen-Music schon zu der Apostel Zeit sei
gebräuchlich gewesen/ wird bewisen ex 1. Cor. 14.
Ephes. 5. Dionyf. sagt/ psalmorum sancta modulatio
sei ein nothwendiges und wesentliches Stuck deß ministe-
rii gewesen. Tertull. sagt/2. provociren sich/ quis meli-
us Deo suo cantet, das erfreue Christum höchlich. A tha-

Athanasius ent gehet hier-durch den Arianischen Kriegsleuten

nasius da er erzehlt/ wie er den Arianischen Kriegsknech-
ten entgangen sei/ sagt/ manebam in cathedrâ, lies aber
den Diaconum den Psalmen singen (quoniam in secula
misericordia ejus) Philo sagt von den Christen/ sie verstehen nicht nur die hymnos der Alten/ sondern machen
auch neue Lieder/gar zierlich und lieblich ; Einer/sagt er/
stehet under ihnen allen auf/ psalmum intonat honestis
modulis. Dionyf. setzt hinzu/wann der Pontifex wieder
zum Altar gehe/so fange er an heilige Psalmen zu singen/
und singen auch mit ihm alle ordines Ecclesiastici. Justinus sagt/in der Kirchen sei der Gebräuch solcher Kinder-
Instrumenten aufgehoben worden/damit man simplici-

Nutz dieser Kirchen-Music.

ter singen solte/das erwecke die Andacht/stille die Affecten/
vertreibe die böse Gedancken. Hieron. sagt/ was die En-

Ist Englisch und Himlisch

gel und Märtyrer im Himmel thun/das sollen die mona-
chi auf Erden thun/weil sie auch Märtyrer seyn/nemlich
Tag und Nacht sollen sie dem HERRN singen. Basil. in
Psalm. beschreibt gar schön die Kraft und Würckung deß
Kirchen-gesangs/beschliest endlich/wañ schon die mensch-

Ist tief be-weglich.

liche Hertzen hart sind / iedoch/so bald die Süssigkeit deß
psal. erklinget/ so wird das Gemüt ad affectum pietatis
geneiget. Daß sie aber alternis vocibus, Chorweis ihre
Kirchen-Music verrichtet/ist bei Dionysio und Basilio zu
sehen. Under dem Singen aber pflegten sie zu stehen/ ihre De-

re Devotion zu erweisen/welche Gewonheit nachgehends *Stando*
in underschiblichen Conciliis ist bekräftiget worden. Was *wurde sie ver-*
aber für Liebligkeit darbei zu verspüren gewesen/bezeiget *richtet.*
Augustinus mit seinem eigenen Exempel/ quantum flevi Grosse Kraft
in hymnis & canticis tuis, currebant lacrymæ, sed non und Wür-
currebamus post te. Jam conversus commoveor non ckung bei
cantu, sed rebus, &c. *Augustin.*

CAPUT 3.

Was für ein Underschied sei inter psalmum, canticum & hymnum?

Durch die Psalmody verstehen wir vornemlich Da- Psalmi Davids Music/welche allezeit in der Kirchen hoch gehal- vids sind je-
ten worden. Morgens und Abends/sagt Chrysost. ist der derzeit hoch
liebe David primus, medius & novissimus, sonsten weiß gehalten
man nichts zu singen / nichts ist göttlicher/ heiliger/be- Deren Lob,
quemlicher/das Gemüt zu bewegen / als sacri carminis
symphonia. Die Engel freuen sich/ Christus läst ihm
wohl gefallen / cœlum universum exultat. Ist also ein
Psalm nichts anderster / als ein heiligs Lied/von David
selbsten gemachet. Hymni aber/wie Augustinus bezeigt/
sind solche Lieder/so Gottes Lob in sich halten: ists ein Lob/
und gehet nicht zu Gott/so ists kein hymnus · ists schon ein
Lob/und gehet zu Gott / wird aber nicht gesungen / so ists
doch kein hymnus; gehören also dise 3. Stück darzu/lau-, 3. Stück ma-
laus Dei, & canticum. Diese 3. sind aber auch gar alt : chen eigent-
Philo sagt von den ersten Christen/daß sie hymnos gesun- hymnum.
gen haben/welche sie theils selbsten gemachet / vario me- Hymni sind
trorum genere, oder von alten Propheten abgeschrieben uralt.
haben. In dem Concilio zu Antiochien/vor 1300. Jah- Samofaten-
ren/ist Paulus Samosatenus verdamt worden/weil er die verdamt.
damals Christo zu Ehren gemachte psalmos & hymnos
als neu verworffen hat. Von Hilario schreibt Hieron.
und von Ambrosio Augustinus, daß sie viel hymnos ge-
machet/ja ein ganz Buch von Kirchen-Psalmen geschriben haben. Es macht aber Hilarius einen Underscheid
inter

Was ein Psalm sei.

Was ein Lied.

Was canticum psalmi, oder psalmus cantici sei.

Was vor ein Bnderscheid inter hymnum, psalmum & canticum.

inter canticum & psalmum : Ein Psalm / sagt er / ist/ wann kein Stimm gesungen/ nur blos das organum ge=schlagen wird : ein Lied ist/wann kein Instrument gehört/ die Singer die Freiheit haben / ihre Stimmen hören zu lassen. Canticum psalmi sei / wann die Orgel vorgehe/ und die singende Stimm hernach folge/ doch uldem modulis. Psalmus cantici sei / wann die singende Stimm vorgehe / und die Orgel nachfolge eâdem consonantiâ. Hieron. setzt zwischen disen 3. Stücken einen andern Unterscheid/sagt/hymni seyen/welche Gottes seine Maiestät und Herrligkeit/seine Wunderwerck und Gutthaten rühmen/dahin alle Psalmen gehören/ da das Alleluja entweder vor oder nach gesetzet sei. Die Psalmen aber gehören eigentlich zur Ethic/was man thun oder lassen solle; wer aber aller Creaturen Einstimmigkeit bei sich betrachte/ der sing ein geistlich Lied. Gehör also der psalmus eigentlich ad corpus, canticum aber ad mentem. Dargegen sagt Euthymius/wann das Lied mit dem Psalter lieblich gesungen und geschlagen werde / so sei es psalmus, wann es aber allein gesungen werde/ so sei es Ode oder canticum.

Wer der autor sei deß cantici. Wer deß psalmi.

Von dem authore aber deß cantici finden sich unterschiedliche Meinungen ; die meisten rühmen darfür Mosen/weil das canticum viel älter als der psalmus sei/ als welches schon vor David gewesen/dieses aber erst von David sei gemacht worden. Dann wiewol auch zuvor das psalterium ist im gemeinen einfältigen Gebrauch gewesen/hat es doch David besser zugerichtet / und dessen Gebrauch zum Gottesdienst angewendet. Der erste Anfän=

Wer der Antiphonen.

ger und Erfinder der Antiphonen / da man reciprocè Chorweis singet und alterniret / soll in der Griegischen Kirchen gewesen seyn Ignatius, wie Isidorus von ihme schreibt/in der Lateinischen aber Ambrosius, anno 378. Paulinus in vitâ, und Augustin.

CAPUT 4.

Von der Vortreflistkeit deß Gregor. Gesangs/ wie auch dessen Mißbrauch.

Von

Von Ambrosio und Damaso biß auf die Zeiten Greg. **Simplicität**
M. ist das Kirchen-gesang gar simpliciter verrichtet **deß Kirchen-**
worden/ sine ulla modorum , signorumq́ue, temporis **gesangs bis**
aut mensuræ distinctione : doch haben sie mit lauter **auf Gregor.**
Stimm die Psalmen Chorweis gesungen. Greg. M. aber/ **M.**
der in der Music auch wohl erfahren gewesen/hat dieselbe **Gregor. M.**
mit Zuziehung anderer gelehrten Leut/in solche Zierligkeit **was er bei**
gebracht / wie es noch heutigs Tags in der Römischen **der Kirchen**
Kirchen/ mit männiglichs Verwundern gefunden wird. **Music ge-**
Doch muß es mit höchstem Fleis und Andacht verrichtet **than.**
werden/anderster als leider heutigs Tags viel angelicum **Fehler / so**
munus Gott zu loben/mit gar schlechter Decentz verrich- **hiebinnen**
ten/indem sie allzusehr eilen/oder die Wörter stimlen/die **vorgeben.**
Sylben verbrechen/oder andere Fehler begehen/ die sollen
hören/was Bonaventura sagt / sie sollen das Ampt verrichten distinctè, continuè, integrè & ordinatè: deutlich/ **Distinct,**
daß sie nicht die Wörter verbeissen/halb aussprechen/ꝛc. **continuè,**
fort und fort/daß sie nicht abbrechen mit anderm unnöti- **integrè, or-**
gen Schwetzen/vollkommen/daß sie nichts auslassen/or- **dinatè. soll**
dentlich/daß sie alles in seiner Substantz/Zeit/ Weis und **sie verrichtet**
andern Umständen verrichten. **werden.**

CAPUT 5.

Von den Mißbräuchen der Figural-Music/
und von den Mängeln der Sänger.

Gleich wie allerhand Farben zierlich adumbrirt/mehr
Lust geben den Augen/als eine einfache und einförm-
liche Farb/ also übertrift auch die musica harmonica fi- **Musica fi-**
gurata weit den simplicem & firmum cantum. Daß **gurata ü-**
aber die polyphonia nicht allezeit die affectus moviret, **bertrift**
ist nicht die Music selbsten schuldig / sondern der Sänger **simplicem**
Unwissenheit und Ungeberdigkeit. Wo findet man solche **cantum.**
Stimmen/ die alle Noten vollkomlich exprimiren? wo **Warum die**
findet man solche Discantisten und Bassisten/so diese Stim **Music nicht**
also in latitudine & longitudine tractiren können / wie **allezeit bꜩl.)**
es billich seyn soll ? Dem einen sind sie zu hoch/ dem an- **etc.**

dern zu tief: gesetzt / die Composition wäre auf das aller-
künstlichste und zierlichste gesetzt/variâ temporis fractio-
ne,notarum diminutionibus, aber two findet man die/so
es vollkomlich/und wie sichs gebürt / singen können ? Ist

Zu Rom ist auch Mangel an guten perfecten Musicanten. zu Rom selbsten geschehen/daß man eine fremde Composition hat vorgelegt / aber niemand hats singen können.
Exempla vide suo loco. Man setze aber ein tetraphonium von 4. (Stimmen) nach allen Kunst-Regeln/lasse es
mit gleicher perfection der Stimmen singen/ Wunder
wird man hören/wie die Affecten solten bewogen werden:
aber wie gesagt/in unserer Music ist nichts vollkommens/
lauft allezeit etwas Verdruß mit under. Welche singen

Der musicorum ihre Fehler. können/wollen hoch gebeten seyn/die es nicht können/sitzen
traurig da/wolten gern mit singen / scheuen sich / daß sie
nicht gelernt / andere verachten / das sie nicht verstehen.
Bassisten gibts zwar gnug / aber daß einer diese Funda-
mental-stimm/wie es die Würdigkeit erfordert / solte into-
niren können / ist grosser zweifel. Zum Discant sind die

Mangel an Discant, Alt, Tenor, und Baß, Stimmen. Knaben und Verschnittene am tüchtigsten : jene haben
nicht gnugsam Wissenschaft/diese können theils nicht sin-
gen/theils schämen sich / und müssen hoch darzu gebeten
werden; Alt-stimmen finden sich nicht viel; den Tenor zu
singen / schämen sich viel / weil es eine gemeine Stimm,
etliche wolten sich selbsten gern hören/meynen in einer andern Stimm könten sie ihre Kunst besser sehen lassen/daß
auch die Music nicht frei ab ambitionis vitio. Komt hin-

Musica non caret ambitionis vitio. zu die Morosität und Verdrießligkeit der Sänger/ist oftmal so viel grösser/als sie ungelehrter sind. Etliche sind
so stolz und vermessen/daß sie vermeinen/under 10. 20.
Stimmen müsse man nur ihre Stimm hören/daher über-
schreyen sie die andere Stimmen mit solchem clamore in-
condito, daß es ein solche Music zu hören ist / wie wann

Welch uns vom Esel-gschrey und Schafbläck. ein Haufen Schaf bläcken/und ein Esel komt darzu/stimt
mit ein mit seinem jachzen/daß man ihn allein vor andern
hören muß/das streitet aber cum decori legibus. Was
wollen wir itzt von den lächerlichen Geberden der Sänger
sagen?

sagen? etliche wollen mit dem gantzen Leib den Tact geben/ etliche regen den Kopf übersich und undersich zu einem ie- den intervallo, etliche wancken von einer Seiten zur an- dern/wie die Comödianten/ist das nicht lächerlich/ etliche machen ihren Mund so rund wie ein Ofen-Fachel / andere so lang gespitzt/wie eine Posaunen/andere drehens von ei- ner Seiten zur andern/ komt hinzu das schändliche bewe- gen der Augen / die Zusammen-ziehung der Augbrauen: daher jener gar wohl geurtheilet / die music solten ver- schlossen seyn/und von niemand gesehen werden/ne inde. coло corporis gestu harmoniæ vim infringerent.

(marginal: lächerliche/ ungeziemliche gestus der Singer.)

(marginal: Sollen nur gehört/nicht gesehen wer- den.)

Caput 6.
Von den Mängeln und Mißbräuchen der heutigen Componisten.

COmponiren ist heutigs Tags gar gemein/ tot ferè musurgi, quot phonacci, tot symphonetæ, quot cantores, so viel Singer / so viel Componisten: meynen all/die Setzkunst bestehe blos in der übersetzung der Stim- men/ohn einige Betrachtung deß Tons und dessen Eigen- schaft/weniger der Wort/und anderer Umständen/daher müssen notwendig unleidenliche defectus und Fehler ent- stehen. Wer ist heutigs Tags under den Componisten/der erstlich fleissig erwieget / was er für ein thema? in wel- chem tono? was für Wort? welche Zeit und Mensur/ welche Consonantien überein stimmen? wenig sind heu- tigs Tags/welche proprio marte, mit einer gewissen un- fehlbaren Scientz componiren/ verlassen sich auf die blose Experientz/ daher muß allezeit ein Clavicymbel neben ih- nen stehen/daß sie zuvor probiren/was consoniret/was sie setzen sollen. Ist ein gefährlichs und irrsames Wesen / consona vermischen sie den dissonis, setzen semitonia, da sie auslassen solten/lassen aus/da sie setzen solten/ tri- tonos und sextas majores setzen sie so ungereimt/ daß ei- nem der Magen darvon überlauft. Ist nicht gnug/ daß es auf dem Clavicymbel lautet/dann das Ohren-Urtheil

(marginal: Der Compo- nisten giebes heutigs Tags gar zu viel.)

(marginal: Ihre gemei- ne Fehler.)

(marginal: Clavicymbel neben der Composition steht übel.)

ist falsch/aber die Kunst-wissenschaft unbetrieglich/regulæ arithmeticæ gehören darzu/nach denselben müssen die intervalla harmonica examinirt werden. Der 2. Fehler ist bei den Componisten heutigs Tags / daß sie alle imitation guter bewährter Authoren verwerffen / ja zu Rom ist dieser Mißbrauch eingerissen / daß so viel Kirchen/ so viel Capellmeister / so viel Componisten / ieder liebt nur sein einige Composition / hält sie allein hoch/ja würdiget keine andere zu singen/noch zu hören/das ist aber ein schelt-würdige Selbs-Lieb! Wer kan zu einem Poeten werden/der nicht die alte berühmte Poeten lesen und imitiren wird? daher geschichts / daß solche hoffärtige Componisten ihre gantze Kunst in 10. oder 20. Clauseln eingeschlossen haben/welche sie doch von andern heimlich gestolen / nachgehends für die ihrige mit geringer Veränderung ausgeben: da hört man einen tetecilmum, einerlei glocismos, gleiche Clauseln/daß einem darfür eckeln und grauen solte ; ja wann etwa eine Clausel dem Zuhöret wohl gefällt/hilf Gott : wie oft wird sie in allen Kirchen/ in allen missis, psalmis, hymnis, gewaltsamer weis gebrauchet. Der 3. Fehler ist/ daß viel nicht um Ehr und Ruhm/ sondern nur um Geld und Gewinns willen componiren/da ist kein Fleiß/kein Sorg/kein Mühe/ sondern alles tumultuariè; wann nur das Gelt verdient/die Composition mag lauten wie sie wil/wann sie nur da stehet/es mag mit den legibus überein stimmen oder nicht/ in einer Nacht kan ein Stück fertig seyn. Der 4. Fehler ist/daß die heutige musici die Wörter nicht betrachten/wie sie doch dieselbe prosodicè harmonicis modulis beifügen möchten. Ist zwar kein Wunder / weil viel die Lateinische Sprach nicht verstehen/ keine Quantität der Sylben in acht nehmen können/daher geschichts / daß sie die kurtze Sylben lang/und die lange kurtz sitzen in der Composition. Der 5. Fehler ist noch unleidentlicher/ daß viel die Beschafenheit deß thematis nicht in acht nehmen. Ist noch nicht lang/daß ein Componist über diese Wört/ ab-
striget

Alle Imitation guter Authoren soll man nicht verwerffen.

Φιλαυτία der Componisten, lieben nur das ihrige.

Daraus entstehen Fehler.

1

Vm Geld und Gewinns willen componirn, und stehet übel.

Den Text muß man observiren.

Die Quantität der Sylben betrachten.

ſterget Deus omnium lacrymas ab oculis eorum, ubi
nullus luctus,clamor aut dolor,&c.etwas ſeßen wollen/
da hat er ſich mächtig bemühet/die Wörter lacrymas,lu- *ſeld gehört*
ctus,dolor, recht auszutrucken / daß er eine gar traurige *nicht zur*
Clauſel heraus bringen möchte: aber was gehört das zur *Freud.*
ewigen Freud. Wiederum ein anderer in diſem themate,
mors luctuoſus feſtinat, ſeßt die Clauſel alſo/daß iegliche
Stimmen auf einander figuriren/ ohne Betrachtung deß
Geſangs/der Affection und der Zeit : dann wie reimet ſich *Todt ſpringt*
der traurige Todt cum ſaltibus & motibus impetuoſis. *und tanßt*
Alſo die jenige Componiſten/welche in der Meß die Wort *nicht,*
Kyrie eleiſon , als ein demütiges Bitt- und inniglichs *kyrie eleiſon*
Flehungs-Wort exprimiren ſolten/machen ſie lächerliche *ſoll traurig*
Sprüng/Coloraturen daher/als wann ſie auf dem thea- *ſtehen,*
tro oder Tanßplaß wären.

PARS III. MUSICA PATHETICA.

Cap. 1. Wie ſie anzurichten ſei.

Er einige Zweck der Pathetiſchen Muſic iſt/ allerhand affectus in dem Menſchen zu erwecken : das
1. Fundament ſolcher Bewegungen ſind die toni, modi,
tropi, wie ſie genent werden. Da finden ſich aber underſchiedliche Meinungen bei alten und neuen autoribus, de *Von der zahl*
numero,ordine & naturâ tonorum. Ariſtoxeno wider- *Ordnung uñ*
ſpricht Ptolomæus, diſem Briennius, Alypius Nycoma- *Eigenſchaft*
cho, andere andern. Boëtio ſolte man für allen folgen. *der Tonen*
Glarcanus hat in ſeinem Decachordo 70. Jahr zuge- *finden ſich*
tichtet/vermeint/mit hülf deſſelben den Streit zu entrich- *underſchidli-*
ten. Franchipus iſt den andern allen zuwider. Galilæus *che Meinun-*
verfolgt unſere heutige Muſic aufs äuſſerſt. Die heutige *gen.*
können ſich auch nicht vergleichen : etliche ſeßen zum erſten den dorium, andere den phrygium, andere den lydium. Etliche ſeßen nur 3. tonos, andere 8. 12. 13. 14. *Von 3. kom-*
15.24. ja gar 72. Etliche ſagen/der erſte tonus ſei weich/ *men ſie bis uf*
geil/frech : andere/er ſei ernſthaft/temperirt/keuſch. Wir *72.*
ſagen/weil die Muſic eine vollkommene Wiſſenſchaft iſt/

Die 7. species der Octav ist das erste Fundament der gantzen Music, auch des Unterschieds der Tonen.

so hat sie ihre principia æternæ veritatis, und die 7. species diapason ist cardo. darinnen die gantze Pathetische Music bestehet / aus der Natur aber dieser Intervallen entspringet die Natur eines teglichen toni. Disem nach / weil die Music-Wissenschaft mit dem numero sonoro umgehet / alles das aber / was einen sonum von sich gibt / schliesst die Bewegung deß Lufts in sich / diser motus, ist er proportionirt / so afficirt er die Seel und das Gehör wohl / ist er aber disproportioniret / so afficirt er übel : und das sind die erste fundamenta consoni & dissoni; nun sind aber die intervalla gar underschiedlich ascendentia & descendentia, daher wird auch die Seel durch den eingepflantzten Luft underschidlich afficirt / sonderlich / weil die intervalla minora von den majoribus, als semitonium a tonis in motu gar weit underschiden sind / daher entstehen auch andere alterationes harmonicæ. Dann der innerliche Luft oder der sinnliche Geist / wird wie der aussere / mit gleicher Proportion movirt / daß / wann wir ihn sehen und hören könten / würden wir eben das in dem Ohr sehen und hören / was wir in der Luft / wann ein motus sonorus geschiehet / zu hören und zu sehen pflegen. Summa / die soni verhalten sich gegen der hörenden Kraft / wie die Farben zu der sehenden : dann wann die objecta visiva mit einer andern Farb bestrichen / und nach dem sie underschiedlich situiret sind / so afficiren sie das Gesicht einmal anderst / als das ander mal : daher correspondirt das semitonium der weissen Farb / welche aller anderer Farben form ist / weil sie dem Liecht zum nächsten ist : dem dickgelben respondirt der semiditonus, dem Rothen der ditonus, das diat.. Maron dem Feurigen / das diapente dem Goldgelben / das hexachord.. dem Purpurrothen / das diapason dem Grünen / diahepta dem puniceo, semidiapente dem cæruleo, tritonus fusco, diatessaron luteo, tonus minor cinereo, tonus major nigro colori.

Underschidliche Intervalla afficiren den Luft und das Gemüt underschidlich.

Innerlich und äusserliche Luft ist proportionirt.

Vergleichung der Music. Intervall. mit den underschidliche Farben.

COROL-

COROLLARIUM.

INtervalla majora incompofita haben eine gröffere Kraft die Seel zu afficiren, als die andere/weil fie mit gröfferer Gewalt den fpiritum erregen. Je höher die intervalla vom unifono find/ie gröffere Kraft zu bewegen fie haben/daher Pfarrer/Redner/wann fie einen motum bei den auditoribus erwecken wollen/ fo erheben fie ihre Stimm. Ein rafender Hund/aus hitzigem Geblüt/formiret die allerreinefte Stimm. Das genus diatonicum, als natürlich/ift gar bequem/die Affecten zu erregen : die übrige 2. genera haben nichts als eine Weiche in fich/wegen ihrer geringen intervallis. Daher gebrauchen alle Völcker in ihren Gefängern das genus diatonicum ; die Türckifche Priefter in ihrem alla, alla, gehen per tonos & ditonos ; die Chinenfer wann fie ihren Abgott Canfutium anbeten/fingen fie Chuypò, chuypò, von der 8. in die 4. von der 4. wider in die 8. Alfo auch die toupinambi in der Neuen Welt/rc.

Der Türcken Alla,&c.

Chuypò   Chuypò

CAPUT 2.

Von den Tonis, derfelben Natur/Eigenfchaft
und Würckung bei den Affecten.

FAlfch ifts/daß etliche muficaftri vorgeben/ der Alten ihre Mufic fei viel vollkommener gewefen als die Unferige: falfch auch/ daß unfere toni nicht die jenigen feyn folten/welche die Alten gebrauchet. Ptolomæus und Boetius beweifen das Gegentheil. Es haben aber die toni keinen andern Urfprung/als aus den 7. fpeciebus diatef-

K 4 faron,

Falfches vorgeben wegen der Mufic.

Woraus die toni entfpringen.

ʃaron, und aus den 4. ʃpeciebus diapente, welche ver-
bunden/die 7. ʃpecies diapaʃon verurʃachen/welche wañ
ʃie duplirt werden / machen ʃie 14. tonos, davon 2. weg-
geworffen / wegen deß tritoni der zur Muʃic nicht gar
dienlich/ bleiben noch 12. Dieʃem nach / weil ein iegliche
Octav aus der 4. und 5. gemachet wird / ʃo tönnen die 6.

Harmoniʃche und Arith-metiʃche Ab-theilung ma-chet tonos authentos & plagios.

ʃpecies diapaʃon auf zweierlei weis betrachtet werden/
entweder nach der Harmoniʃchen / oder Arithmetiʃchen
Diʃpoʃition : dorten wird das diapente unden/das diateʃʃaron oben : hier aber das diateʃʃaron unden / das diapente oben geʃetzt. Aus jenen folgen 6. toni authenti,
aus diʃem 6. plagii. Es wird aber hier durch die Natur
deß toni nicht verʃtanden ʃein gantzes Weʃen/ʃondern nur
eine Eigenʃchaft davon/welche mehr zu dieʃem/als einem
andern affectu anreget. Dann daß ein tonus bei allen einerlei effectum haben/und gleichen Affect bewegen ʃollé/

Warum ein ton bei allen ʃubjectis nicht gleiche Würckung hat.

iʃt nicht müglich/weil die ʃubjecta nicht einerlei ʃeyn/nicht
einerlei Temperament haben : daher komt ein tonus dem
einen traurig/dem andern frölich vor / ja ein tonus nach
der Varietät der Zeit und Menʃur/wie auch nach Under-
ʃchied der Cadentien und Clauʃeln/kan alʃo geändert werden / daß er in einem ʃubjecto zweierlei Würckung hat/
2. underʃchiedliche affectus movirt und erreget. Es theilet aber Plato die melodias in viererlei ʃpecies ab: der
doriæ, ʃpricht er / ʃein majeʃtätiʃche/ernʃthafte actiones,
der phrygiæ lebhafte und kriegeriʃche / der myxolydiæ a-
cutas & lugubres, hypolydiæ languidas & molles. Aus

Plato hat nur tonos in ʃeiner Po-licey zugelaʃ-ʃen.

diʃen 4. hat er nur die 2. erʃten in ʃeiner Reʃpublic zuge-
laʃʃen : den erʃten wegen der Sitten und Tugenden/den
andern wegen der Kriegs-Dapferkeit / die letzere 2. aber
hat er als ʃchädlich der Jugend wegen ihrer Weiche und
Geilheit verworffen und verbotten. Iʃt alʃo der dorius

Was die toni für Ei-genʃchaften haben.

cantus mächtig prächtig / gewaltig ernʃthaftig geweʃen
dargegen der æolius ʃtoltz/aufgeblaʃen / liebreich/ freige-
big/ʃolcherlei Leut ʃind die Aeolier geweʃen. Der jonius
iʃt hart/trucken/frech/halßʃtarrig/zanckʃüchtig geweʃen/
weil

weil die Jones solcher Art gewesen. Diese dreierlei Völcker können gar wol verglichen werden mit den Römern/ Lombardern und Calabrern in Italien: mit den Castilianern/Lusitaniern und Arragoniern in Spanien: mit den Parisern/Aquitaniern und Aurtanern in Franckreich: mit den Oesterreichern/Niederlandern und Sachsen in Teutschland. Daher nenten die Alten den dorium tonū sacrum, den phrygium furiosum, und den jonium bacchisch. Mit dem dorio haben sich die Pythagorici Morgens früh zu ihrer Contemplation præpariret/mit dem hyppodorio aber Abends sich zum Schlaf bereitet.

(margin: Dorier/Aeolier/Jonier/ mit wem sie zu vergleichē.)

(margin: Pythagorici was sie für einen Ton geliebet.)

CAPUT 3.
Von der Pathetischen Music/wann und wo sie anzurichten?

MUsica pathetica ist nichts anderster/als eine harmonische melothesi oder Composition/von einem erfahrnen musurgo der Kunst nach also zugerichtet/daß sie den Zuhörer bald zu disem/bald zu einem andern affectu bewegen kan: darzu gehören diese 4. conditiones: 1. soll der Componist ein solch thema erwehlen/das den Affect zu erwägen dienlich ist. 2. daß er das vorgenommene thema in einen bequemen Ton bringe. 3. daß er den ebetischen rythmum oder die Mensur der Wörter nach dem harmonischen rythmo einrichte. 4. daß er die Composition von erfahrnen Sängern/zu bequemer Zeit/und an bequemem Ort pronunciren und singen lasse. Und ist wohl zu mercken/daß der äusserliche sonus ad spiritum animalem, gleichsam als zu einer innerlichen Säiten/der Seel/eine solche verborgene Kraft hat/daß so bald jener geregt wird/so regt sich auch diser/und erweckt dardurch den ienigen Affect/welchen die Säiten oder spiritus animales von Natur zu erwecken pflegen. Wer disen Consens zwischen dem spiritu animali und dem Affect/wie auch zwischen dem inner- und äusserlichen luft vollkomlich verstehen solte/der würde einen ieglichen Menschen nur blos

(margin: Was musica pathetica sei.)

(margin: 4. Conditiones gehören zur Pathetischen Music.)

(margin: Wunder. Consens zwischen dem inner- und äusserlichen luft, spiritui animali und dem Affect.)

K v   mit

mit der Stimm in alle Affecten / wie er wil / bewegen können.

§. 1. Von dem Ort der Pathetischen Music.

Der Ort soll nicht gar eng seyn.   Ein bequemer Ort thut viel zur Pathetischen Music / ein enger kleiner Ort ist nicht bequem darzu / weil
die Wänd gar starck reflectiren / auch die Singer gar zu
dick in einander stehen / dardurch die Stimmen confun-
Nicht mit Leuten und Sachen er- füllt/ dirt/ihre Krafft verlieren. 2. Ein Ort voll Leut/oder mit
Tapezereyen gezieret/oder mit allerhand Hausrath/Bü-
chern/Papier und anderm erfüllet / dienet nicht darzu/
weil hierdurch die Stimmen gebrochen/reflectirt und er-
wie in Kir- chen und Sälen. stöckt werden/und also ihre Krafft verlieren. ex. gr. In einer Kirchen da keine Leut/oder in einem Saal da kein Ta-
pezereyen/ resonirt die Music viel besser / als wo sie mit
dergleichen Sachen angefüllt ist; auch ein Ort voll Wollen oder Spreuer/verschlingt die Stimen/daß sie schwär-
Nicht allzu weit und groß. lich/oder doch nur obtusè gehöret werden. 3. Ein allzugrosser weiter Ort/wegen Verstreuung der Stimmen/ist
auch unbequem; daher in weiten Feldern / Gassen / Kir-
Das Ge- mach wie es beschaffen seyn soll. chen verliert die Music ihre gratiam. Gehört also ein
mittelmässiger Ort darzu/nicht zu eng/nicht zu weit / die
Mauren sollen von starckem Gips gemacht / der Boden
entweder gewölbt/oder nur gleich getäfelt seyn/ damit also die reflexio gantz gleich sei / auch Wisen/Einöde/Wäl-
der/grosse Felsen mit stillen Flüssen/sind gar bequem/daß
das stillschweigen der Einöde/und die reflexio der Felsen/
wie auch die Beschaffenheit deß Orts selbsten/dient mächtig zur Krafft der Music/ nur daß nicht viel Kräuter und
Gesträuch daselbsten gefunden werden / dann dardurch
Underschi- dene loca bringen un- derschidene Affecten. werden die Stimen versträuet und erstöcket. Mit einem
Wort/underschiedene loca dienen zu underschidenen Af-
fecten: Einöde erweckt Traurigkeit: lustige Gärten Frö-
ligkeit/ja / wie der Ort manchem greßlich anzusehen/also
der sonus respuirt auch manchen Ort/kan ihn nicht leiden. Daher haben die Alten ihre theatra auf zweierlei
weis zugerichtet/1. formâ comicâ, mit allerhand Gärt-
chern/

chern/Sälen/Gängen: 2. formâ tragicâ: gantz schwartz/ *Der Act thu* daß sie mit ihrem Trauer-tleid desto eher zur Trauirigkeit *theatra jor-* und Mitleiden bewegen möchten: 3. forma satyrica, mit *ma comicâ,* Wäldern/Gärten/Bäumen/Flüssen/Brunnen zuge- *tragica, sa-* richtet. Die Sänger sollen aber nicht im Circkel rund her- *tyricâ.* um stehen/dann also werden die Stimen nicht gleich ver- nommen/ sondern sie sollen gerad gegen den Zuhörern *Die Sänger* über stehen/entweder in gleicher Lini/ oder doch nur halb *wie sie stehen* Circkel- oder Bogen-weis: dann also werden ihre Stim- *sollen.* men desto besser und gleicher von dem auditorio vernom- men werden. Die Singer sollen aber/ so viel müglich/ gleiche Stimmen behalten/ daß nicht eine die ander über- *Ihre Stim uñ* schreye: sollen alle Leibs-geberden schön zieren und confor- *g stim.* miren/damit auch dem Leib nach nichts dissonire/also Au- gen und Ohren der Zuhörer offendire. Der Zuhörer sol- *Die audi-* len nicht viel seyn/ sollen aber fein proportionirlich von *tores und* dem Ort der Music abgesondert seyn/nach dem die musi- *ihre Distanz.* ci starck oder leise singen/ weßwegen dann die musici zu- vor wohl probiren sollen/ welche Distantz/ was für eine Stimm/ in tensa oder remiss., diesen oder jenen effectum pro ucire/darauf sollen die auditores mit einem præpa- *Dispositio* rirten Gemüt/aller Sorgen und Gedancken frei/ herzu *& prepara-* tritten/das thema, darüber das Lied gesetzt ist/ fleissig *tio animi* durchgehen/und sehen/was für Affecten darinnen enthal- *ist das vor-* ten/sich auch darzu gemählich excitiren: dann dise vorge- *nehmste dar-* hende dispositio muß das Hertz erweichen/damit die Mu- *bei.* sic ihre impression und Kraft desto besser erhalten kan.

§. 2. Von der Zeit der Pathetischen Music.

Der Zeiten gehören hieher/ die Frühtags-Abend- *Warum die* Mittags- und Nacht-zeit/Morgen- und Mittags-zeit ist *Morgen- uñ* wegen der vielen Dämpfen und dicken Lufts/wie auch we- *Mittags-zeit* gen derselben heftiger Bewegung/ nicht so gar tüchtig: *nit so bequem* da gegen die Abend- und Nacht-zeit/ wegen vertribener *z r Music* Dämpfen von der Sonnen-hitz/ und wegen Reinigung *als die Abend-* deß Lufts/wie auch wegen deß stäten Still schweigens/und *unt Nacht-* beständi-

beständigen stands der Luft/wird hierzu mächtig gelobet.
Uber das sind auch die 4. Jahrzeiten/und die Beschaffen=

Sommer be-quemer als der Winter. heit der Wind hier wohl in acht zu nehmen ; vom Majo
bis zum October/ist die Zeit/wegen trückener und dünner
Beschaffenheit deß Lufts zur Music viel dienlicher / als
vom October bis zum Majo, Winterszeit/ da stätige vapores, Regen/dicker unreiner Luft ist/und also die Stimmen auch nicht so rein und lieblich seyn können. Also die

Welche Wind die be-quemsten zur Music seyen. Mitternächtige Wind sind zu Rom/wegen deß truckenen
und reinen Lufts/viel bequemer zur Music / als die Mit-
tägige/wegen ihrer Feuchtigkeit und Dämpfigkeit Doch
sag ich/zu Rom/dann die Wind so zu Rom warm und tru-
cken/sind in andern Ländern feucht und kalt/daher soll sich
ein ieder nach seinem Land richten/ und das soll ein allgemeine Regel seyn/ein kält= und trückener/oder warm= un
trückener Wind/ ist allzeit zur Music bequemer/ als ein
warm und feuchter / oder kalt= und feuchter Wind ; das
soll aber nicht von dem heffrigen Wehen deß Winds ver=
standen werden/dann hierdurch werden die Stimmen gar
verstreuet : sondern von der Luft/so von disem oder jenem
Wind erreget wird.

CAPUT 4.
Von der Patheüschen Music selbsten/wie sie
soll ins Werck gesetzet werden.

Den under-scheid der Af-fecten zu er-forschen / hat sich der Autor etwas dapf-fers under-fangen. Underschiedliche Affecten finden sich bei den Men-
schen/und einerlei objecta können nicht einerlei sub-
jecta zu gleichen Affecten bewegen ; die Ursach diser Discrepantz zu ergründen/hat der author etwas sonderbares understanden / hat 8. vornehmste affectus er-
wehlet/ als Lieb/Leid/ Freud/ Zorn/ Klagen/Traurigkeit/
Stoltz/Verzweiflung/rc. vor dieselbe hat er aus der Heil.
Schrift so viel Text oder themata, so sich auf diese Affecten ziehen/ ausgezogen / hats 8. der allervortreflichsten
Componisten in gantz Europa überschickt / und geheten/
ieder solte diese 8. themata setzen nach allen Kunst Re-
geln/

geln/und darinnen die gedachte Affecten wohl in acht neh= *8. Vornehm=* men/und sie bester massen exprimiren ; dardurch hat er *ste Composi-* erfahren wollen / zu welchen Affecten eines ieden Geist/ *ten über 8.* erstlich die Componisten selbsten / darnach ihre Zuhörer/ *der schiedliche* incliniren würden / ob alle Nationes, Italia, Germania, *Affecten.* Anglia, Gallia, in dergleichen Affecten überein stimmen/ oder wider einander seyn würden / und worinnen solche Discrepantz bestehe / und dardurch hat er zur völligen re= stauration der Pathetischen Music kommen wollen: aber weil die Componisten gar lang verzogen / ist sein Music= Werck ohn ihre Composition heraus gangen / sollen doch in einem absonderlichen Buch hernacher folgen.

CAPUT 5.
Von den underschiedlichen harmoni=
schen stylis.

STylus musicus ist zweifach/ impressus vel expressus; der eingetruckte stylus ist die Zuneigung deß Gemüts *Stylus im-* zu disem oder jenem stylo, dependiret von deß Men= *pressus.* schen seinem natürlichen Temperament ; der ausgetruck= *Stylus ex-* te stylus ist ein gewisse weis/vorgeschriben / wie man com= *pressus.* poniren solle. Diser hat 8. genera : der 1. ist der Kirchen= *Ecclesiasti-* stylus, bei Messen/ hymnis, gradualibus, antiphonis : ist *cus.* vel ligatus, vel solutus ; der gebundene wird nach dem cantu firmo, oder Choral gesetzt : der gelößte stehet in deß Componisten Belieben. Stylus canonicus ist/wann in ei= ner Stimm viel zusammen gebunden werden/ wird aber *Canonicus.* heutigs Tags nicht hoch geachtet/wiewol es ein künstlicher stylus allerhand canones zu setzen; dahin auch gehört der Canon in 9. choros getheilt/so mit 36. Stimmen kan ge= sungen werden/so im Anfang deß operis musurgici gese= tzet ist. Hieher gehört aber sonderlich die neue Invention *Neue In-* von canonibus Franc. Valentini, da nur ein einige Lini *vention* oder Music=zeil ist/und kan doch mit 2. 3. und 4. Stimen *Canones* contrariis motibus gegen und wider ein ander gesungen *zu machen.* werden/wo der eine aufhört/hebt der ander an /und ligt nichts

nichts dran/ wann schon das Blat umgekehrt wird/ daß
das ober undersich/ und das under übersich kumt/ kumt
doch gleicher Valor/gleiche Zeit/gleicher Text/und gleiche

Stylus mo-
tecticus.
Noten. Der stylus motecticus ist Majestätisch/ präch-
tig/wird also genennt/ weil sein modus oder tonus durch
Vermischung anderer Sonen also künstlich verdecket

Phantasti-
cus.
wird / daß man ihn nur am End erkennen kan. Stylus
phantasticus gehört nur vor Justrumenten/da der Componist blos seine Kunst / und die Zierligkeit der Clauseln

Madriga-
lescus.
hören lasset. Stylus madrigaleicus gehört für Tugenden und Laster/zu Fabeln/Historien/hat den Namen von
dem ersten Erfinder/Namens Madrigallus. Stylus me-

Melismati-
cus.
lismaticus, von der Süßigkeit also genandt/ gehört für
Vers und metrische compositiones, hat 2.3.4. Glider/
underschidliche figuras, da die Clauseln repetirt werden.

Hyporche-
maticus.
Stylus hyporchematicus gehört zu Solennitaten / ist

Symphoni-
acus.
zweifach/ theatricus und choraicus, jener gehört zu Co-
mödien/diser zum Tantzen. Stylus symphoniacus gehört
auch für allerhand Justrumenten. Letzlich ist der stylus

Recitati-
vus.
dramaticus oder recitativus, hat seine sonderbare Clauseln / zeucht sich auf die Affecten / so die Materi mit sich
bringt.

Caput 6.

Wie die Composition anzurichten/daß sie al-
lerhand Affecten movire.

Vornemlich
8. Menschli-
che Affecten.
DEr Menschlichen Affecten sind vornemlich 8/ darauß
dahin können die andern schier all gezogen werden/
als Lieb/Leid/Freud/Zorn/Mitleiden/Forcht / Frechheit/

Affectus a-
moris.
Verwunderung. Affectus amoris ist ein solche Passion
oder Verlangen/der Schönheit der geliebten Sach zu ge-
niessen. Die motus aber bei den Liebenden sind bald hef-
tig/bald schwach/darnach muß auch die Composition an-

Doloris
gerichtet werden. Dolor ist ein solche Passion der See-
len/da einer wegen eines Unglücks oder Zufalls innerlich
betrübt wird. Hieher gehört sonderlich Jacobi Carissimi
des

deß vortreflichen musici sein dialogus Jephthe, in die
Music gesetzt: Erstlich koint die Tochter gratulirt dem
Vater mit allerhand Instrumenten/drauf fangt der Vater plötzlich an/sein Leid in Freud zu verkehren/endlich folgen 6. Jungfern/die beklagen ihren Todt wehemütig/al-
les gar künstlich gesetzt : ja es schwüre einer / er hörte
planctum, singultum, gemitum. Freud ist ein solche
passio, da die Seel sich freuet über der Besitzung und Ge-
niessung deß guten/so sie begehret/entstehet physicè, wann
das Hertz sich ausbreitet durch die Einziehung deß eingepflantzten Geistes/so durch den harmonischen Luft gewürcket wird. Plangentium affectus gehört gemeiniglich
zum doloroso, nur/daß diser rauhe/harte lyncopirte, jener gebrochene/weiche und fremde intervalla hat.

(Randnoten: Kunst-stück der Composi-tion ist der Dialogus Jephthe lac. Cariss. — Affectus gaudii! — Wie sie na-türlich ge-schehe.)

Epilogus de Regiâ Musica.

Jese wird also genennet / weil sie von König- und
Kaisern ist practicirt worden/welche sich damit re-
creirt haben/ und zwar 1. ist die Käiserliche Composition
de mundi vanitate, welche Käiser Ferdinand der Dritte gemachet/ was für Kunst und Emphasis darinnen ste-
cke/ist nicht zu beschreiben : eben diser Christliche Käiser
soll auch etliche Litanias in die Music gesetzt haben/welche
gar pathetisch und beweglich gehen sollen. 2. Ist die
Composition Ludovici XIII. Regis christianissimi in
Franckreich.

(Randnote: König- und Käiserliche Compositi-ones.)

Der grossen Kunst

Vom Zusammen- und Wider-
stimmigen Thon/

LIBER V. MAGICVS.

PARS I. PHYSIOLOGICA.

CAP.

CAP. I.

Von der Wunder-Würckung der Music.

MAgia Consoni und dissoni ist nichts andersters/als die Natürliche Kräft/Wunder-sonos zu erwecken/ welches nicht die geringste species ist der Natürlichen magiæ. oder verborgenen Natur-kunst / sintemalen etliche soni dergleichen wunder-ziehend und verändrende Kraft haben/daß es unser Verstand nicht wol ausgründen kan. Wegen dieses Musicalischen magnetismi, und Magnetischen Zugs der Music / haben die Alten nicht ohne Ursach von Orpheo ausgeben/daß er Thier/Wälder/Stein mit dem Magischen sono seiner Leyren zu sich gezogen habe/davon bei Claudiano in præfat. lib. 2. de raptu proserpinæ gar schön zu lesen. Welcher Wunder-Music-Zug theils tropologice, den Sitten nach / theils allegorice, der geistlichen Deutung nach zu verstehen ist. Dann die Alten hielten darfür/die Music hätte gar grosse Kräft in unsere Seel / dieselbe nach den underschiedlichen soni und Harmonyen zu verändern/und wie ein Wachs hin und her zu drehen/ sahen auch zugleich/daß die Music die Sitten componiren und ändern könte / wie dann nichts leichters in die zarte Gemüts-Bewegungen einfließt / als die underschiedliche soni und Harmonyen: hat also Orpheus mit dem göttlichen sono seiner Leyren/Stein/Wälder und Thier/das ist/gantz unsinnliche/wilde/grausame Menschen zu sich gezogen / und zum freundlichen / sanftmütigen Welt-Leben angereitzet. Andere sagen / Orpheus sei ein vortrefflicher Astrologus und Musicus gewesen/hab beede Künsten gantz vollkommlich verstanden / die sonos also bequem temperiren und vermischen können/ nach der Harmony deß himlischen Gestirns/welche er imitirt/daß er all ihren influxum auf sich gezogen/und ihme gemein gemachet/kraft welches er alles was er gewolt / mit seiner Leyren hab zu sich ziehen/und ihme holdselig machen können: Andere setzen auch das hinzu / er habe gantz vollkommlich verstan-

verstanden / in welcher Proportion und Concept ein
iegliches Ding von der Natur componirt sei / welchem
Stern es underworffen und pariren müßte: daher hab
er seine Musicalische rationes denselben gleichförmig
gemacht / und derselben Stern sich accommodirt / und
durch dieser innerlichen Krafft und Würckung hab er
auch die inanimata zur Bewegung angereitzet / wel-
che er mit seiner äusserlichen Harmony gleichsam her- *Orpheus ein*
aus gelocket habe / nicht anderster / als wie das Eisen *verständiger*
aus dem Feuerstein das verborgene Feuer heraus brin- *magico-*
get / oder wie ein Blasbalg die verborgene Flamm er- *physicus.*
öfnet / sintemalen in allen Dingen heimliche Füncklein /
semina harmoniæ, verborgen ligen/so gar / daß auch
die Alten gesagt / GOtt selbsten sei harmonia omnium.
Daher sagt auch Proclus, alle Ding singen ihre ver- *Semina*
borgene hymnos zu den Führern ihres Ordens / aber *harmoniæ.*
etliche mit verständlicher / andere mit vernünftiger / etliche mit natürlicher / andere mit sinnbarer weis: dann *Omnia cre-*
wann iemand vernehmen solte die Pulsation und *ata cantant*
Schlag-Music / welche alle natürliche Ding in der *suos hym-*
Luft verrichten / als die solaria zur Sonnen / die lunaria *nos.*
zum Mond / würde er bekennen müssen / daß es ein
recht Königliche Music sei. Ist also die Magnetische
Zug-Kraft der Music ausser allem Zweifel / sintemalen
das Menschliche Hertz so gar erwildet und verhärtet *Music hat*
nichts ist / daß es nicht durch die Harmonyen solte un- *grosse Krafft*
terschiedlich bewogen werden. Was die Heerpaucken/
Trompeten im Krieg vermögen/ Kriegs-Tapferkeit zu
erregen / ist bekandt. Der musicus Timotheus, so *Im Krieg.*
oft er gewollt / hat er mit dem phrygio sono Alexandri M. Gemüt also entzünden können/ daß er gantz unsinnig gleichsam / zu den Wafen geloffen / und so bald *Bei Alex. M.*
er nur den tonum mutiret, hat er ihn wieder erwei-
chet/ gestillet / und zu Gast-mahlzeiten angereitzet. Von bei *Pytha-*
Pythagorâ / schreibet Cicero, daß er einen Jüngling / *gorâ.*

ℒ   mit

*Theophra-
sto.*

*Clitemne-
stra.*

Plutarcho.

mit Namen Tauromineum, der mit unsinniger Lieb be=
haftet gewesen/durch die Music wieder gesänftigt und ru=
hig gemacht. Theophrastus hat die Gemüter zu stillen/
musicalische sonos gebrauchet. Clitemnestra ist von ei=
nem Cytharisten zur Zucht und Keuschheit angetrieben
worden / weßwegen sie von Agamemnone ist verlassen
worden. Plutarchus bezeigt von sich selbsten / daß er von
einem Cytharisten durch die harmonische modulos also
sei enttrüstet worden/daß er nach Wehr und Waffen grif=
fen/und in die nächst=gesessene gehauen und gestochen hab.

*Bestien lie-
ben die Mu-
sic.*

Durch die Music werden nicht nur die Menschen bewo=
gen/sondern auch die Thier selbsten gefangen : die Ele=
phanten lassen sich durch die Paucken herbei locken : die
Schwanen mit der Cythar/ fistula dulce canit volucrem
cùm deci; it auceps, Vögel hören gern pfeifen/wilde und
grimmige Bären lassen sich nicht eher zähmen/als wann
sie Pfeifen und Flöthen hören. Pythagoras soll durchs

*Music heilet
die Kranck-
heiten.*

Pfeifen die reissende Wölff zurück getrieben haben. Die
Music ist auch die allervortreflichste Medicin/tüchtig alle
Kranckheiten zu vertreiben : dardurch sind Lendensüchti=
ge/ Melancholische/ vom Teuffel besessene/ Unsinnige/
Vergifte/wieder curirt worden. Asclepiades soll die Tau=

*Asclepiades
hat mit einer
Posaunen
die Tauben
hörend ge-
macht.*

ben nur mit einer Posaunen geheilt haben : welches zwar
nicht wie die Einfältige / zu verstehen / daß er es mit dem
Posaunen=schall ins Werck gesetzt/ sondern daß er mit ei=
nem sonderbaren Instrument/wie eine tuba zugerichtet/
welches er in deß Tauben Ohr gesteckt (wie noch heutigs
Tags viel dergleichen furdästri übel hörende Leut gebrau=
chen/davon in folgendem) die vereinigte/ und mit under=
schiedener Repercussion vermehrte species soni und der
Wort/dem Hör-organo deß Tauben desto kräftiger hab
beibringen und vorstellen wollen/ welches / weil es den
Tauben gar dienlich gewesen/ ist daher die Fabel entstan=
den/Asclepiades hab die Tauben mit dem Posaunen=schall
hörend gemacht. Ist also gewiß / daß die Music seinen
kräftigen magnetismum hat/ die Gemüter an sich zu zie=
hen.

ziehen. Darbei aber fragt sichs/was doch die Confonantien für eine Proportion mit unfern Ohren haben/ daß
wir uns damit so fehr delectiren, und was der numerus, **Warum ein**
die Menfur und das Gewicht fei / so wol in den fonis, als **Confonantz**
in den Ohren / oder auch in der Seel / nach dem fie durch **annehmlicher**
die fonos delectirt/oder fenften afficirt wird ; fintemalen **und warum**
etliche foni also ungereimt und befchwärlich fallen/ daß **etliche Sone**
einem die Zähn davon knirfchen und wehe thun : darge- **einem fo gar**
gen etliche fo lieblich und anmuthig / daß fie das Ge- **zuwider.**
müt gleichfam aus fich felbften ziehen wollen? Hiervon
findet fich groffer Streit bei den Gelehrten : etliche legen
die Urfach auf Gott/welcher die Brunnquell aller Confo-
nantien/oder auf die Seel/ fo fern fie numeris componirt fei : andere in die himlifche Jnfluentien/oder ein Ca-
baliftifches decachordum : etliche fagen die Urfach fei ein
verborgene Sympathy der Seelen / mit den Muficalifchen numeris : andere fchiebens auf die geometricas rationes.

Caput 2.
Von der Natur und Entftehung deß
consoni und diffoni.

Warum wir
Jcht unbillich verwundert man fich/warum unfere **die confona**
Seel fo fehr von den confonis afficirt werde/bar- **lieben/ die**
gegen fo mächtig von den diffonis abhorrire. Wir fagen **diffona ab-**
1. Zwei Stück feien bei den confonis in acht zu nehmen/ **horriren**
die Collifion und Zufammenfchlagung der Leiber / welche **2. Stück bei**
gefchicht durch den thonbaren motum : und dann die **dem fono,**
Proportion und Gleichheit ; jenes ift gleichfam das prin- **metus &**
cipium physicum, diefes mathematicum, dardurch alle **numerus.**
Confonantien verurfacht werden. Die Phyfic betrachtet
den motum, die mathefis die Quantität/ numeros, pon-
dus, menfuram, ja ein iegliche Proportion eines foni gegen dem andern. Eines ieglichen foni aber felne inten-
fio und remiffio entftehet von der Schnellig- oder Lang-
famkeit deß motus. Daher wird nothwendig eine inten-
fior

L 2

Woher die intensio & remissio soni die reine und grobe Stim̃.

Wird bewisen mit einer Säiten und Orgel-pfeissen.

Warum ein Mensch tief/grob/oder an der rein und hoch rede.

Sonus ist kein continuum quid.

Gleichnis von einem fewrigen Cir-ckel.

Von einem gefärbten Topf.

sior acutior Stimm verursachet / ie schneller / und desto remissior gravior, ie langsamer der motus ist/so gar/daß auch eine Säite desto acutiùs sonirt / ie mehr sie gespannt wird/und desto graviùs, ie mehr sie nachgelassen wird : dann weil sie tensior ist/gibt sie einen geschwindern stoß/ und komt desto geschwinder wieder/schlägt auch desto öfter und starcker den Luft : ist sie aber desto laxior, so hat sie auch desto schwächere pulsus, und erzittert desto weniger/ daher auch die Orgelpfeifen / nach dem die Mundlöcher verschlossen oder offen stehen/wegen deß dichten und dün-nen Lufts/bald reiner/bald tiefer lauten/ ja eben das fin-det sich auch in der larynge oder grossen Lufträhren deß Menschen/dann ie länger die epiglottis ist/oder der jeni-ge Spalt/darinnen die Anschlagung deß Lufts den sonum verursacht/und die trachea desto weiter / ie stärckern tie-fern sonum : und ie kürtzer enger sie ist/ ie reinern sonum sie herfür bringt/ welches dann die natürliche Ursach ist/ warum ein Mensch vor dem andern hoch oder tief / rein oder grob intonire, und zu reden pflege. 2. Der sonus ist kein continuum quid, das ohne Abtheilung fort und fort wäret/sondern er ist aus underschiedlichen Theilen der Sonen componirt und zusammen gesetzt/wiewol un-sere Ohren seine intervalla nicht vernehmen können/eben so wenig/als unsere Augen underscheiden können / ob ein glüender Brand / den man aufs allergeschwindeste in ei-nem Creis herum drehet/in einem gantzen Circkel begrif-fen sei/oder ob der gantze Circkel feurig sei ? Boëtius er-klärts mit einem Topf / den die Knaben auf den Boden werffen/daß er im Creis herum laust/ wann solcher Topf nur ein einigs rothes Düpelin oder Flecklein hat / so meint man/der gantze Topf sei roth/ oder doch der Circkel / nicht daß es in der Warheit also sei/sondern weil der rothe theil des Topfs so geschwind herum laust/daß man die andere nicht gefärbte Theil nicht sehen kan. Also auch eine Säi-ten/ie stärcker sie gespant ist/ ie öfter sie schlägt und erzit-tert/dann so oft die Saiten gestossen wird/ so geschicht nit

nur

nur ein sonus, oder nur eine percussio, sondern der *Sonus hat*
luft wird so oft geschlagen / so oft die Saite erzittert. *unzahlbare*
Daraus folgt/ ex additione motuum entstehe aus dem *motus &*
tiefen der reinere sonus, und ex detractione motuum *pulsus.*
entstehet aus dem reinen sono ein tieferer / weil das acu-
men aus mehrern Bewegungen entstehet. 3. Sagen
wir/die Wunder-kraft der Music / die Gemüts-Affecten
zu erregen/komme nicht unmittelbar her von der Seelen/ *Animalis*
dann weil sie ein Geist und unsterblich ist/hat sie keine pro- *spiritus ist*
portion zu den sonis, sondern von dem animali spiritu, *das mediū*
welcher der Seel Jnstrument ist/oder doch von der Haupt- *zwischen dem*
Verbindung der Seelen/ damit sie an den Leib gebunden *Sono und*
ist/dann diser spiritus, weil er ein gar subtiler blutreicher *der Seel/ al-*
Dampf ist/gar zart und beweglich / wird er gar leichtlich *so die Mittel-*
von dem harmonisch geregten luft angegriffen/die Seele *ursach der*
aber/wann sie solche Bewegung fühlet / bringt sie under- *Affecten.*
schidliche affectus herfür.

Experimenta musica.

NJm einen gläsern Becher / fülle ihn mit einem lau- *Kunst. prob*
tern Brunnenwasser/netze den Finger/und reibe da- *von einem*
mit oben den Ranf Circkelweis/ so wird es einen wunder- *Glas mit*
lichen sonum, wie ein klindendes Metall von sich geben/ *Wasser /*
dardurch das Wasser im Glas also hefftig bewogen und *welches un-*
kraus gedrehet wird/als wann es von einem Wind getri- *derschiedene*
ben wäre ; fülle aber den Becher nur halber voll/ wirstu *sonos &*
zwar einen sonum vernehmen / aber der doppelt tiefer ist *motus von*
als der vorige/nemlich in der diapason, auch das Wasser *sich seben und*
wird nur halb so hefftig sich drehen und bewegen/eben das *hören läst /*
geschicht auch/ wann du es in 5. oder 7. Theil abtheilest/ *nach dem es*
und nur 3. oder 4. mit Wasser füllest/wirstu einen schwä- *halb oder*
chern sonum, auch eine schwächere crispation vermer- *gantz voll ge-*
cken. Gleiche Beschaffenheit hat es mit unsern humori- *füllet ist.*
bus, und sonderlich dem sinnlichen Geist / welcher in dem
Hertzen/als in der Officin aller Affecten/ seinen Sitz hat/
daher/wann wir einen allzu starcken hefftigen sonum hö-

Warum wir
etliche allzu-
ſtarcke oder
gantz unan-
nehmliche
ſonos nicht
erleiden kön-
nen.

ren/als einen Donner oder Püchſenſchuß / ſo erſchrecken und entſetzen wir uns/weil der ſpiritus zu ſolchem unproportionirten ſono eine gewaltſame illiſion und diſſipation erleiden muß/daher der horror und terror. Daher können wir auch das Knartzen / wann man das Eiſen mit einem Meſſer ſchabt / nicht erleiden / weil es mit ſeiner aſperitet etliche muſculos,ſo ſich zu den Zähnen und zum Hirn ziehen/ vellicando gleichſam beleidiget und beunruhiget.

CAPUT 3.

Von den Gemüts-Bewegungen/welche die Muſic erreget.

Vornemlich zu 8. affectibus bewegen die muſicæ modulationes, davon in vorgehenden : entweder weil ſie conſonæ, oder weil ſie diſſonæ ſeyn/ oder weil ſie geſchwind und langſam ſeyn/oder/welches noch mehr iſt/ weil ſie überſich ſteigen zur Freudigkeit/ oder in dem gravi ſono aufhören. Wiewol aber Lieb und Haß die allerſtärckſte Affecten ſind / ſo bewegt doch dieſelbe die Muſic

nicht/weil Lieb und Haß ein objectum erfordern/ das ſie haſſen oder lieben : die Muſic aber bewegt nur die gemeine Gemüts-Affecten / wiewol die Lieb von der Freud/als einem gemeinen Affect erreget wird : weil aber die Muſic die Traurigkeit nicht erwecken kan / alſo auch nicht den Haß : jenes koint daher/weil die Traurigkeit zum Todt/

die Muſic aber zum Leben gerichtet iſt. Daß aber betrübte Hertzen die Muſic verachten/nicht leiden können/iſt diß die Urſach / weil der Geiſt oder humor mit Forcht oder Traurigkeit / durch die ſtarcke Einbildung deß übels gleichſam erfroren und zuſammen gezogen iſt/daß er alle Commotion von ſich ſtöſſet / und ſich deſſen unfähig machet : ſolte aber ein muſicus ſeyn/ der dieſen dickgeſetzten

Geiſt mit ſei ner wohl diſponirten Muſic ſolte diſſolviren können/der würde ihm mächtige Linderung ſeines ſchmertzens und Leids verſchaffen/auch den Geiſt dilatiren , daß

die

die Traurigkeit vergehen/und die Freud sich finden solte.
Sonderlich aber soll die Harmony ihre Kraft haben / so
gehört die fähige dispositiou deß Zuhörers darzu / weil Dispositio
ein mächtiger consensus zwischen der Harmony und den deß Zuhörers
Lebens-geistern./ auch das Gemüt sich lencket nach dem ebut viel dar-
stand und disposition deß innerlichen Geistes. ex. gr. bet.
Zween Menschen/deren der eine mit himlischer/der ander
mit irdischer lieb erfüllt ist/die werden mit einem Ton dem
lydio oder dorio gleich/doch mit ungleichen Bewegungen
und desideriis beweget werden: jener mit hertzlichem ver- Exempel von
langen deß ewigen Lebens/mit verachtung alles irdischen; 2 Menschen
dieser mit fleischlicher Gesellschaft/ Lust zu vergänglichen Disposition.
Sachen/also hat auch einer mehr Lust an diser Harmony/
als ein anderer / weil es seiner Natur und Complexion/
auch seiner Disposition etwas gleicher / proportionirter
und ehnlicher ist.

Experimentum musicum.

Eine Säite bewegt die ander/so von ihr ab-
gesondert ist.

Nim ein glatte leichte Tafel / ziehe darüber 9. Säi-
ten/ordentlich in gleicher Länge/die 1. und letzt sol- Kunst.prob/
len einander gleich seyn / der Quantität und Qualität wie man ett-
nach/das ist/sollen unisonâ intensione erthönen/die übri- che Säiten
.ge sollen Thonsweis disponirt seyn; wann nun die 1 Säi- zurichten soll/
te mit einem plectro oder Federkiel gerühret wird / wird der andern
dieselbe machen/daß auch alle andere Säiten/so gleich ge- ungerührt
zogen sind/wiewol sie nicht gerühret sind/dennoch resoni- lautet.
ren werden/doch mit diesem Underschied / daß die jenige
Säite/welche dem unisono desto näher stehet/ auch desto
mehr erthönet/und desto sichtbarer und hörlicher sich beweget. Dem autori ist zu Meintz begegnet/daß da er auf
einem hohen Festtag mit gewissen Geschäften ist bemühet
gewesen/und er in einem odæo oder Music-Stuben von
der Kirchen abgesondert gesessen/sihe da hat er mit Ohren
gehört und vernommen/ daß die grosse Baßgeigen von

dem autori ist zu Meintz selbsten begegnet/daß die Baßgeige in der Music-stuben frei von sich selbsten erthönet.

niemand gerühret noch geschlagen (welche einer aus den Singern zuvor nach der Orgel in der Kirchen genau und rein gestimmet/und dieselbe ohne Ablassung der Säiten/ in der Music-Stuben an die Wand gehänget / und darvon gangen) nescio quo occulto motu, frei von sich selbsten per intervalla etlich mal resoniret und gelautet hat/worüber der autor erschrocken/näher hinzu gangen/ disen Wunder-sonum etwas genauer erforschet/befunden/ daß so bald der Organist in der Kirchen die Pfeifen gerühret/mit welchen die Baßgeig rein eingestimmet gewesen/haben sich die Säiten in demselben tono nicht anderster erthönet/als wann sie mit einem plectro oder Fidelbogen wären gestrichen worden/welche harmonische

Harmonische sympathia.

Sympathy nachgehends vielen andern ist gewisen worden/der autor hat zwar auch in andern Orten dergleichen Wunder-Phonurgy ins Werck richten wollen / ist aber vergeblich gewesen/weil in solchem harmonischen Wunder nicht nur vollkommene übereinstimmung der Säiten

Ist nicht allenthalben zu practiciren.

mit den Pfeifen / sondern auch eine gewisse Distantz der Pfeifen von den Säiten / samt richtiger Disposition deß Orts und der Mauren/so den sonum überbringen/nothwendig erfordert wird.

CAPUT 4.
Von der sympathia und antipathia der Thonen.

Etliche Stück sind der Wunderbar-monischen sympathia in acht zu nehmen.

ERstlich merck/in dergleichem sono müssen 3.Stück betrachtet werden: 1. das corpus, welches under dem soniren beweget/und das/ welches von einem andern zum sono bewogen wird. 2. die Proportion oder Gleichheit zwischen den sonorischen Leibern. 3. das bequeme Mittel/ als da ist der Luft. Darnach merck / der sonus wird nicht nur durch den mitlern Luft fortgeführt / sondern wo er in dem medio ein corpus antrift/das zu seiner Erhaltung bequem ist / so erweißt er darinn seine Kraft und Würckung. Dann der Luft / der durch den sonum

diss.

diſſipirt, von einander getrennet iſt/ begehrt auß ſich und ſeiner Natur nach die Vereinigung/der motus aber oder der ſonus hält ſeinen tenor beſſer in dem corpore, ſo zu einer Propagation dienlich und bequemlich iſt/als wie die geſpante Säiten/darauß wird geſchloſſen/wann ein Säi= te gerühret wird/ſo erregt ſie auch die andere/ ſo gleich ge= ſpant/wiewol ſie nicht gerühret wird/entweder wegen der höchſten Gleichheit/die das corpus ſonans und ſonabile under einander haben / weil die Proportion der gantze Baßgrund iſt der gantzen Bewegung: oder wegen deß be= wogenen Lufts/dann weil der Luft nach dem motu deß ſo= ni movirt wird / auch die proportio deß ſoni gegen dem ſono iſt/wie deß bewogenen Lufts gegen dem andern/da= her geſchichts/daß der Luft von dem ſono incitirt,weil er noch eine Gleichheit deß vorigen ſoni in ſich hat/ wann er auf ein corpus gleich thönlich und proportionirt / ſo auch der Qualität ſo er mit ſich führet/fähig iſt / ſo ſchlägt er daſſelbe an mit gewalt/auf die weis/wie der Luft von dem erſten ſono iſt geführet worden.

Die eigentli= che Vrſach / warum eine Säite zur andern unge= rührt erthö= ne.

Ein Luft er= reget den an= dern proper= tionato mo= tu.

Experimentum muſicum.

NImm 6. gläſerne Becher / gleicher Gröſſe und Capa= cität/ſetze ſie ordentlich nach einander/wie ein Trian= gel/3. unden/2. in der Mitte/und 1. oben: den einen fülle mit Aquavit/den andern mit dem beſten Wein/den 3. mit einem ſubtilen Waſſer/den 4. mit einem groben Waſſer/ den 5. mit Oel/den mitlern aber mit gemeinem Waſſer : darauf netze deinen Finger / und reibe einen Becher am ſonos Ranß ſo lang/bis er erthönet. Dieſer allerreineſte ſonus aber wird nicht ohne verwunderung/die andern humores alle erregen/und zwar ie hefftiger/ie ſubtiler einer für dem andern iſt : daher wird das Aquavit/welches feurige Na= tur hat/und die Choleriſche Complexion abbildet/vor an= dern mächtig ſubſultiren und ſich bewegen : der Wein a= ber/ſo mehr Luft in ſich hat/ und die ſanguiniſche Comple= xion abbildet/wird etwas ſitſamer ſich bewegē : das ſubti=

Kunſtprob von 6. Glä= ſern/mit un= derſchiedlich Säften ge= füllt/ſo une derſchötliche

Aquavit bil= det ab die Choleriſche Complexion/ der Wein die ſanguiniſche

             Z b   le Waſ=

das Wasser die phlegmatische.

se Wasser aber / so die Phlegmatische Constitution abbil=
det/wird gar eine langsame und gedämpfte Commotion
verursachen. Das grobe Wasser/wegen seiner irrdischen
Complexion/wird sich schier gar nicht bewegen. Nun e=
ben auf dise weis erreget auch die Music unsere Affecten:

Warum die Music under= schiedliche Affecten er= rege.

dann wann unser Geist subtil und warm ist / so wird die
Music stoltze/vermessene und zornige motus erregen: ist
er subtil und moderirter Qualität/wird sie zur Lieb/Freud
und Venerischen Affecten bewegen: ist er etwas constipi=
ret und dick=grob/ wird sie zum Weinen und andern Pa=
thetischen Affecten moviren: ist er aber gar grob und dick/
wie in betrübten Leuten/wird sie gar keine Bewegung ha=
ben.

Pars II. Magiæ Consoni & Dis-
soni Musurgico Jatrica.

Wie man grosse Kranckheiten durch die Mu-
sic curiren soll.

Die Musur= gische Artz= neikunst was sie sei. Wunder= Kraft der Music bei Kranckhei= ten.

MEdicina musurgica ist/welche in Heilung der Leibs=
und Seelen=kranckheiten gantz frembde und wunder=
bare Würckungen hat/dann das ist bekant/ daß Terpan=
der und Arion die Leut aus den allerschwäresten Kranck=
heiten erlöset haben. Herophilus soll mit den numeris
musicis den Krancken die Abern geschlagen haben. Xeno=
crates soll die Unsinnigen / von wütenden Hunden gebis=
sen/von ihrer Tollsinnigkeit durch die Music befreiet ha=
ben. Andere sollen mit der Music=Wissenschaft den Tau=
ben ihr Gehör wieder gegeben haben.

Cap. I.
Von den Ursachen diser Wunder=Music Cur.

Der Cabali= sten Sephi= rotische Zahl= röhren.

HJervon finden sich underschiedliche Meinungen bei
den Gelehrten ; die Cabalisten schreiben ihrem ge=
brauch nach/alles heim ihren sephirotischen Zahl=röhren/
dardurch die göttliche Kraft in dise undere Welt= achen
influire/wie aber das geschehe/ihrer Meinung nach/ ist in
deß

deß autoris seinem œdipo ægypt. tract. de arbore 10. se-
phiroth erkläret. Die Platonici bleiben auch bei ihren
Gedancken/setzen die Ursach diser Wunder=Würckungen Der Pla-
in die harmonische nexus der grossen Welt=Seel/welche *tonicorum*,
alles mit ihr vereiniget und verbindet/nennens deßwegen harmonische
Colchodeam. Die Astrologi und Alchimistæ legens bei *nexus* der
den influxibus der obern Cörper. Wir præsupponiren grossen Welt
1. es sei nicht nur ein äusserlicher/sondern auch ein inner- Innerliche
licher Luft einer ieden Sach gegenwärtig / welcher nach Luft eines
dem sono sich beweget/daher er aer harmoniosus genen- ieden Dings
net wird : dann gleich wie die sichtbare Bilder von den ob- wird noch-
jectis Conici heraus schiessen/ und doch in medio nicht mals astruirt
sensiles werden/noch gesehen werden/ es sei dann/daß sie
actu von dem organo, und potentia visiva ergriffen werden / wiewol alle solche species der sichtbaren Dingen in
der Luft unvermischt und unvermengt verbleiben/alldie- Der Luft is
weilen der Luft allezeit voll ist von unendlichen Bildern/so continue
in demselben von allerhand objectis ausgeworffen wer- mit unzahl-
den : so gehets auch mit dem Gehör und dessen Beschaf- bildern er-
fenheit/wie die species visibiles in der Luft verharten/also füllet.
auch die species audibiles ; ist nur der Underscheid / daß
jene beständig/dise vergänglich trinn sind/also/daß wann Wann die
der motus deß Lufts harmonicè concitiret/solte sensibi- Luft solte
lis seyn/und von uns vernommen werden/ würden wir in seyn/was
ieglichem Theil deß Lufts die jenige Harmony hören/ wel- Wunders
che die Musici mit grosser Kunst und Müh herfür bringe. wür den wir
2. Diese Wunder=Cur der Krancheiten kan auf dreier- hören.
lei weis betrachtet werden/1. übernatürlich/ 2. mit Hülf Wunder-
deß bösen Geistes / 3. natürlich. Zum ersten genere ge- schehen ent-
hören alle die jenige Curen/welche ein offentliches Wun- weder gött-
derwerck Gottes mit sich führen / wie also Christus Laza- lich/teuflisch
rum mit grosser Stim von den Todten erwecket hat/ und oder natür-
den Tauben mit seinem Ephata das Gehör wieder ge- lich.
bracht. Das 2. ist gewiß/daß offtmalen solche Wunder-
Curen durch die Music / mit Hülf deß bösen Geistes ge-
schehen/entweder pet pactum implicitum, oder expli citum.

172 *Artis magnæ de Consono & Dissono*

tum. Dann gleich wie die Zauberer/ kraft ihres Teuffel-
schen Bunds ein iegliches Zeichen setzen/ dardurch der

Pactum diabolicum voder gescht.
Teufel die Gesundheit würcket/ also kan er auch die Mu-
sic/ und ein ieglichs Music-Instrument darzu gebrau-
chen/ solchen effectum heraus zu bringen/ und durch diese
Kunst/ auf dise weis/ sollen die Brüder deß Rosen-Creutzes
allerhand unheilbare Kranckheiten vertriben haben. Hier
aber reden wir nur von der natürlichen Kraft der Music.

*Unser gan-
tzer Leib ist
transpira-
bel.*
3. Unser gantzer Leib ist transpirabel / voller Wind und
Luft/ und die Nerven und Muscheln haben gleiche impression durch den äusserlichen Luft/ als die Säiten haben/
wann sie über ein glattes und thonbares Holtz gezogen

*Was es für
eine Beschaf-
fenheit hat
mit den Säi-
ten/ eben die
hat es auch
mit den Ner-
ven.*
sind/ und gleich wie diese nicht nur mit dem äusserlichen/
sondern auch mit dem innerlichen Lufts-Tono, wann er
proportionirt ist/erreget werden/ also auch die nervi und
musculi werden durch den innerlich-eingepflantzten Luft
und Geist/ welches gleichsam der choragus ist der bewegenden Kraft im Menschen/agitirt und beweget/ welche
proportionirte form/ in dem sie die Seel vermerckt/ würcket sie dardurch allerhand alterationes, der Frölig- oder
Traurigkeit. 4. Nicht alle und iede morbi, sondern nur
die jenige/ so von der schwartzen und gelben Gallen unmit-

*Welche
Kranckhei-
ten durch die
Music curirt
werden kön-
nen.*
telbar herfliessen/können durch die Music geheilt werden:
dann Hectische/Epileptische/ Podagrische und sonst gar
langsame Kranckheiten/oder auch die jenige/ welche ein
membrum vitale verderbt haben/ seyn unmüglich zu curiren: zu dem muß auch der musicus die Natur und Complexion deß jenigen/den er curiren wil/vollkomlich wissen/
darzu Zeit/Ort/und andere Umständ nothwendig erfordert werden.

CAPUT 2.

Wie David mit seinem Harpfen-schlagen den König Saul vom bösen Geist entlediget hab.

Er Text ist klar/ 1.Sam. 16.v.23.daß durch die Music sei der böse Geist vertriben worden/ wie es aber
zugan-

zugangen/wirds wunderlich erkläret. Die Rabbini sa-
gen/David/in dem er Saul curirt/hab dazumal die Cythar oder Harpfen geschlagen von 10. Saiten/ so nach
dem Muster deß Zephyrotischen Zahlbaums sei zugerichtet gewesen/und weil sie mit den effluxibus der 10. göttlichen Tugenden/gleichsam als mit Früchten sei fruchtbar
und begabt gewesen/ habe sie diesen effectum gewürcket/
setzen hinzu/David hab das jenige Gestirn gewußt/ mit
deme der Concent und die Music hat müssen conjungirt
werden/also wil R. Abenezra in seinem mikra hagg-do-
lah. Mirandulanus in seiner 7. und 8. Mathematischen
thesi sagt: die Music errege die Geister/daß sie der Seelen
dienen/wie die Medicin sie beweget / daß sie den Leib regie-
ren/und die Music heile den Leib durch die Seelen/ gleich
wie die Medicin die Seel curirt vermittelst deß Leibs/dar-
aus könne man leichtlich schliessen/ wie David den unsinnigen Saul hab zuruck gehalten/daher sei es ein loses Gedicht deß Abenezra, weil David dazumal das Gestirn
nicht angesehen hab / als er Sauls Grimm gestillet hat/
sondern so oft als es Saul befohlen/hat er schlagen müs-
sen/ohne Ansehung/was dazumal für ein Aspect erschienen. Wir sagen/ die jenige Sachen vertreiben die Melancholy und Tollsinnigkeit/welche die poros eröfnen/die
Rauch-dämpf vertreiben/die obstructiones verhindern/
das Hertz erquicken/nun das thut vornemlich die Music:
dann weil sie aus sonis bestehet / welche aus Bewegung
deß Lufts entstehen/wo man nun solche sonos gebraucht/
welche die Luft-geister deß furiosi bewegen/so werden dise
Geister durch den motum wärmere und geschwindere effectus verursachen/ und also alle Vermischung der Melancholischen Feuchtigkeit zertrennen und vertreiben.
Damit wir dann solche Geister remittiren und besänfti-
gen/daß sie nicht also ungestüm das Hirn verletzen/müs-
sen wir erstlich gar langsame sonos und geringe intervalla gebrauchen/ damit nach solcher langsamen Harmony
die Geister und beissige rapores, welche aus dem Magen/

Miltz

Die Rabbini legen die Ur-sach bei ihrem Zephyroti-schen Zahl-baum/und dem efflux-us der 10. göttli-chen Tu-genden.

Mirandula. will die Mu-sic heile den Leib durch die Seel/wie die Medicin die Seel durch den Leib.

Ob David das Gestirn observirt.

Music heilet die melan-cholicos & furiosos, weil sie durch die Harmony die Poros er-öfnet / die vapores zertrent.

Miltz und Därmen in das Hirn auffsteigen/ etwas langsamer werden/und den Menschen desto ruhiger verlassen.

Davids Mu-
sic hat den
unruhigen
König gestil-
let entweder
mit Dissipi-
rung der me-
lancholischen
Feuchtigkeit/
Theils mit
Hinderhal-
tung der
Geister/ohne
welche der
Melancholi-
sche Safft
nicht wüten
können.

Hat also Davids Music den König Saul. auf zweierlei
weiß stillen können : 1. daß sie die spiritus und fumos deß
Sauls also bewogen/erwärmt und vergeringert hat/daß
sie den Melancholischen Saft dissipirt/ und von den cellis deß Hirns herunder gestossen/oder auch in kleine stäublein dissolviret hat/welche durch eine unsinnliche transpi-
ration sich in ein Schweiß resolviret / und also durch die
poros von ihm gangen. 2. Wann schon solche Geister einen Melancholischen Saft hinderlassen haben / hat er
doch nicht wüten können/bis sie wiederkommen seyn/ welcher von sich selbsten irdisch ist/und gleichsam ohne Krafft/
wann nicht die leb= und sinliche Geister ihne bewogen/hie
und daher gezogen haben / sie haben aber auch denselben
succum verlassen/wan sie den Ohren zugeloffen/die Harmony zu vermehren/ und so lang sie gewähret / ist der furor ausblieben/hat sie aber aufgehört/sind sie zwar wider-
kommen/aber weil sie etwas leichter und fertiger worden/
haben sie die Melancholy ein zeitlang vertriben / vergeringert / und vielleicht auch einen Theil davon gütiger/
gnädiger und gelinder gemachet. Ist hinzu kommen Da-

Davids Mu-
sic. Wissen-
schafft und der
bekante Hu-
mor deß Kö-
nigs hat viel
dabei gethan

vids seine Geschicklichkeit in dem Psalter-spiel/ und seine
Wissenschaft in der Music/wie dann in Shilte gibborim
gelesen wird/ daß er 36. Music=Instrumenten hab gar
künstlich schlagen können/also daß er seine Harmony nach
dem Humor/Inclination deß Königs/welchen er als sein
Wafenträger gar leichtlich hat ausnehmen können /. hat
angestellet/ auch dergleichen rhythmos gesungen/welche
Saul erlustiget haben : daß er aber vor andern Instrumenten eben die Harpfen ergriffen/ist nicht ohne Göttlichen Trieb geschehen.

COROLLARIA.

Heraus erscheint 1. wie der böse Geist/ nach dem die
vapores deß finstern Hertzens sind zertrennet wor-
den/

den/nachgehends hab weichen müssen: dann weil der melancholische Humor gar finster/dunckel und nebelicht ist/
so ist er gar ein bequemer Siß der bösen Geister/dardurch
die Menschen unruhig zu machen/daher komts/daß solche
vom Teufel besessene/oder auch nur von ihme unruhig gemachte leut frembe operationes haben/ frembe Sprachen reden/künstige Sachen verkündigen / welches alles
der Menschlichen Natur blos nicht kan zugeschriben werden: ist also kein Wunder / weil solcher humor dissipiret
wird/der böse Geist so fern weichen/und die Seel in einem
ruhigern Stand verlassen muß. 2. Eben auf diese weis-
kan auch die Music die Pest / lycanthropy/ Mensch-wöl-
ferei/Grim und andere motus deß Gemüts vertreiben/
das geschicht alles mit Hülf der Geister/welche durch die
Music zarter/wärmer/geschwinder gemacht/ solche humores zertrennen/vergeringern oder stillen/dardurch die
Kranckheiten sind verursachet worden / nicht anderster/
als wie etliche Mitternächtige Wind / wann sie erwecket
sind/den vergifften Luft volkomlich zu reinigen pflegen.

Marginal notes: Melancholischer Humor ist ein beque-mer Siß der bösen Gei-ster/wird je-nert vertriben müssen auch disse etlicher massen weichen. Wie die Music noch andere Kranckhei-ten tönne.

CAPUT 3.

Ein Wunder-histori von dem König in Dä-nemarck/welcher durch die Music ist doll und unsinnig gemacht worden.

Aß die Music nicht nur vom furore erlöse/sondern
auch darzu antreibe/beweist das folgende Exempel
aus Cranzii lib. 5. Dan. æ cap. 3 und Olao magno, verhält sich also: Nach dem König Ericus wieder in sein Königreich kommen/hat er ihm dessen Sorg eiferig lassen an-
gelegen seyn / darbei mit dapfern Soldaten und sinnreichen Künstlern sich delectiret; Nun hatte er an seinem
Hof einen musicum, der sich seiner Kunst dermassen rüh-
mete/daß er vorgab/ die Menschen wohin er wolte/zu disem oder jenem Affect zu bewegen / aus Traurigen Frö-
liche/aus Frölichen Traurige/aus Zornigen Gütige/und
aus Gütigen Zornige/ja gar die Verständige doll und unsinnig

Marginal notes: Autores hiervon. König Erichs recreation.

mit Namen Tauromineum, der mit unsinniger Lieb be=
haftet gewesen/durch die Music wieder gesänftigt und ru=

Theophra-
sto.
hig gemacht. Theophrastus hat die Gemüter zu stillen/
musicalische sonos gebrauchet. Clitemnestra ist von ei=

Clitemne-
stra.
nem Cytharisten zur Zucht und Keuschheit angetrieben
worden / weßwegen sie von Agamemnone ist verlassen

Plutarcho.
worden. Plutarchus bezeigt von sich selbsten / daß er von
einem Cytharisten durch die harmonische modulus also
sei entrüstet worden/daß er nach Wehr und Waffen grif=
fen/und in die nächst-gesessene gehauen und gestochen hab.
Durch die Music werden nicht nur die Menschen bewo=

Bestien lie-
ben die Mu-
sic.
gen/sondern auch die Thier selbsten gefangen : die Elephanten lassen sich durch die Paucken herbei locken: die
Schwanen mit der Cythar/ fistula dulce canit volucrem
cùm deci; it auceps, Vögel hören gern pfeifen/wilde und
grimmige Bären lassen sich nicht eher zähmen/als wann
sie Pfeifen und Flöthen hören. Pythagoras soll durchs

Music heilet
die Kranck-
heiten.
Pfeifen die reissende Wölff zuruck getriben haben. Die
Music ist auch die aller-vortreflichste Medicin/tüchtig alle
Kranckheiten zu vertreiben : dardurch sind Lendensüchti=
ge/ Melancholische / vom Teuffel besessene / Unsinnige/
Vergifte/wieder curirt worden. Asclepiades soll die Tau=

Asclepiades
hat mit einer
Posaunen
die Tauben
hörend ge-
macht.
ben nur mit einer Posaunen geheilt haben: welches zwar
nicht wie die Einfältige / zu verstehen / daß er es mit dem
Posaunen-schall ins Werck gesetzt/ sondern daß er mit ei=
nem sonderbaren Instrument/wie eine tuba zugerichtet/
welches er in deß Tauben Ohr gesteckt (wie noch heutigs
Tags viel dergleichen surdastri übel hörende Leut gebrau=
chen/davon in folgendem) die vereinigte/ und mit under=
schiedener Pepercussion vermehrte species soni und der
Wort/t em Hör-organo deß Tauben desto kräftiger hab
beibringen und vorstellen wollen / welches / weil es den
Tauben gar dienlich gewesen/ ist daher die Fabel entstan-
den/Asclepiades hab die Tauben mit dem Posaunen-schall
hörent gemacht. Ist also gewiß / daß die Music keinen
kräftigen magneticmum hat/ die Gemüter an sich zu ziehen.

ziehen. Darbei aber fragt sichs/was doch die Confonan=
tien für eine Proportion mit unfern Ohren haben/ daß
wir uns damit fo fehr delectiren, und was der numerus, **Warum ein**
die Menfur und das Gewicht fei / fo wol in den fonis, als **Confonanß**
in den Ohren / oder auch in der Seel / nach dem fie durch **annehmlicher als der ander**
die fonos delectirt/oder fonften afficirt wird ; fintemalen **und warum**
etliche foni alfo ungereimt und befchwärlich fallen/ daß **etliche Sone**
einem die Zähn davon knirfchen und wehe thun : darge= **einem fo gar zuwider.**
gen etliche fo lieblich und anmuthig / daß fie das Ge=
müt gleichfam aus fich felbften ziehen wollen ? Hiervon
findet fich groffer Streit bei den Gelehrten : etliche legen
die Urfach auf Gott/welcher die Brunnquell aller Confo=
nantien/oder auf die Seel/ fo fern fie numeris compo=
nirt fei : andere in die himlifche Influentien/oder ein Ca=
baliftifches decachordum : etliche fagen die Urfach fei ein
verborgene Sympathn der Seelen / mit den Muficali=
fchen numeris : andere fchiebens auf die geometricas ra=
tiones.

CAPUT 2.
Von der Natur und Entftehung deß
confoni und diffoni.

Warum wir die confona **lieben / die** diffona ab= **horriren**

Nicht unbillich verwundert man fich/warum unfere
Seel fo fehr von den confonis afficirt werde/dar=
gegen fo mächtig von den diffonis abhorrire. Wir fagen
1. Zwei Stück feien bei den confonis in acht zu nehmen/ **2. Stück bei**
die Collifion und Zufammenfchlagung der Leiber / welche **dem** fono, **metus &**
gefchicht durch den thonbaren motum : und dann die **numerus.**
Proportion und Gleichheit ; jenes ift gleichfam das prin=
cipium phyficum, diefes mathematicum, dardurch alle
Confonantien verurfacht werden. Die Phyfic betrachtet
den motum, die mathefis die Quantität/ numeros, pon=
dus. menfuram, ja ein iegliche Proportion eines foni ge=
gen dem andern. Eines ieglichen foni aber feine inten=
fio und remiffio entftehet von der Schnellig= oder Lang=
famkeit deß motus. Daher wird nothwendig eine inten=

fior

Woher die intensio & remissio soni die reine und grobe Stim. Wird bewißen mit einer Säiten und Orgel pfeißen.

fior acutior Stimm verursachet / ie schneller / und desto remissior gravior, ie langsamer der motus ist / so gar/ daß auch eine Säite desto acutiùs sonirt / ie mehr sie gespannt wird/und desto graviùs, ie mehr sie nachgelassen wird : dann weil sie tensior ist/gibt sie einen geschwindern stoß/ und komt desto geschwinder wieder/schlägt auch desto öfter und starcker den Luft : ist sie aber desto laxior, so hat sie auch desto schwächere pulsus, und erzittert desto weniger/ daher auch die Orgelpfeifen / nach dem die Mundlöcher verschlossen oder offen stehen/wegen deß dichten und dünnen Lufts/bald reiner/bald tiefer lauten/ ja eben das findet sich auch in der larynge oder grossen Lufröhren deß Menschen/dann ie länger die epiglottis ist/ oder der jenige Spalt/darinnen die Anschlagung deß Lufts den sonum

Warum ein Mensch tief/ grob/oder an der rein und hoch rede.

verursacht/und die trachea desto weiter / ie stärckern tiefern sonum : und ie kürtzer enger sie ist/ ie reinern fonum sie herfür bringt/ welches dann die natürliche Ursach ist/ warum ein Mensch vor dem andern hoch oder tief / rein oder grob intonire, und zu reden pflege. 2. Der sonus

Sonus ist kein continuum quid.

ist kein continuum quid, das ohne Abtheilung fort und fort währet/sondern er ist aus underschiedlichen Theilen der Sonen componirt und zusammen gesetzt/ wiewol unsere Ohren seine intervalla nicht vernehmen können/eben so wenig/als unsere Augen underscheiden können / ob ein

Gleichnis von einem fewrigen Circkel.

glüender Brand / den man aufs allergeschwindeste in einem Creis herum drehet/in einem gantzen Circkel begriffen sei/oder ob der gantze Circkel feurig sei ? Boëtius erklärts mit einem Topf / den die Knaben auf den Boden werffen/daß er im Creis herum lauft/ wann solcher topf nur ein einigs rothes Düpelin oder Flecklein hat / so meint man/der gantze Topf sei roth/ oder doch der Circkel / nicht

Von einem gefärbten Topf.

daß es in der Warheit also sei/sondern weil der rothe theil des Topfs so geschwind herum lauft/daß man die andere nicht gefärbte Theil nicht sehen kan. Also auch eine Säiten/ie stärcker sie gespant ist/ ie öfter sie schlägt und erzittert/dann so oft die Saiten gestossen wird/ so geschicht nit

nur

nur ein fonus , oder nur eine percuſſio, ſondern der *Sonus hat*
luft wird ſo oft geſchlagen / ſo oft die Saite erzittert. *unzahlbare*
Daraus folgt/ ex additione motuum entſtehe aus dem *motus &*
tiefen der reinere ſonus, und ex detractione motuum *pulſus.*
entſtehet aus dem reinen ſono ein tieferer / weil das acu-
men aus mehrern Bewegungen entſtehet. 3. Sagen
wir/die Wunder-kraft der Muſic / die Gemüts-Affecten *Animaliſ*
zu erregen/komme nicht unmittelbar her von der Seelen/ *Animaliſ*
dann weil ſie ein Geiſt und unſterblich iſt/hat ſie keine pro- *Spiritus iſt*
portion zu den ſonis, ſondern von dem animali ſpiritu, *das mediū*
welcher der Seel Jnſtrument iſt/oder doch von der Haupt- *zwiſchen dem*
Verbindung der Seelen/ damit ſie an den Leib gebunden *Sono und*
iſt/dann diſer ſpiritus, weil er ein gar ſubtiler blutreicher *der Seel/ al-*
Dampf iſt/gar zart und beweglich / wird er gar leichtlich *urſach der*
von dem harmoniſch geregten Luft angegriffen/die Seele *Affecten.*
aber/wann ſie ſolche Bewegung fühlet / bringt ſie underſchidliche affectus herfür.

Experimenta muſica.

NJm einen gläſern Becher / fülle ihn mit einem lau- *Kunſt.prob*
tern Brunnenwaſſer/netze den Finger/und reibe da- *von einem*
mit oben den Ranſt Circkelweis/ ſo wird es einen wunder- *Glas mit*
lichen ſonum, wie ein klindendes Metall von ſich geben/ *Waſſer /*
dardurch das Waſſer im Glas alſo hefftig bewogen und *welches un-*
kraus gedrehet wird/als wann es von einem Wind getri- *ſonos &*
ben wäre ; fülle aber den Becher nur halber voll/ wirſtu *motus von*
zwar einen ſonum vernehmen / aber der doppelt tiefer iſt *ſich ſehen und*
als der vorige/nemlich in der diapaſon, auch das Waſſer *hören läſt /*
wird nur halb ſo hefftig ſich drehen und bewegen/eben das *nach dem es*
geſchicht auch/ wann du es in 5. oder 7. Theil abtheileſt/ *halb oder*
und nur 3. oder 4.mit Waſſer fülleſt/wirſtu einen ſchwä- *gantz voll ge-*
chern ſonum , auch eine ſchwächere criſpation vermer- *füllet iſt.*
ken. Gleiche Beſchafenheit hat es mit unſern humoribus, und ſonderlich dem ſinnlichen Geiſt / welcher in dem
Hertzen/als in der Officin aller Affecten/ ſeinen Sitz hat/
daher/wann wir einen allzu ſtarcken hefftigen ſonum hö-

Warum wir
etliche allzu-
ftarcke oder
gantz unan-
nehmliche
sonos nicht
erleiden kön-
nen.

ren/als einen Donner oder Püchsenschuß/ so erschrecken und entsetzen wir uns/weil der *spiritus* zu solchem unproportionirten *sono* eine gewaltsame *illision* und *dissipation* erleiden muß/daher der *horror* und *terror*. Daher können wir auch das Knarren/ wann man das Eisen mit einem Messer schabt/ nicht erleiden/ weil es mit seiner *asperitet* etliche *musculos*/so sich zu den Zähnen und zum Hirn ziehen/ *vellicando* gleichsam beleidiget und beunruhiget.

Caput 3.

Von den Gemüts-Bewegungen/welche die Music erreget.

Woher die
Erregung der
Affecten.

VOrnemlich zu 8. *affectibus* bewegen die *musicæ modulationes*, davon in vorgehenden: entweder weil sie *consonæ*, oder weil sie *dissonæ* seyn/ oder weil sie geschwind und langsam seyn/oder/welches noch mehr ist/ weil sie übersich steigen zur Freudigkeit/ oder in dem *gravi sono* aufhören. Wiewol aber Lieb und Haß die aller-

Warum die
Music Lieb
und Haß nit
erregen köne.

stärckste *Affecten* sind/ so bewegt doch dieselbe die Music nicht/weil Lieb und Haß ein *objectum* erfordern/ das sie hassen oder lieben: die Music aber bewegt nur die gemeine Gemüts-*Affecten*/ wiewol die Lieb von der Freud/als einem gemeinen *Affect* erreget wird: weil aber die Music die Traurigkeit nicht erwecken kan/ also auch nicht den Haß: jenes kömt daher/weil die Traurigkeit zum Todt/ die Music aber zum Leben gerichtet ist. Daß aber betrüb-

Warum die
Betrübten
die Music
hassen.

te Hertzen die Music verachten/nicht leiden können/ist diß die Ursach/ weil der Geist oder *humor* mit Forcht oder Traurigkeit/ durch die starcke Einbildung deß übels gleichsam erfroren und zusammen gezogen ist/daß er alle Commotion von sich stösset/ und sich dessen unfähig ma-

Wie man
Betrübten
durch die
Music helf-
fen soll.

chet: solte aber ein *musicus* seyn/ der diesen dickgesetzten Geist mit sei ner wohl *disponirten* Music solte *dissolviren* können/der würde ihm mächtige Linderung seines Schmertzens und Leids verschaffen/auch den Geist *dilatiren*, daß

die

die Traurigkeit vergehen/und die Freud sich finden solte.
Sonderlich aber soll die Harmony ihre Kraft haben / so
gehört die fähige dilpofition deß Zuhöters darzu / weil *Dilpofitio*
ein mächtiger confenfus zwischen der Harmony und den *deß Zuhöters*
lebens-geistern./ auch das Gemüt sich lencket nach dem *thut viel dar-*
stand und dilpofirion deß innerlichen Geistes. ex.gr. *bei.*
Zween Menschen/deren der eine mit himlischer/der ander
mit irdischer Lieb erfüllt ist/die werden mit einem Ton dem
lydio oder dorio gleich/doch mit ungleichen Bewegungen
und defideriis beweget werden: jener mit hertzlichem ver- *Exempel von*
langen deß ewigen Lebens/mit verachtung alles irdischen; *2 Menschen*
dieser mit fleischlicher Gesellschaft/ Lust zu vergänglichen *Dilpofition.*
Sachen/also hat auch einer mehr Lust an diser Harmony/
als ein anderer / weil es seiner Natur und Complexion/
auch seiner Dispofition etwas gleicher / proportionirter
und ehnlicher ist.

Experimentum muficum.

Eine Säite bewegt die ander/so von ihr ab-
gesondert ist.

NImm ein glatte leichte Tafel / ziehe darüber 9. Säi-
ten/ordentlich in gleicher Länge/die 1. und letzt sol- *Kunst.prob /*
len einander gleich seyn / der Quantität und Qualität *wie man etl-*
nach/das ist/sollen inlonâ intenfione erthönen/die übri- *che Säiten*
ge sollen Thonsweis difponirt seyn; wann nun die 1 Säi- *zurichten soll/*
te mit einem plectro oder Federkiel gerühret wird / wird *der andern*
dieselbe machen/daß auch alle andere Säiten/so gleich ge- *unaerührt*
zogen sind/wiewol sie nicht gerühret sind/dennoch refoni- *lautet.*
ren werden/doch mit diesem Underschied / daß die jenige
Säite/welche dem unifono desto näher stehet/ auch desto
mehr erthönet/und desto sichtbarer und hörlicher sich beweget. Dem autori ist zu Meintz begegnet/daß da er auf
einem hohen Festtag mit gewissen Geschäften ist bemühet
gewesen/und er in einem odæo oder Music-Stuben von
der Kirchen abgesondert gesessen/sihe da hat er mit Ohren
gehört und vernommen / daß die grosse Baßgeigen von

nie-

dem autori
ist zu Meintz
selbsten bege-
gnet/daß die
Baßgeige in
der Music.
ſtuben frei
von ſich ſelb-
ſten erthönet.

niemand gerühret noch geschlagen (welche einer aus den Singern zuvor nach der Orgel in der Kirchen genau und rein gestimmet/und dieselbe ohne Ablaſſung der Säiten/ in der Music-Stuben an die Wand gehänget/ und dar-von gangen) nescio quo occulto motu, frei von sich selbsten per intervalla etlich mal resoniret und gelautet hat/worüber der autor erschrocken/näher hinzu gangen/ diſen Wunder-sonum etwas genauer erforschet/befun-den/ daß so bald der Organiſt in der Kirchen die Pfeifen gerühret/mit welchen die Baßgeig rein eingeſtimmet ge-wesen/haben ſich die Säiten in demselben tono nicht an-derſter erthönet/als wann sie mit einem plectro oder Fid-delbogen wären geſtrichen worden/welche harmoniſche

Harmonische
ſympathia.

Sympathy nachgehends vielen andern iſt gewiſen wor-den/der autor hat zwar auch in andern Orten dergleichen Wunder-Phonurgy ins Werck richten wollen / iſt aber vergeblich geweſen/weil in solchem harmoniſchen Wun-der nicht nur vollkommene übereinſtimmung der Säiten

Iſt nicht al-
lemehalben
zu practiciren.

mit den Pfeifen / sondern auch eine gewiſſe Diſtantz der Pfeifen von den Säiten / ſamt richtiger Diſpoſition deß Orts und der Mauren/so den sonum überbringen/noth-wendig erfordert wird.

CAPUT 4.
Von der ſympathia und antipathia der Thonen.

Stück ſind
diſer har-
moniſchen
ſympathia
in acht zu
nehmen.

ERſtlich merck/in dergleichem sono müſſen 3.Stück betrachtet werden: 1. das corpus, welches under dem soniren beweget/und das/ welches von einem andern zum sono bewögen wird. 2. die Proportion oder Gleich-heit zwiſchen den sonoriſchen Leibern. 3. das bequeme Mittel / als da iſt die Luft. Darnach merck/ der sonus wird nicht nur durch den mitlern Luft fortgeführt/ son-dern wo er in dem medio ein corpus antrifft/das zu ſeiner Erhaltung bequem iſt/ so erweißt er darinn seine Kraft und Würckung. Dann der Luft/ der durch den ſonum diſſi.

dissipirt, von einander getrennet ist/ begehrt aus sich) und seiner Natur nach die Vereinigung/der motus aber oder der sonus hält seinen tenor besser in dem corpore, so zu einer Propagation dienlich) und bequemlich) ist/als wie die gespante Saiten/daraus wird geschlossen/wann ein Sai= te gerühret wird/so erzege sie auch die andere/ so gleich) ge= spant/wiewol sie nicht gerühret wird/entweder wegen der höchsten Gleichheit/die das corpus sonans und sonabile under einander haben / weil die Proportion der gantze Basgrund ist der gantzen Bewegung : oder wegen deß be= wogenen Lufts/dann weil der Luft nach dem motu deß so= ni movirt wird / auch die proportio deß soni gegen dem sono ist/wie deß bewogenen Lufts gegen dem andern/da= her geschichts/daß der Luft von dem sono incitirt/weil er noch eine Gleichheit deß vorigen soni in sich hat/ wann er auf ein corpus gleich thönlich und proportionirt / so auch der Qualität so er mit sich führet/fähig ist / so schlägt er dasselbe an mit gewalt/auf die weis/wie der Luft von dem ersten sono ist geführet worden.

Die eigentli= che Ursach / warum eine Säite zur andern unge= rührt ertö= ne.

Ein Luft er= reget den an= dern propor= tionato mo= tu.

Experimentum musicum.

NImm 6. gläserne Becher / gleicher Grösse und Capa= cität/setze sie ordentlich nach einander/wie ein Trian= gel/3. unden/2. in der Mitte/und 1. oben : den einen fülle mit Aquavit/den andern mit dem besten Wein/den 3. mit einem subtilen Wasser/den 4. mit einem groben Wasser/ den 5. mit Oel/den mitlern aber mit gemeinem Wasser ; darauf netze deinen Finger / und reibe einen Becher am Ranff so lang/bis er ertönet. Dieser allerreineste sonus aber wird nicht ohne verwunderung/die andern humores alle erregen/und zwar ie hefftiger/ie subtiler einer für dem andern ist ; daher wird das Aquavit/welches feurige Na= tur hat/und die Cholerische Complexion abbildet/vor an= dern mächtig subsultiren und sich bewegen : der Wein a= ber/so mehr Luft in sich hat/ und die sanguinische Comple= xion abbildet/wird etwas sitsamer sich bewege : das subti=

Kunststück von 6. Glä= sern/mit un= derschiedlich Säften ge= füllt/so une derschädliche sonos geben.

Aquavit bil= det ab die Cholerische Complexion/ der Wein die sanguinische

le Was=

das Wasser die phlegmatische. le Wasser aber / so die Phlegmatische Constitution abbil-
det/wird gar eine langsame und gedämpfte Commotion
verursachen. Das grobe Wasser/wegen seiner irdischen
Complexion/wird sich schier gar nicht bewegen. Nun e-
ben auf dise weis erreget auch die Music unsere Affecten:

Warum die Music underschiedliche Affecten erre-ge. dann wann unser Geist subtil und warm ist / so wird die
Music stoltze/y ermessene und zornige motus erregen: ist
er subtil und moderirter Qualität/wird sie zur Lieb/Freud
und Venerischen Affecten bewegen: ist er etwas constipi-
ret und dick-grob/ wird sie zum Weinen und andern Pathetischen Affecten moviren: ist er aber gar grob und dick/
wie in betrübten Leuten/wird sie gar keine Bewegung haben.

PARS II. MAGIÆ CONSONI & DIS-
SONI MUSURGICO JATRICA.

Wie man grosse Kranckheiten durch die Mu-
sic curiren soll.

Die Musur-gische Artz-neikunst was sie sei. M Edicina musurgica ist/welche in Heilung der Leibs-
und Seelen-kranckheiten gantz fremde und wunder-
Wunder-Krafft der Music bei Kranckhei-ten. bare Würckungen hat/dann das ist bekant/daß Terpan-
der und Arion die Leut aus den allerschwärestn Kranck-
heiten erlöset haben. Herophilus soll mit den numeris
musicis den Krancken die Adern geschlagen haben. Xeno-
crates soll die Unsinnigen / von wütenden Hunden gebis-
sen/von ihrer Tollsinnigkeit durch die Music befreiet haben. Andere sollen mit der Music-Wissenschaft den Tauben ihr Gehör wieder gegeben haben.

CAP. I.

Von den Ursachen diser Wunder-Music Cur.

Der Cabali-sten Seyhi-rotische Zahl-röhren. H Jervon finden sich underschiedliche Meinungen bei
den Gelehrten; die Cabalisten schreiben ihrem ge-
brauch nach/alles heim ihren sephirotischen Zahl-röhren/
dardurch die göttliche Kraft in diese undere Welt achen
influre/wie aber das geschehe/ihrer Meinung nach/ ist in
deß

deß autoris seinem œdipo ægypt.tract. de arbore 10. se-
phiroth erkläret. Die Platonici bleiben auch bei ihren
Gedancken/setzen die Ursach diser Wunder-Würckungen Der Pla-
in die harmonische nexus der grossen Welt-Seel/welche *tonicorum*
alles mit ihr vereiniget und verbindet/nennens deßwegen harmonische
Colchodeam. Die Astrologi und Alchimistæ legens bei *nexus der*
den influxibus der obern Cörper. Wir præsupponiren grossen Welt
1. es sei nicht nur ein äusserlicher/sondern auch ein inner- seel.
licher Luft einer ieden Sach gegenwärtig / welcher nach Innerliche
dem sono sich beweget/daher er aër harmoniosus genen- leben Ding
net wird: dann gleich wie die sichtbare Bilder von den ob- wird noch-
jectis Conici heraus schiessen / und doch in medio nicht mals astruirt
sensiles werden/noch gesehen werden / es sei dann/daß sie
actu von dem organo, und potentia visiva ergriffen wer-
den/ wiewol alle solche species der sichtbaren Dingen in
der luft unvermischt und unvermengt verbleiben/alldie- Der Luft ist
weilen der Luft allezeit voll ist von unendlichen Bildern/so *continue*
in demselben von allerhand objectis ausgeworffen wer- mit unzahl-
den : so gehets auch mit dem Gehör und dessen Beschaf- baren Stim-
fenheit/wie die species visibiles in der Luft verharen/also füllet.
auch die species audibiles ; ist nur der Underscheid / daß
jene beständig/dise vergänglich trinn sind/also/daß wann Wann die
der motus deß Lufts harmonicè concitiret,solte sensibi- Luft solte
lis seyn/und von uns vernommen werden/ würden wir in sensilis
ieglichem Theil deß Lufts die jenige Harmony hören/ wel- seyn/was
che die Musici mit grosser Kunst und Müh herfür bringe. Wunders
2. Diese Wunder-Cur der Kranckheiten kan auf dreier- würden wir
lei weis betrachtet werden/1. übernatürlich/2. mit Hülf hören.
deß bösen Geistes / 3. natürlich. Zum ersten genere ge- Wunder-
hören alle die jenige Curen/welche ein offentliches Wun- schehen ent-
derwerck Gottes mit sich führen / wie also Christus Laza- weder gött-
rum mit grosser Stim von den Todten erwecket hat/ und lich/teufelisch
den Tauben mit seinem Ephata das Gehör wieder ge- oder natür-
bracht. Das 2. ist gewiß/daß offtmalen solche Wunder- lich.
Curen durch die Music / mit Hülf deß bösen Geistes ge-
schehen/entweder per pactum implicitum, oder explici-
tum.

tum. Dann gleich wie die Zauberer/ kraft ihres Teufel-
schen Bunds ein iegliches Zeichen setzen/ dardurch der

PaElum Teufel die Gesundheit würcket/ also kan er auch die Mu-
diabolicum sic/ und ein ieglichs Music-Jnstrument darzu gebrau-
*wie er geschehen/*chen/ solchen effectum heraus zu bringen/ und durch diese
be. Kunst/ auf dise weis/ sollen die Brüder deß Rosen-Creutzes
allerhand unheilbare Kranckheiten vertriben haben. Hier
aber reden wir nur von der natürlichen Kraft der Music.

Unser gan- 3. Unser gantzer Leib ist transpirabel / voller Wind und
tzer Leib ist Luft/ und die Nerven und Muscheln haben gleiche impres-
transpira- sion durch den äusserlichen Luft / als die Säiten haben/
bel. wann sie über ein glattes und thonbares Holtz gezogen
Was es für sind/ und gleich wie diese nicht nur mit dem äusserlichen/
eine Beschaf- sondern auch mit dem innerlichen Lufts-Iono, wann er
fenheit hat proportionirt ist/ erreget werden/ also auch die nervi und
mit den Säi- musculi werden durch den innerlich-eingepflantzten Luft
ten/ eben die
hat es auch und Geist/ welches gleichsam der choragus ist der bewe-
mit den Ner- genden Kraft im Menschen/ agitirt und beweget/ welche
ven. proportionirte form/ in dem sie die Seel vermerckt/ würcket sie dardurch allerhand alterationes, der Frölig- oder
Traurigkeit. 4. Nicht alle und iede morbi, sondern nur
die jenige/ so von der schwartzen und gelben Gallen unmit-
Welche telbar herfliessen/ können durch die Music geheilt werden:
Krranckhei- dann Hectische/ Epileptische/ Podagrische und sonst gar
ten durch die langsame Kranckheiten/ oder auch die jenige/ welche ein
Music curirt membrum vitale verderbt haben/ seyn unmüglich zu cu-
werden kön- riren: zu dem muß auch der musicus die Natur und Com-
nen. plexion deß jenigen/ den er curiren wil/ vollkomlich wissen/
darzu Zeit/ Ort/ und andere Umständ nothwendig erfordert werden.

CAPUT 2.

Wie David mit seinem Harpfen-schlagen den
König Saul vom bösen Geist entledigt hab.

DEr Text ist klar/ 1. Sam. 16.v.23. daß durch die Music sei der böse Geist vertriben worden/ wie es aber
zugan-

zugangen/wirds wunderlich erkläret. Die Rabbini sa=
gen/David/in dem er Saul curirt/hab dazumal die Cythar oder Harpfen geschlagen von 10. Saiten/ so nach
dem Muster deß Zephyrotischen Zahlbaums sei zugerich=
tet gewesen/und weil sie mit den effluxibus der 10. göttli=
chen Tugenden/gleichsam als mit Früchten sei fruchtbar
und begabt gewesen/ habe sie diesen effectum gewürcket/
setzen hinzu/David hab das jenige Gestirn gewußt/ mit
deme der Concent und die Music hat müssen conjungirt
werden/also wil R. Abenezra in seinem mikra hagg-do-
lah. Mirandulanus in seiner 7. und 8. Mathematischen
thesi sagt: die Music erege die Geister/daß sie der Seelen
dienen/wie die Medicin sie beweget/ daß sie den Leib regie-
ren/und die Music heile den Leib durch die Seelen/ gleich
wie die Medicin die Seel curirt vermittelst deß Leibs/dar-
aus könne man leichtlich schliessen/wie David den unsinnigen Saul hab zuruck gehalten/daher sei es ein loses Gedicht deß Abenezra, weil David dazumal das Gestirn
nicht angesehen hab/ als er Sauls Grimm gestillet hat/
sondern so oft als es Saul befohlen/hat er schlagen müs-
sen/ohne Ansehung/was dazumal für ein Aspect erschienen. Wir sagen/ die jenige Sachen vertreiben die Melancholy und Tollsinnigkeit/welche die poros eröfnen/die
Rauch-dämpf vertreiben/die obstructiones verhindern/
das Hertz erquicken/nun das thut vornemlich die Music:
dann weil sie aus sonis bestehet/ welche aus Bewegung
deß Lufts entstehen/wo man nun solche sonos gebraucht/
welche die Luft-geister deß furiosi bewegen/so werden dise
Geister durch den motum wärmere und geschwindere effectus verursachen/ und also alle Vermischung der Melancholischen Feuchtigkeit zertrennen und vertreiben.
Damit wir dann solche Geister remittiren und besänfti-
gen/daß sie nicht also ungestüm das Hirn verletzen/müs-
sen wir erstlich gar langsame sonos und geringe intervalla gebrauchen/ damit nach solcher langsamen Harmony
die Geister und beissige vapores, welche aus dem Magen/
Miltz

Miltz und Därmen in das Hirn auffsteigen/ etwas langsamer werden/und den Menschen desto ruhiger verlassen.
Hat also Davids Music den König Saul auf zweierlei
weis stillen können: 1. daß sie die spiritus und fumos deß
Sauls also bewogen/erwärmt und vergeringert hat/daß
sie den Melancholischen Saft dissipirt/ und von den cellis deß Hirns herunder gestossen/oder auch in kleine stäublein dissolviret hat/welche durch eine unsinnliche transpi-
ration sich in ein Schweiß resolviret / und also durch die
poros von ihm gangen. 2. Wann schon solche Geister einen Melancholischen Saft hinderlassen haben / hat er
doch nicht wüten können/bis sie wiederkommen seyn/ welcher von sich selbsten irdisch ist/und gleichsam ohne Krafft/
wann nicht die leb- und sinliche Geister ihne bewogen/hie
und daher gezogen haben / sie haben aber auch denselben
succum verlassen/wañ sie den Ohren zugeloffen/die Harmony zu vermehren/ und so lang sie gewähret / ist der furor ausblieben/hat sie aber aufgehört/sind sie zwar wider-
kommen/aber weil sie etwas leichter und fertiger worden/
haben sie die Melancholy ein zeitlang vertriben / vergeringert / und vielleicht auch einen Theil davon gütiger/
gnädiger und gelinder gemachet. Ist hinzu kommen Davids seine Geschickligkeit in dem Psalter-spiel / und seine
Wissenschaft in der Music/wie dann in Shilte gibborim
gelesen wird/ daß er 36. Music-Instrumenten hab gar
künstlich schlagen können/also daß er seine Harmony nach
dem Humor/Inclination deß Königs/welchen er als sein
Wafenträger gar leichtlich hat ausnehmen können / hat
angestellet/ auch dergleichen rhythmos gesungen/welche
Saul erlustiget haben: daß er aber vor andern Instrumenten eben die Harpfen ergriffen/ist nicht ohne Göttlichen Trieb geschehen.

Davids Music hat den unruhigen König gestillet entweder mit Dissipirung der melancholischen Feuchtigkeit/ Theils mit Hinderhaltung der Geister/ohne welche der Melancholische Safft nicht wüten können.

Davids Music. Wissenschaft und der bekante Humor deß Königs hat viel dabei gethan

COROLLARIA.

Heraus erscheint 1. wie der böse Geist/ nach dem die
vapores deß finstern Hertzens sind zertrennet wor-
den/

den/nachgehends hab weichen müssen: dann weil der melancholische Humor gar finster/dunckel und nebelicht ist/
so ist er gar ein bequemer Sitz der bösen Geister/dardurch
die Menschen unruhig zu machen/daher komts/daß solche
vom Teufel besessene/oder auch nur von ihme unruhig gemachte leut fremde operationes haben/ fremde Sprachen reden/künftige Sachen verkündigen / welches alles
der Menschlichen Natur blos nicht kan zugeschrieben werden: ist also kein Wunder / weil solcher humor dissipiret
wird/der böse Geist so fern weichen/und die Seel in einem
ruhigern Stand verlassen muß. 2. Eben auf diese weis
kan auch die Music die Pest / Lycanthropy/ Mensch-wöl-
ferei/Grim und andere morbos deß Gemüts vertreiben/
das geschicht alles mit Hülf der Geister/welche durch die
Music zarter/wärmer/geschwinder gemachet/ solche humores zertrennen/vergeringern oder stillen/dardurch die
Kranckheiten sind verursachet worden / nicht anderster/
als wie etliche Mitternächtige Wind / wann sie erwecket
sind/den vergiften Luft vollkomlich zu reinigen pflegen.

Marginal notes: Melancholischer Humor
ist ein beque-
mer Sitz der
bösen Gei-
ster/wird je-
net vertriebe
müssen auch
dise etlicher
massen wei-
chen. Wie die
Music noch
andere
Kranckheit
heilen könne.

CAPUT 3.

Ein Wunder-histori von dem König in Dä-
nemarck/welcher durch die Music ist doll und
unsinnig gemacht worden.

Daß die Music nicht nur vom furore erlöse/sondern
auch darzu antreibe/beweist das folgende Exempel
aus Cranzii lib. 5. Dan. 𝔞 cap 3 und Olao magno, verhält sich also: Nach dem König Ericus wieder in sein Königreich kommen/hat er ihm dessen Sorg eiferig lassen an-
gelegen seyn / darbei mit dapfern Soldaten und sinnreichen Künstlern sich delectiret; Nun hatte er an seinem
Hof einen musicum, der sich seiner Kunst dermassen rüh-
mete/daß er vorgab/ die Menschen wohin er wolte/zu disem oder jenem Affect zu bewegen/ aus Traurigen Frö-
liche/aus Frölichen Traurige/aus Zornigen Gütige/und
aus Gütigen Zornige/ja gar die Verständige doll und unsinnig

Marginal notes: Autores
hiervon.
Königs Erichs
recreation.

Eines Cytha-riften oder Harpffen-schlägers unbesonnenes jactiren seiner Kunst.

Der König wills an seiner Person versuchen. Die Verwahrung des Künstlers.

Wie er seine tonos & modulos verändert.

König ist rasend und unsinnig.

sinnig zu machen / ie mehr er sich aber dessen jactirte, ie begieriger ist der König worden/ dasselbe auch an seiner eigenen Person zu probiren/und zu erfahren/ weil aber solches ohne gefahr nicht geschehen könte / fieng es an den Künstler seines Vorgebens zu gereuen/förchtete sich auch seines Lebens/wann er falsch und lügenhaftig in seiner gerühmten Kunst erfunden werden solte / daher hat er den König neben andern zum höchsten gebeten/ von solchem Vorhaben abzustehen: aber ie mehr er sein Kunst-Experiment abgeschlagen/ie begieriger hat er den König darzu gemacht. Da er nun gesehen/daß es seyn müsse/und beedes nicht ohne gefahr abgehen werde / hat er alle Wehr und Waffen/und anders damit iemand hätte können verletzet werden/aus dem Saal oder Gemach tragen lassen/ darnach hat er etliche von fernen stehen heissen/welche das Cythar-schlagen nicht anhören können/ dabei befohlen/so bald er rufen werde/solten sie herzu lauffen / ihme die Cythar aus der Hand reissen/und um seinen Kopf schlagen: darauf hat er seine Kunst probirt; 1. hat er mit einem tieffen Thon den Zuhörern eine Traurigkeit und Betrübnus beigebracht/darauf hat er den Thon erhöhet / etwas lieblichers geschlagen/solche Freud und Frölikeit bei ihnen erwecket/daß es wenig gefehlt/daß sie nicht für Freuden getantzt und gesprungen; endlich hat er schärpffer geschlagen/dardurch einen Widerwillen/Zorn und Grimm in ihnen erreget / welche/ als sie durch das anhaltende scharpfe Schlagen mehr und mehr gewachsen / seind dardurch der König und andere gantz toll und unsinnig worden: da solches der Cytharist gesehen/ hat er alsbald den verborgen steckenden Dienern gerufen / und ein Zeichen gegeben / welche kommen / ihme selbsten erstlich die Cythar an den Kopf geschlagen/darnach den König/welcher gantz rasend und wütend da gestanden/ angerufen und gehalten/aber der König hat solche Kraft und Stärck bei sich gehabt/daß er etliche halb todt nur mit Fäusten zu boden geschlagen/nach dem er aber mit vielen Küssen und

Vettern

Wettern ist obruirt und gedeckt worden / hat die Wuth
nachgelassen/der furoi sich gestillet/und die Tollsinnigkeit
vergangen; und als der König wieder zu ihm selber kom= *Kome wieder*
men/hat er mächtig beklagt / daß er die jenige / so er am *du sich selbst.*
liebsten/und ihm am getreusten gewesen sind / also grau=
samlich und unsinnig tractirt hätte. Ist aber das nicht
eine Wunder=histori / welche auch der Sachs beschreibet
lib. 12. Es soll aber diser König Erich/sonsten der Gütige
genant/in solche Tollsinnigkeit entbrant seyn / daß er die
Schloß=thor erbrochen/ein bloß Schwert ergriffen/und *soll 4. Men=*
4. Menschen/die ihm unversehens uffgestossen/niederge= *schen in sein*
stossen hab. Nach dem er aber wieder zum Verstand kom= *furore*
men / hab er seinen Sohn zum Procurator oder Statt= *ermordet ha=*
halter deß Reichs hinderlassen / Er aber sei nach Jerusa= *ben.*
lem gereiset/seine begangene Mordthaten zu büssen/und *Seine Buß*
sei in der Insel Cypern gestorben. Worbei aber nicht we= *Woher aber*
nig Zweifel vorfällt / wie doch der Cythar=sonus solche *dise Wun=*
unglaubliche Kraft soll gehabt haben/daß er einen König/ *der kraft der*
der von Natur und von sich selbsten gütig/gelind/sanfft= *Musse.*
mütig gewesen / in solche furores hab ziehen und reissen
können ? Dann daß Alexander M. von Timotheo *Bei Alex. M.*
zur Tollsinnigkeit und zur Ergreifung der Wafen/durch *ist kein wun=*
sein Cythar=schlagen ist beweget worden / ist so gar kein *der gewesen.*
Wunder nicht/weil derselbe hitziger Gallen/und Martia=
lischen Gemüts gewesen : dann weil er mit feurigen Gei=
stern ist erfüllt gewesen/dise aber/wann sie mit einer mar=
tialischen Harmony erieget und hefftiger gemachet wor=
den/haben sie solchen effectum gar leichtlich / vermittelst
eines erfahrnen Cytharisten/ deme deß Alexandri humor
und Gemüts=Neigung bekant gewesen / würcken können.
Aber wie sie disen frommen König in Dänemarck in sol= *Ein anders*
che Excessiv=Gemüts=Hitzigkeit hab antreiben können/ist *Beschaffen=*
nicht leichtlich zu glauben. Dann gewißlich/ daß es kein *heit hats mit*
gantz natürlicher Effect gewesen / beweisens etliche Um= *dem König*
ständ. Dann der Cytharist begehrt erstlich/daß wann der *Erich gehabt*
König in der Tollsinnigkeit begriffen sei/man ihme die Cy=

M thar

thar an den Kopf schlagen solle/ darnach allererst den
König greiffen und halten/ diese Action vermuthet aller=

Scheint ein
bloß natürli=
cher Effect
zu seyn/weil
er ihn nicht
selbsten wider
durch die
Harmony
restituiret
hat.

dings ein höhers pactum.   Dann wann derselbe/ wie er
sich gerühmet/die Leut in allerhand affectus undGemüts=
Bewegungen durch den Cythar=sonum hat bewegen kön=
nen/warum hat er dann nicht selbsten den rasendenKönig
von seiner allzuhefftigen und hitzigen Gemüts=bewegung
remissioribus modulis, mit Nachlassung der Harmony/
revocirt/und in gelindern/ruhigern Stand gesetzet? wie
also von Timotheo und Pythagorâ gelesen wird/ daß sie
geile freche Jüngling zur Continentz undKeuschheit an=
getriben haben; auch die Tergiversation undAußflucht/
da es ihn seiner Verheissung gereuet/ zeiget klärlich an/
daß er solchen Effect im König unfehlbarlich zuvor ge=
wußt/und also/ damit er dardurch nicht in Unglück kom=
men möchte/sich gefürchtet habe; warum hat er auch die
Trabanten und Auffwärter fern von dem Cythar=sono
stehen heissen/findet sich kein Ursach/ weil die Music na=
türlicher weis nicht bei allen objectis gleicheKraft hat/
und einerlei affectus bei allen erregen kan/ sondern nach

Aus allen
Umständen
muß pactum
implicitum
mit underge=
loffen seyn.
Oder der böse
Geist hat sich
selbsten ultrò
mit eingemi=
schet.

dem die Naturen ungleich sind/ findet sich auch ungleiche
Würckung. Muß also hier zweifelsfrei pactum implicitum, ein verdeckt und verborgenerBund mit dem bösen
Geist mit undergeloffen seyn/ weil es gleichen Effect bei
allen so kräftig gewürcket hat: oder ist es schon kein Pact
gewesen/ muß sich doch der Satan bei dieser Action mit
eingemischt haben/wie bei Saul/ der so bald ihn der böse
Geist ergriffen/also gewütet und getobet. Dann das ist
gewiß/daß der König Saul von David nicht allezeit ist curirt worden/weil er ihn zweimal / als er auf der Harpfen

Warum Da-
vid den Kö-
nig Saul
nicht allezeit
von seinem
fur e
erlöset hab?

geschlagen/mit einem Spies hat erstechen wollen/ sintemalen der harmonische sonus nicht kräftig und mächtig
gnug gewesen/solche gewaltsame Bewegung der schwartzen Gallen/so von dem bösen Geist ist conservirt worden/
zu zertrennen und zu vertreiben / zu dem auch derHaß
Sauls gegen David/seiner Kunst=geschickligkeit mächtig

viel

viel benommen hat. Muß also bei solchen Wunder=Cu= **Endliches** ren/durch die Harmony verursacht/allezeit etwas præter- **Vrtheil von** naturals und ohnnatürliches/ mit der natürlichen Hand= **dergleichen** lung mit undergeloffen seyn / sonderlich/ wann die Music **Curen.** so kräftig/daß auch aus der Unsinnigkeit Mord und Todt= schläg erfolgen/welches lauter Teufels=arbeit. Dann die *Transitio* mit dem Tarantismo angegriffen sind / wiewol sie durch **zu dem Ta-** der Music Kraft fremde Geberden an sich nehmen / den **rantismo.** lymphatis, Wasser=scheuenden und Tollsinnigen gar nah kommen/iedoch ist noch niemalen erhört worden/daß sol= che Leut iemand haben Gewalt oder Schaden gethan/da= von aber in folgendem mit mehrerm.

CAPUT 4.

Von dem Tarantismo / und der Wunder=Cur
durch die Music/der jenigen/so von der Apuleischen
Spinnen *tarancula* sind gebissen und
vergiftet worden.

Nichts wunderbarers kan gefunden werden/als di= **Diser Wun-** ser Tarantische Affect und Effect/dardurch alle an= **der. Taran-** dere Wunder=Curen / so durch die Music geschehen seyn/ **tismus legiti-** gnugsam können bewisen werden; von der form/gestalt/ **mirt alle an-** Natur / Eigenschaft / Ursprung und Würckung dieser **der Wun-** Spinnen *tarancula* ist weitläuftig gehandelt in deß au- **der.Curen/so** toris seiner *arte magnetica.* **durch die**
Music ge-
schehen.

Quæstio 1.

Warum die jenige/so mit dem tarantismo be-
haftet sind/durch kein ander Mittel/als mit der
Music können curiret werden?

Die Ursach ist diese/die Säiten haben ein grosse Kraft **Die ordnung** die Luft auf die weis zu erregen/wie sie selbsten bewe= **wie die Musi-** get werden/und weil also die *soni proportionaliter* ver= **calische Har-** mischet werden/erwecken sie den Ohren und dem Gemüt **mony in die** eine liebliche Harmony / daher geschicht's/ daß nach dem **Ohren falle/** proportionirten *motu* der Säiten/ der Luft *harmonicè* **und durch die**
Ohrẽ in dem
selb würcke.

M ij auch)

auch beweget wird/dieser aber penetrirt innerlich/ occu-
pirt mit seiner leiblichen Bewegung die phantasticam fa-
cultatem, reiget den innerlichen Luft oder Geist an/daß
er sich gleichmösig beweget/ dieser greift an die musculos

und arterias, als die receptacula der Geister/ diese aber/
weil sie gleichsam ein vehiculum seyn deß verborgenen
Gifts/so wie ein scharpfer/beissiger und schleimichter humor in den innersten medullis der Ader-faserlein verborgen ligt/daher geschichts/daß dieser sinnliche Geist sambt
dem Gifft erweckt/erhitzigt und erreget / gleichsam mit einem pruritu oder jucken alle musculos afficiret/ der Patient aber/weil ihm solche Vellication süs und annehmlich
ist/fangt an zu tantzen und zu springen: darauf folgt notwendig die Bewegung deß gantzen Leibs/und aller Feuch-
tigkeit/ auf die commotion eine Wärm und Hitz/darauf
die Linderung deß Leibs/ und Erőfnung der Schweißlőch-
lein/endlich die Ausschwitzung deß giftigen Humors. Wan

aber das Gift also tief eingewurtzelt hat / daß es in einem
Tantz nicht kan ausgetriben werden/muß man so lang uñ
viel/auch etliche Jahr anhalten/bis nach und nach durch
die Bewegung ein stück weggehet/ endlich das Gift gantz

Die under-
schiedliche
Complexionẽ
so wol der
Spinnen/als
der Menschẽ/
macht den
Vnderscheid
der Instru-
menten.

verzehret wird. Daß aber underschiedliche Leut mit underschidlichen Instrumenten curirt werden/ist die Ursach/
der Underschied der Complexionen und Temperamenten/
entweder der Spinnen selbs/ oder der jenigen / so damit
vergiftet sind: dann die Melancholische/ oder die mit ver-
dämpftem gift angestecket sind/werden eher durch Trummeln und Paucken/ als durch Geigen und Säiten affici-
ret/dann weil der Humor dick und zäh ist / auch der spiritus sich nach deß Humors Disposition richtet/ so gehőrt

Melancho-
lici. Chole-
rici, &c.
mit welchen
Instrumen-
ten sie curiret
werden.

ein grosse Kraft darzu/ denselben zu erregen und zu zertrennen. Daher soll einsmals zu Tarent ein Mägdlein
geweßt seyn/welche mit dem Tarantismo behaftet/durch
keine andere Instrumenten zum Tantzen hat können gebracht werden/als mit Trommeln/ Paucken/Posaunen/
Büchsen-schiessen und andern dergleichen hefftig- und
grob-

grobthönenden Inſtrumenten: die Choleriſche und San=
guiniſche Leut aber werden gar leicht durch Cytharn/Lau=
ten/Geigen/Clavicymbeln=harmony/wegen der Mobili=
tät und Tenuität der Geiſter curirt. Das iſt aber noch
das aller=wunder=würdigſte/daß diſes Gift eben das thut **Das gifft hat**
in dem Menſchen/ aus gleichheit der Natur / was in der **gleiche eigen=**
tarantula ſelbſten/ als ſeinem eigenen ſubjecto: dann **ſchafft und**
gleich wie diſes Gift durch die Muſic erreget/mit unablö= **Krafft ſo wol**
ſiger Zuckung der Muſcheln/ den Menſchen zum Tantzen **nen ſelbs/als**
und Springen antreibt / alſo thut es gleichmäſſiges bei **bei den Men=**
den Spinnen ſelbſten/iſt nicht zu glauben/wans nicht mit **ſchen.**
dem Augenſchein wäre bewiſen worden. Die Hertzogin **Schöne prob**
in der Statt Andria/damit dieſes herrliche Wunder der **von einer Ta=**
Natur an tag käme/hat ſie die Erdſpinnen / welche ſie mit **rant.ſpinnen**
allem fleis geſucht/ in eine Schale voll Waſſers werffen/ **in einem glas**
und alsbald einen Harpfenſchläger berufen laſſen / wel= **mit Waſſer.**
che zwar anfänglich/da die Harpf ihren Klang gegeben/
kein Anzeigen gab/ daß ſie ſich reget / ſo bald er aber an=
fieng zu ſchlagen/daß es dem Waſſer gleich gelautet/ hat
das Thierlein durch vieles aufhüpfen und bewegen deß
gantzen Leibs nicht allein Luſt bekommen nachzutantzen/
ſondern es hats auch dem Cytharædo gantz nachgemacht/
hat der Harpfenſpieler aufgehört zu ſpielen/ hat es auch
aufgehört zu tantzen. Daher iſts geſchehen zu Tarent/ **Beſtellte**
daß die Muſicanten / ſo von dem Magiſtrat mit gewiſſer **Muſicanten**
Beſtallung ſind beſtellt geweſen/dieſes übel/ den Armen **zu diſer Cur.**
zum beſten/zu curiren/zuvorderſt von den Patienten/ihre
Cur deſto leichter und eher zu verrichten/ geforſchet und
gefraget/wo/an welchem Ort/in welchem Feld/von wel=
cher Spinnen/ weß farb / ſie ſeien gebiſſen und vergiftet
worden; wann ſolches geſchehen / ſind die medici citha- *Medici cy-*
rœdi alsbald an denſelben Ort gangen/da viel und der art *tharædi*
nach underſchidene tarantulæ ihrem Spinnengeweb ab= *lernen ihre*
gewartet/da haben ſie nun auf mancherlei weis geſpielet/ *Cur von der*
und darbei wunder geſehen / wie bald dieſe / bald jene mit *Spinnen.*
einander getantzt/eben als wann 2.polychorda gleich ge=

stimmet erklingeten/da die jenige Säiten/welche dem Ton
nach gleich sind/auch gleich gezogen/beweget werden/die
andern aber unbeweget bleiben/also haben auch die spin=
nen/nach dem sie gleich und einerlei Beschaffenheit gewe=
sen/getantzt und gesprungen/wann sie aber der farb nach
eine solche haben tantzend gesehen/wie der Patient gesagt/
daß er gestochen worden/haben sie von derselben den mo=
dulum und die Harmony erlernt/ so dem Gifft proportio=
nirlich/und der Cur zum bequemsten sei/dardurch sich ih=
rer Kunst und Cur für gantz versichert gehalten. Daß
aber der laimichte humor der Spinnen deß soni fähig sei/
bezeuget Petrus Martyr in seiner West=Indianischen Hi=
stori/da er sagt/ daß in Indien ein gewisse Art Spinnen
gefunden werde/deren ausgezogenes Gifft also zähe und
laimicht sei/ daß es nicht nur zu den Fäden/ sondern auch
zu Säiten/von den Einwohnern zu gebrauchen sei/wie bei
uns die Seiden von dem Seiden=wurm. Daß aber das
Thierlein zum Tantzen beweget wird/ ist die Ursach die
Disposition der Feuchtigkeit/und die Qualität/so von dem
harmonisch=erregten Lufft gar leichtlich kan bewogen wer=
den: dann wann wir denselben/wie er in dem viscoso hu=
more verborgen ligt/mit den Sinnen solten vermercken
können/würden wir gewißlich eben solche Harmony/wie
die Säiten von sich geben/darinn fühlen können.

(marginal notes:)
Wunder=
art der spin=
nen/etliche
tantzen/die
andere nicht/
weil sie kein
proportio=
nirte sonum
hören.

In India
werden spin=
nen gefunden
deren Gifft so
zähe/daß sie
zu Säiten
gebraucht
werden.
Die ursach
deß Tantzens
bei der Spin=
nen.

CAPUT 5.
Von underschiedlichen Eigenschaften/un=
derschiedlicher Tarantulen.

ES ist aber über alles ein Wunder/und gantz para=
dox/ daß eine Tarantspinn/aus Ungleichheit der
Natur/der andern gantz zuwider seyn solle/dann sie leiden
nicht all ein Instrument/verursachen auch nicht alle glei=
che Sprüng/Geberden/Zufäll/sondern gantz underschie=
den/welches/als es einem Spanier/so dazumal zu Tarent
sich aufgehalten/ist erzehlt worden/hat ers nur verlacht/
und wider aller Zeugnus nicht eher glauben wollen/bis ers
selbsten

(marginal notes:)
Tarant.spin=
nen sind un=
gleicher Na=
tur/lieben
ungleiche
instrum. eta,
Harmony.

ſelbſten an ſeinem Leib probiret hätte/hat alſo 2.der Farb
und den Qualitäten nach underſchiedene Spinnen ſuchen
laſſen/dieſelbe auf ſeine Hand geſeket/ ſie frei zum ſtechen
angereiket/ auch an underſchiedlichen Orten ſeiner Hand
ſich ſtechen und verwunden laſſen/nach dem er nun die giftige Biß empfangen/und das Gift den ganken Leib einge-
nommen/hat er groſſe Schmerken und Todes-angſt auf
der ſtätte gefühlet; man läſt allerhand Cythariſten/Zin-
ckeniſten/ und andere Muſic herbei kommen/ verſuchen
underſchiedliche Harmony/ da hat zwar der francke Patient gefühlet/ daß er von einer Harmony hefftiger als
von der andern zum tanken beweget werde/ aber vergeb-
lich/weil das eine Gift dem andern contrar geweſen/und
widerſtanden/ daß ſo oft ihr eins zum Tanken ſollicitirt/
hat ihn dieſes wieder zuruck gehalten. Darauf hat man
andere Jnſtrumenten laſſen bringen/ andere Harmony
ſpilen laſſen/aber es hat wieder gleiche vergebliche Würckung gehabt wie zuvor/ein Gift hat das ander an ſeinem
Effect zuruck gehalten und gehindert. Weil nun alſo con-
trariæ qualitates continuè mit einander geſtritten/ underdeſſen aber der arme Patient kein Hülf und Errettung
wider das Gift genieſſen können/ hat er endlich elendiglich
und erbärmlich ſein Leben/mit groſſem Mitleiden der Zu-
ſeher/enden müſſen/ zur gerechten Straf ſeiner Verwe-
genheit und Unvorſichtigkeit Jſt alſo gewiß/ wann das
Gift durch die Muſic nicht ausgeſchwiket wird/ſo kan ein
ſolcher Menſch nicht leben/ oder er muß unaufhörliche
Schmerken erleiden/ welches dann 2. andere Exempel
beweiſen. Zu Tarent iſt auch ein Capuciner von einer
Tarant-ſpinnen geſtochen worden/welche die Eigenſchaft
gehabt/daß ſie nur friſch lauter Waſſer begehrt hat/diſer
aber weil er mit gleichem Appetit/kraft deß bei ſich haben-
den Gifts/getriben wurde/die Superiores aber denſelben
weder zum Bad/noch zum gemeinen remedio, nemlich
dem Tanken zulaſſen wolten/hat ihn endlich das Gift und
deſſen Wuth dahin getriben/daß er einsmals/als ein toll-

Ⓜ iiij　　　ſinniger/

Marginal notes:

Verwegen Stück von einem Spa-nier/der ſich muthwillig ſtechen läſt von 2. wider-wärtigen Spinnen.

Ein gift hält das ander ab von dem effectu har-moniæ.

Muß elendi-glich ſterben.

Ein Cappu-ciner von ei-ner Waſſer-ſpinnen ge-ſtochen/laufft dem Waſſer zu/erſaufft im Meer.

sinniger aus dem Closter entloffen/und in das Meer/wel=
ches er so hesstig begehrte/gestiegen / um dardurch sich zu
erfülen/und wider das Gift ein Hülfs=mittel zu finden:
weil er aber gar zu unvorsichtig in demselben gebadet/ ist
er ertruncken/und hat also da den Todt gefunden / wo er
das Leben gesucht. Robertus Santorus ein Talentischer
Edelman / wurde auch von einer Tarant=spinnen vergiff=
tet/ wußte es aber nicht / fällt darüber in ein tödtliche
Kranckheit / die Medici können lang kein Zeichen seiner
Kranckheit an ihm verspüren/bis endlich einer mutmaset/
der Edelman müßte mit dem Tarantismo behaftet seyn:
das Wort gefällt ihnen / lassen alsbald einen künstlichen
musicum kommen/der fangt an allerlei Harmony zu spie=
len/bis er endlich eine erfindet / so dem Affect proportio=
nirt gewesen. Was geschicht aber? der bisher gantz Sin=
Sprach=und Krafftlos da gelegen/ja gleichsam in agone
begriffen gewesen/vermerckt und fühlet die annehmliche
repercussiones deß harmonischen Lufts/fangt an aus sei=
nem harten und halb=todten Schlaf zu erwachen/ fangt
erstlich an gar gemählich die Glieder zu regen/ darnach
die Arm auszubreiten/und nach dem die Harmony conti=
nuirt worden/recolligirt er sich/sitzt im Bett auf/reget den
Hals/als wann er schon innerlich die Lieblichkeit der Music
fühlete: Endlich als der Cytharist etwas freudigers und
hurtigers geschlagen / richtet er sich auf seine Füß/ fangt
an zu tantzen und zu springen / mit solcher Vehementz/
daß ihn niemand halten können: darauf hat er tapfer ge=
schwitzt/und ist also das Gift von ihm gangen/daß er also
nur durch disen einigen Tantz zur vollkommenen Gesund=
heit/da er zuvor schon halb todt gewesen / ist wieder ge=
bracht worden.

*Ein Edel=
man so un=
wissend mit
der Tarant=
spinnen ver=
gisstet wor=
den/ für todt
da/doch durch
einen einigen
harmonische
Music.tantz
ist er wieder
restituiret
worden.*

Quæstio 2.

Warum die jenige/ so mit dem Tarantismo be=
haftet sind/ etliche Farben so sehr lieben/und dar=
zu Lust haben.

Das

Als iſt gewiß/ was die Tarant=ſpinnen für Farb an
ſich haben/ dahin incliniren die jenige/ ſo von denſel=
ben geſtochen ſind : alſo/ die von rothen tarantulis ver=
wundet werden/ die haben Luſt zur rothen und feurigen
Farb/die von grünen/zur grünen Farb / und ſo fort an:
wiederum/welche Spinnen zum Waſſer Luſt haben/ da=
hin incliniren auch die Geſtochene. Die Urſach iſt dieſe:
etliche vergifte Thier transferiren mit dem Gift / daß ſie
den Menſchen beibringen/auch/ zugleich die jenige Affecti=
on/welche ſie ſelbſten erleiden / alſo die Schlang diplas,
weil ſie allezeit einen hitzigen Durſt hat / ſo verurſacht ſie
auch denſelben in dem Menſchen/ den ſie vergiftet : ein
wütiger Hundsbiß würcket gleiche Paſſion/wie im Hund
alſo auch im Menſchen/nemlich ὑδροϕοϕίαν oder Waſ=
ſer=forcht. Cerastes ein Egyptiſche Schlang/würcket im
Menſchen mit ihrem gift eben die Eigenſchaft die ſie hat/
nemlich die πυροϕοϕίαν Liecht= oder Feuer=forcht. Der
torpedo oder faule Schlaf=fiſch macht auch alle Glieder
faul und träg. Podagrämiſcher/auſſätziger oder fallſüch=
tiger Vater zeuget auch ſolche Kinder. Solche Beſchaf=
fenheit hat es auch mit der Tarant=ſpinnen : dann weil
dieſelbe underſchiedlich ſind/ſo hat auch ihr Gift ſolche Ei=
genſchaft/daß die jenige/ ſo damit geſtochen ſind / zu glei=
cher Farb/wie die Spinnen ſehen/ oder damit ſie ſich re=
creiren/mit einem verborgenen magnetiſmo/oder mit ei=
ner blinden Gleichheit der Natur / ſich incliniren und da=
mit delectiren. Dann daß eine tarantula vor der andern
zur gewiſſen Farb Luſt habe/erſcheint daher/daß wann ſie
auf underſchidene gefärbte Bretter geſetzt werden/ſie da=
hin lauffen / welches ihnen an der Farb gleich iſt / daraus
folgt/gleich wie der eigene giftige humor die Phantaſy di=
ſes Thiers zu dieſer oder jener Farb inclinirt / alſo thut
eben auch daſſelbe ſolch Gift/wann es durch einen Stich
in deß Menſchen Leib gegoſſen wird/ nemlich auf eine ma=
gnetiſche Art/und verborgene Wunder=Correſpondentz/

M y has

hat es im Menschen gleiche Würckung/ und das ist die eigentliche Ursach diser χρωμα.τοφιλίας oder Farb-lieb

Woher die Würckung der Farben im Gesicht. bei den Tarantischen. Fragt sich aber hierbei / warum
eine Farb vor der andern ungleichen Effect hab? als/die
weisse zertrennet/die schwartze ziehet zusammen/die rothe
entzündet/die grüne erlustiget ; solte einer gedencken/ es
könte nicht wol geschehen/ weil die species colorum nur
ein halb oder unvollkommenes Wesen haben/oder wie andere reden / ein Jntentional-Mittel-Wesen zwischen der
Natur und Vernunfts-wesentlichen Dingen / solchem
nach auch keine Real : sondern nur Jntentional-Action

Species co-lorum was sie für ein Wesen ha-ben. von sich geben können. ℟. Daß die species colorum siñ-
liche Eigenschaften seien / und eine würckende Kraft ha-
ben/ist gewiß/wiewol nicht so groß und mächtig / als die
Qualitäten selbsten / von denen sie ausfliessen : dann das
Liecht ist ja auch ein Bildnus der Sonnen/und die Wärme
deß Feuers/ dannoch haben sie ihre Würckung in die ob-

Die Farben haben ihre sonderbare Harmony. jecta. Zu dem/ haben auch die Farben ihre sonderbare
Harmony / damit sie nicht weniger als die Music / ihre
Kraft haben / die Affecten zu erregen und zu recreiren.
Dann gleich wie aus Gelb / Roth und Himmelblau / die
Gold- und Purpur-farb / als die allerannehmlichste ent-
stehen : also von disen 2. Farben komt die grüne/als die al-
lerlieblichste/und verhält sich dise gegen jenen/woraus sie
gemachet / und mit denen sie vollkomlich vermischet ist/

Wie die far-ben consoni-ren. nicht anderster/als wie die consonantia diapason gegen
die 5. und 4. daraus sie gemachet ist ; und wie diese die Oh-
ren zum allervollkomlichsten moviret / also jene grüne
Farb die Augen/sie zu erlustigen und zu recreiren.

Quæstio 3.

Warum diejenige/so mit dem Tarantismo be-
haftet sind/so wunder-seltzame Geberden von
sich sehen lassen.

Wunder-ge-berden der ta-rantischen Leut UNderliche Geberden finden sich bei diesen Patien-
ten : Etliche agiren Soldaten / Kriegs-Obersten/
Fechter/

Fechter/Pfarrer/ꝛc. fragt ſichs nun/woher dieſe Affecten
kommen? ꝛc. Es ſind etliche Arten Gift/welche auf ein
ſonderbare weiß ihre Würckung in die Phantaſy haben/ **Etliches Gift**
als vermittelſt deren die im gantzen Leib erweckte humo **würcket vor-**
res in das Hirn auffſteigen/darnach die Geiſter / letzlich die **nemlich in die**
Phantaſy einnehmen: vermittelſt der Geiſter aber/ wer **Phantaſy/**
den alle Feuchtigkeiten deß gantzen Leibs nach den concipir- **wunderliche**
ten Geſtalten in der Phantaſy/und nach Underſchied deß **Einbildung.**
Temperaments in den Menſchen erreget und unruhig gemachet. Iſt alſo kein Wunder/wann ſie durch die Geiſter
angeſtockt/meynnen/ ſie ſeien das/was ihnen die Phantaſy
vorbildet : alſo das Gift von der Schlangen diplas, wie
auch das acomtum, wans zu viel genommen wird/ver-
ändert die Menſchen/ihrer Einbildung und dem äuſſerlichen Schein nach in Fiſch/ Gäns/ Endten/ꝛc. dann das
Gift wegen deß groſſen Durſts treibt zum Waſſer / und
die Phantaſy bildet ihr ohn underlas das Waſſer ein/kan
ſich damit nicht gnugſam ſättigen/dardurch wird aber die
Phantaſy lædirt/daß ſie ihr auch einbildet / ſie ſei auch eines von den Thieren/ſo gern im Waſſer ſeyn/und mit dem
Waſſer umgehen. Alſo die Febricitanten wündſchen ih- **Gleichnus**
nen offtermalen/daß ſie nur Fiſch wären / damit ſie gnug **von den Fe-**
trincken könten : dargegen das Gift aus einem wütigen **bricitanten.**
Hunds-biß/inclinirt natürlich zur Forcht und Flucht deß **Von den**
Waſſers/und bringt allezeit der Phantaſy die Einbildung **Hundsgebiſſe-**
bei/ eines auffgeſperiten Hunds-Rachen / ſintemalen die **nen.**
Phantaſy mit der Geſtalt deß beiſſenden Hunds geſchäf-
tigt iſt/wird ſie underdeſſen mit einer verborgenen Kraft/
dem Waſſer zuwider/alſo eingenommen/ daß ſie auch die
Geſtalt deß Waſſers nicht leiden kan. Nicht anderſter **Gyffen ſind**
verhält ſichs auch mit dem Tarantiſmo / dann weil die **ungleich/ der**
Spinnen underſchiedlich ſind / ſo haben ſie auch ein un- **Natur/Gifte**
derſchiedliches Gift/ſo können ſie auch underſchiedene hu- **Humor und**
mores erregen: da findet ſich tarantula cholagoga, hæ- **Würckung**
magoga. phlemagoga, melangoga, alles von ihrer un- **nach.**
derſchiedlichen Würckung in unſern Complexionen.

                                           Caput

CAPUT 6.

Wie die Prophecey und Weissagung durch die Music verursachet werde?

Was die Music für ei. ne Kraft hab ad prophe- tiam.

Als der heiligen Schrift ists klar/daß bisweilen durch der Music Kraft eine Prophecey und Weissagung ergangen ist/als 1. Sam.10.v.5.6.10.11. 2.Reg.3. v.15. 1.Par.26.v.1. Hierbei fragt sichs / was doch die Music für Kraft habe/daß sie disen Wunder-Effect auch in den jenigen Menschen / so die übernatürliche Gab der Weissagung nicht gehabt / hab ins Werck setzen können? Wir setzen aber vorher/die Prophecey sei nichts anderster/

Was die Weissagung eigentlich sei.

als instinctus Dei, zukünftige Ding zu verkündigen/welches natürlicher weis nicht geschehen können / daher derjenige/so solche arcana consilia durch Eingeben deß Heiligen Geistes zuvor weiß/ein Prophet genennet wird. Es kan aber auch eine Prophecey genennet werden/wan mit Hülf und Vorschub deß bösen Geistes / viel wunderliche

Poetischer furor heist auch eine Weissagung

seltzame Sachen verrichtet werden/wie in den Besessenen geschicht/und vorzeiten in den jenigen/welche mit einem poetischen furore sind getriben worden. Wir reden aber hier blos von der natürlichen Weissagung / ob dieselbe warhaftig könne durch die Music producirt werden? Hier

Der Astro- logorum ihr Colco Dea anima.

finden sich underschiedliche Meinungen; die Astrologi mit den Magis setzen zur Ursach die Colcodeam animam, so aller Formen Abtheilerin sei: geben vor/von dieser müsse man die gantze Kraft und Würckung der Magi/verborgenen Natur-Wissenschaft fassen und schöpfen/und daher

Wie Saul zum Prophe- cen worden.

sagen sie/ sei es geschehen / daß Saul under dem Säitenspielen sei zum Propheten worden/sintemal die Seel nach den underschiedenen gradibus furoris Wunder-Sachen verrichte/dann in dem dieselbe furore musico erreget/und vom Geist Gottes angetriben werde / daß sie gleichsam e corporis carcere heraus gehe/ und von den Banden der Menschlichen Glieder sich entledige / so verstehe sie alles/ sehe auch das Zukünftige zuvor. Andere wollen/ wann das

das Gemüt die Harmony vernehme/so meditire sie tief die *Harmony* himlische Harmony / was für ein Wunder-Concent sei *erreget* zwischen den himlischen Córpern/plötzlich aber/wann sie *sublimio-* durch solche süsse Liebligkeit erfüllet werde/ so avolire sie *rem & inti-* gleichsam è corporeis vinculis, biß sie mit der Erkantnuß *miorem cœ-* der zukünftigen Ding erfüllet/wieder komme/den gantzen *leſtium me-* Leib erzege/und gleichsam in furorem agitire. Aber das *ditationem* sind lauter nugæ Traum-gedicht. Wir sagen/ die Music *und daher* helffe nur äusserlich zur Prophecey und Weissagung / so *türliche* fern sie nemlich das Gemüt attent machet/ und von allen *Weiſſagung* andern Gedancken abziehet/daß es allein auf die Harmo- ny merke. Das bekennen die Jnstrumentisten/ sie seien niemalß glückseliger/ als wan sie mit den Sáiten die Har- mony exprimiren / nicht/als wann Gott für sich selbsten *warum Gott* diser Præparation bedörfte/ so wenig er deß Schlafs be- *die Music-* darf/etwas zu offenbaren/sondern damit er etlicher maſ- *Præparation* sen nach der Natur der Sachen selbsten sich bequeme/da- *erfordere.* her hat er oftmals gewollt/ daß die Propheten die Har- mony gebrauchen solten/ damit also das Gemüt zur An- dacht beweget / den Göttlichen Einfluß desto besser em- pfangen/und denselben keine fremde Gedancken noch Ein- bildungen verhindern möchten. Komt hinzu/ daß Gott *Deus perfe-* selbsten nichts als eine unbegreifliche Harmony ist / und *ctiſſima* sich also liberè nach der Music-Harmony richtet/daher is *harmonia,* gleichförmiger iemand Gott ist durch allerhand præpara- tiones, ie mehr und genauer ist er mit demselben vereini- get/und ie vereinigter er ist/ie gróssere und mehrere Gna- den-gaben wird er von demselben empfangen; gehört al- *Music gehört* so die Harmony zur Weissagung nur diſpoſitivè, nicht *zur Weiſſa-* effectivè, weil diser Effect alle Music-Kráften weit über- *gung diſpo-* trift. Töricht ists/daß heutigs Tags etliche so grob phi- *ſitivè, nicht* losophiren/daß sie vorgeben/in der Luft sei gleichsam eine *effective.* gemeine Idea aller Ding/ sei gleich die Platonische all- förmliche Seel/oder der Einfluß der Himmel/ oder der Zusammenfluß der Atomen und geringsten Luftstäublein/ dardurch die Affecten und Concepten einander sich com-
                                                      munici-

Ob ein aҩge-
meine Idea
aller Ding in
der Luft sei so
die Natürli-
che Weissa-
gung verur-
sache?

municiren/ daß ein Mensch auch natürlicher weis die aller fern entlegenste Sachen wissen/ und davon weissagen
könne/welches aber weit gefehlt/ weil freie actiones speciem sui in der Luft auf keinerlei weis hinderlassen können.
Etliche von den Platonicis setzen zur Ursach dieses Wun-
der-Effects die vernünftige Seel der gantzen Welt/ und
deß Menschen Seel/ sagen sie/ sonderlich wann sie durch
die Harmony erwecket werde/ sei gleichsam ein Particul
und Theil davon/welche wann sie von den leiblichen phan-
tasmatis und Einbildungen erlöset werde / so werde sie

Von der U-
niversal-
Welt- und
Particular-
Menschen-
Seel/was sie
für Corre-
spondentz ge-
gen einander

eben der jenigen Wissenschaft theilhaftig / welche jene die
gantze Welt-Seel hat ; dann weil der gantze Leib/auch die
gantze Welt/von dieser Seel penetrirt werde / so werde
mehr nicht erfordert/als daß alle Particular-Seelen von
allem Hindernis befreiet/durch die Harmony zu der einigen Wissenschaft kommen/welche solche Universal-Seel
hat und verstehet.   Andere schliessen in die Seel ein die
Kraft der gantzen Welt / daß wann sie sich selbsten be-
trachte/und mit Hindansetzung alles äusserlichen/ zu dem
Mittel-punct deß Gemüts sich ziehe/ so könne sie alles wissen und erkennen : da dann etliche den agirenden Verstand

Abstractiva
animæ me-
ditatio
thut viel.

von der Einbildung/wiewol er im Leib ist/gäntzlich liberi-
ren/daß er ohne Zuneigung zu den leiblichen Gestalten/
verstehen/und seine operationes haben könne : und daher
entstehe die natürliche Prophecey und Weissagung.

Caput 7.

Von etlichen Wunder-Würckungen der Music/
wie auch von etlichen Cörpern/die mit ihrem sono
nutzen oder schaden können.

Wunder-
Art deß
soni.

KEin Zweifel ist/daß die Music nicht gar grosse Kraft
hab in den Leibern/sie zu erregen / sintemalen grosse
Glocken/Carthaunen/Donnerschläg/Luft/Häuser/Fen-
ster und Thürne bewegen : ja/wie oft geschichts/ daß die
Menschen davon so erschreckt und erstaunet werden/daß
sie halb todt zur Erden fallen.   Komt hinzu/ daß etliche
Ding

Ding nur zu disem/und nichtzu jenem sono, wañ er auch
schon stärcker ist/beweget werden. Dann ist es nicht wun-
der/daß eine Säite zu der andern gleich gezogen/soniret/ *Ein Säite,*
und nicht zu einemBüchsenschuß. Die Ursach ist die ver- *erthönet zu*
borgene Kraft etlicher Sonen/so zu etlichen gewissen Lei- *der andern.*
bern also proportionirt ist/daß sie nur diese/und nicht jene
movirt/in disen / und nicht in jenen seine Würckung hat/ *der Magnet-*
zu gleicher weis/wie der Magnet nicht das Holtz/nicht das *stein ziehet*
Bley / sondern nur ein gleichmäsiges Corpus an sich *nur dasEisen*
zeucht: also sind etliche gewisse soni, welche tüchtig und
proportionirt sind/etliche gewisse Leiber zu erregen/welche
Proportion wañ ein Mensch wissen solte/würde erWun-
der-Sachen in der Natur ausrichten. Daher geschichts *Menschen-*
wann viel mit einander reden/nur eineStimm/und nicht *stiñ erzittert*
alle/die Bänck erzittern macht: ist auch geschehen/daß ei- *die Bänck.*
ne Orgel-pfeif eine Säiten in der grossen Bassgeigen so *Orgelpfeif*
hefftig bewogen/daß sie vibrissirt, erzittert und erthönet/ *Säiten und*
als wann sie mit dem Fiddelbogen wäre gestrichen wor- *einen Stein*
den/auch ein grosser schwärer Stein soll ad sonitum ei- *mit ihrem*
ner gewissen Orgel-pfeifen allezeit erzittert haben / wann *sono.*
aber dise geschwigen/und die andern all gelautet/ so hat er
im geringsten keine Commotion von sich vermercken lassen. Mersennus erzehlt von den Franciscaner-München
zu Paris diß Wunder / daß wann ihre Orgel geschlagen *Orgel er-*
werde/so erschüttere sich der Boden dermasen/ daß man *schüttert den*
förchtet/dieErd möchte sich eröfnen/und doch/wann man *Boden.*
entweder zu nah oder weit von der Orgel stehe / so fühle
man im geringsten nichts. Ja daraus entstehen noch andere Paradox wunderseltzame effectus, daß zu einem gewissen sono die Bilder sich beweget/und nicht zu einem ie- *Bilder und*
den: daß ein eiserner Ring/an einem Haus hangend/ ohn *Säiten/be-*
underlas sich beweget vor dem fürüber rauschendenFluß. *wegen sich*
Der autor sagt/er hab in seinem musæo ein vielsäitiges *blos von dem*
Instrument/dessen eine Säite/ so oft die nächsthangende *sono.*
Glock geläutet wird/sich frei von sich selbsten wunderbarlich bewege und erthöne: Ursach/ wie gesagt/ist kein an-
dere/

dere / als die proportionirt=harmonische Bewegung deß
lufts/welcher / so oft er ein gleiches ihm proportionirtes

Motus pro- Corpus antrifft / so afficirt ers mit gleicher Bewegung/
portionatus darauß folgt/ wann iemand die Proportion wissen solte/
thut mächtig welche der sonus eines Jnstruments zu den Geistern/
viel. Muscheln und Adern deß Menschlichen Leibs hat / würde
er alles bei ihm erwecken und würcken können/was er nur
wolte. Wann aber die soni disproportionirt seyn/ so ha=
ben sie widrigen Effect in den menschlichen Leibern: dann
wegen ihrer vehementz verletzen sie entweder dieselbe/oder
erwecken grossen Schmertzen in denselben / massen dann
Wie ein all. der hefftige Donnerschlag schon viel Leut ertödtet / auch
zu befilger schwangere Weiber zum abortiren getriben hat : dann
sonus den aus dem allzuhefftigen sono entstehet der Schreck / aus
Todt oder die dem Schrecken die Zusammenlaufung deß Geblüts/aus
abortus der Circumferentz deß Leibs in das centrum cordis, aus
verursachen diser coition die Forcht/Erblassen/ schwachheit deß Gei=
könne. stes und deß bewegenden organi, und daraus endlich die
Ohnmacht/oder der Todt selbsten.

COROLLARIUM.

Von dem pisyphiâ, sonsten pesce spada, welcher
im Mamertinischen Meer zu gewisser Zeit deß Jahrs
gefangen wird/und ob die Music auch eine
Kraft in die Thier hab?

Wie/ wann/ As ist ein Wunder=ding/und schier nicht glaublich/
wohin dieser als nur / wers selbsten mit Augen gesehen: dieser
wunderbare Fischfang geschihet in keinem andern Europæischen Meer
Fischfang als nur in Sicilien/im Monat Majo / wird aber also an=
angestellet gestellt: Jn einem gewissen Tag/Morgens in aller frühe/
werde. gehen etliche erfahrne Fischer hinaus an das Sicilian=
sche Meer/sonsten Pharus genant/ und steigen alle in ein
Schiff/der eine aber/welcher der erfahrenste und stärcke=
ste/steigt auf den fördersten Theil deß Schiffs/ mit einem
Spies in der Hand/der ander aber ruft dem Fisch mit son=
derbaren Worten/wo er an einem Ort verborgen ligt / so
bald

bald derselbe die Wort vernimbt / so stellt er sich / läst sich
sehen vornen an dem Schif / der mit dem Spies nimt die
Gelegenheit in acht/verwundet und ersticht ihn/daß er also gefangen / und zur köstlichen Speis zugerichtet wird.
Nun gehen zwar noch andere Particular-Umständ bei disem Fischfang vor/wir lassens aber an seinem Ort/beden-
cken hier nur/wie diser Fisch zu etlichen gewissen Wörtern
sich stelle und fangen lasse : Etliche haltens nur für ein
Gedicht/und der Schifleut ihre Gewonheit : andere haltens für ein Zauberei und Hexenwerck. Es ist aber der
Autor Anno 1638.den 17. Maij/als er bei Messana vor-
über gereiset / selbsten bei einem solchen Fischfang persönlich zugegen gewesen/und hat die Wort/damit diser Fisch
gefangen wird/aus der Fischer Mund also aufgeschriben :
Mamassu di pajanu, pallettu di pajanu, majassu stigne-
la, pallettu di paenu palè, la stagnela, mancata stigne-
la, pro nastu vardis, presluda visu, & da terra. Ist auch
selbsten lang in der Meinung gestanden/ diser Fischfang
gehe vor durch Beschwörung und verborgenen Pact mit
dem Satan / alldieweilen auch viel Schlangen/ Vögel/
wilde Thier/durch gewisse/Pactsweis erdichtete Wörter/
können beschworen/bezaubert / und in einen Haufen gebracht werden : aber weil in dergleichen operationibus
andere / mehr Superstitionen als natürliche Würckun-
gen/gemeiniglich mit underlaufen/auch andere Umständ
der Zeit/Ort/Stund/Zahl der Wörter/den operationibus physicis gantz zuwider sind/ so kan ein Verständiger
leichtlich das Natürliche von dem Unnatürlichen und
Aberglaubischen underscheiden. Was aber diesen Fisch
psyphiam anlangt / hat endlich der Autor nach langem
Nachsinnen befunden / daß bei dessen Wunder-fang alles
Natürlich sei/und Natürlich seyn könne. Supponirt aber
1.ein jeder sonus würcke sphærice alsobalden/als er ausgesprochen wird / in die nächst umherstehende und entgegen kommende Cörper / weil aber eines für dem andern
mehr beweglich ist/daher geschichts/daß wo der sonus ein

N   propor-

*Underschid-
liche judicia
hiervon.*

*Der Autor
ist persönlich
zugegen ge-
wesen.*

*Verba for-
malia damit
der Fisch ge-
fangen werde*

*Wie man
das Natürli-
che von dem
Ohnnatürli-
chen under-
scheiden soll.*

Son würckt proportionirt und einstimmiges subjectum erreicht/so be-
sphæricè in wegt er nur dasselbe / und sonst kein anders / wann auch
einem pro- schon unzahlbare andere Corpora solten im Weg stehen/
portionirten weil sie disproportioniret sind, Nun bezeugt auch die Er-
objecto. fahrenheit / daß etliche Thier gewisse sonos nicht leiden
Warum die können/damit sich doch andere delectiren. Das Kirren
Thier etliche der Schwein kan kein Thier leiden/wegen der Vehementz
sonos lieben/ damit es den Geist erreget ; dargegen ein Bär hört gern
etliche hassen. die Pfeifen/wegen der Lieblickeit deß soni,damit sein geist
afficiret wird. Die Nachtigall hören Menschen und Thier
gern singen. Nun hat aber der sonus artificialis und ar-
Warum der ticulatur schier in allen Thieren grössere Kraft/als der in-
articulirte articulirte / sintemalen jener mehr und gewaltiger die
Sonus bei Phantasy der Thier angreift/als dieser ; daher geben wir
den Thieren den Hunden/Pferden/Schafen/Geisen/Namen / daß sie
grössere krafft beruffen sich stellen/und uns nachgehen. Ja es wird ge-
als der inar- lesen/daß ein Delphin under dem Namen Simon/von ei-
ticulirte. nem Knaben ist beruffen worden/und allezeit auf das Zu-
Wunder- rufen erschienen ist. In der Neuen Welt soll ein gar gros-
Exempel von ser Fisch seyn/ manuti genennt/welcher mit dem Namen
Thieren so Martinus gerufen/aus dem Wasser herausser gehet/und
mit Namen aus der Hand der Vorüber-gehenden Speis empfängt.
genennet Werden also etliche Thier mit gewissen Worten gefangē
worden. weil dise und kein andere die proportionirte Kraft haben/
mit ihrem articulirten sono den Geist und die Phantasy
der Thier zu bewegen/daß sie folgen wohin man wil.

CAPUT 8.

Ob die Kräuter/Pflantzen/Bäum/Thier/mit
der Music verbunden/eine natürliche Kraft ha-
ben/Kranckheiten zu heilen?

Wolfs-sai- Als den alten Philosophis sind gewesen Pythagoras,
ten ob sie die Theophrastus, Hismenias Thebanus und andere/
Schaf forcht- welche nicht nur geglaubt / sondern auch gelehret haben/
sam und sie- eine Cythar mit Wolfssaiten/wann sie geschlagen werde/
bend machen. so erschröcke sie die Schaf dermassen/daß sie für forcht dahin

hin fallen und sterben: auch Paucken von Elephanten= Cameel= und Wolffs=häuten bereitet / wann sie gerühret werden/so verjagen sie die Pferd und machen sie unsinnig/ auch Lauten von Ottern= oder Schlangen= Säiten zuge= richtet/wann sie geschlagen werden / so machen sie / daß schwangere Weiber abortiren müssen. Der Autor hat das erste probirt/aber nichts als viel Unwarheit befunden/ hat mit grossem unkosten 2.polychorda eines von Wolfs= das andere von Schafs=säiten machen lassen/beede inner= halb und ausser einem Schafstall geschlagen/hat aber we= der den Schafen einen Schrecken einjagen können/ noch die Säiten/Kraft der Antipathien/zerreissen wollen/ja er ist noch weiter gangen / hat einen Wolfs=kopf auf einen Pferch gestöckt / Hertz und Gedärm davon den Schafen an den Hals gebunden / aber solche vorgegebene phanta= stische terrores hat er nie vermercken können/zu geschwei= gen/daß er offtmals gesehen hat einen jungen Wolf wie ei= nen Hund mit den Schafen spielen / sei aber keines davon für Schrecken gestorben. Joh. Bapt. Porta hat darfür gehalten / alle Kranckheiten können durch die Music ver= triben werden/wann die Pfeifen aus dem Holtz der Pflan= tzen/so mit einer natürlichen Sympathy auf die Kranck= heiten sehen/gemachet werden. ex. gr. eine Pfeif von dem Stengel hellebori oder Christwurtz gemacht/ curire mit ihrem sono die lymphaticos, Wasserscheuiche/dann dar= wider soll diß Kraut gar gut seyn; wiederum/ eine Pfeife von Pappelbaum gemacht / lindere mit ihrem sono die Hüft= und Lenden=schmertzen/weil das Pappelöhl gar gut darwider seyn solle ; also eine Pfeif von den Stengeln deß satyri oder Knabenkraut gemacht/reitze zur Unzucht an : von Cimmetrinden/curire sie die Schwachheit oder Ohn= macht. Wiederum/ eine Pfeife von den Beinen deß Hü= ner=geyers/mache die Vögel/Hüner / wegen der Antipa= thischen Kraft/gantz unbeweglich. Also eine Cythar von Lorbeer=holtz gemachet/ soll mit ihrem sono die Pest curi= ren/weil Wein/ Essig und Lorbeer das Gift vertreiben

N ij   sollen.

follen. Wiederum ein Pfeife von Schafsmilce oder Abra=
hams Baumholtz/soll zur Keuschheit anreitzen / und was
dergleichen deliramenta,aniles fabulæ mehr seyn. Wir
schliessen also / entweder würcket der harmonische sonus
allein diese effectus,oder allein die Artznei=kraft/so von der
Natur der Materi/ daraus die Pfeif gemachet ist/ einge=
pflantzet ist/oder es thuts beedes mit einander : ist das 1. so
ist die vis medica plantæ vergeblich ; ist das 2. so ist der
sonus vergeblich / nach der Regel/ frustra fit per plura,
quod fieri potest per pauciora ; ist das 3. so geschichts
entweder/weil der sonus solche Heil=kraft mit sich führet
per modum vehiculi, oder durch eine verborgene Syni=
pathy/so von neuem aus beeder Verbindung entspringet.
Nun ist aber keines ; nicht das 1. weil die natürliche Ding
für sich selbsten Kräften gnug haben / ihre objecta anzu=
greiffen und zu verändern/ wann sie nemlich zwischen ih=
rer gewissen Sphær begriffen sind/und darzu bedörfen sie
gantz keines neuen vehiculi, zu dem ist soni species inten=
tionalis zu solchem führen gar zu unbequem/weil er selb=
sten/wann er weit und breit soll ausgebreitet werden/den
Luft zum Fuhrwagen bedarf/ wie kan er dann das einem
andern geben/das er selbsten nicht hat : kein neue sympa=
thiam kan man auch nicht fingiren/weil die Kraft deß so=
ni und die verborgene Kraft der Pfeifen gantz underschie=
dene Wesen haben/auch die species intentionales keiner
impression fähig sind. Wir sagen aber mit 2. Worten /
der harmonische Luft/so den innerlichen Geist nach der un=
derschiedenen Harmony errege/ sei die Ursach der angezo=
genen Effecten : dann man mag die Pfeifen und Instru=
menten machen woraus man wil / so können sie solche ef=
fectus haben / weil die Music auf kein andere weis die
Kranckheiten heilet / als so fern sie die dicke Geister zer=
trennet/die zertrente vergeringert und verzehret/die me=
lancholische fumos dissolviret/das beschwärte Gemüt er=
leichtert/und also sublatis morborum causis die Gesund=
heit wiederbringet. De harmonia pulsuum, spirituum
syndro=

*Diser Wun-
der. Effect
kan auf tei-
nerlei weis
geschehen.*

*Ob hierin ein
sympathia
zu erdencken.*

*Summa wie
die Music
Kranckheite
curiren kön-
ne.*

syndrome,&admiranda sympathiâ vel antipathiâ ho-
minis ad hóminem, sive de consonantiâ & dissonantiâ
naturarum & complexionum , vide autoris Jatricen sive medicinam consoni & dissoni,

PARS III. TERATOLOGIA MUSICA.

CAP. I.

Von der Beschreibung und Abtheilung deß Wunder-soni.

SOnus prodigiosus ist nichts anderster / als ein unge- | Der Wun-
wohnter und unverhofter Schall/dahin gerichtet/daß | der. Sonus
er etwas andeiten soll/ welcher/weil er die Ohren gar | was er sei/
gewaltig angreift und durchtringt / die Ursach aber ver- | be.
borgen ist/so bringts bei den Zuhörern grosse Verwunderung; derselbe ist dreifach : Natürlich/Ohnnatürlich und
Ubernatürlich oder Wunderbar. Hieher gehört jene
Stimm Joh.12. als Christus im Tempel gelehret. Der | Dessen Ab-
Engel ihre Music bei der Geburt Christi/Luc.2 der brau- | theilung und
sende Wind in der ersten Pfingsten / Act. 2. Dahin gehö- | Exempel.
ren schier alle soni,deren in der Schrift gedacht wird/son-
derlich der Posaunenschall auf dem Berg Sinai/ als das
Gesetz von Gott ist gegeben worden/Exod.19.

CAPUT 2.

Wie die Mauren zu Jericho von dem Feldge- schrei und Posaunen-schall eingefallen sind.

OB dieser Wunder-sonus der Posaunen / und deß
Volcks geschrei den Fall der Jerichuntischen Mau-
ren natürlich oder übernatürlich verursachet habe / wird | Daß es Na-
disputiret : aus den Rabbinen Ralbag hält darfür/sie sei- | türlich ge-
en von der Hefftigkeit deß soni eingefallen; in dieser Mei- | schehen/wol-
nung stehen auch die alten Kirchenlehrer. Augustin.sagt/ | Rabbinen uñ
Die Mauren der Statt Jericho seien auf das Geschrey | Kirchenvä-
deß Volcks/und den Posaunen-schall/ usque ad funda- | ter.
menta eingeworffen worden. Hieron. sagt/die Mauren
zu Jericho seien durch der Priester Posaunen-schall um-

gekehret

Merfennus
sagt/sei ein
proportio-
nirter sonus
gewesen.

gekehret worden. Also auch Ambros. Orig. Merfennus
hält mit den neuern darfür/in allweg seien sie von der Vehementz deß soni eingefallen/ja es sei ein Proportion gewesen inter objectum mobile & movens. Wir sagen
aber Nein/sie seien wunderbarlich auf den Schall/als ein
Zeichen deß Göttlichen Willens eingefallen : Natürlich
aber / wann auch das Geschrey schon noch so gros gewe-
sen/hätte es nimmermehr geschehen können. Wir beweisens also: Zu dem sono gehören 3. Ding/ 1. die collisio

3. Stück ge-
hören zu eim
eigentlichen
sono.

oder Zusammenstossung zweier fester Leiber : 2. die Zerbrechung oder Zerknirschung deß Lufts/oder eines gleichen
corporis, so zwischen jene zwey intercipiret ist ; 3. die Ausbreitung / Flucht und Zuruckweichung solches zerbroche-
nen und zerknirschten Leibs/und das ist / wovon ein Sach
kan mobirt und fortgetriben werden : dann in dem es also

Wie der
sonus pro-
pagirt wer-
de/und wie
seine Aus-
breitung ge-
schehe.

fleucht und zuruck weicht/so schlägt es alle Cörper/so ihm
begegnen/und wie es kan/stoßt es dieselbe fort/ und zwar
erstlich den ersten Luft/der ihm entgegen kombt / sonsten
würde ein corpus das ander penetriren ; den fern-stehen-
den aber bewegt und stoßt es nicht allezeit / weil der impetus deß zuruckweichenden corporis nach und nach abnim-
met/daß er also nimmer weiter fortgehen/noch fortstossen

2. Stück ge-
hören darzu.

kan/soll er aber weit und starck penetriren / so muß 1. das
corpus medium mit grosser Gewalt zerbrochen/zerknir-
schet und ausgestossen werden. 2. muß es kein gering/
schwach/zart/leicht Ding seyn/sondern daß es eine grosse
Quantität habe; mangelt das 1. so bleibt sie gleich a fuga
still stehen/ bewegt auch den nächst-stehenden Luft nicht.
Mangelt das 2. so wird die Stim von dem dicken Luft com-
pescirt werden/daß sie nicht fortgehen / noch fortstossen
kan/daher dann die Philosoph. sagen/ die jenige / so fern
daron stehen/ hören nicht den eigentlichen warhaftigen
sonum, sondern nur dessen speciem oder Bildnus. Daß
wir aber zuvor gesagt haben/der sonus habe grosse Kraft
in etliche Leiber/sie zu bewegen / als/da ein Orgel einen
Stein oder Bild beweget und erzittert hat/das ist nur von
der

der harmonischen Bewegung deß Lufts zu verstehen/ da
eine Pfeif das jenige beweget/ was 10. andere/ wann sie
schon grösser/nicht thun können; Reden wir also hier præ- *Ist ein Vn-*
cisè nicht von einer hefftigen Lufts-Bewegung/ sondern *derscheid zwi-*
von der jenigen/ da ein corpus sonorum das andere/ *schen einem*
wans ihm proportionirt ist/beweget/als wie aus 12. sai- *nirten / sono*
ten nur die erst und die letzte einander bewegen/ weil sie *und einer all-*
gleich gespannet sind. Daß also ein corpus das andere *zu befftigen*
movirt/gehört nicht so sehr die vehementia aëris darzu/ *Bewegung.*
als die proportio corporis ad corpus, und der harmoni=
sche motus. Was aber der Kirchenväter ihre Zeugnüs *Die Kirchen-*
anlangt/sind sie nicht exclusivè zu verstehen/ als wañ der *väter wie sie*
sonus allein die Mauren der Statt Jericho umgeworfen *zu verstehen/*
hätte/sondern es ist solches ein Zeichen gewesen/durch wel= *und wie diser*
ches Gott entweder selbsten/ oder durch der Engel Dienst *Fall geschehe*
dieselbe eingerissen/und zu grund geleget hat. Bleibt also *sei.*
solcher Ruyn kein natürlicher/ sondern übernatürlicher/
gantz wunderbarer Effect.

CAPUT 3.

Von den Kindern zu Hammel/ und derselben
abentheuerlichen Ausführung / vermit=
telst einer Pfeifen?

IM Jahr 1282. hat sich ein wunder-abentheurliche *Wunder-*
Sach begeben zu Hammeln in Braunschweig an der *abentheurli-*
Weser/die Histori verhält sich also: Nach dem die Ein= *che Histori*
wohner selbigen Jahrs mit allerhand Unziefer/sonderlich *von den Kin-*
grossen Mäusen und Ratten geplaget wurden/ das übel *dern zu Ham-*
auch von Tag zu Tag so sehr gewachsen/ daß nirgends *mel/wie sie*
nichts von Früchten/ auf dem Feld und in den Häusern *ve:mittelst*
unbeschädigt blieben/als haben sich underschiedliche con- *einer Pfeiffen*
silia gefunden/wie doch disem importunirlichen/ und zu= *sind entführt*
gleich höchstschädlichen übel möchte geholffen und gerathē *worden.*
werden/ plötzlich aber auf ein Zeit / præsentiret sich ein
Mann/einer wunder-ungeheuren Statur/ zuvor nie ge=
sehen/ nachgehends wegen seiner wunder-seltzamen Klei=

Wunderſel-
zamer Pfei-
fer.

dung der bundte Pfeifer genandt/ derſelbe offerirt ſeine
Hülf/wolle im Augenblick alle Mäus in der gantzen Re-
fier vertreiben/und ſie von diſem Ungethier erlöſen/doch
ſolten ſie ihme dargegen eine gewiſſe Summa Gelds zu
bezahlen verſprechen. Was geſchicht/ der Vorſchlag be-
liebt/ das Verſprechen wird bedingt/ der Abentheurer
zeucht eine Pfeifen aus der Taſchen/ fangt an zu blaſen/
ſecht/ alsbald verſamlen ſich alle Ratten und Mäus/ in

Mäuſe folgē
einer Pfeiffen
ertrencken
ſich ſelbſten.

groſſer Menge und Anzahl/ aus allen Gaſſen/ Häuſern/
Ecken/Winckeln/Löchern und Böden/folgen ihrem Pfeifer und Führer nach zur Statt hinaus/bis an die Weſer/
der Pfeifer ſchürtzet ſich/gehet in den Strohm/die Mäus
folgen nach/erſauffen alle mit einander im Waſſer. Dar-

Die Bürger
wollen nicht
halten.

auf kehrt der Rattenfänger um in die Statt/fordert ſeinen verſprochenen Lohn/die Burger vergeſſend der vorigen Plag/tergiverſiren/wollen nicht halten: jener drohet
ihnen mit hefftigen Worten/würden ſie ihme ſeinen Lohn
nicht geben/wolle er ſich an ihnen rächen/ daß ſie es nicht
lachen würden/aber vergeblich/ er wird noch von ihnen
ausgelacht. Was geſchicht? Den andern Tag um den
Mittag kom̄t derſelbe Abentheurer abermalen/doch in einer andern geſtalt/ wie ein Jäger angethan/ mit einem

Abentheurlt,
cher Jäger.

ſchröcklichen Geſicht/ mit einem roth-härichten Hut/
zeucht ſeine Pfeifen aus dem Sack/ fangt an zu blaſen/

Kinder folgē
einer Pfeif-
fen/werden
von einem
Berg ver-
ſchlungen.

ſecht! was ſchröckliches geſchehen: alle Knaben und Kinder in der Statt/von 4. bis 12. Jahren/ lauffen zuſam-
men/folgen der verfluchten Pfeifen nach/bei 130. an der
Zahl: der Teufelsman gehet vor/ die Kinder folgen nach/
bis zur Statt hinaus/ vor der Statt iſt ein kleiner Hügel
an dem Galgenberg/dem gebeut er/daß er ihn und alle diſe Kinder verſchlingen ſolte/ der Berg eröfnet ſich mit einer groſſen breiten Höle/der Jäger geht hinein/ die Kinder folgen hernach/ der Berg fällt wieder zu/ daß alſo
nachgehends weder ſtumpf noch ſtiel mehr von ihnen iſt
geſehen noch gehöret worden/ kein Kind iſt wieder kom-
men/man hat niemalen/wie fleiſſig man ihnen nachgefor-
ſchet/

schet/erfahren können / wo sie hinkommen/ wie es ihnen Unglückse-
nachgehends ergangen: die Stras/ da die Kinder heraus llgelit deren
gangen seyn/nennet man itzo die burglose Straffen/ wird von Hammel.
auch kein Trummel noch Spiel in der Gassen gehalten/
auch keine Würthschaft darinnen gestattet. Von dem tag
an / da sie also unglückselig aller ihrer Kinder beraubet
worden/schliessen die von Hammeln alle ihre Briefe also: Datum nach Christi Geburt/ und unser Kinder Ausgang. Der Autor dises Buchs ist selbsten in diser Statt Confirmati.
gewesen/hat den Berg gesehen / und in der Kirchen das tion diser Hi-
Gemäld hiervon mit höchster Verwunderung beschauet. stori.
Hier fragt sichs/was diß für eine Pfeifen gewesen / und
wie dessen Ionus solche Kraft haben können? ℞ Zwei- Iudicium
fels frei ists der leidige Teufel gewesen/ welcher aus Got- hiervon.
tes verborgenem Gericht dise Kinder bezaubert / und in
ein ander Land versetzet hat. Dann die Transylvanische
Histori bezeugt / eben um dieselbe Zeit seien plötzlich unversehens daselbsten in Transylvanien Kinder von unbe-
kanter Sprach erschienen / welche auch daselbsten sich
häuslichen nidergelassen/ihre Sprach dermassen fortge-
führt/daß noch bis auf den heutigen Tag/ die Transylva-
ni oder Sibenbürger keine andere/als die Teutsch-Säch-
sische Sprach reden. Von dergleichen Wunder-sonis ist
mehr zu lesen bei Joh. Eusebio Norimbergio, Cornelio
Gemma und andern.

CAPUT 4.
Von den Wunder-sonis etlicher Glocken.

VArius lib. 2 de fascinat.c.14 schreibt/In dem Kö- Eine Glo-
nigreich Spanien/in der Statt Vililla sei eine Glo- selbsten/et-
cke/welche die Spanier nur die Wunder-glocken nennen/ was Wider-
diese soll allezeit etlich Monat zuvor/ehe was Widerwär- wärtiges an-
tiges in der Christenheit vorgehe/von sich selbsten / ohne indeutet.
einigen Zug läuten/ und sich selbsten leuten. Mariana
schreibt hiervon also: 36000. Schritt under der Statt
Cæsar-augusta ligt eine Statt Vililla ad Iberi ripam, ist

N v vor

vor andern sonderlich berühmt wegen einer Glocken/wel-
che sich selbsten gantz wunderbar leuten thut / und dardurch Gutes und Böses andeitet. Dise Glock soll den Tag
zuvor/als der König gefangen worden/sich selbsten geleutet haben ; wiederum im November und Januario/soll sie
zum dritten mal erthönet haben/um welche Zeit/krafft deß
Meilandischen Bunds/ Aragonius ist in die Freiheit gesetzt worden/dargegen vor dem Todt Philippi 2. und seit-
hero noch oft/ wie Norimbergius bezeuget/ solle sie sich
selbsten geleutet haben ; von disem Wunderwerck zeugen
hoch und nieder/ist ausser allem zweifel. Ebener massen
ist auch ein solche Wunder-glock bei den Japponiern/wel-
che/ so oft grosse Empörungen und Aufruhr im Reich
vorgehen sollen/sich selbsten leutet. Joh. Lupus Episco-
pus Monopolensis schreibt / ein Glöcklein im Camoren-
sischen Kloster Prediger Ordens/hab pflegen 3. Tag zu-
vor/ehe ein Religiosus oder Ordens-Bruder gestorben/
sich selbsten zu leuten/wann auch schon dazumal noch niemand kranck gelegen : wiederum ein gleiches Glöcklein sei
gewesen in dem Dominicaner-Kloster zu Corduba/ welches mit seinem Wunder-leuten den Todt/entweder eines
Ordens-Bruders/oder sonsten eines vortreflichen Man-
nes desselbigen Ordens/bedeitet und verkündiget. Von einer andern Glocken in dem Dominicaner-Kloster zu Sa-
lerno/welche mit ihrem Wunder-sono Sterbende vorbe-
deitet/ schreibt Angelus Rocha. Gibelinus schreibt in
dem Leben Menulphi , in Teutschland / in dem Bodensi-
schen Kloster / hab auch ein solche Glock mit ihrem spon-
taneo pulsu den Todt einer Nonnen vorbereitet. Neben
disen finden sich noch andere Instrumenten/ welche frei
von sich selbsten soniren/ wann einem Königreich grosse
Gefahr und Unglück über dem hals schwebt; also zu Com-
postell bei dem Grab S. Jacobi sollen die Kriegs-Instrumenten und derselben Geräusch künftige Aufruhren andeiten. Etliche zeigen an die Victorien der Catholischen
wider die Unglaubigen : als wie die Zusammenstellung
der

[Marginal notes:]

ist etlich mal geschehen / und was es bedeitet.

Ein solche Wunder-glock ist auch bei den Japponiern.

Glocken in Klöstern bedeiten einen Todt.

Kriegs-Instrumenten erthönen von sich selbsten,

der Todten-bein Ferdinandi Gonzali, davon bei Norimbergio. Wer mehr dergleichen Wunder-sonos lesen wil/
der besehe das Theatrum vitæ humanæ von Wunder-
zeichen / Egesippum und Josephum von den Zeichen der
Zerstörung der Statt Jerusalem / Cornelium Gemam
in seinen Cosmocriticis, und andere. Hier fragt sichs/
wie dieser sonus geschehe? R. Natürlich ist er nicht/muß **Wie diser**
also præter naturam geschehen. Wir sagen/diese Wun- **Wunder-**
der-soni entstehen mit Hülf der Schutz-Engel / wegen *sonus ge-*
Verdiensts eines Heiligen / welcher theils um gewisser *schehe.*
Ursachen willen/so Gott allein bekant / theils grosse Unglück einem Königreich vorzubeiten/solch sonderbar Pri-
vilegium von Gott erlanget hat. Doch kan auch oftmals
deß Teufels Collusion und Illision mit underlauffen/wie **Teufel hat**
vorzeiten in dem Wunder-sono der Oraculorum gesche- **sein spiel da-**
hen/davon in œdipo hieroglyphico zu sehen: oder auch **bey.**
wie in unheimlichen Oertern/von den Gespenstern einge-
nommen/zu geschehen pflegt / davon bei Delrio und Ty-
reo.

CAPUT 5.

Von verborgenen Ursachen etlicher Sonen/und
sonderlich von einem förchterlichen Schall der
Hölen Smellen in Finland.

Hiervon schreibet Olaus magnus also : Diese Höle
ligt nah bei der See-Statt Wiburg / nicht fern von
der Moscau/diese ist von solcher verborgenen Kraft/daß **Schröckli-**
wañ ein lebendig Thier da hinein geworffen wird/so wird **cher sonus**
dardurch so ein schröcklicher sonus erreget/daß er die Oh- **aus einer**
ren der Zuhörer also erstöcket/daß sie nicht hören / reden **Hölen.**
noch sehen kösten/ia ihre Ohren werden viel hefftiger angegriffen / als wann die allergrösse Carthaunen los geschossen würden / daß sie gantz matt und kraftlos zu boden
fallen. Es ist aber dieses Natur-wunder nicht vergeblich **Ist den Ein-**
erfunden/sondern wannFeind im Land/so lasse der Statt- **wohnern**
halter seiner Underthanen Ohren alle mit Wachs ver- **dienlich/ wañ**
stopfen/ **sie von Fein.**

stopfen/sie lebendig in Keller und Klüften verstecken/dar-
nach läst er ein lebendig Thier / entweder an einen Strick
oder Spieß gebunden/in das Loch der Hölen werffen/dar-
auf entstehet alsobald ein solch greulicher sonus, daß die
Feind/so vor der Statt zur Belägerung ligen/gleichsam
als wie die todte Mastvieh dahin fallen / und ein geraume
Zeit für todt da ligen/wann sie aber wieder zu sich selbsten
kommen / sich mit der flucht salviren/ daß also die jenige/
welche mit Wehr und Waffen von ihrer Kriegs-grimmig-
keit nicht haben können abgehalten werden/blos durch den
greuel mugientis naturæ, sich müssen überwinden las-
sen/ setzt aber hinzu / diese Höle sei mit underschiedlichen
Mauren verwahret/um der gefahr willen/ wann iemand
unbedacht dahin gehen solte. Plinius schreibt ebenmäsig

Ein solche
Wunder-
höle soll auch
in Dalma-
tien und Hi-
spaniola seyn von einer solchen Höle in Dalmatien/wann nur ein kleins
Steinlein dahinein geworffen werde/ so entstehe ein grosser Sturmwind davon / wann auch der Himmel schon
gantz heiter und still sei. Ein gleichmäsige Höle soll auch
in der Americanischen Insul Hispaniola seyn/wie Petrus
Martyr schreibt/soll fort und fort also greulich sausen und
Wüten/daß bei 5. Meilen niemand ohne Lebens-gefahr/
oder Verlust seines Gehörs/dahin gehen könne. Die Ur-

Die ursach
dises Wun-
der. soni ist
die reflecti-
rende mul-
tiplicatio
und coarcta-
tio desselben. sach dises Wunder-soni ist kein andere / als die innerliche
natürliche Beschaffenheit deß Bergs/ welcher/in dem er
den sonum aus unendlicher Reflexion der Stimm ver-
mehret/so erreget er hefftig den Luft/diser aber/weil er keinen andern Ausgang haben kan/ als durch das Loch und
Mund der Hölen/so ist es kein Wunder / daß weil er daselbsten also eingestrenget und coarctiret ist / er solchen
greulichen sonum, sambt einem hefftigen Ungewitter er-

wecke. Im Schweitzerland soll auch ein solcher Berg
seyn/den sie von der figur einen Kürbsen nennen/derselbe
soll oben an der Spitzen ein ungeheur tief Loch haben/wan
darein nur das geringste Steinlein geworffen werde/so erwecke er solche starcke sonos, daß die Leut dabei nicht ste-
hen/sondern wegfliehen müssen/wegen hefftigkeit deß her-
aus-

ausgehenden Windes. Haben also die verschlossene Berg
ein Wunder-krafft/den sonum zu multipliciren, welches
wir auch an tieffen Brunnen sehen / als zu Fulda in deß **Ein Brun-**
autoris seinem Vaterland / im Berg B. Virginis, ist ein **in der Statt**
Brunn/ 300. Spannen tief/wann ein Stein da hinein ge- **Fulda.**
worffen wird/so entstehet ein solch grosser sonus, als wañ
man ein Stück Geschütz losgebrent hätte. Aber hiervon
mit mehrerm in deß autoris mundo subterraneo.

CAPUT 6.

Von dem Wunder-sono etlicher Vser am
Schwedischen Meer.

D Ieser gedencket auch Olaus magnus, da er von den
höchsten Bergen redet Maris Botnici, sagt/niemand
könne unden hinzu gehen/wegen deß hefftigen soni, sinte- **Wellen ma-**
malen sie aus hoher Zusammen-schlagung der Wellen ei- **chen einen**
nen horrorem bekommen/daß wo sie sich nicht alsbald mit **horrorem.**
der Flucht salviren/so seien sie deß Todts/nur aus grosser
Forcht und Schrecken ; diese Berg aber sollen unden in **Wie das V-**
radice in dem Ein- und Rückgang der Wellen etliche ge- **ser beschaffen**
krümte Spält haben/auch etliche innerliche receptacula, **sei.**
von der Wunder-Natur also zugerichtet / daß der lange
Schlund dergleichen greulichen sonum herfür bringe.
Von einem gleichen Berg schreibt Vincentius Bellova-
censis, bei den Tartarn sei ein Berg/nicht gar groß/ da
soll ein Loch seyn/daraus zu Winterszeit solch Ungewitter und schröckliche Wind entstehen sollen/ daß man dabei
ohne Gefahr nicht vorbei gehen könne. Paufanius sagt/ **Wellen lau-**
das Gestad am Egeischen Meer imitire den sonum einer **ten wie ein**
Cythar/gewißlich aus keiner andern Ursach/ als aus un- **Cythar.**
derschiedlicher Beschaffenheit der vilen Hölen an solchem **Ursach dises**
Gestad/welche den impetum der anschlagenden Wellen **ist proporti-**
aufnehmen/die sonos multipliciren, und den fernstehen- **onata mul-**
den eine Harmony wie eine Cythar vorstellen. Dann das **tiplicatio**
ist kein Zweifel/daß die Grösse und Geringheit der Hölen **soni.**
in Verursachung deß soni nicht eben das würcken/ was
die

die hohle thonbare Leiber/ wie an den Fässern von unterschiedlicher Grösse zu sehen ; also schreibt auch Laërtius
in historia novi mundi, von einem Berg/ nahe bei dem
Ufer deß Quatomalensischen Meers/ daß wann der Ost-

Orgel-sono bei einem Berg heist der Götter-Tantz.

wind wähe/ so werde dabei ein sonus gehört/ der unserm
Orgel-sono nicht gar ungleich sei/die Einwohner nennen
ihn deßwegen der Götter Tantz : Ursach ist auch kein an-
dere/als daß die canales deß Bergs von unterschiedlicher
grösse / darein die Luft aus Hefftigkeit deß Meers durch
die Höle eingetriben wird/und doch wieder an die Mundlöcher der Canalen anschlägt / dergleichen sonum wie in
Flöten-pfeifen/und andern dergleichen wunderbaren Lei-
bern/von sich geben.   Noch wunderbarer ist aber / was
Clem. Alex. schreibt/lib. 6. strom. von etlichen Britan-
nischen und Persischen Bergen : dorten in der Insel Bri-
tannia sei ein Höle unden am Berg/ oben an der Spitzen
aber ein grosse Kluft / wann nun der Wind in die Höle
fällt/und in der Schoß der Kluft allidiret wird/so gebe er

Cymbel-sonus von einem Berg. Vogel-gesang von den Bäu-men. 3. Wunder-Berg in Per-sien/da man Wunder-sachen höret.

einen sonum von sich/wie die Cymbeln/ wann sie nume-
rosè geschlagen werden/ oftmals aber auch in Wäldern/
da die Blätter an den Bäumen durch einen schnellen dicken Wind beweget werden/so entstehet ein sonus wie das
Vogel-gesang ; hier aber in Persien/ sollen 3. Berg seyn/
auf einem weiten Feld nach einander gesetzt/der 1. gibt einen sonum von sich/wie wann etlich 1000. Menschen zusammen schreyen/eben als wann es in der Luft wäre / der
2. aber gibt einen viel hellern und deutlichern sonum von
sich/bei dem 3.aber höret man gar vernehmlich etliche die
Victori und Siegs-lieder singen ; setzt hinzu / die Ursach
deß soni sey die concavität der Oerter/ da der eingehende
Wind zuruck getriben/wider in demselben Ort heraus ge-
het/und also desto stärcker und hefftiger sauset.

COROLLARIUM.

Heraus erscheint/wann ein grosser Fels parabolicè
ausgehölet werde/so könne er auf die 50. Schritt eine
dun-

dele Stimm von sich geben. Joh. Paës in seiner Abyssini=
schen Histori schreibt/daß in den Bergen Gojamæ derglei=
chen einer soll gefunden werden/ derselbe soll von der Na= **Berg wie ein**
tur also ausgehölet seyn/daß er wie ein Spiegel einem der **Spiegel an=**
ihn von fern ansiehet/ vorkomme; gleich gegen über soll **zusehen.**
Fels darauf
ein anderer Fels seyn / auf dessen Spitzen man nichts so **man alles**
heimlich sagen könne/ das man nicht hören solte / wann **vernehmen**
aber etliche daselbsten schreie/so werde der sonus so starck/ **kan.**
als wann es ein grosses Kriegsheer wäre; die Priester diß
Orts wissen die verborgene Tugend der Natur / welche/
damit sie ihnen göttliche Authorität machen/ so stellen sie
die leut auf die Spitzen deß Bergs/und reden also mit ih=
nen von künftigen Dingen durch das Natürliche Echo deß
Felsen. Also schreibt auch Herbersteinius, in der Pro= **Fluß ist nie=**
vintz Candora ist die äusserste gegen Mitternacht / sei ein **malen ohne**
Fluß/ darüber noch niemand (wegen der vielen Gespen= **Menschen=**
stern/so sich daselbsten sehe lassen/auch) wegen der mancy= **und Thier=**
stimmen.
faltigen Menschen= und Thier=stimmen/ so jenseits deß
Ufers gehört werden) kommen sei/das kan aber nicht an=
derster geschehen/als durch das Eccho/in dem der jenseits
wohnende sonus in den disseits gelegenen Felsen anschlä=
get/daß er reflectiret / und die Einfältige nicht anderster
meinen/ als ob es sonsten ein Teufelischer Betrug wäre;
Cardan: lib. 18. de subtil. schreibt von einem seiner gu= **Lustige Hi=**
ten Freund / als derselbe einsmals an einem Fluß ge= **stori von et=**
reiset / und den Furth nicht gewußt / hat er anfan= **nem Eccho:**
gen zu schreien/ oh? deme das verborgene Eccho ge= **will einen ver=**
antwortet/oh? da hat er vermeint/ es wäre ein Mensch/ **führen/über**
der ihm Antwort gebe/fragt also auf Italiänisch: onde **das Wasser**
devo passar? passa, hat das Eccho wieder geantwortet: **zu setzen.**
Er fragt weiter/ qui? qui antwortets wiederum. Weil
aber an demselben Ort das Wasser mit einem tiefen
Strudel vorbey geschossen/so komt ihn ein Schrecken an/
und fragt noch einmal / devo passar qui? antwortet das
Eccho/ passa qui. So oft er nun also gefragt/hat es ihm
wieder geantwortet. Endlich bildet er ihm ein/obs nicht
etwa

etwa der böse Geist wäre / der ihn also verführen wolle/ gehet also wider zuruck/erzehlt Cardano die gantze Sach/ der es aber für ein bloses Natur-spiel und Scherz-red deß Eccho gehalten.

PARS IV. MAGIA PHONO-
CAMPTICA,
Von dem Eccho / dessen Eigenschaft und Wunder-Würckungen.

Eccho, was es sei/

ECcho ist ein Scherz der spilenden Natur / ein Bild-nus der Stimm/wie die Poeten reden / vox reflexa, repercussa, reciproca,wie die Philosophi reden / bat col ein Tochter der Stim wird sie von den Hebreern genennt/ was es sei eigentlich/kan schier niemand wissen/daß es eine

Eigentlich kan niemand sagen. Was der Autor hier sentiret.

reflectirende zuruckschlagende Stimm sei/ist bekant/ aber wie/woraus/wordurch / quâ celeritate & distantia, sind lauter Spanische Dörffer. Der Autor hat aber nichts un-derlassen/alles probirt / bis er mit Hülf der Geometry die Natur und Eigenschaft deß Eccho etlicher massen erfor-schet hat/ist durch Büsch/Wälder/Felder/Berg und Thal geloffen/ diese nympham fugitivam fugacissimam dea-stram auszuspähen / hat aber lang nichts helffen wollen/

Eccho hat all seine moli-mina lustig ausgelacht.

miris artibus hat sie all sein Vorhaben eludirt und zu nicht gemacht/wann ich ihr nachgehe/sagt er/ so fleucht sie vor mir / fliehe ich zuruck / so gehet sie mir nach/ red ich freundlich mit ihr/so lacht sie mich freundlich aus/ schrey ich starck/ so antwortet sie mir noch stärcker / bisweilen wird sie unwillig/gibt gar kein Antwort / bisweilen ist sie so schwätzhafftig / daß sie auf ein einigs Wort wider 10. Wörter antwortet : hab ich Musicalische instrumenta ge-braucht sie zu begütigen/so hat sie der Wälder und Einö-de gewohnt/und sich also nicht wollen cicuriren lassen.

PRÆLUSIO I.
Von dem sono und dessen Gleichheit mit dem Liecht.

Der

Er ſonus iſt nichts anderſter / als eine ſinnliche Ei= Was der
genſchaft / welche mit dem Gehör kan vernommen *ſonus ei=*
werden; nicht aber iſt es ein motus der jenigen Leiber / ſo *gentlich ſei.*
an einander ſtoſſen/wiewol auf ſolchen motum ein ſonus
erfolget/nicht zwar unmittelbar/ ſondern vermittelſt deß
Lufts/ſo darzwiſchen zerbrochen wird/daher die jenige Lei= *Entſtehet*
ber/welche mehr Luft haben/und deſto glätter ſeyn/die ha= *ad motum*
ben auch deſto gröſſere Kraft zu erthonen/weil der Luft in *corporum.*
denſelben deſto mehr zerbrochen wird; gehören alſo nicht
notwendig allezeit zu dem ſono 2. feſte Leiber / ſo an ein= *Gehören
nicht allzeit*
ander ſtoſſen/ſondern durch Waſſer und Luft kan auch der *2. feſte Leiber*
ſonus entſtehen: das medium darburch die ſpecies ſoni *darzu.*
zum Gehör gebracht werden / iſt Waſſer und Luft / weil
die Fiſch durch gewiſſen ſonum ſich verſamlen laſſen/wie
Plinius ſchreibt/ja laſſen ſich wol gar mit Namen ruffen:
den Donner förchten ſie mächtig/ müſſen alſo under dem *Ob im Waſ=*
Waſſer hören; die urinatores beſtättigen / daß ſie under *ſer auch ein*
dem Waſſer hefftige ſonitus vermercken / und ie leichter/ *ſonus und*
ie näher ſie bei dem ſuperficie deß Waſſers ſind/aber doch *Gehör ſei.*
nicht ſo hell und leicht/als wie durch den Luft: dann gleich *Dunckeles*
wie das Liecht und die ſichtbare Bilder von dem dickern *Geſicht und
dunckeles*
medio vertunckelt werden / alſo wird der ſonus und die *Gehör wo=*
ſonoræ ſpecies durch die Dicke deß Waſſers hebeſtirt un *her es komme*
gedämpfet/daher hören wir bei Regenwetter und bei ne=
belichtem Luft weniger / als wann er rein und lauter iſt.
Iſt alſo der ſonus lucis ſimia, folgt ſchier in allen Din=
gen dem Liecht nach: dann gleich wie die ſpecies viſibiles *Liecht und*
ihre gewiſſe ſphæram haben/darinnen ſie geſehen werden/ *ſonus haben*
alſo hat auch der ſonus ſein gewiſſe Sphær / darinnen er *ihre gewiſſe*
allein vernommen wird / dieſe Sphær geſchiehet per re- *Sphär.*
ctas lineas, ſo vom ſubjecto ſonoro durch das medium
gleichſam e centro allenthalben ausgebreitet werden/ un *Wie ſie bee=*
iſt in dieſem fall kein anderer Underſcheid zwiſchen Liecht *de fortgefüh=*
und ſono, daß jene Profluenz motu inſtantaneo, dieſe *ret werden.*
ſucceſſivo durch die Luft fortgeführet wird / ja was iſt
ſonus anderſter/als coloratus aër, ein gefärbte Luft/dif-
O ferens

ferens aëris motio, dann solte iemand die allersubtileste
Bewegung deß Lufts / wann ein Music-Jnstrument geschlagen wird/sehen können/würde er gewißlich nichts anderster sehen/als ein schön Gemäld/so mit allerhand Farben schattiret ist/dardurch sich die underschiedliche Qualitäten der thönenden Cörper den Augen stellen. Gleich
wie aber die species visibiles auf verborgene weis das Aug
und den nervum opticum afficiren/mit Hülf der Geister
ein gleiches Bild herfür zu bringen/ also sonori corporis
imago, so durch die Luft übergeführt wird / afficiret den
Luft/so dem nervo acustico eingepflantzet ist / das Bild
deß thonbaren Cörpers zu repræsentiren.

Harmonia macht aerem coloratum.

Wie die Sinn und Hör-bilder uns afficiren

Confectarium.

Er sonus im Wasser ist viel tiefer und gröber/ als
ausser dem Wasser/ursach/Luft ist dünner als Wasser. Ist noch nicht lang/hat ein vornehmer Mathemati-
cus probirt/daß ein Glocken-sonus ausser dem Wasser 2.
gradus, inner dem Wasser 5. Grad gehabt habe/und also diser um ein 10. harmonicam tiefer und gröber gewe-
sen/als jener/ die Ursach ist allein die Rarität und Densi-
tät deß medii : dann das Wasser widerstehet dem sono
mehr als der Luft / daraus entstehet tarditas motus medii, aus dem folgt gravior sonus. Sind also phonismi
und phonismi gleich/nur daß hier der motus instantane-
us ist/dorten aber successivus. Der sonus kan auch per lineas curvas propagirt werden / das Gesicht aber per lineas rectas.

Sonus im Wasser grö-ber als ausser dem Wasser.

Was die ur-sach dessen.

Underscheid der Phonis-men uñ Pho-tismen.

PRÆLUSIO 2.

De objecto phonocamptico.

Daß ein Echo entstehe/ und die soni reflectiren/ können Ursach seyn nicht nur die Mauren/Felsen/Wän-
de/und dergleichen harte feste Corpora , sondern auch die
Erde/Baum/Bläter/Holtz/Wasser / und andere dünne
porosische Leiber ; der Autor ist etlich mal auf freyem Feld
gestan-

Worinn das Echo reflec-tiren könne.

geſtanden/zwiſchen Rom und Tuſculo, da weder Maur/ deß *autoris*
Bäum/ noch anders geweſen/ſondern lauter Geſträuch/ Prob hier-
Büſch/grüne Wiſen/Bau-felder/ und hat doch mit Ver- vou.
wunderung das Echo vernommen. Vor zeiten ſoll bei dem
Grab Cæciliæ Metellæ, welches heutigs Tags Capo de
bovi genennet wird/ein vortrefliches Echo geweſen ſeyn/
aber der Autor hat mit allem fleiß daſſelbe durchforſchet/
und doch nichts finden können. Boiſſardus in Topogra- Wunder-
phia Romæ ſchreibt davon alſo : Das Grab der Metel- Echo bei
len iſt viereckicht gebauet aus weiſſen Marmelſteinen/wie dem Grab
ein groſſer Thurn / inwendig hohl / und oben offen/ die Cæcilia Me-
Mauren ſind ohngefehr 24. Schuh dick/ in dem Umkreis tella.
ſind allerhand Ochſenköpf darein gehauen von Marmel-
ſtein/blos von Haut und Fleiſch/wie ſie zu den Opfern haben pflegen gebraucht zu werden/oben mit allerhand Blumen und Blättern gezieret/zwiſchen dinnen ſtehen groſſe Opfer-Schüſſeln/der Köpf ſind an der zahl 200. daher
der Ort Capo di bovi genennet wird ; die alten Bücher Warum die
geben vor/ es ſei ein doppelt Hecatomben-Opfer bei der Ochſen-köpf
Leichbegängnus Cæciliæ Metellæ gehalten worden/ un- da geſtanden.
ten am Hügel/worauf der Thurn gebauet iſt: wann einer
einen gantzen heroiſchen Vers herſpricht/ſo wird das Echo
denſelben gantz articulatè und verſtändig wiederholen/
ich ſelbſten/ſagt Boiſſardus, hab den erſten Vers aus dem Wiederhole
Virgilio Æneidos hergeſprochen / ſo hab ich ihn 8. mal einen Vers
gar eigentlich wiederholen hören/und confusè noch etlich unterſchied-
mal. Dergleichen Echo wird ſonſten nirgends gehört / lich mal nach
und iſt ſolch Natur-Kunſtwerck ſonderlich darum erbauet einander.
worden/damit das Leich-klagen/ Heulen/ Weinen/ bei der
Leich Cæciliæ deſto mehr vermehret würde. Daß aber
das Waſſer ein objectum anacampticum ſeyn könne / Waſſer und
bezeuget die Erfahrung/da ſchier alle Brunnen ein Echo Brunnen
von ſich geben/wie ſonderlich der Hofbrunn im Vaticani- machen auch
ſchen Pallaſt/ welcher auch die allergeheimeſte Reden ſo ein Echo.
eigentlich wiederholet/daß mancher ſchwören ſolt/ es wären Menſchen darinnen verborgen/und ie freier der Bruñ

ist gegen dem Luft/desto vollkommener wird das Echo sich
hören lassen/ dann wann er mit einem Dach oder Tuch
Wie es erst- bedecket ist/so gibts kein Echo/weil die doppelte Reflexion/
cket werde. so under und übersich gehet/dasselbe ersticket.

Prælusio 3.
De medio phonocamptico.

Medium Dieses medium ist zweierlei/ physicum & mathe-
physicum maticum, jenes ist das spatium in der Luft/ dar-
was es sei. durch die Stimme fortgeführet wird/ist unterschiedlicher
Mathemat. Natur und Eigenschaft/dises ist die Grösse oder Gering-
was es sei. heit deß intervalli, so die Währung der vorher geführten
Linea actio- Stimm abmisset. Die linea actionis phonicæ ist/ wel-
nis phonica che die Ausbreitung der Stimm terminiret/ist zweifach/
ist zweifach. simplex & mista, directa & indirecta; jene ist/welche die
Spacium Fortführung der Stimm beschliesset/wird genennt sphæ-
echonicum ræ activitatis phonicæ semidiameter; dise ist/welche aus
wie es zu de- der einfallenden und reflectirenden Stimme gemachet
terminiren. wird/welche auch directo-reflexa genennet wird. Was
aber das spatium echonicum anlangt/dasselbe zu deter-
miniren/findet sich grosse Difficultät. Der Autor hat es
auf alle weis/mit allen Instrumenten probirt/befunden/
Je hefftiger je hefftiger der sonus ist/ie schneller er reflectiret. Blanca-
der sonus, nus setzet 24. geometrische Schritt zum geringsten spa-
ie schneller er tio, welches eine einige Sylben deutlich vor die Augen
reflectiret. stellt. Mersennus setzt 69. Schuh; das kan aber nicht
seyn: dañ weil die species soni aëris undulatione gleichsam als auf einem Wagen fortgeführt werden/ so folgt
nothwendig/daß nach dem der Luft hefftig bewogen wird/
so reflectirt auch der sonus desto schneller; ein Ball der
mit gewalt an eine Mauer geworffen wird/ der prollt desto schneller und weiter zurück: daß aber Mersennus ob-
Warum ein servirt/daß ein Echo bei Nacht 14. bei Tag nur 7. Syl-
Echo bei ben wiederholet hat/ist die Ursach dise/daß der Luft bei der
Nacht mehr Nacht gantz ruhig und still ist/bei Tag aber ohne Aufhören
Sylben wie- beweget wird/dardurch die Stimm von allerhand obsta-
der hole als
bei Tag. culis

culis gehindert/nicht so oft/auch nicht so schnell sich wieder stellen kan, Das ist aber gewiß/daß ein Echo monosyllaba ein spatium erfordert von 110. Schuhen / darinn es allezeit gleiche Sylben wiederholet.

COROLLARIUM.

Bei dem Echo muß man die Zeit wohl in acht nehmen / Abends und zu Nachts wird der sonus viel besser reflectiren/als Morgens und Mittags: Morgens **Woher der** ist der Luft gantz nebelicht/auf den Mittag etwas reiners **Underscheid** und subtilers/auf den Abend vollkomen/auch zu Regens- **deß Echo.** und Nebels-zeit wird das Echo mächtig gedampft; nach hefftigen Platz-regen läst es sich zum allerbesten hören. Ein Wind läst auch für dem andern den sonum besser reflectiren; ja auch die 4. Jahr-zeiten/underschidliche Climata, machen auch ein underschiedliches Echo/und nach dem die objecta anacamptica underschiedliche Eigenschaften haben/so entstehen daraus schwache/starcke/reine/grobe/vernehmliche/dunckele/fröliche/traurige Echo/ alles aus der underschiedlichen Constitution der zurückschlagenden Cörper/welche/nach dem sie mehr oder wenig poros sind/so seyn auch die soni, und conseq. das Echo.

Propositiones Echocampticæ.

1. Ein ieglicher Phonoptotischer Winckel ist gleich **Angulus** dem phonocamptischen Winckel / das ist / das Eck da der **phonopto-** sonus einfällt/ist gleich deme/da er wieder reflectiret. **tus & pho-**

2. So oft eine Stimme in ein objectum orthopho- **nocampti-** non oder Perpendicular-Lini fällt/so muß sie in sich selbst **cus.** reverberiren und zuruck gehen.

3. So oft eine Stimme in ein objectum loxopho- **Objectum** non oder obliquam lineam fällt/so schlägt die Stim zu- **orthophonū** ruck/nicht in sich selbsten/sondern in das Gegentheil. **& loxopho-**

4. Wann 2. Mauren in den geraden Winckeln zu- **num.** sammen gefüget werden / so wird das allerklareste Echo **Conus pho-** vernommen werden / wann das sonorum also davon ste- **nicus.** het/daß die axis coni phonici den geraden Winckel z.mal

von einander schneidet. Dann weil der conus daselbsten
underschidlich reflectiret / so stärckt er wunderbarlich die
reflectirende Stimm.

Centrum phonicum. 5. Wann das objectum phonocampticum Circular hohl ist / so wird der so in dem centro phonico stehet/welches auch das centrum deß Circkels ist/ ein liebliches Echo vernehmen. Dann ie weiter einer stehet von dem centro deß concavi circularis, ie unvollkommener das Echo ist: ie näher er aber bei der muro concavo, ie dunckeler der sonus ist: muß man also die Mediocritát in der Distantz in acht nehmen.

Distantia corporis. 6. Je näher das thonbare corpus ist dem objecto phonocamptico, ie weiter wird das Echo vernommen werden/und ie weiter dasselbe ist von dem objecto phonocamptico, ie näher wird die reflectirende Stimm vernommen werden.

Echo multiplex. 7. Wann underschiedliche objecta phonocamptica also ordentlich disponiret sind / daß allezeit eins weiter von dem andern ist / und damit der orthophonos desto langsamer darzu gelangen könne/so wird daraus ein vielstimmiges Echo entstehen / das ist/ die ausgesprochene Stimme wird successivè etlich mal sich wiederholen. Dabei dann ein zwifache Duration der Stimm kan in acht genommen werden : 1. der sonus selbsten/welcher so lang währet/so lang er ausgesprochen wird/ist anfänglich zum frischesten und stärcksten. 2. die Fortführung der Stimm selbsten/durch die lineam actionis, welche so lang wáret/ als die erste Stimme / gehet sie aber weiter / und die erste schweigt/ so wáret sie so lang / bis sie an ein obstaculum

Echo reflexionis. anstoßt/und wieder reflectiret/also das Echo machet durch die lineam directo-reflexam,und das ist die Ursach/warum wir nach der ersten Stimm allererst die reflexam vocem hören/warum auch nur die letzte Sylben oder Buchstaben gehöret werden/weil die reflexa vox wieder kombt in dem die erste noch wáret : wann aber dieselbe aufhöret/ so werden allererst die andern Sylben vernommen.

Phonur-

Phonurgia Echonica. Problemata.

1. Wann die objecta phonocamptica aus einem gewissen Ort also zugerichtet werden/daß sie zu dem thonbaren Leib nicht nur parallel / sondern auch normal seyn/ so wird die Stimm aus allen in sich selbsten reflectiren. Und das ist die Ursach/ warum die Stimm aus dem tiefesten Thal/wann wir schon auf dem Berg stehen/zu uns reverberire/weil der radius sonorus normaliter reflectiret. *Ein Echo reflectirt aus einem tiefen Thal.*

2. Wie man in underschiedlichen punctis oder statio- nibus, da die rechtmäsige Distanz ist/ein Echo zu mache/ die objecta anacamptica setzen solle/daß die reflectirende Stimm nur allein von den jenigen gehöret werde/welche solche stationes oder lineas directo-reflexas haben / so gar/daß wann 7. Personen an 7. Oertern stehen / sie alle das Echo gar deutlich vernehmen / und doch sonsten nie- mand. *Echo so nicht von allen gehört wird.*

3. Wie man in etlichen Puncten die obj-cta phono- camptica also disponiren solle / daß die Stimm innerlich und äusserlich reflectirend/allzeit von einem / er stehe in welchen lineis directo-reflexis er wolle/vernommen werde. *Echo so albenthalben gehört wird.*

4. Wie man ein vielstimmiges Echo machen solle/wel- ches nach der ersten Stimm eben dieselbe/ und noch ande- re propositiones etlichmalen wiederhole. Erwehle dir eine Maur/so fest/rein/zur Reflectirung dienlich ist ; dar- nach gehe zu und davon normaliter, bis sie eine Sylbe vollkomlich wiederholt ; darnach gehe wieder zuruck / bis du das bissyllabum findest/misse aber allezeit das spatium fleissig ab/und also auch das trisyllabum, &c. Summa/ gehe allezeit ie länger ie weiter von der Maur hinweg/bis sie ein zehen-sylbigs Wort/oder einen ganzen Vers voll- komlich wiederholen wird: doch die Distanz nimb wohl in acht. *Echo mul- tiplex wie es anzurich- ten.*

5. Wie man zu den Puncten/ circulariter disponirt/ ein Circular-und vollstimmiges Echo machen soll. *Echo circu- laris.*

6. Wie

6. Wie man einen Chor in der Kirchen machen solle/
mit solcher Kunst/daß 3. Singer so viel thun/als sonsten
100. Der tholus oder Haupt=balck deß Chors soll also
zugerichtet seyn/daß er inwendig eine sphærische superfi=
ciem hab/die Orgel aber und die Singer sollen umb das
centrum dieses Schloß=balckens gesetzet werden : dann
weil alle Vocal=Linien ad tholum normal seyn/ so gehen
sie zu dem Ort/daher sie entsprungen/und verstärcken den
sonum mächtig ; wiederum/wann von dem Chor solche
Distantz genommen wird/welche gnug ist ein dreisylbiges
Echo zu widerholen/und wann daselbsten die Sphærische
superficies in der Maue gemacht wird/werden die Stim=
men nicht nur mächtig sich daselbst verstärcken / sondern
sie werden auch einen andern Chor von dem ersten ma=
chen : dann wann sie die Lieder durch 3. Noten=Clauseln
also anrichten/daß nach den Clauseln allezeit so viel Pau=
sen stehen/werden die Leut/so an besagtem Ort stehn/nicht
anderst vermeinen/es seyen 2. starcke wohlbesetzte Chör:
die Clausel folgt hier;

Ein Echoni-
sche Music
von 2. Chö-
ren/wie sie
anzurichten.

Wann nun der erste Chor die erste Clausel singet/
und under dessen pausirt/so wird der ander tholus die ge=
sungene Clausel wiederholen ; diese künstliche Echo kön=
nen nicht nur in Kirchen und Gemächern / sondern auch
im freien Feld angerichtet werden/wann die harmonische
Clauseln nicht nur einmal/sondern 2. 3. 4. mal/ja so oft
du wilt/wiederholet werden: menniglich wird meinen/ es
geschehe durch underschiedliche Choros,das doch nur von
einem gesungen wird. Dann 2. Chör zu repræsentiren/
muß nach der ersten Clausel eine pausa von 2. Zeiten/dar=
nach 3. letzlich 4. gesetzet werden / wie in dem folgenden
Exempel zu sehen / da die Clausel a. nur einmal resitu=
ret/die andere b. wegen längern thonbaren Linien 2. mal/
die 3. c. 3. mal/weil die lineæ sonoræ noch länger sind/
letzlich die 4. d. 4. mal/wegen solcher Ursach.

Echonische
Music von
underschied-
lichem Chör.

Musica per Echo.

Chorus 1. 2. 3. 4. 5.

a. b. c. d. e.

COROLLARIUM.

Ob ein heterophonisches Echo könne angestellet werden/welche andere Wörter/als die erste gewesen/vernehmen lasse?

Scheint allerdings unmüglich/weil eine Stim̃e von ihr selbsten nicht unterschieden seyn kan : Echo ist nichts anders/als ein Wort-fluß der ersten Stim̃ con-tinuiret und reflectiret; wie kan dann etwas anders re-flectiren/ das anfänglich nicht ausgesprochen worden? R. Das Echo kan auf underschiedliche weis betrachtet werden/ut orthophonos directa, loxophonos obliqua, ut monophonos una, polyphonos. so fern sie viel Syl-ben reflectiret. Darauf sagen wir/das echo orthopho-na und monophona könne nichts anderster repræsenti-ren/als zuvor ausgesprochen worden / nicht aber also die loxophonæ; wiewol etliche darvor halten / auch jenes Echo könne also zugerichtet werden/daß die gerade Stim etwas anderster / und die reflexa etwas anderster hören lässet/als wann directa vox anfängt zu reden Griegisch/ und die reflexa antwortet Lateinisch / als οἱ Θεοὶ πάντα πολῶσι πόνοις. bonis. πάντα πολῶσι. lusi. οἱ θεοὶ ἐνθάδε. æstate. Wir sagen/wann man ein Echo von 4. Sylben anrichten wil/sollen die objecta also disponiret seyn/das ein iegliches eine Sylben langsamer reflectiret; als zum exempel / wann mir einer rufte/ tibi gratias a-gam, quo clamore? so wird das Echo nach und nach ant-worten: gratias agam, clamore, amore, ore, rc. Also auch/

Echo was es sey.

Antwort auf die Frag.

Lustigs Echo! das Latei-nisch antwor-tet dem der Griegisch rufet.

auch conſtabis,abis,bis,is. Wil man aber ein loxopho-
nam echo machen/ſo gehören 2. Perſonen darzu : 1. de-
terminier das ſpatium ſo zu 4. oder 5. Sylben Auſſpre-
chung dienlich iſt / darnach ſoll das objectum alſo angerichtet ſeyn/daß wann diſer oder jener ruft/ihm ſein Echo
in die Ohren falle/wiewol keiner nichts vom andern ſiehet

*Echo ſo mit
andern Wor-
ten antwor-
tet/als man
gefraget.*

noch höret/daher dann das objectum an ſolchem Ort zu
ſetzen/da 2. Mauren zuſammen gehn/oder an einem pro-
montorio. Ex. gr. Wann der 1.fragt/quod nomen tibi? und der ander antwortet Conſtantinus: ſo wird ieder
nicht ſein Wort / ſondern deß andern ſeine/ per reflexio-
nem vernehmen. Diß iſt aber ein recht verborgen Kunſt-
ſtück: der autor hats zu Rom probirt/hat ſich menniglich
darüber ad ſtuporem verwundert/ wie doch ein Echo mit
andern Worten auf alle Fragen antworten ſolle. Doch

*Zween müſ-
ſen einander
wohl verſte-
hen.*

müſſen es 2. ſeyn/die einander verſtehen/und gleiche ſtim̃e
haben/ damit alſo die luſio deſto mehr verborgen ſei ; ja
auf diſe weis können 2. abweſend mit einander reden/und
einander alles offenbaren : ja 2. Chör können alſo mit einander concertiren.

ACUSTICORUM INSTRUMENTO-
rum fabrica, & Architectura.

*Inſtrumen-
ta optica
worzu ſie die-
nen.*

Acuſtica inſtrumenta ſind/ damit/gleich wie mit den
opticis inſtrumentis , gantz fern ſtehende/und dem
ſichtbaren Sinne gantz unbegreifliche objecta uns
gantz nah und ſichtbar vor Augen geſtellet werden: alſo
werden mit dieſen gantz fern entſtandene / und dem Hör-
ſinne gantz unbegreifliche ſoni , ſo fern ſie nemlich in gewiſſe / nach dem Muſter der Natur zugerichtete organa
künſtlich eingeſchloſſen und coarctirt werden/unſern Oh-

*Inſtrumen-
ta acuſtica.*

ren repræſentiret; dahin gehören 1 die Sääl/Gemächer/
Schwibbogen/alſo künſtlich zugerichtet/daß man in denſelben mit einem gewiſſen determinirten puncto, alle
Wörter und Reden / ſie mögen ſo ſubmiß und heimlich
ausgeſprochen werden/ als ſie wollen/hören und vernehmen

men kan. 2. Andere Hör-inſtrumenta zum Gebrauch der Surdaſtern/übelhörenden/ ſambt der cryptologiâ a- *Cryptologiâ* cuſticâ. das iſt/wie man einander die heimliche conceptus *acuſtica.* und Gedancken nur durch die ſonos gantz verborgen communiciren und beibringen ſolle.

Experimentum I.

Canales oder ſyphones führen den ſonum mächtig fort.

Gleich wie das Liecht / in polirten Gefäſen eingeſchloſ- Vergleichüg ſen/deſto gröſſer und heller wird / alſo wird auch der Liecht. mit dem ſonus durch die Canâl mächtig propagirt : dann wann men einer gantzen thonbaren Sphær einen cylindrum von einer Meil Wegs geben ſolte / welcher der Capacität nach der Sphær gleich iſt/würde der ſonus zweifels frei/ Cylindriſcher der in der freien Luft zur linea actionis mehr nicht hat als Canal/ſo den 24. Schritt/in ſolchem Cylindriſchen Canal die lineam *ſonum* actionis über die 1000.Schritt fortführen : daher ſagen über die die Röhr- und Brunnenmeiſter zu Rom/man könne zwi- 1000. ſchritt ſchen den Röhr-Teichern eine Stimm und Rede gar lang fortführet. und fern/auch über die 50. Schuch/als wann ſie zugegen wäre/vernehmen/ ſonderlich / wann der Canal gar ſchön poliret iſt. Es bezeugts auch die Experientz/daß ein Ca- nal von 200. Schuhen/an den Enden auch die allerheim- lichſte Reden offenbaren könne / weil die Stimme in den Canâlen eingeſchloſſen / in dem ſie nicht heraus brechen Die eigentli- kan/in der Propagirung der Länge nach/das wieder zu er- che Urſach holen begehrt/was ihr abgehet/wann ſie in der freien Luft deſſen. zerſchlagen und verſträuet wird.

Quæſtio curioſa.

Ob eine Stim/in einem Canal feſt eingeſchloſ- ſen/darinnen ein zeitlang ſich aufhalten könne.

Under andern ſind ſonderlich geweſen Joh. Baptiſta *Autores ſo* Porta, Cornelius Agrippa, welche dieſes feſtiglich *dieſe Frag* ausgeben haben/wann man nemlich eine Stimm in *mit Ja be-* ſtreitē wollē

einen langen wohl ausgebutzten Canal / dessen eines End
fest verschlossen ist/ schreyen solte/ so würden die species

sonoræ, ehe sie heraus gehen / etliche Tag darinnen verharren / und gleichsam gefangen stecken / daß wann man
alsdann denselben eröfnen solte/ würden sie sich gar deutlich wieder vernehmen lassen; diesen folgen nach Weche-
rus, Alexius und andere / welche diese thesin pro aris &

focis bestreiten wollen. Wir sagen aber / es sei solches
gantz unmüglich / beweisens also : Entweder wird die
Stimm in den Canal eingeschlossen werden per species
reales, oder intentionales; nicht jenes / sintemalen spe-

Species re-
ales soni
was sie seyen/
und wie sie
fortgeführet
werden.

cies reales soni nichts anderster sind/ als ein stätige unaufhörliche Bewegung deß Lufts / so die Stimm mit sich
führet/welche/weil sie an beeden Enden verschlossen und
gehindert ist/daß sie nicht reflectiren / auch der hinderste
Luft nicht weichen kan / also muß nothwendig im Augenblick die agitatio aëris aufhören / und mit derselben der
sonus, sintemalen der sonus wesentlich dependiret von der
Bewegung deß Lufts/als seinem vehiculo,wann nun beede End verschlossen seyn am Canal/ so muß der thonbare
Luft entweder noch darinnen beweget werden/ oder er stehet still: jenes kan aber nicht seyn/weil alsdann nothwendig alle Bewegung aufhören muß/weil weder der förder
noch der hinder Luft dem andern weichen/ und also der
Reflexion platz geben kan : so bald also beede Löcher zugeschlossen werden/so ruhet der Luft/so vergehet der sonus:

Species in-
tentionales
können nir-
gends einge-
schlossen wer-
den.

auch nicht dises/weil die species intentionales allerdings
ein geistliches uncörperliches Wesen haben/und also von
keinen obstaculis können aufgehalten werden/ dann das
bezeuget die Experientz / daß der sonus auch die allerdi-
ckeste Mauren penetriren kan : ist also lächerlich/ daß solche Philosophi den sonum in einen Canal oder claustrum
einschliessen wollen / der doch so leichtlich / als durch ein
Fenster oder Mauren wird penetriren können.

Experimentum 2.

Eine Stimm wird gar wunderbarlich durch einen langen Balcken propagirt.

GEsetzt / es sei ein Balck von 200. Schuhen / da kan an keinem End der geringste strepitus gemacht wer=den/der nicht am andern End solte vernommen werden/ und ist wunderlich / daß eine Stim auf 200. Schuh soll unvernehmlich seyn / und doch vermittelst eines Balcken soll sie vernommen werden: sind also hier 2. Stück in acht zu nehmen/1. causa efficiens soni,ist nichts anderster/als ein heimlicher tremor der zusammen stossenden Leiber; 2. das objectum soni materiale , das ist der Luft: weil nun ein Balck zimlich porös ist/ so ist er auch gar dienlich zu der Fortführung deß soni, weil er den tremorem gar leichtlich stösset und fängt/ daher wann ein stridor an ei=nem End wird gemachet/so wird das Ohr bei dem andern End denselben gar leichtlich vernehmen / weil der Balck gleichsam für ein corpus sonorum gehalten wird / und also gantz erzittert durch den erregten stridorem, auch die species sonoras theils dem innerlichen/theils dem äusser=lichen mit=erzitterenden Luft mittheilet / dannenhero ver=nimbt das Ohr gar leichtlich den continuirten tremorem deß Lufts/und dardurch die Stimm selbsten. Solte aber der Balck zerspaltet/oder mit einem Beihel behauen/oder mit einem Bret bedecket werden/so würde man gar nichts vernehmen/weil der thonbare sonorus, als der getheilt/ zu dem andern Luft nicht kommen kan / welches auch die Ursach/warum eben solcher Balck/ wann er blos auf der Erden ligt/oder in ein Maur geschlossen ist / nicht erzit=tert / weil er von der Erden und von der Maur verhin=dert wird/muß also der Balck leicht auf 2.Absätzen ligen/ ja noch besser würde das Experiment befunden werden/ wann ein Balck frei in der Luft hangen könte.

Balck von 200. Schuhen kan den sonum pro-pagiren.

2. Stück hier in acht zu nehmen.

Wie solche propagatio eigentlich ge-schehe.

Balck muß gantz frei seyn/sonsten wird der sonus ver-hindert.

· Expe-

Experimentum 3.

Eine Stimm wird durch Circular-gebrehete tubos, Posthörner/viel besser fortgeführt/ auch stärcker vermehrt/als durch die gerade.

Alex. M. hell. lautendes Kriegshorn.

Multiplicatio lucis & soni thut viel.

Als beweist under anderm auch Alexan. M. sein Post- und Kriegshorn/damit er ein gantzes Kriegsheer hat versamlen können : die Ursach ist multiplicatio soni; dann gleich wie die Vermehrung deß Liechts und der Wärm geschicht durch die vielfältige reflexiones deß Liechts : also entstehet die vehementia soni aus vielfaltiger Reflexion deß soni in dem concavo circulari. Dann in einem tubo recto werden die soni nur coarctirt / zusammen gebracht/und also fortgeführet : in einem Circular-tubo wird der sonus nicht nur versamlet / sondern wegen unzahlbarer Reflectirung der sonorischen Linien / wird er mächtig vermehret und gestärcket / und das ist auch die

Tubi conici & cylindracei.

Ursach/warum ein tubus conicus die Stimm viel mehr intendiret/als ein cylindraceus, weil jener vor disem viel bequemer ist / daß die sonorische species reflectiren können.

Experimentum 4.

Ein sonus der nach den Circular-Superficien fortgeführet wird/ist zum allerstärckesten.

Kunst-gebäu reden.

In Heidelberg ist ein grosser runder Thurn/so künstlich gebauet / daß wann 2. diametraliter gegen einander stehen/so können sie auf das allerheimlichste mit einander reden/und einander vernehmen. Ein solcher Hof soll im Fürstlichen Pallast zu Mantua seyn. In den Bögen grosser Brücken läst sich gleichmässiges probiren. Ist al-

Der sonus richtet sich nach der Bewegung deß Lufts.

so zu wissen/daß der sonus vor dem Liecht dieses besonder hat / daß er nach der Bewegung deß Lufts fortgeführet wird/wann der motus aëris ist rectus , so wird auch der sonus in rectum propagiret, ist er aber Circular/so wird auch

auch der *fonus* Circular fortgeführet / dannenhero/weil **Wie der**
in der Circular-Ebene der fonus fphæricè ausgebreitet/ *fonus* **in dem**
gleich;sam fliehen wil / kan aber nicht fliehen / wegen der *diametro*
Mauren so ihn abhalten/als wird er bei der Circular-su- *tönne ver-*
perficie also gedreng:t/daß er auf beeden Seiten deß Cir- **nommen**
ckels hinum laufft/und weil er in der Diametral-Oppofi- **werden.**
tion wieder zusammen kombt / so wird er deßwegen defto
ftärcker/daß er von deme/der in dem *diametro* entgegen
ftehet/gar leichtlich kan vernommen werden.

Experimentum 5.
Eine Stimm in den Schnecken-Röhrern / oder
in einem *cubo conico*, nach der Spiral- und gedre-
heten Linie gekrümmet-hat vor andern groffe
Kraft und Stärck.

DAs ift merckwürdig / daß ein *fonus intra tubum cō-*
nicum fpiraliter contortum, wie die Schnecken-
häuslein sind/ vor andern so ftarck und mächtig seyn soll.
Auf dise weis ift gebauet das *antrum* deß Tyrannen Dio- *Antrum*
nifii, so noch zu Syracus in Sicilien zu sehen ift/ nemlich *Dionifii in*
wie ein innerliches Ohr ift es zugerichtet/darbei Wunder- *Sicilien wie*
foni vernommen werden / davon weitläuftig *in hiftoria* *es gebaut.*
prodigioforum fonorum. Daher hat nicht ohne Ur- **Warum das**
fach die kluge Natur vor andern Figuren / in Zurichtung **Ohr von der**
deß Ohrs/disen Schnecken-*tubum* erwehlet / wie im 1. **klugen Na-**
Buch c. *de anatomia* zu sehen. Ja welche Thier vor an- **tur fchnecken-**
dern ein vollkommener Gehör haben/denen hat die Natur **weis gemacht**
auch eine vollkommenere und weitere Ohrfchnecken mit- **fei.**
getheilet / als wie die Schwein/ Hafen/ Mäus/Hund/
Efel/ec. die Urfach aber/ daß vor allen der *tubus cochle-*
atus den fonum so mächtig verftärcken solle/ ift / daß er **Was für ein**
nicht nur wie in dem *cylindrico* die *fpecies fonoras* alle **Underfcheid**
vollkomlich versamlet/auch nicht nur wie in dem *conico*, *inter tubū*
vielfältig *reflectiret*/sondern gehet weiter / *reflectiret* auff *cochleatum*
alle Seiten und Puncten/hinder;sich und fürsich/ und ge- *conicum &*
meiniglich allezeit *reflexione orthophona*, ja ein *fonus* *cylindricū*.
kan

kan in solchē rundgedrähten tubo 10.20.mal reflectiren/
bis er außbricht/und sich völlig hören lässet / dannenhero
weil er so oft an die Seiten anschlägt/ so vermehrt er sich
nicht nur reflectendo, sondern verstärckt sich auch mächtig mit seinem Penetriren.

(marginal: Warum se-ner den sonū verstärcket.)

MAGIA ECHOTECTONICA.

Was wir in unserer Magia catoptricâ, geheimen
Perspectiv-Kunst wunderbarliches vorgestellt ha-
ben/als da wir die gestalten der allerfernesten Sachen mit
Hülf der Telescopien gleichsam gegenwärtig gestellt und
sichtbar gemachet haben / in dem wir auch die wunderbare Beschaffenheit der allergeringsten/ sowol lebhaft- als
leblosen Ding/welche wegen allzu schrer geringheit schier
nicht können gesehen werden / durch die smicroscopia zu
sehen gegeben haben: Ebendas kan auch hieher ad phonocampticam magiam appliciret werden/ da wir die al-
lerferneste sonos repræsentiren wollen/daß man auch die
sonst unvernehmliche Stimmen/ wann sie in gewisse instrumenta eingeschlossen werden / mit Verwunderung
der Zuhörer gantz hell/klar/ja lebhaft vernehmen solle.

(marginal: Deß auto-ris seine magia ca-toptrica.)

(marginal: Seine zu-gerichtete telescopia & smicros-copia.)

(marginal: Wunderba-re Hör-In-strumenta.)

PRÆLUSIO I.

Von dem Vitruvianischen Theatro, und
dessen wunderbären echæis.

Hiervon schreibt Vitruvius l. 5. c. 5. Aus diesen Mathematischen rationibus, sagt er/werden eherne Gefäs gemachet/nach dem das theatrum groß ist/und dieselbe sollen also zugerichtet werden / daß wann sie gerühret
werden/sie einen sonum von sich geben können/ der da ist
diatessaron, diapente, diapason, &c. Darnach zwischen
die Sitz und Stül deß theatri sollen sie in ihrē cellis, nach
der Music-ration gesetzet werden/also daß sie keine Wand
anrühren / sondern über und um sich einen läeren Platz
haben/ und auf der Seiten so gegen dem scena zusiehet/
sollen sie cuneos undergesetzet haben/ aber nicht höher als
einen

(marginal: Theatrum Vitruvian. mit seinen selbstlauten-den Glöck-lin/ wie es sei zugerichtet worden.)

einen halben Schuh. Diese vasa sollen also gesetzet seyn/
daß wann sie gerühret werden / sie eine Symphony von
sich geben von allen intervallis; als 4. 5. 8. 11. 12. 16. ꝛc.
Damit aber solches geschehe/sollen sie an einem freien Ort
hangen/damit sie nichts am Resonantz verhindere. Wie/
auf was weis aber diese harmonische Gefäs seien lautend
worden/streiten die Gelehrten mit einander. Etliche mei-
nen/die Gefäs haben kleine Hämmerlein gehabt/mit eiser-
nem Drath angebunden / welche wann sie gezogen wor-
den/haben sie angeschlagen / und eine Harmony von sich
geben: Andere stehen in der Meinung/diese Gefäs haben
sich erthönet nur blos aus dem starcken Reden der Comödianten./ dardurch der Luft hefftig bewogen worden / der
alsdann an die Glöcklein angeschlagen/und sie erthönend
gemachet habe. Es hat aber Vitruvius dergleichen theatrum selbsten nie gesehen / sondern er hats nur von den
Griechen gehört/wie er dann den Aristoxenum, der vermuthlich der erste Erfinder solches theatri gewesen/oft-
mals allegiret: ist auch weder in Griechenland / noch zu
Rom dergleichen gesehen worden / als nur das einige zu
Corintho/daraus der Pericles die Echæa weggenommen
und sie in dem Glücks-Tempel zu Rom aufgehänget hat.

Wie die lautend Glöcklin seye lautend wor-den.

Von wem und wie Vitruvius diß Kunst-stück erfun-den.

Præludio 2.

Von einem Wunder-Echo deß Hofs zu Mey-land/ Simonetta genandt.

Ohngefehr 1. Meil Wegs von der Statt Meyland/
gegen dem Gärtner Thor/ist ein berühmter Hof/Si-
monetta genandt/von den Grafen also genennet/welche
ihn besitzen. In diesem Hof hat vorzeiten Ferdinandus
Gonzaga, Gubernator zu Meyland/einen Wunder-Echo
erbauen lassen: in dem obersten Stockwerck ist ein offen
Fenster/wer dardurch redet oder rufet/soll die Stim über
die 20. 30. mal/ja ohnzahlbar/nach dem der sonus starck
ist/sich reflectiren: die Ursach ist der 2. Gemächer ihr Pa-
rallel- situs, welchen sie under einer proportionirten Di-

wer diß Echo erbauen las-sen.

Was die ur-sach dieses Wunder-echo gewesen.

P stant

stantz haben: komt hinzu die höchste Gleichheit und Ebene solcher Wänd/daran nichts rauhes ist/daß also der sonus gar leichtlich reflectiren kan : daher wo der sonus ausgehet/da reflectirt er/schlägt gleich wieder in seinen diametrum,und dise Repercussion währet so lang/bis die Stim matt wird / und sich gäntzlichen verleurt ; also ein Ball springt von einer Wand zur andern etlich mal / wann sie proportionirt seyn/bis er endlich matt wird und zu Boden fällt. Wer ein gleiches Echo haben wil/ der mache 2. Wänd von 63. Schritten ungefehr von einander underschieden/doch in seiner rechten Proportion. Oder wer einen Brunnen hat so viel Schritt hoch/ der wird auch ein gleiches Echo finden.

Gleichnus von einem Ballen/

oder Brunnen.

PRÆLUSIO 3.
Von etlichen Wunder-Echæis und reflectirenden Oertern.

EIn berühmt Gebäu ist noch heutigs Tags zu sehen zu Syracus in Sicilien / etliche nennens Dionysii Gefängnis/andere Dionysii Ohr/andere anderster/ ist so künstlich gebauet/daß wer gegen der Thür stehet/gar vernehmlich höret/ was darinnen geredt wird. Mirabella beschreibts weitläuftig in seiner Ichnographia Syracusana. Der Autor ist Anno 1638. selbsten allda gewesen/ hat den Augenschein eingenommen / und alles fleissig erwogen; Ist ein Ort ausser der Stattmauren/wird billich Dionisii Kercker genennt/weil die Gefangene/ so darinnen gelegen/auch schier nicht haben respiriren können/sie sind vom Thurn- oder Kerckermeister gehört worden : es ist aber von Dionysio wie ein Ohr/nach dem muster der Natur gar künstlich zugerichtet gewesen / ist in lauter Stein gehauen/zeucht sich schnecken-weis gekrümet übersich bis zur Kammer deß Kerckermeisters/so gar/daß auch der allergeringste sonus,die allerleiseste Stimm/ist über sich steigen per cochleas, und also klärlich verstanden werden ; heutigs tags heißts la grotta della sovella. Das Echo

Dionysii sein antrũ oder Ohr zu Syracus in Sicilie wird weitläuftig beschrieben.

Wie wunderbar es gebaut gewesen

ist gantz

ift gantz wunderbarlich/ wiederholt die Stim nicht gleich
wie andere/sondern aus einer geringen Stimm machet sie
ein groß Geschrey/ ein Reuspern thut wie ein Donner- **Was es für.**
schlag/ ein Mantelschlag wie ein Büchsenschuß/ ja wieder- **ein Wunder.**
holt auch die Stimm etlich mal : wann 2. einen Cano- **Echo hören**
nem singen/ so gibt das Echo ein quatuor , weil die 1. re- **lassen.**
flectirende Stimme die andere excipiret. Ein ander solch **Wunder.**
Echo findet sich in der Stätt Pavia oder Ticino, so künst- **Echo zu Pa-**
lich zugerichtet / daß wann einer an der Thür stehet und **via.**
fragt / so wirds ihm auf die 30. mal so deutlich und verständlich antworten/daß es viel für kein Naturwerck/son-
dern für ein Spiel deß Satans halten wollen. Dieses
Wunder-gebäu hat 2. Thor/ 1. gegen Mitternacht/ und
eins gegen Mittag/wann sie alle beede offen stehn/so resonirt das Echo 11.mal/wird aber das mittägige zugeschlos-
sen/so resonirts 8. mal/wann sie beede zugeschlossen / nur
6. mal : wunder ist es/wann man mit einem Cornett diese
3. intervalla bläst/ut,mi,sol. wie schön das Echo per fu- **Was die ur-**
gas antwortet/auf die 11.mal ; die Ursach ist der situs der **sach dieses**
gegen-stehenden Mauren/ da wegen der proportionirten **Wunder-**
Distantz die reflectirende species sonorum oft und viel **Echo.**
zuruck schlagen / und also allerhand ludificationes den
Ohren vorstellen.

Pragmatia 1.

Wie man allerhand nützliche Hör-instrumenta
zurichten solle/ den surdastris dienlich.

WEr das vorgehende recht verstehet / der wird kein *Tubi echo-*
sonderliche Difficultät finden/ in Zurichtung aller- *tectonici*
hand solcher instrumentorum acusticorum, sintemalen *sind under-*
alle tubi echotectonici , so wol die circulares , als para- *schiedlich.*
bolici,hyperbolici und elliptici, doch in geringerer Proportion zugerichtet/wann sie den Ohren applicirt werden/
das Gehör wunder-mächtig verstärcken/under denen sonderlich berühmt sind der ellipticus und cochleatus tub's
aber soll auf diese weis zugerichtet werden / daß das eine

P ij   **End**

Tubus ellipticus & cochleatus worinn sie dienen.

Instrumenta acustica nach Proportion deß Ohrs zugerichtet.

Hasen-Ohr ist vor andern wunder-hörsam.

End præcisè dem Ohr deß übelhörenden/das andere aber dem Redenden solle beigefüget werden/dieser ist nach dem Muster eines natürlichen Ohrs zugerichtet / hat also ein wunder-grosse Kraft die sonos zu versamlen/und das Gehör zu stärcken/und sonderlich die jenige instrumenta, so nach der Proportion der Ohren bei den jenigen Thieren gemacht werden / welche vor andern mit einem scharpfen Gehör/und via acustica von der Natur begabt seyn/als da sind Hirsch/Hund/Hasen/und alle andere / so vor andern aurirt, und mit langen Ohren begabt sind/ under welchen allen sonderlich wunder-merckwürdig ist das Hasen-Ohr/ welches / weil es das allerforchtsamste und wöhrloseste Thier ist/hat die Natur dasselbe theils mit einem scharpffen Gehör/damit es alle Gefahr vorfühlen kan/theils mit schnellen leicht-lauffenden Beinen ausgerüstet. Wann nun iemand einen tubum oticum nach dem Exemplar eines Hasen-Ohrs zurichten solte/ der würde ein Wunder-arcanum in stärckung deß Gehörs empfinden.

Pragmatia 2.

Wie man aus geheimer Kunst der natürlichen

Magiæ ein Bild zurichten soll/welches allerhand
sonos, articulirt und inarticulirt
von sich hören lässet.

Obs geschehe könne/wird disputirt.

Alberti M. redender Menschen-kopff/und der Egyptier etc. redende Menschen-bilder.

Von diesem Wunder-Machinament haben viel gar viel geschrieben und philosophiret: Etliche haltens für müglich und natürlich/andere für unmüglich und unnatürlich; jene beruffen sich auf das Exempel von Alberti M. seinem Menschenkopf/ welcher vernehmliche Menschen-stimm vollkomlich pronunciret hat : deßgleichen von den Egyptiern/ welche underschiedliche statuas zugerichtet/so articulatè geredt haben/was man begehrt hat/da von ausführlich bei dem autore in seinem œdipo. Diese widersprechen diesem allem / seyen entweder suppositicia & fallaria machinamenta gewesen/lauter Betriegerey/ oder der böse Feind müsse der Bauherr gewest seyn und sie moderirt

moderiret haben/ebener massen/ wie vorzeiten der leidige
Satan durch der Heiden ihre Oracula und Gögen=bilder
geredt hat / vernehmlich und verständlich. Jene wollen
doch vor diesen penetriren/ weil man ja nach dem Muster
der Natur einen laryngem und Zungen/ wie auch die an=
dere Sprach=instrumenta zurüsten könne/ daß wann sie
vom Wind erreget und lebendig gemachet werden / sie ei=
ne articulirte Stimme öffentlich von sich hören lassen; in
diser Meinung ist auch unser Autor / man könne in alle
Weg ein solch Wunderwerck zurichten/ein Bild/ welches
nicht nur articulate, sondern auch allerhand sonos, aller=
hand Lieder und Gesänger von sich hören lasse / auf alle
Fragen antworte/alle Thier in ihren Stimmen affectire/
und dergleichen unzahlbar unglaubiges und wunderselt=
zames verrichten könne. Und zwar auf folgende weis: in
einem Gemach / darein ein tubus cochleatus oder auch
verticalis solle geführt und geleitet werden/da soll man ein
Bild machen/ so dem Mund un den Augen nach beweglich
und dem gantzen Leib nach lebendig zu seyn scheinet. Di=
ses Bild soll in einen gewissen Ort also gestellt werden/daß
der eine Theil deß tubi gerad gegen dem concavo oris deß
Bilds zugehe/das andere End aber sich ziehe gegen einem
weiten Platz oder Gassen/da viel Leut vorbei gehen. Di=
ses Bild wird fort und fort schwätzen/itzt wird es Mensch=
liche Stimm/itzt der Thier Stimme von sich hören lassen/
bald wirds lachen / bald singen / bald weinen / bisweilen
wird es brausen wie ein starcker Wind wähet : dann weil
das orificium cochleæ auf einen offenen Platz gehet / so
werden sich alle Wort der Menschen/ aussen gesprochen/
in dem tubo cochleato versamlen / und also durch den
Mund deß Bilds wieder herfür gehen ; wann die Hund
gegen dem orificio bellen / so wird das Bild auch bellen :
wird jemand singen / so wird das Bild singend antwor=
ten/rc. wird ein Wind in das orificium blasen/so wird er
in die cochleam recipiret , wiederum zu dem Mund deß
Bilds sausend und brausend ausfahren : thut man ein

Daß es Na=
türlich ge=
schehen kön=
ne/ wird be=
wisen.

Wie solche
Bilder sollen
zugerichtet
werden.

Wunder=
Soni eines
solchen leblo=
sen Bilds.

Das Kunst=
stück dieses
Bilds wird
erklärt.

Pfeifen

Pfeifen daran/so wirds spielen und pfeifen: thut man eine Posaunen dran/so wirds auf der Posaunen blasen/und
noch mehr dergleichen lächerliches / seltzames und wun-
derliches / alles nach) proportionirlicher Zurichtung deß
verborgenen Cochleirten Canals/ herfür bringen.

Pragmatia 3.

Wie man ein statuam zurichten solle / welche
alle Wörter wie ein Echo wiederholet und
nachspricht.

Das Con-
clave und
der *tubus*
wie sie müs-
ser zugerich-
tet seyn.

Diese gantze Kunst dependiret von der Beschaffenheit deß Orts. Gesetzt/es wäre ein conclave oder
Gemach/dasselbe hätte 2. grosse Fenster/in dem Gemach
soll das Bild gesetzt werden / der tubus cochleatus soll
durch die Maur oder das eine Fenster hinein gehen / und
mit dem orificio dem Bild verbunden seyn: gleich gegen-

Objectum
anacampti-
cum.

über soll eine Maur oder sonsten ein bequemes objectum
anacampticum seyn/das den sonum fängt/ und denselben reflectiret: doch soll es also zugerichtet seyn/daß man
aus dem andern Fenster deß Gemachs eine Stimm herü-
ber gesprochen wird/dieselbe alsbald reflectire/und in den
tubum cochleatum eingehe/und also wann er in modū
gyri herum gehet/ wird die Stim endlich das Bild leben-

Wie das
Bild die Red
ausspriche.

dig machen/daß es alle Wörter / so zuvor ausgesprochen
worden/gantz vollkomlich wiederholen wird/also daß niemand wissen wird/woher die Stimm komme/noch wie sie
geschehe.

Anacephaleosis magiæ naturalis.

Ob man ein Bild zurichten könne/welches frei in
der Luft hanget / und doch allerhand sonos, articulirt und unarticulirt gantz vollkomlich
von sich vernehmen lasse.

Ir sagen/ es könne geschehen / und sei auch bereits
mit einem wunderbaren Experiment probiret wor-
den/da nemlich ein solch Bild zugerichtet worden/welches
enttwe-

entweder mitten in einem Gemach gehangen / oder in der
freien Luft gestanden/welches solches alles verrichtet/also
daß die Umstänver wol das Wunderwerck gesehen/ das
Bild reden hören / aber die Ursach solches verborgenen
Natur-Wunders haben sie nicht ergründen können/ mit
Verwunderung haben sie gesehen / wie sich die Augen/
Mund/Zungen und Lefzen beweget / der gantze Leib sich
als lebendig erzeiget / aber wie solch artificium geschehen
könne/da es unden keine Stützen / oben keinen Halter ge-
habt/sondern frei in der Luft gehangen / und dergleichen
Wunder-effectus verrichtet / das hat niemand ersinnen
noch erdencken können. Die Weise aber / wie solches geschehen sci/und noch geschehen könne/ (damit dise verborgene Kunst-geheimnussen nicht zu gemein würden / als
welche allein für hohe Potentaten gehören) haben wir mit
fleiß verschweigen wollen. Das sagen wir/ars cambina-
toria sei ein solche Kunst/vermittelst deren alle verborgene Sachen der Welt können eröfnet und erfunden werde/
was in einer iedcn Scientz verborgen/schwär und wunderbar ist/ kan hierdurch erforschet werden : wer diese Kunst
verstehet / dem wird in der gantzen Natur nichts verborgen seyn können / wird allenthalben penetriren können/
sintemalen alle Natur-geheimnis und Wunderwerck der
Natur verborgen ligen in gewisser Applicirung aller
Ding/wer dise Application verstehet/durch die Combina-
tions-Kunst/von deme kan man auch mit fug sagen/ was
Phocylides gesagt/ πλήσι☉ ἐσι Θεοῖς , sei den Göttern gleich/oder der Nächste nach den Göttern.

Die Umstänver wol das Wunderwerck gesehen/ das Wunder-bild gewesen/ wie bei dem Einzug der Königin in Schweden zu Rom wel-ches in der Luft hangend geruffen/ Salve Regi-na Christi-na. das geheime artificium hat der Au-tor mit fleiß verschwigen. Ars cam-binatoria lehret alles.

PARS V. MUSURGIA THAUMA-
TURGICA.

Wie man allerhand instrumenta, automata
und autophona, so von sich selbsten lauten/
zurichten solle.

NAch dem wir die Magiam phonocampticam zu
End gebracht/ist mehrers nicht übrig / als daß wir
anzeigen/wie man allerhand instrumenta musica künstlich zurichten solle/daß sie von sich selbsten allerhand Harmoni von sich hören lassen/da sind zu vernehmen die aller-
verborgenste organa mit ihren Stimmen / Säitenwerck
so sich selbst erthönet/ Orgelwerck so sich selbsten schlägt/
Glocken so sich selbsten leuten / allerhand Thier und Vö-
gel/so ihre natürliche Stimm mit Verwunderung hören
lassen/und noch viel seltzames und wunderbarliches mehr.

*Instrumen-
ta musica
so von sich
selbsten lau-
ten.*

Progymnasma I.

Wie man Wind-kammern zurichten soll.

AEOlias cameras nennen wir/welche aus dem Was-
ser-fall mit Wind erfüllet / grössere Bläst als die
grösste Blasbälg von sich geben/haben grossen Nutzen in dem Schmid-Handwerck/da sie/sonderlich in Ita-
lia/in den Eisenschmitten / allerhand instrumenta zuzu-
richten / stätigen Wind von sich geben: sind auch dienlich
zu den Wasser-Orgeln/daß sie mit ihrem stätigen Blasen
den tympanum phonotacticum treiben. Durch diese
Wind-kammern werden allerhand ertichte Thier in ihre
natürliche Stimmen animirt und lebendig gemachet. Werden aber auf dise weis zugerichtet: man mache 1. ein concavum receptaculum von Ziegelsteinen / lang und rund/
unden auf dem Grund-satz soll ein Stein erhöhet seyn /
gantz zarth/rein und glatt / wie Marmelstein. Darnach
von unden an bis oben hinaus soll ein Cochleirter Canal
hinaus geführt werden/ welcher unden und oben offen
seyn soll/doch oben also steif angemauret/ daß der inwendig gefangene Luft kein andern Ausgang finden kan / als
nur oben zur rechten Hand / durch einen kleinen Canal.
Uber das soll diese Cammer unden zur lincken Hand ein
epistomium oder Weinhanen haben/dardurch das Wasser ausgelassen wird. Dann wann das Wasser entweder
aus einem Brunnen oder Fluß durch den grossen Canal

*Camerae
aoliæ was
sie seyen/wor-
zu sie dienen.*

*Wie sie zu-
gerichtet
werden.*

hinein

hinein gelaſſen wird/ſo ergieſt es ſich mit groſſem Gewalt Durch den
in den cochleirten Canal / welcher gar enge und gähe groſſen wird
Schrauben oder ſpira haben ſolle / dardurch wird aber das Waſſer hinein gelaſ-
ein groſſer Hauff luft mit hinein geführet werden/ und fen.
wann alſo das Waſſer mit groſſem impetu auf den brei- Das verur-
ten Stein ſich ergieſt/ auch mit vielem Rauſchen / ſo wird ſacht mit ſel-
dardurch der Luft/ ſo inwendig gefangen iſt / ſich mächtig nem impetu
agitiren und bewegen : weil er aber in ſolchen anguſtiis mächtig viel
keinen andern Außgang findet/ als den kleinen Canal zur luft.
rechten Hand der Kammer/ welcher deßwegen porto ven-
to genennet wird/ ſo wird er dardurch mit groſſem gewalt
austringen in die jenige Windfäng/ Windladen oder
Wind-Canal/ an diſen oder jenen Inſtrumenten/ ſo darzu geordnet ſind. Durch das epiſtomium aber kan das Durch das
übrige Waſſer ausgelaſſen werden/ damit alſo unaufhör- epiſtomium
licher Wind da iſt/ diſe oder jene organa pneumatica zu wird es wider
animiren. ausgelaſſen.

Progymnaſma 2.

Wie man ſtätigen Wind machen ſolle zu den
Waſſer-Orgeln/ vermittelſt der Blasbälg/ ſo
vom Waſſer getriben werden.

Rſtlich muß ein immerflieſſender Brunn ſeyn/ neben Ein Brunn
demſelben ſoll ein Baum aufgerichtet werden/ in und ein auf-
welchem oben ein Holtz überzwerch eingeſchoben iſt / daß gerichter
es ſich überſich und underſich/ wie ein Waagbalck kan be- Baum gehö-
wegen; darnach ſoll man ein Rad mit Schaufeln zurich- ret darzu.
ten/ gleich under dem Brunnen oder Fluß/ gerad gegenü-
ber ſoll ein fulcrum oder Abſatz ſeyn / auf dem der Wellbaum ligt und ſich drehet : auf ſolchem Abſatz ſollen 2.
Blasbälg ligen/ mit Gewichten wohl verſehen/ unden in 2. Blasbälg
den Handgriffen ſollen ſie 2. Spies haben/ welche oben mit 2. Spieſ-
dem Zwerchholtz auf ieder Seiten einer angebunden ſeyn/ ſen / ſo auf
alſo daß ſie in ihren Gewerben oder Ringen frei können dem Well-
beweget werden. Zu End deß Zwerchholtzes ſoll noch ein baum ligen.
anderer Spies herunter gehen/ welcher in den Wellbaum

P v   einge-

eingeschoben/frei in demselben lauffen kan. Wann nun das Wasser durch seinen hefftigen Einfluß das Rad treibt/ so ziehet der Wellbaum mit seinem Spieß die 2. andere Spieß/ so in die Blasbälg eingerichtet sind/doch also/wañ der Wellbaum sich mit seiner axi under sich ziehet/so truckt sich der nächste Blasbalg under sich/ der äussere aber ziehet sich übersich : dargegen wann der Wellbaum mit seiner axi sich übersich ziehet/ so ziehet sich der nächste übersich/ der äusserste under sich/ und also hat man stätigen Wind zu allerhand Instrumenten: durch diese Blasbälg kan auch der Wind/ in der Wind-kammer eingeschlossen/ durch sonderbare Canäl hingeführt werden wohin man wil.

Ein Blasbalg wird nach dem andern über- oder under-sich gezogen.

Progymnasma 3.

Wie man einen cylindrum phonotacticum machen solle.

Orgeln werden mit Hän- den oder Nä- geln gedruckt daß sie lautē.

SOllen die Orgeln lauten/ so müssen die claves harmonicè getruckt werden/das geschicht aber entweder mit den Händen/oder mit etwas sonderbares/an statt der Händ/als da ist ein gezahnter oder spitziger cylindrus, dann in dem sich dessen dentes herum drehen/und die claves ordentlich niedertrucken/ so verursachen sie einen harmonischen sonum. Es wird solch Instrument ein cylindrus phonotacticus genennt/ weil in demselben mit harmonischer Abtheilung die Lieder mit grossem Fleis und Geschickligkeit müssen ordinirt werden. Derselbe kan auf zweierlei weis betrachtet werden/ entweder wie ein lange runde Seul/oder wie ein Heertrommel/dick und rund anzusehen. Jener dient für kurtze Lieder/von 15. 20. 30. Tacten/ weil sein circuitus und Umschweif gar kurtz ist: dieser dient zu längern. Gesetzt nun/ es wäre ein cylindrus so groß und weit im Umkreis/ als ein Lied von 14. Schlägen erfordert/der soll über das Clavier also geordnet seyn/daß die Länge und Theil deß cylindri dem abaco und dessen palmulis vollkomlich überein stimmen/darauf

Cylindrus phonotact. wie er solle zugerichtet werden.

soll

foll man ein Lied von etlich Stimmen nehmen/ doch nur
14. Tact lang/weil der cylindrus nicht mehr halten kan/
daſſelbe foll man auffeßen auf ein Papier/doch daß es geometricè, der Länge und Breite nach/ mit dem cylindro
übereinſtimme; wann ſolches geſchehen/ foll man die ge-
ſeßte Harmony ſamt dem Papier um den cylindrum lei-
men/ darauf die eiſerne Spißen oder Zähn in den cylindrum ſchlagen/ ordentlich/wie die Noten in dem quadrato phonotactico ausgedruckt ſtehen. Wann ſolches ge-
ſchehen/darf man nur den cylindrum mit der Hand drehen und bewegen/ſo werden die ſpißen ordentlich auf dem
Clavir treffen/ und alſo eine liebliche Harmony heraus
kommen.

Wie man
ein Lied auf
den cylin-
drü ſchlagen
foll.

Folget die
Harmony.

Machinamentum 1.

De organis hydraulicis bei den Alten/ſonder-
lich bei Vitruvio.

Dieſe Waſſer-Orgeln ſind den unſerigen in etwas
gleich geweſen/aber in vielem gar ungleich. Dann
ſolten ſie einen ſonum von ſich geben/ſo muſte der Luft uñ
der Wind getriben werden/ das kunte aber nicht geſche-
hen/ohne gewiſſe inſtrumenta darzu gerichtet/diſe haben
den Luft erregen/in den Löchern trängen/und ſo lang treiben müſſen/bis der ſonus herfür kommen/ welches alles
auch bei unſern Orgeln heutigs Tags geſchiehet. Es hat
aber ſonderlich Vitruvii ſein Waſſer-Orgel 4. Haupttheil
gehabt: der erſte iſt geweſen arca aërea, mit dem umgekehrten Trechter/welchen er auch pighæum nennet. 2. Iſt
die Zurüſtung der Canal/Bälck und Delphinen/wie ſie es
genennet. Der 3. iſt die arcula mit den regulis, pinnis,
choragiis, naribus & pinace, welches der Weg geweſen
deß Winds/dieſelbe entweder zu eröfnen/oder zuzuſchlieſ-
fen; arcula iſt den heutigen Orgelmachern die Windlade/
die regulæ ſind die Ventil/ choragia ſind die claves, pin-
næ ſind die eiſerne Dräth/ ſo die Ventil auf- oder zutru-
cken. 4. Sind geweſen die Pfeifen oder cannæ, wie ſie
dieſel-

Der Alten
ihre Waſſer-
Orgeln ob ſie
den unſern
gleich gewe-
ſen und wie
ſie zugerich-
tet worden.

Vitruvii
Waſſer-Or-
gel hat 4.
Haupttheil
gehabt.

dieselbe genennet: von 4. Pfeifen/ ist es organon tetra-chordon, von 6. hexachordon, von 8. octochordon, von 12. dodecachordon genennt worden. In diesen 4. Stücken ist das gantze Wasser=Orgelwerck deß Vitruvii bestanden/welches er zwar weitläuftig/aber so obscur be-schreibt/daß man allerdings sein mentem nicht vernehme

Wie dieselbe tractiret worden.

kan. Die Summa stehet darinnen/wann der Calcant die anthleam (ist ein Instrument gewesen wie ein Wasser-pumpe) gezogen/ so hat er darurch den Luft/ welcher in den verdeckten modiolis oder Eymern verborgen gelegen/ durch die Canäl in den infundibulum g etriben/darinnen wann der Luft ist gedränget und getruckt worden/ist er in die anemothecam oder Windladen gangen/ wann er da versamlet worden/ist so bald der clavis getruckt/ und der Ventil eröfnet worden/in die Pfeifen getrungen/und hat dieselbe also lebendig gemachet. Daß er aber solche or-

Worzu die Alten das Wasser ge-brauchet in ih-ren Orgeln.

gana Wasser=Orgeln nennet/und das Wasser in der un-dersten Laden aufgehalten/ ist nur zum Tremuliren ge-geschehen/ weil dasselbe mit dem durchtringenden Luft ist beweget worden/ und also dem sono einen lieblichen tre-

Nero hat sich mit diesem Kinderwerck mächtig be-lustiret.

morem oder Erzitterung beigebracht hat. Zu verwun-dern ist es aber/ daß sich Nero der Käiser mit solchem ge-ringen kindischen Werck/ einer Harmony von 4. 5. 6. 8. Pfeifen/so sehr delectiret hat/ daß/ wie Vitruvius be-zeugt/ er auch in seiner höchsten Lebens=gefahr dannoch nicht darvon lassen wollen: was solt er sagen/ wann er heutige Orgeln sehen solte/von etlich 100. ja etlich 1000. Pfeifen/von 20. 30. Registern/ꝛc.

Machinamentum 2.

Wie man ein Wasser=Orgel zurichten soll/die von sich selbsten lautet.

3. Stück ge-hören darzu.

Herzu gehören 3. Stück/Wasser/Luft/und ein Rad. Das Wasser ist das primum mobile, der Luft ist die Seel der Orgel/ rota phonotactica ist das Instrument/

Die Orgel.

so die Orgel lautend machet. Die Orgel soll ordentlich zuge-

zugerichtet seyn/und in einem bequemen Ort stehen/dar-
auf soll die Wind-Cammer zugerichtet werden / wie oben **Die Wind-**
gesagt/doch daß der kleinere Canal oben zur rechten hand **Cammer.**
in die Windladen gehe/und den auffsteigenden Luft/wegen
hefftig einfallenden Wassers/da hinein führe ; darauf soll
gleich darunder ein Wasserrad gemacht seyn/welches von
dem Wasser/das aus dem undern Canal der Wind-Cam- **Das Was-**
mer weglaufft/getriben und beweget wird ; dises Rad trei- **serrad.**
bet mit ihrem Wellbaum den cylindrum phonotacticū, **Cylindrus**
auf welchem die Composition genagelt ist / wie zuvor an- **phonotacti-**
gereget worden : diser cylindrus hat so viel Spitzen / als **cus.**
Dräth an den Ventillen seyn/wann er nun proportionir-
lich gedrehet wird/so ziehet er die Ventil/diese eröfnen sich **Hierauf fol-**
und gehet also der Luft von der Windladen in die Pfeifen/ **get die Har-**
dardurch sie animirt und lebendig gemacht werden. **moni.**

Machinamentum 3.

Wie man ein automaton campanarium, **Glo-**
ckenwerck zurichten soll/welches von sich selbsten
lautet.

IN Teutschland finden sich underschidliche dergleichen
machinæ und Kunst-Bauwerck / mit grosser Ver- **Können auff**
wunderung der Ausländischen / ihre Zurichtung geschie- **underschidli-**
het allerdings wie das vorgehende : entweder werden sie **che weis zu-**
durch Wasser/oder Blecher/ oder Gewicht/ lebendig ge- **gerichtet**
macht/ist das erste/muß man dieWind-Cammer und das **werden.**
Rad auf besagte weis zurüsten/ist das andere/so kans auch
auf mancherlei weis geschehen / entweder durch ein Rad-
werck/wie das vorgehende / oder durch pinnas und stäh- **Durch Rad-**
lerne Blecher/so in dem cylindro mächtig gedrähet sind/ **werck.**
oder durch Gewicht/wie in den Schlag-uhren/da die Ge- **Durch Ge-**
wichter die cylindros treiben/dise wann sie herum gehen/ **wichter.**
treiben sie per vertebram, welche rochetto genennt wer-
den/den cylindrum phonotacticum, diser truckt mit seinen harmonisch-disponirten Spitzen die claves, diese ge-
truckt/ziehen die Hämmerlein an den Glocken zuruck/daß
wann

Cylindrus phænotactic. ziehet die Hämmerlen an den Glöcken zuruck.

Form der Glocken.

wann der cylindrus fortgehet/so schlägt der Hammer an/ und gibt seine Harmony von sich. Die Glocken aber müssen fein harmonicè gegossen seyn / also daß die 1. gegen der 8. in dupla proportione ist/ic. Situs der Glocken kan underschidlich seyn/die beste Art ist/wann sie curricular instar. wie ein klein Thürnlein ordiniret sind / doch sollen die Hämmer mit etlichen pinnis zuruck gezogen werden/damit sie nicht auf den Glocken ligen bleiben/und also den sonum gantz obtus und confus machen.

Machinamentum 4.

Beschreibung deß hangenden Cimbel-sterns in dem Thurn zu Fulda/wird sonsten das gülden Rad genennet.

Bonifacii Eifer/in Bekehrung der Heiden.

Güldene Stern von wem / und warum er sei zugerichtet worden.

Von wem und warum er sei geändert worden.

Bonifacius, nach dem er dahin eine Kirchen gebauet/hat er sich gantz und gar auf die Bekehrung der Menschen begeben/daher ists geschehen / daß er under andern Hochgebornen Fürstlichen Weibern auch eine Engeländerin bekehret hat/diese/weil sie zuvor einen güldenen Stern angebetet/ und als Gott verehret/ hat sie/ zum Christlichen Glauben bekehret/ein Denckzeichen ihres vorigen Heidnischen Stands/ einen güldenen Stern/ so mit unzahlbaren Glöcklin resoniret/zurichten/und in der Kirchen zu Fulda/von Bonifacio erbauet/setzen lassen. Dises Machinament und Kunst-Wunderwerck/nach dem es etlich 100. Jahr gewähret/ und zur Zierd in der Kirchen zu Fulda gesehen worden / ist endlich der Abbt deß Orts/ wegen Kriegs-Unruh Gelds bedürftig/ gezwungen worden/den güldenen Stern anzugreiffen/ und das Geld under die Soldaten auszutheilen/ hat aber an statt deß güldenen / zum Gedechtnus einen andern Stern / von was Metall aber kan man eigentlich nicht wissen/dem vorigen gantz gleich/der gestalt und der Grösse nach/zurichten/und an den Ort hängen lassen/welcher noch heutigs Tags mit grosser Verwunderung daselbsten gesehen/ und mit höchster Süssigkeit gehöret wird. An beeden Enden des Wellbaums

baums hangen 2. grosse seidene/ künstlich gedrähte Sei= **Beschreibūg**
ler/dise gehen um im Rad oder Scheiben / . darinnen ein **dessen.**
Mann gehet/ den Stern drähet und beweget: der Stern
hat 14. radios oder Ecke / iedes Eck hat vom centro bis **14. Radii**
zum End 12. Werckschuch / an iedem radio hangen auf **iedet 19. gle=**
die 19. Glöcklin/welche/wann der Stern herum getriben **cten.**
wird/einen lieblichen strepitum von sich geben/ sonderlich
waÑ auf hohe Festtäg die Orgel/so gleich gegen über steht/
darzü geschlagen wird: inwendig im Stern ist mit uralte
Chäracteren die Jahrzahl geschriben/also: Anno Domi= **Was daran**
ni millesimo, quadringentesimo XV. noch weiter darin= **zu sehen.**
nen/gegen dem centro zu/ stehen underschiedliche Thier/
die man allerdings nicht erkennen kan / als geflügelte
Pferd/Hirsch/Drachen/Reuter/rc. Solte nun ein solch
Cymbel=Rad in it Glöcklin/ so harmonicè gegossen seyn/ **Wie man**
zugerichtet werden/ darzü mit underschiedlichen Gattun= **ein solch**
gen/also daß der eine radius mit campanulis, der 2. mit **Cymbel.**
crotalis, der 3. mit cymbalis,&c. behänget würde/würde **Radwerck**
es noch herrlicher und vortreflicher seyn/ja ein solch Cym= **zurichten soll.**
belwerck tönte ohn underlas beweglich gemachet werden/
wann ausser dem Kirchen=Tach ein Windwerck/ wie eine
Windmühle/zugerichtet würde/ so den innerlichen Well=
baum triebe/solte ein Lust und Anmuth zu hören seyn.

Machinamentum 5.

Wie man ein Clavicymbel zutrüsten solle/das
.neben dem seinigen natürlichen Thon/auch aller=
hand Geigen= und Säiten=harmony
von sich hören lässet.

Man mache ein Instrument ohngefehr 6. Schuh. **Deß Instru=**
lang/von aussen gebogen/wie ein grosse Baßgeigen. **ments seine**
oder Violon/darnach mache man ein Rad / so im diame= **Zurüstüng.**
tro 4. palmos hat/die Breite nicht grösser/als 2. oder 3.
Finger dick/dieses Rad / so mit seinem Wellbaum herum
gehet/soll man inwendig in dem Leib deß Instruments al=
so zurichten / daß nur der 6. Theil von der Circumferentz
deß

deß Rads herausgehe. Wann das geſchehen / ſoll man
das Inſtrument mit Thier-ſäiten/ nach der-Proportion
wie in einer Harpfen/beziehen/ alſo daß die gröſſere Sai-

te allezeit dem tiefen clavi C ſol. fa. ut. ů. ei ein ſtimme:
die übrige Säiten ſollen proportionirlich nach einander
folgen/wie die claves in dem Manual. Damit aber alle
Säiten ihre proportionirliche Länge haben/ſoll man einen
krummen Zug auf dem Bogen deß Inſtruments anlei-
men/welcher die Säiten obliquè ergreift/und ſie mit den
eiſern Nägeln feſt anziehet: die Saiten ſollen aber das
Rad nicht anrühren / ſondern von ſeiner äuſſerſten Circumferentz / um einen halben Finger davon ſtehen: Alle
Säiten ſollen aber ihre manubria haben/ welche alſo
künſtlich an die Spitzen der Palmulen im Clavier hinein-
warts gehend ſollen angebunden ſeyn/ daß ſo bald die claves getruckt werden/auch die manubria mit underſich getruckt werden/und die Säiten/welchen ſie reſpondiren/an

das Rad anſtrengen und antreiben/welches/wann es hinum getriben / und zuvor mit Hartz oder colophonio be-
ſtrichen wird/ſo gibts endlich eine Harmony von ſich/wie
die Geigen oder Säitenſpiel; oder man kan auch die gantze Circumferentz deß Rads mit Pferdshaaren umgeben/
und mit Geigenhartz beſtreichen/ dann weil die Säiten
auf dem Rad ligen/ſo wird daſſelbe eben das thun mit dem
ſtreichen und kratzen/was die Fiddelbogen auf den Geigen
thun; ſollen aber die Säiten harmonicè lauten/ſo muß
man entweder mit den Händen auf dem Clavicymbel
ſchlagen/ oder einen ſolchen cylindrum phonotacticum
wie oben angeregt/zuruſten/ der mit ſeinen dentibus die
claves truckt/und alſo die gantze machinam lebendig machet.

Machinamentum 6.

Wie man ein einigs Inſtrument zurichten ſoll/
welches allerhand ſonos und ſymphonias, allerhand In-
ſtrumenten/Geigen/Harpfen/Lauten/Theorben/Clavi-
cymbel/Orgel/Regal und anderer mehr/
von ſich hören läſſet. Das

DAs gantze Corpus deß vorgehenden Inſtruments/ Das gantze
ſoll in 3. contignationes und Abſatz getheilet wer- Corpus
den/ der 1. ſoll ein Clavicymbel in ſich halten/ mit aller muß in 3.
Zugehör; der 2. ſoll etwas weiter ſeyn/und allerhandPfei- Abſatz von
fenwerck/Orgel/Regal/alles mit ihren ſyſtematibus und liche Inſtru-
regiſtris diſponirt/in ſich begreiffen; den 3. Abſatz ſollen menten ge-
einnehmen die Blasbalg/cylindri und Räder. Endlich theilt werden
ſoll das Hauptwerck/ nemlich das Geigen-Clavicymbel/
darvon in vorgehendem/oben drauf geſetzet werden. Der
1. innere Abſatz hält in ſich ein Clavicymbel mit ehernen
Säiten zugerichtet/ſamt 3. Regiſtern/deren das 1. Regiſter einen ſonum eines einfachen und ſchlechten Clavicymbels von ſich gibt : das 2. mit Zuruckziehung der
Spring-docken einen Harpfen-klang/ welche Verände- Harpfen- uñ
rung deß ſoni beſtehet in gewiſſer Beifügung der Höltzer/ Poſaunen-
daran die Säiten anſchlagen/ und ſolchen Harpfen- ſo- clang wie er
num hören laſſen. Wann aber das 3. Regiſter promo- in einem In-
viret wird mit den hohlen Docken/ und den geſpaltenen ſtrument zu
taxillis, diſe wann ſie in die Säiten auffſpringen/geben ſie finden.
einen ſonum von ſich/ der den Poſaunen gantz gleich iſt;
kombt nun das vorige Machinament und Geigenwerck
hinzu/welches allezeit den obern und äuſſern Ort einnehmen ſoll/ſo hört man da allerhand Geigen- inſtrumenta,
und Säiten-harmonias. Es ſollen aber die palmulæ deß
obern Claviers paxillos under ſich haben/ welche auf den Dreifaches
palmulis deß undern Claviers ſtehen in der 2. Contigna- Clavier über
tion/ dieſe ſollen wieder under ſich haben eherne Griffel/ einander/ el-
welche auf den Ventillen der Orgel in der 3. Contignation das ander.
ſtehen/ daher wird ein palmula, ein paxillus, ein ſtylus
den andern trucken/in allen 3. Regiſtern/ daß alſo allerhand Symphonien/allerhand Inſtrumenten/können vernommen werden. Soll aber diß Machinament automa- Wie ſolch
tum ſeyn/von ſich ſelbſten lauten/ſo muß man die Waſ- Inſtrument
ſer-Orgel und die Wind-kammer darzu gebrauchen/ da- Automatiſch
von oben; dann der Wind gehet oben in die Windladen gemacht
der Orgel/das Waſſer aber treibet von unden den cylin- wird.

Q   drum

drum phonotacticum, diſer reget die Säiten/ ziehet die claves, bringet alſo allerhand ſonos und harmonias herfür.

Machinamentum 7.

Wie man ein Vogel-gſang/ oder anderer Vögel ihre Stimmen zurichten ſoll?

Wie man de Guckuck in einer Orgel zurichten ſoll.

Als muß geſchehen eben auf die weis/wie zuvor mit der Wind-kammer, und cylindro phonotactico, Ex. gr. Man ſoll ein Bild formiren wie ein Guckuck/derſelbe ſoll mitten auf der Windladen ſtehen/der Schwantz und Schnabel ſollen beweglich ſeyn/das geſchicht durch etliche Rigel/an welche etliche Seiler gebunden ſeyn/daher wann ein palmula underſich getruckt wird/ſo wird der eine Rigel an dem Schnabel mit underſich getruckt/der andere aber an dem Schwantz überſich gehoben werden/daß es alſo ſcheint/als wann der Guckuck ſpringen und ſingen wolte; ſeine Stim ſoll man im cylindro alſo auetrucken: in der Windladen ſoll man 2. Pfeifen verbergen/ſo in der

Wie man deß Guckucks ſeine Stimm in den Pfeiſen vorſtellen ſoll.

3. minore von einander underſchieden ſeyn/ an den Ventillen ſollen lange eiſerne Dräth ſeyn/welche unden bei dem cylindro an die manubria angebunden ſeyn / ſolche manubria, wann die Spitzen deß rotæ phonotacticæ ergriffen/ziehen ſie die Dräth underſich/ſo eröfnen ſich die Ventill/und läſt ſich alſo das Guckuckgſang vernehmen. Eben auf diſe weis kan man auch den Göcklerſchrey und andere Vögel-ſtimmen zurichten. Wil man dann deß Hirten-

Noch andere inventiones hiervon.

gottes Pans ſeine ſyringam imitiren und repræſentiren/ darf man nur 8. Pfeifen nach der 8. in die Windladen legen/und dieſelbe durch das rotam phonotacticam oder cylindrum lautend machen. Wil man ein Echo haben/ darf man nur für ſich hinüber einen andern cylindrum phonotacticum zurichten / und durch einen andern Canal aus der Wind-Cammer den Wind in das Pfeifenwerck führen/kan alles gar leichtlich practicirt werden.

Machi-

Machinamentum 8.

Wie man ein Pythagoriſche ſelbslautende Hammerſchmid-Muſic vorſtellen ſoll/nach der Proportion/ wie s. Schmid-geſellen auf dem Ambos ſchlagen.

Dieſes harmoniſche Machinament iſt noch under al- **Diß iſt das allervortrefflichſte Kunſtſtück.** len das vortreflichſte / iſt eine Pythagoriſche Muſic/ nach dem Hamerſchlag zugerichtet/ iſt oft an underſchidlichen Orten/für Fürſten und Herren / mit gröſter Verwunderung und contento ins Werck geſetzet worden. Die Compoſition ſelbſten iſt in 8. Stimmen/ und in 2. Chör getheilet. Die Zeit gehet in ſtätigem Tripel fort/die Menſur geben die Hämmer mit ſolcher Proportion / daß der gröſſere zum mitlern eine ſeſquialteram, und zu dem geringſten duplam proportionem hat/das iſt/in der 5.und 8. Der Schmidmeiſter ſtehet dà/ſingt den Text/mundert **Der Text/den die Schmid-Hammer-Muſic reſoniren läſt.** ſeine Geſellen zur Arbeit auf: adeſte validi vulcani ſocii, numeris melos efficite, cantemus, plaudamus, pulſate malleis; ſaltate ſocii, quid moras nectitis, ſocii cantemus, triplo cudite, &c. Die Geſellen fangen an auf den Ambos zu ſchlagen/triplato ſono, und in dem ſie alſo Tripelweis hämmern/ fangen die Singer an zu ſingen und zu täntzen / nach ſolcher Menſur / daß es ein Luſt und ein Wunder zu ſehen. Soll dieſes machinamentum automaticè vorgeſtellt werden / ſo gehören abermalen darzu die oben geſetzte Stück : die Windkammer/Waſſerrad/ **Beſchreibüg** cylindrus, gleich drüber ſtehet das Pfeifenwerck/ mitten **dieſes Kunſt-** drinnen ſitzt einer führt den Tact/ein Buch in der rechten **ſtücks aus** Hand haltend/ zur Rechten ſtehet ein Ambos/ mit dem **dem Kupfer-** Meiſter und 3. Geſellen/ die ſchlagen auf den Ambos tri- **bild.** platâ proportione, der Meiſter ſingt den Text: zur Lincken ſtehet ein Reihen tantzender Perſonen / welche nach ſolcher Proportion tantzen und ſpringen / ſind aber mehrers nicht/als hültzerne Bilder/aber künſtlich an Armen/ Füſſen und Häuptern alſo in einander gefüget/ mit eiſernen Dräthen angezogen / daß/ wann ſich der cylindrus

Q 2 phono-

phonoracticus unden beweget/ so ziehet er mit seinen spi=
tzen die manubria, daran die Dräth gebunden/ dardurch
wird alles lebendig und reg/daß solche Schmid=Music uñ
Hammertantz mit Lust und Verwunderung anzusehen ist.

Folget die Harmony.

Machinamentum 9.

Wie man ein harmonisches Kunst=werck zurich=
ten solle/das von sich selbsten lautet/ohne Bälg/Räder/
cylindris, blos vom freien Wind und Luft
getriben.

Autor hat dergleichen Instrument in seinem musæo gehabt.

Dieses Machinament ist nicht nur gantz neu/sondern
auch gar leicht und anmuthig/wird täglich in deß autoris musæo mit grosser Verwunderung vernommen.
So lang das Fenster verschlossen ist/ so lang schweigt das
Instrument/aber so bald nur ein Fenster eröfnet wird/so
entstehet plötzlich ein harmonischer sonus, daß man nicht
sihet noch weiß/woher er komt/ noch was es für ein In=
strument sei; soll aber also zugerichtet werden: Aus Fich=
ten=holtz/welches das allererthönlichste / als daraus alle
Säiten=instrumenta gemachet werden/5.Spañen lang/

Wie es soll zugerichtet und gestim=met werden.

2.breit/1.tief: soll 15. oder mehr gleiche Säiten haben/
von Thier=Därmen gemacht/ die Säiten sollen wie in ei=
nem Clavicymbel aufgezogen werden; die stimmung ge=
schicht nicht thonsweis/ sondern die Säiten müssen ent=
weder all im unisono, oder in der 8. gestimmet seyn/ und
ist doch wunderbarlich/daß solche Säiten underschiedliche
Harmony herfür bringen sollen. Der Ort/da diß Instru=
ment soll aufgehängt werden/ist nicht der freye Luft/ son=

Wie es gegen dem Wind hangen soll.

dern ein verschlossener Ort/doch also/daß der Luft auf bee=
den seiten freien Zu= und Weggäng hat. Der Wind kan
aber auf mancherlei weis constringiret werden / theils
durch conische und cochleirte Canäl/ theils durch Läden/
dann dardurch komt der Wind in das Instrument/ und
rühret alle Säiten/daß sie erthönen/nach dem aber dersel=
be sind oder starck/so vernimt man im Gemach ein Wun=
der=harmony; bisweilen erzittern alle Säiten/ bisweilen
hört

hört man ein Vogelgſang/ein Waſſer=Orgel/Pfeifen uñ
andere ſonos mehr. Soll aber ſolch Jnſtrument ohne
Aufhören erthönen / kan mans in einen offenen Thurn
hängen: wie nun derWind gehen wird/ſo wird es auch re=
ſoniren/nicht anderſter / als wie ein Wind=hahn auf den
Dächern. Ja man kan auch/ alſo einen fliegenden Fiſch/ *Fliegende*
Drachen oder Engel zurichten / der in der Luft einen ſo- *Fiſch/Dra-*
num gibt/den man nur mit einem Seil regiren kan. Daß *chen/Engel/*
aber eine Säiten underſchiedliche ſonos und tonos von *können alſo*
ſich gibt/iſt dieUrſach inæqualis venti impetus, ſintema= *werden.*
len der Wind nicht allezeit mit gleicher Hefftigkeit an die *Woher die*
Säiten anwehet/ ſondern bisweilen ſtärcker / ſchwächer/ *Säiten un-*
langſamer/ſchneller als das andere mal; komt hinzu/daß *derſchiedliche*
er nicht einmal wie das ander mal eandem partem chor- *ſonos geben.*
dæ anrühret/radius itaque venti, nach dem er ſo und ſo
in die Säiten fällt/verurſacht in derſelben ſolche und ſol=
che ſonos,&c. Daß aber die Säite bisweilen tremuliret/
iſt Urſach undulatio venti, welcher nicht allezeit recto *Woher der*
impetu, ſondern oblique wieWellen/die ſäiten angreifft/ *ſonus bis-*
und dieſelbe pari motu erthönend machet. *weilen tre-*
muliret.

Machinamentum 10.

Wie man ein ſympathiſcheMuſic anſtellen/oder ein ſolch Jnſtrument zurichten ſoll/welches blos per ſympathiam einen harmoniſchen ſonum von ſich gibt.

SYmpathica inſtrumenta ſind das / welche unberührt *Was ſym-*
erthönen/blos von anderer Jnſtrumenten ſono: die *pathica in-*
Urſach iſt die Wunder=gleichheit und Proportion der *ſtrumenta*
ſonoriſchen Leiber/alſo/wann eines movirt wird/ ſo movi= *ſeien.*
ret ſich auch das ander / wann es ſchon nicht iſt gerühret
worden. Dieſe ſympathiſche Proportion findet ſich nicht *Proportio*
nur in corporibus homogeneis, ſondern auch in hete- *ſympathica*
rogeneis, daher entſtehen viel und groſſeNatur=wunder;
Und zwar/daß ein Säite die ander movire in uniſonum,
diapäſon und diapente, wiewol ſie nicht gerühret wird/

iſt ge=

ist gewiß/wiewol sie desto stärcker tremiret / ie näher sie ist
dem unisono. Wir geben ein Exempel / in corporibus

Exempel in corporibus heterogeneis. heterogeneis, als da ist ein Pfeifenwerck und ein Säiten=
Instrument: Nim ein Instrument mit Säiten bezogen/
auf einem thonbaren Holtz/stimme die Säiten gantz rein
und vollkomlich zu der Orgel/also daß alle Säiten zu allen
Pfeifen vollkomlich unisoniren, darauf laß die Orgel
schlagen/und gehe du mit deinem Instrument so fern da=
von/bis du sihest/daß sich die Säiten moviren/ und einen

Die proportionirte Distantz muß man wissen. vollkommenen sonum von sich geben/und das ist seine pro=
portionirte Distantz: wann aber etliche Säiten sich nicht
moviren/ists ein Anzeigen/daß entweder die Distantz noch
nicht gleich/ oder die Pfeifen und Säiten nicht gleich ge=
stimmet seyn. Wil man aber ein Bild zurichten/welches

Wie ein bild sich zu einem sono bewegen soll. zu einem gewissen sono sich beweget/so muß es aus einem
porosischen Holtz zugerichtet seyn / muß dem corpori so=
noro proportionirt seyn / muß auf einem porosischen
Balcken stehen/und mit der Orgel gantz vollkomlich abge=
wogen seyn/so wirds den effectum sehen lassen.

Experimentum 1.

Wie man unberührte Säiten soll thönend ma= chen/vermittelst eines Glas.

Reibe das Glas/ und ziehe eine Säiten drü= ber. Nim einen gläsernen Becher/ reibe den Ranff mit ge=
netzten Fingern/wirstu bald einen klingenden sonum
vernehmen/ ziehe aber über den Becher eine Säite nach
dem gleichlautenden sono, so wirstu nicht nur den tre=
morem, sondern auch den sonum der Säiten vollkomlich
vernehmen. Nim etliche Becher/probire es mit etlichen
Säiten/wirstu ein wunderbare Harmony haben.

Experimentum 2.

Wie mans machen soll/daß einen geduncket/er höre grosse Glocken leuten.

Baß=Säi= ten mit einem ehern Blech oder einmal. Nim ein grosse Baß=säiten/ hänge daran ein ehern
Blech/ oder sonsten ein klingendes und erthönendes

col=

corpus, darnach faſſe beede End der Säiten/und wickle ſie
um den Finger/halt es für die Ohren/und ſchlag das han-
gende Blech an ein ander corpus, ſo wirſtu ſolchen ſonū
vernehmen / der viel gröſſer ſcheinet / als aller Glocken
Klang. Nimſtu aber an ſtatt diſes Blechs ein ehrin Regul oder Linial/ie länger ie beſſer/wirſtu ex gravi & acuto
einen greulichen förchterlichen ſonum vernehmen ; die
Urſach iſt tremor metalli tinnuti, welches der Säiten
den tinnitum mittheilet / dieſe führt ſolchen fremitum
für das Gehör/ dardurch wird der innerliche Luft mächtig beweget/daher gedunckel einen/er höre den allergröſſeſten ſonum. Wiltu aber gar einen lächerlichen ſonum
hören/ſo nimb eine aufgeblaſene Blaſen / darinn etliche
Steinlein/ziehe darüber eine groſſe Säiten / ſtreiche ſie
mit dem Fiddelbogen/ wirſtu nichts lächerlichers hören
können : Urſach/eine Säite gibt den ſonum von ſich nach
Beſchaffenheit der Leiber/ſo derſelben an ſtatt einer Brücken undergeleget ſind.

*Was die ur-
ſach dieſes
Wunder-
ſoni.*

*Lächerlicher
Sonus von
einer Blaſen.*

Experimentum 3.

Wie ein Tauber die Muſic vernehmen
könne.

Eine Laute mit einem langen Hals kan diſe Prob ins
Werck ſetzen : Nim eine Lauten mit Säiten bezogen/
laß den Tauben mit den Zähnen an letzern Theil deß Halſes anrühren/und darnach die Lauten ſchlagen/ſo wird er
die Harmony vernehmen ; dann der ſonus der Lauten/
ſo durch den Hals in den Mund geführet iſt/ erregt wunder-mächtig durch die nervos in dem Hör-organo die hörende Kraft ; Eben alſo wird auch ein Tauber den Glo-
cken-Klang vernehmen. Verhält ſich eben hiermit/als wie
mit einem langen Balcken/der den ſonum propagirt/da-
von oben.

*Soll mit den
Zähnen den
Hals der
Lauten rüh-
ren.*

*Wie er den
Glöcken-
Klang ver-
nehmen wird.*

Q 4 PARS

PARS V. CRYPTOLOGIA MUSUR-
GICA, sive ARS STEGANOGRAPHICA.

Eine verborgene Music/ geheime Schreib-kunst/
wie man verborgene Gemüts-gedancken durch die sonos
zweien oder mehr guten Freunden in der Ferne communiciren soll.

Gleichmässiges hat der Autor geleh-ret in sei-nem Buch de luce & umbra.

Gleich wie der Autor in seiner grossen Kunst de luce & umbra gelehret hat / daß durch diese Natürliche objecta, geheime Gemüts-Concepten den Abwesenden tönten beigebracht werde/ also lehret er solches hier auch/ daß es durch die sonos geschehen könne / ohnerachtet/ daß dise verborgene Mittheilung der Gemüts-sachen / durch das Gesicht in ein ferneres spatium geschehen kan / als durch den sonum, iedoch ist alles beedes gar leicht und

Dise Kunst ist zweifach.

müglich. Es ist aber dise Cryptologische Kunst zweifach/ vocalis & muta. Die lebendige ist/wann wir mit einem offenbaren sono in ein weites spatiū einem guten Freund unsere verborgene Gemüts-Meinungen entdecken. Die stumme ist/wann solche communicatio geschiehet durch Musicalische Buchstaben oder Noten-zeichen/so mit einer unerforschlichen Schreibkunst zusammen gesetzet werden.

§. 1. Cryptologia Musurgica.

Geschicht in die Fern und in die Nähe.

Bestehet darinnen/ daß man seine Gemüts-Concepten einem andern in der Fremde mittheilen kan: geschiehet 1. in das allerentlegenste spatium, durch allzu gewaltige sonos. 2. In ein nähers spatium , durch verborge-ne Röhren/so nach der Echotectonischen Kunst zugerich-tet sind. Dorthin gehören alle grobe Kriegs-geschoß/Car-thaunen/welche man/nach dem der Wind günstig ist/bis-weilen auf die 90. Meil Wegs hören kan. Ein solch Horn

Alexand. M. Kriegshorn.

hat Alexander M. gehabt / von solchem hefftigen sono . daß so oft er gewollt / hat er sein gantzes Kriegsheer / hin und wider zerstreuet / gleichsam vor sich stellen können. Also kan man ein Musicalisches Alphabeth zurichten/

daß einem ieglichen Buchstaben ein gewisser sonus respondiret, und man also dardurch einem Bekandten in der Ferne seine intention zu verstehen geben kan. Darzu könten auch gebraucht werden die Posaunen / Trummeln / Glocken / und andere dergleichen Instrumenten mehr / so eines hefftigern soni vor andern seyn. Doch hat dise Kunst auch dise Beschwärligkeit / daß neben den grossen Unkosten / sie gar leichtlich / wegen deß gewaltsamen soni, welcher nicht verborgen seyn kan / in Verdacht gerath / und sich selbsten verrathen muß. Wollen wir aber / doch speculativè und mathematicè darvon reden / auch nach der Experientz in der Echonischen Music / so ists gewiß / daß ein sonus innerhalb deß spatii eines minuti secundi, 100. geometrische Schuh verrichtet / und also 2. Meil Wegs spatio unius minuti primi einer Stund. Daraus folgt auch / daß vermittelst solcher gewaltsamen Sonen / und nach gewisser Abtheilung solcher Vocal-Instrumenten / wann sie successivè vernommen werden / man innerhalb 60. Stunden / als 2. Tag und 12. Stunden / wissen kan / was in der gantzen weiten Welt geschehen ist. Besser aber ist es / wann diese Cryptologische Kunst in der Nähe angerichtet wird / mit den jenigen Instrumenten / so in der Echotectonischen Kunst beschriben worden / als da sind allerhand Canäl / recti, conici, elliptici, cochleati, so von einem Ort in den andern / mit einem verborgenen Gang geführet werden; Auf dise weis können 2. gute Freund auch fern von einander stehend / mit einander reden / und als gegenwärtig / ihre Intention eröfnen; ja so viel Underschied sind der Sonen / so viel Weis können seyn / die conceptus einem andern beizubringen. Also können die Pfeifen / Cymbeln / Schellen / Glöcklin / Säiten / mit ihrem sono Zeichen und Sinnbilder seyn / der menschlichen / so einfach / so singbaren Stimm; ex. gr. Man theile das Alphabet in 6. Ordnung oder Reyen / lege iedem 4. Buchstaben bei / und ein gewisse Art deß soni, wie in folgender Tafel zu sehen ist.

Wie man ein Thon-Alphabeth mit allerhand Instrumenten zurichten soll.

Geschwinde Fama / in dritthalben Tagen wissen was in der gantzen welten Welt geschehen.

Was für Instrumenten /

Was für Sonen darzu sollen gebraucht werden.

Ordo.

Exempel ei-
ner solchen
thonbaren
Red.kunst.

1.	2.	3.	4.	5.	6.
1 2 3 4	1 2 3 4	1 2 3 4	1 2 3 4	1 2 3 4	1 2 3 4
a b c d	e f g h	i k l m	n o p q	r s t u	w x y z
o o o o	o o o o	o o o o	o o o o	o o o o	o o o o

Pfeif. Cymbel. Glöcklin. Säiten. Klappern. Stimm.

Erklärung
desselben mit
den Wörtern
veni cito.

Der Gebrauch dises Alphabets stehet darinnen/ ex.
gr. man wolte einem guten Freund dise Wörter andeuten/
veni cito, da muß man alle Buchstaben wohl in acht neh=
men; der i. ist das u. der gehört aber in den 5. Buch=
staben=Reyen/und hat den 4. numerum/disem nach wer=
den 4. Klapper=soni disen Buchstaben anzeigen. e. ist der
2. Buchstab/gehört in den 2. Reyen mit den Cymbeln/unn
respondirt dem numero 1. wird also mit einem einigen
Cymbel=sono angedeutet/ und so fortan von den andern
Buchstaben. Die Nullen oder Ringlen deuten an die Ta=
fel mit Löchern zugerichtet/ darinn man/ so bald man den
sonum vernimt/ den Ort mit einem Steinlein bezeichnet/
doch daß man alle Tafeln ordentlich nach einander setze.

§. 2. Steganographia musurgica.

Wie man
mit Music-
Noten schrei-
ben soll.

Bestehet in einer unerforschlichen Kunst/ durch Musicalische Noten=characteres zu schreiben: ist aber gar un-
derschidlich/ 1. können die Clavier selbsten darzu gebrauchet werden/ also daß ein iegliche clavis ordentlich einem
Buchstaben in dem Alphabet correspondiret; 2. durch Musicalische Noten / entweder im Auf= oder Niedersteigen/
doch also/ daß die breves das Auf= und die semibreves das
Absteigen andeiten: auf dise weis kan man einem under
den Music=Noten seine verborgene Gemüts=Sinne gar
leichtlich vorschreiben und offenbaren/ und dasselbe ent=

Geschicht uff
underschidli-
che weis.

weder in gleichem oder ungleichem Valor/ in einem oder
underschiedlichen clavi bezeichnet. Andere gehen so weit/
daß sie ihre Kunst=gedancken/ ingeniosas allusiones, mit
Music=Noten ausdrucken/ und einem andern offenbaren:

Ja

Ja etliche laſſen gar gewiſſe Sylben aus/welche die Mu-
ſic-wörter andeiten/und geben dardurch etwas ſinnreiches
zu vernehmen/wie in folgenden Exempeln zu ſehen iſt:

a b c d e f g h i l m n o p q r ſ t u x y z.

Folgen etli-
che Alphabet
und Exempel
diſer verbor-
genē Schreib
kunſt/ durch
Muſicaliſche
characteres;

C e d e r e C o g e m u r.

a b c d e f g h i k l m n o p q r ſ

t u w x y z.

O m n i a i n p e j u s r u-

Omnia in
pejus ruunt.

u n t. dũ tollitur aulic°inqt,dũ cadit alter ait.

fa la re mi ut ſol

fama latere nequit,micat ut ſol inclyta virtus.

fama latere
nequit, &c

Der

Der grossen Kunst
Vom Zusammen= und Wider=
stimmigen Thon/

LIBER VI. ANALŌGICVS.

DECACHORDON NATURÆ,

sive ORGANON DECAULUM.

Ein zehenfa=
che Orgel ist
die gantze
Natur.

Darinnen angezeiget wird/ daß die gantze Natur al=
ler Ding/in allen Stücken auf die Music und Harmoni=
sche proportiones gesehen habe/so gar/ daß die Natur uñ
die gantze Welt nichts anderster zu seyn scheinet / als ein
vollkommene Music/und Musicalische Harmony.

Vorrede.

Daß ein
Gott sei/wo=
her es die
Heiden ge=
mercket/und
was sie für
deliria
hiervon ge=
habt.

DAß ein Numen oder Gott / und göttlichs Ding in
der Welt sei/ haben under anderm auch die Heiden
gar wohl aus der wunderweisen Ordnung aller Ding ge=
schlossen/ weil sie aber das Liecht deß Glaubens nicht ge=
habt/sind sie darbei in grosse grobe Irrthum gefallen / al=
lerhand monstra ingeniorum ausgebrütet: Etliche ha=
ben vermeint/die Welt sei selbsten nichts anderster/als ein
grosser Gott oder göttlichs Ding / so an statt deß wahren
Gottes anzubeten sei. Andere haben darfür gehalten/der
Geist oder die Seel der Welt durchtringe alles mit ihrer
Kraft/und constituire alles wesentlich. Andere/und son=
derlich die Araber/haben eine Calchodeam ertichtet / so
eine Fürsteherin sei aller Welt=Ideen / und allen Dingen
ihre formas mittheilete. Aber das sind Fabeln. Wir sa=
gen/die Natur aller Ding sei nichts anderster/als eine ge=

Harmonische
Propo=tion
findet sich in
der gantzen
Welt.

meine/grosse und warhaftige Kunst deß allweisen Schöpf=
fers/und deroselben Kraft / so allenthalben durchtringet/
sei nichts anderster/ als eine Harmonische Proportion/
dardurch alles ordentlich disponiret und erhalten wird /
welches

welches auch der einige Ursprung ist aller der jenigen
Wunder-Würckungen / so in dem Schos der Natur verborgen ligen. Dann wann wir alle gradus der natürlichen Ding durchgehen / befinden wir in allen verborgene
consensus & dissensus, Natürliche Ein- und Wiederstim- *Consonä &*
mung/ leges otii & amicitiæ, dardurch alle Sachen mit *Dissonum*
einem freundlichen concursu vereiniget / und mit einem *findet sich in*
feindlichen disjungiret werden/ dannenhero bestehen alle *allen dingen.*
entia ex consono & dissono, haben ihre harmonische
proportiones, werden diese von der Natur genommen/so
wird ein confusum chaos draus/muß endlich alles wider
zu nichts werden. Hier findet sich die Ursach der Kräften
in den Steinen/Kräutern/Thieren/und derselben Eigen-
schaft/da stehet Thier und Thor offen/zu einer natürliche *Hier gründet*
Magi und geheimen Natur-Wissenschaft / wer hier die *sich Magia*
consona den dissonis appliciret/ der wird Wunder-effe- *naturalis.*
ctus in allen Dingen herfür bringen/ja in der gantzen Natur wird ihm nichts verborgen/nichts unmüglich seyn.

PARS I. ORGANUM DECAULUM.

CAPUT I.

Da Gott einem Organisten/ und die Welt einer Orgel verglichen wird.

DEr grosse und unbegreifliche Gott von Ewigkeit/der *Wie Wun-*
vor Erschaffung einiger Natur/das höchste vollkom- *der, welche*
menste/ihme selbsten allergnugsamstes Gut gewesen/ hat *Gott alles*
in der Zeit/aus keiner Noth oder Mangel getriben / blos *erschaffen un*
den unerschöpflichen Reichthum und überfluß seiner Gü- *geordnet ha-*
tigkeit zu erweisen/die Welt erschaffen wollen / und zwar *be.*
nicht mit einer confusen unordentlichen Ordnung / oder
sonsten cemerariâ efficientiâ, unbedachtsamer Würckung der erschaffenen Ding/sondern mit höchster unaus-
sprechlicher Weisheit also concinniret/damit der Mensch
filius mundi, wann er blos dises grosse Welt-gebäu oder
κόσμον mundi, die Zierd/Wohlstand/ unverletzliche
Ordnung

Ordnung der Welt/und aller inbegriffener Ding betrachten solte/ den allmächtigen wunderweisen Werckmeister
erkennen/verwundern/verlangen/lieben/ehren/und endlich ewig besitzen möchte; Ist also die Welt mit ihrer Ordnung und Zierd ein idea und Bildnis der unsichtbaren
Gottheit/so diese als ideam idearum, welche alles gantz
vollkomlich in sich schließt/ als die höchste vollkommenste
monadem oder Einigkeit/so aller Numeren Proportion
mit ihrem unbegreiflich-weiten centro in sich begreift/
gleichsam sichtbarlich und empfindlich vorstellt. Ja weil
der ewige GOtt ist die einige Zahl der unendlichen Voll-
kommenheit/ das unendliche Gewicht und unermeßliche
Mensur/hat er alle Ding in gewisser Mäs/Zahl und Gewicht erschaffen/so viel distrahirte underschidene Sächen
gleichsam in ein centrum bringen/und dieselbe mit einer
höchsten symmetria und harmonischen Proportion zieren
und vorstellen wollen/damit also eine immerwärende Lie-
be/Einigkeit/Einstimigkeit/ja gleichsam die allervollkommenste Symphony und Zusammenstimmung bei allen erschaffenen Dingen/so wol mit ihrem Schöpfer/als under
sich selbsten sich ereignen möchte. Weil dann die Music
oder Harmony nichts anderst ist/ als ein gewisse Zahl/
Maß und Gewicht / die Welt aber/nach Platonis Mei-
nung/ist eine Harmony/so alles in sich begreift/die Natur
aber Gottes Kunst/ eine harmonisch überein stimmende
Kraft aller Ding / ja weil die Welt ein vollkommenes
Bildnis ist Gottes/so folgt nothwendig/nach der Analogy
und Gleichheit jener Archetypischen und ewigen Harmo-
ny/sei die Welt und die Welt-Harmony von Gott erschaffen worden/so gar/daß die gantze Natur/als Gottes Kunst
in allen Welt-Verrichtungen/ auf die musicalische proportiones gesehen habe.

Wie Gott der allweise Schöpfer in den 6. Tag-
wercken/mit den Creaturen/wie ein verständiger
Organist/gantz wunder. welolich gespielet hab.

Gleich

Gleich wie demnach ein Werckmeister / der ein Orgel *Ein verstän-*
zurüsten wil/erstlich under schiedliche Zubereitungen *diger Orgel-*
vor sich nimbt/und damit gleichsam den ersten Grundsatz *er ordentlich*
leget / darnach macht er allerhand Pfeifen und Canäl/ *procedire in*
dardurch der Wind und Luft hin und her geführet wird : *Verfertigung*
und damit die Harmony desto anmutiger werde/richtet er *eines Orgel-*
underschidene Register oder canones zu / nach diesem die *wercks.*
Blasbälg und Windfäng / durch deren Bewegung der
Luft herbei gezogen/und durch die Canäl in die Windladen
getriben wird/letzlich disponirt er das Clavier/als den letzten directorem seiner Kunst / darauf man mit Fingern
schlägt/die palmulas under sich truckt/die Ventil eröfnet/
und nach dem die Register gezogen werden / läst sich die
Harmony mit höchster Wollust hören und vernehmen.
Eben auf dise weis hat auch Gott dise grosse Welt-Orgel *Wird alles*
nach seiner Wunder-Weisheit / gleichsam als ein conso- *auf Gottes*
no-dissonum zugerichtet : 1. hat er mit seinem Macht- *Schöpfung*
wort den unförmlichen Klumpen/das confusum chaos, *allegoricè*
hylen illam informem erschaffen / damit gleichsam den *gezogen.*
Grund gelegt zu dem folgenden Orgel-bau. 2. hat er die
Pfeifen abgemessen/so gleichsam wie die Grund-Formen
in solchem unförmlichen Klumpen verborgen gelegen.
3. hat er mit dem Geist seiner Gottheit / so auf dem unförmlichen Wasser geschwebet / den Luft und Wind zum
künftigen Orgelwerck erschaffen / und demselben gleichsam ein- und angeblasen. 4. hat er die Creaturen in underschidene ordines und Reihen gleichsam als in gewisse
registra ein- und abgetheilt. 5. hat er das Clavier deß gantzen Wercks / als gleichsam die Seel und das Leben aller
Ding / nemlich die Natur seine Kunst-übung hervor ge-
bracht/und allen Creaturen eingepflantzt. Letzlich/da das
Werck also vollendet gewesen/hat der höchste archimusi- *Der Natur*
cus das gantze Orgelwerck mit seines Geistes Blast ange- *Wunder-*
blasen/lebendig gemacht/das Clavier gedruckt/die Natur *Harmony/*
seine Kunst reg gemacht / also solche Wunder-Harmony *so sich täglich*
herfür gebracht/die wir bis auf den heutigen tag mit ver- *hören läst.*
wunderung anhören müssen,

6. Grosse Register in der Welt-Orgel/nach den 6. Tagwercken.

Der Sub-
Baß hat den
Empyrischen
Himmel her-
für gebracht.

Das 1. Re-
gister be-
greift in sich
die 9 Chör
der Engel.

Das 2. Re-
gister begrei-
fet in sich die
4. Elemen-
ten.

Das dritte
Register be-
greift in sich
allerhand
Erdgewächs.

DAs 1. Register/gleichsam die Proslambanomenon oder Subbaß/hat er durch sein Macht-wort am Anfang gleich der Schöpfung eröfnet / so bald das erschallt/ ist da gestanden cœlum empyreum, (nach der Jesuiten Meinung) so mit unzahlbaren Engeln und seligen Geistern/in 9. Chör oder Ordnungen abgetheilt / erfüllet gewesen: was ist aber das anderster / als ein decachordon oder zehenfältiges Instrument/oder ein harmonische Music-Leiter / da die 9. erste Säiten die underschiedene Chör der Engel / die zehende aber den choragum und Capellmeister selbsten / den höchsten Gott / als den Himlischen Apollinem andeiten thut. Ja was ist die Erd samt dem Liecht/am ersten Tag erschaffen/ anderster gewesen / als gleichsam ein præludium und Vorspiel der underschiedlichen Formen/so bald darauf in die Materj sind eingeführet worden: weil aber der undere Theil dises Registers etwas unannehmlichs hat lauten wollen/ob confusum melos, weil es noch nicht rein eingestimt gewesen / auch seine gebürende Perfection noch nicht erlangt hatte/als ist darauf gefolget das 2. Register deß andern tags/ so bald dises ist eröfnet/und durch die Machtstim Gottes/wie auch das kräftige Anblasen deß Geistes Gottes / lebendig gemachet worden/so ist Wasser von Wasser geschieden/ die Erd in ihren Bauch eingeschlossen/das Trockene entdecket worden/da dann der Luft in dem weit und breit ausgebreiteten Firmament ein überaus schönes proscænium von sich gegeben/und ein überaus liebliche Harmony/nebenst den andern Elementen und derselben ordentlichen Zusammenfügung/von sich hören lassen. Weil aber auch also noch etwas unvollkommenes mit undergeloffen/ als ist darauf erfolget das dritte Register deß 3. Tags/ welches/so bald es erthönet/hat die Erden / gleichsam als wie ein Orgel von dem Organisten künstlich geschlagen / unzahlbare

Manch-

Manchfaltigteit allerhand Kräuter / Pflantzen/Bäum/
Samen/Blumen und Früchten/von sich wachsen lassen/
was sind aber das anderster gewesen / als so viel underschidene moduli, Clauseln/ Fugen der göttlichen Orga-
nisten-kunst/welche/wiewol sie der Natur nach underschiden gewesen/und also dissoniret gegen den andern/sind sie
doch von dem allweisen Orgelschläger also schön und zierlich resolvirt/ applicirt und mit einander vermischet wor-
den/daß eine wunder-liebliche Harmony daraus entstanden.   Das 4. Register deß vierten Tags/so bald es reso-
niret/da sind Himmel/ Sonn/ Mond/Planeten/ Stern/
gleichsam aus ihrem thalamo herfür gangen/das gantze
Firmament ist mit unzahlbaren Sternen und Liechtern
gezieret worden/ihre motus, periodi, Einflüß und Eigen-
schaften/was sind das anderster gewesen/als harmonische
Melodien/so under dem grossen Zeit-conlono und dissono, das ist/dem Tagslicht und Nachtschatten verborgen
gelegen. Damit aber der himlische Organist auf diesem
grossen Welt-Orgelwerck noch mehr variren möchte / ist
gefolget das 5. Register deß 5. Tags/da das Wasser unzahlbare Meng der Thier mit ihren Qualitäten/Kräften
und Eigenschaften underschiden/von sich selbsten/als aus
ihrer Materi hervor gebracht hat/welche/weil sie underschiedliche leges conlensus & dillensus, der Lieb und deß
Hasses in acht nehmen / ist daraus ein wunder-künstliche
Harmony und Symphony gleichsam ex consonis & dissonis entstanden; weil aber an diesen Kunst-übungen der
allweise Schöpfer sich noch nicht hat wollen contentiren,
als ist darauf erfolgt das sechste und letzte Register deß 6.
Tags/da die Erd allerhand vierfüssige Thier in underschidene Art und Gattungen/ als in gewisse classes eingethei-
let/herfür gebracht/da abermalen ein neue Wunder-mu-
sic/wegen Underschied der Specien / gleichsam ex consonis & dissonis ist zu hören gewesen. Gleich wie aber ein
künstlicher Organist / wann er zuvor alle Register absonderlich durchgangen und probiret, endlich das gantze

Marginal notes:

Das 4. Re-
gister begref-
fet in sich die
Planeten uñ
Stern am
Firmament.

Das 5. Re-
gister be-
greifft in sich
die Fisch und
Vögel.

Das 6. Re-
gister be-
greifft in sich
die vierfüssi-
ge Thier.

R   Werck

Werck/alle Register zusamen ziehet/ die allgemeine Con=
sonantz aller Pfeifen zu vernehmen; Also hat auch der
ewige archimusicus, nach den 6. absonderlichen prælu=
diis der 6. Tagwercken/endlich die gantze grosse Welt=Or=

Die kleine Welt ist der Mensch/ da sind alle Register zusammen gangen. gel zugleich ergehen lassen / in dem er den Menschen/ als
die kleine Welt/ die allervortreflichste Creatur erschaffen/
und in demselben/als in dem Special=Zweck und Ziel al=
ler erschaffenen Ding / mit einer allgemeinen Harmony
gespielet hat: dann neben seiner vernünftigen unsterbli=
chen Seel/welche er mit so viel Natur= und Gnaden=ga=
ben ausgerüstet/ hat er den Menschlichen Leib mit solcher
Symmetry und proportionirlichen Gleichheit zugerich=
tet / daß alle concentus, so in allen erschaffenen Dingen
underschieden sind / in dem einigen Menschen/als in dem
kurtzen Begriff der grossen Welt/versamlet und vereini=

Wunder= kunst diser Natur= und Welt=Orgel. get zu finden seyn. Und das ist also die grosse Welt=Orgel
und derselben Wunder=bau/die Zurichtung der Register/
die Windgäng/die Manchfaltigkeit der Pfeifen/deß Welt=
Organisten seine unnachthunliche Geschickligkeit im Or=
gelschlagen/und dann der wunderbare Concent der gan=
tzen Welt selbsten. Damit wir aber ordine harmonico
fortgehen/wollen wir die 10. Welt=Register nach der ze=
henfachen Abtheilung aller Weltlichen Ding/ absonder=
lich durchgehen/und darmit in specie erweisen/ daß Gott
und die Natur/als Gottes Kunst/in allen Dingen auf die
harmonische proportiones und formas gesehen haben.

Registrum 1. oder Symphonismus,
die Zusammenstimmung der 4. Ele=
menten/und zwar erstlich der
Erden.

Die Erd ist gleichsam die tiefe Baß= saiten. DIe 4. Elementen besitzen den understen Ort in diser
Welt=Orgel/wie bekant; die Erd mit ihrer Harmo=
ny ist gleichsam die proslambanomenon, die allertiefeste
Baß=saite. Daß aber dise harmonicè von Gott erschaf=
fen sei/bezeuget klar die harmonische Disposition der Cli=
maten/

ſtaten/Welt= und Himmels=Gegenden: ſintemalen iede
Landſchaft ihre Vergleichung hat zu der Sonnen/ welche
gleichſam wie ein himliſcher Apollo/nach dem ſie ihr plectrum gebrauchet/das iſt/mit ihren Stralen bald da oder
dorthin anſchlägt/ ſo erweckt ſie allerhand harmonias in
diſer undern Welt. Daher ſagt Vitruvius, die gantze conception der Welt / ſei ihrer inclination nach gantz voll=
komlich überein ſtimend/ nach der Temperatur der Son=
nen harmonicè angerichtet / ſo gar/ daß die Sonn/ nach)
dem ſie nah oder fern von einer Landſchaft iſt/und die wäſ=
ſerichte Feuchtigkeit austrucknen könne/ den Underſcheid
der Menſchen/ihrer Geſtalt/Eigenſchaft/ Farben/ Sta=
turen/Haar/Sitten/auch gar ihrer Sprachen undReden
verurſachen ſolle/ja er gehet ſo weit/daß er ſagt/die Welt=
kugel von dem Mittag gegen Mitternacht gerechnet/ver=
gleiche ſich einem trigono oder harmoniſchen ſambucâ
dreieckicht zugerichtet/nach der form unſerer Harpfen/ſe=
tzet/die jenige/welche den Mitternächtigen Welt=Pol und
Himmels=Punct etwas weniger über ihrem Horizont er=
höhet haben / die hätten auch eine reinere und ſubtilere
Stimm: die jenigen aber/welchen der polus etwas mehr
erhöhet ſei/die hätten auch eine tiefe und gröbere Stimm.
Nun iſt es zwar nicht ohne / die Experientz bezeugts / daß
oftmalen under einem und gleichem climate hohe und tie=
fe/auch temperirte Stimmen gefunden werden/ ja under
der Aequinoctial=Lini/darunder Vitruvius die Säiten ne-
ter, das iſt/die allerhöchſte und reineſte Stimm ſetzet/ ha=
ben die Menſchen gemeiniglich die allergröbſte und ver=
dumpfeſte Stimmen/als in Neu=Hiſpanien/und andern
der Zonæ torridæ underworffenen Ländern: dargegen in
Zona frigida.als bei den Lappen/ Jsländern und Scrit=
Finnländern/ haben die Menſchen gemeiniglich die aller=
reineſte Stimmen. Dann wiewol dieſe kalte Länder viel
Feuchtigkeiten haben/und diſe den Einwohnern ein grobe
Stim bringen ſolten/wieVitruvius wol ſchließt/iedoch hat
daſelbſten auch die Kälte eine verbrennende und verzeh=

R ij   rende

(Randglossen:)

Woher der Underſcheid der Menſchen in allen Ländern.

Woher die grobe und reine Stimm nach Vitruvii Meinung.

Zona torrida & frigida was ſie für Underſcheid bringen in der Stimm.

rende Kraft/dardurch die Leiber nicht nur constringiret/ sondern auch gantz ausgetrocknet werde/ auf welche Austrocknung nothwendig eine reine und hohe Stim̃ folgen muß; dargegen die Zona torrida, weil sie neben der grossen Hitz auch grosse Feuchtigkeit hat von dem Regenwetter/Flüssen/Säen/und dem allzu nahen hohen Meer/als bringe sie nothwendig obtusas und graves voces. Dieser Irrthum ist aber dem Vitruvio leichtlich zu vergeben/ als welcher zu seiner Zeit von disen underschidenen Zonis gar keine Wissenschaft gehabt: iedoch ist er in dem zu loben/ daß er die Ursach der hohen und tiefen/ reinen und groben Stimm/setzet in der Kälte und Wärm / Feuchtigkeit und Trückene der Länder. Wir erklären aber dise Harmony der irrdischen Welt also/daß wir sagen/alle Oerter der Erden/abstrahirt von ihren climatibus, zeigen tiefe und grobe/oder reine und hohe Stimmen / nach dem sie mit Kält und Feuchtigkeit/oder mit Wärm und Trückene begabet sind : also die Lusitaner/ohnerachtet sie mehr mittägiger sind als die Castilianer / haben sie doch ein gröbere Stimm als dise/die Ursach ist/ daß jene Landschaft viel feuchter ist als dise/ welche zimlich bergicht ist : Also die schwefelichte und trockene Länder wie Sicilia und Calabria/bringen viel reinere Stimmen/als die Landschaft bei Rom/welche etwas feuchter ist. Ist also die underschidene Eigenschaft und Beschaffenheit der Horizonten die einige Ursach der underschiedenen Sprachen und Stim̃en bei allen Völckern/so fern sie nemlich aus den 4. Elementarischen Eigenschaften herzunehmen ist. Auf diese weis köñen wir durch 8.combinationes achterlei Underscheid und intensiones der Stimmen bei den Einwohnern deß Erdbodens anführen / welche den gradibus einer diapason vollkomlich übereinstimen. Dann 1.diejenige Menschen/ so an feuchten und kalten Orten geboren werden/ als bei fliessenden Wassern/grossen Seen / die haben eine grobe und tiefe Stim̃/wie in einem octochordo ist die underste Säite hypate, sintemalen die Kälte in dem feuch-

ten

Margin notes:

Davon hat *Vitruvius* nichts gewußt.

Die Beschaffenheit deß *horizontis* in allen Ländern abstrahirt von ihrē *climatibus,* macht den Underscheid der Stimmen bei allen Völckern.

Nach den 8. *gradibus* einer Octav können achterlei Underscheid der Stimmen bei allen Menschen gesetzet werden,

ten/ die Glieder mächtig erweitert. 2. Diejenige/ so an
warmen und trockenen Dertern geboren und erzogen wer=
den/die haben eine hohe zwitzerende Stimm/wie die Ver=
schnittene/wie in dem octochordo die höchste und reine=
ste Säite nete ist. Welche aber vors 3. in temperirten
Dertern wohnen/die erlangen auch eine temperirte Stim̃
aus dem Warmen und Trückenen / und aus dem Kalten
und Feuchten/respondirt in dem octochordo der Säiten
mese. Welche aber 4. an solchen Dertern geboren wer=
den/welche zwar nah zur Wärm und Trückene kommen/
iedoch noch etliche gradus von der Feuchte und Kälte be=
halten/die bekommen ein solche Stim̃/welche der Säiten
parhypatæ und hypomesæ einstimmig ist. Wiederum/
die jenige/so an solchen Dertern wohnen / welche zwar der
Kälte und Feuchtigkeit zimlich nah kommen/doch noch et=
liche gradus behalten der Wärm und der Trückene / die
haben eine Stim̃ der hypoparanetæ und der paranetæ
respondirend.   Hierbei ist aber zu mercken / alle Climata der temperirten Zonæ haben dise Eigenschaft/ daß
sie die Stim̃ erhöhen oder vertiefen/ nach dem sie grössere
oder geringere Breite haben. Also in Teutschland ist die
hypate, tiefste Stimm/viel grösser/ wegen der Kälte/ als
in Italien/oder aufs wenigste ñm einen Ton / und also
folglich das gantze lystema der völligen Octav. Ja die
Stim̃en ändern sich auch nach den underschiedenen Jahr=
zeiten/ weil sie zu Winterszeit viel tiefer lauten als zu
Sommerszeit.   Diese Varietät findet sich auch in den
Instrumenten selbsten. Dann 2. irdene Kelch oder Be=
cher/deren der eine weniger gebrent ist als der ander/und
folglich mehr Feuchtigkeit hat/ dise haben auch underschi=
denen sonum: Eben so gehets auch mit den Säiten. Zu
verwundern ist sichs aber / daß sich das Gegentheil befin=
det in den Kunst=sonis, sintemalen zu Rom die Orgeln
und andere Music=Instrumenta/als Clavicymbel / umb
einen gantzen Ton tiefer/als zu Neapoli/ und ein semitonium tiefer als zu Florentz gemacht und gestimmet wer=

Climata
Regionum,
und die Jahr=
zeiten ändern
die Stim̃.

Beweißthum
von 2. Be=
chern.

Warum die
Music=In=
strumenta an
einem Ort
höher oder
tiefer als am
andern ge=
stimet werd̃.

R iij   den/

den / zu Venedig aber um einen gantzen ditonum als zu
Neapel/die Ursach kan nicht so sehr in die Natur der Län=
der/als welche einander gar nah verwandt sind / geleget
werden/als in die eingewurtzelte Gewonheit/da dise ande=
re modulos höher oder tiefer lieben/als jene/ als wie vor
Zeiten bei den Aeoliern / Doriern und Joniern in Grie=
chenland geschehen / welche wie sie moribus & ingenio,
also sind sie auch in der Eigenschaft der Music einander
zuwider gewesen : die Dores liebten den tiefen/ die Lydier
den hohen/die Phrygier den weichen Ton/ꝛc.

Symphonismus 4. Elementorum.

Diese Elementarische Harmony wird von vielen un=
derschidlich erklärt. Die Alchimisten gebrauchen di=
ses Exempel/ziehen erstlich den Geist von dem Wein her=
aus/darnach das Oel/welches dem Geist angeboren / 3.
die Phlegma oder grobe Feuchtigkeit/ letzlich bleiben die
Hefen/welche sie ein todtes Haupt nennen. Dise 4. stück
schliessen sie ein in ein Glas/hermeticè versiegelt/ daß sie
alsbald in 5. gleichsam als in absonderliche regiones sich
abtheilen und underscheiden. Das 1. und underste/ als
das Schwartze/bedeit die Erden/das 2. als ein wässerichte
Substantz/das Wasser/das 3. subtile und geistreiche/den
Luft/das 4. und ölichte / so leichtlich brennet/ das Feuer/
über welchem allen oben über schwimmet eine 5. gantz voll=
kommene Essentz/so von aller Unreinigkeit und iridischen
Grobheit gantz abgesondert ist / und das soll ihnen den
Himmel bedeiten.   Andere vergleichen die gantze Welt

mit einem harmonischen monochordo , darinnen der
Geist oder die Seel der Welt/besser sagten sie / Gott selb=
sten/ausser dem monochordo begriffen/ alle consonantias verzichtet/und ie reinere Stimmen in den Creaturen
her für bringet/ie näher sie bei einander/und desto tiefere/
ie weiter sie von einander entfernet sind : setzen hinzu/ das
Liecht würcke auf die weis in die Welt=Materi / wie deß
Menschen Geist in den Luft : die Säiten sei materia mundi. das

di, das Jnstrument sei das grosse Welt-monachordon,
da sich die gradus harmonici befinden/ wie bei der scala
harmonica in der Music-kunst. Robertus de Fluctibus *Proportio-*
setzt in der Erden Kält/Grobheit und Gewicht/welche sich *nes harmo-*
gegen der Kälte und Materi der undern Luft-Resier bis *nica auf*
an den Mond verhalten wie 4. ad 3. welches ist die sesqui- *die Welt ge-*
altera proportio: aus Wasser aber / Luft und Feuer be- *zogen.*
siehe das diatessaron, und die Erde verhalte sich dargegen
wie das grosse G. in dem monachordo, wie das 1. in der
Arithmetic / und das punctum in der Geometri. Diese
proportiones desto besser zu erklären / fingirt er ein zweifachen pyramidem, einen liechten oder formal: und ei- *Pyramis lu-*
nen finsterichten oder materialen/ doch also mit einander *cida gehet*
verbunden / daß die pyramis lucida ihren Grund-sitz hat *under sich /*
in dem Empyreischen Himmel/ sein apex und Spitz aber *tenebrosa*
erstrecke sich bis auf die Erden. Die tenebrosa aber hat *geht übersich/*
ihren basin auf der Erden/ und den apicem in dem Him- *in der Mit-*
mel / also daß sie einander beederseits um der Sonnen *ten geschiht*
Sphær antreffen/durchschneiden/und also eine Wunder- *harmonica*
mischung deß Liechts und der Finsternis/durch eine conti- *commixtio*
nuirliche harmonische Progression verursachen/ so gar/ *deß Liechts*
daß sie einen Ton von der Erden bis an das Wasser ma- *und der Fin-*
chen/den 2. von dem Wasser bis an die Luft/ von der Luft *sternus.*
aber bis an das Feuer nur ein semitonium, vom Feuer
aber bis an die Sonnen 3. andere Ton / nemlich von dem
Mond bis zu dem Mercurio, und dann bis zu der Venus,
und letzlich von dar bis zur Sonnen einen semiditonum,
also / daß das intervallum zwischen der Erden und der
Sonnen aus 5. tonis, und 2. semitoniis bestehet / nicht
anderster/als wie in einer Säiten das diapason aus dem
diatessaron und diapente entstehet. Von der Sonnen
aber bis an den Empyreischen Himmel fingirt diser Ro- *Himmel und*
bertus noch eine andere geistliche Octav/und also die gan- *Erden in 2.*
tze Welt componirt er aus einer zweifachen Formal- und *Octaven ein-*
Material-Octav/doch also ordentlich einander undersetzt/ *getheilt.*
wie in einer scala musicali zu sehen ist. Die Alten/weil sie

gesehen/daß die Elementarische Welt gleichsam aus einer einigen Uneinigkeit/ex concordi discordiâ gemachet ist/ auch darbei eine wunder-temperirung widerwärtiger Eigenschaften verspüret/haben sie die 4. Elementen einem

Die Alten haben Orpheus vierfäitige Leyer auf die 4. Elementen harmonicè gezogen.

tetrachordo verglichen/alldieweilen auch Orpheus seine vierfäitige Leyr nach diser Muster zugerichtet hat/und alle ihre sonos nach den gradib' der diatessaron angestimet/ darbei gesagt/die Saiten hypate bedeite die Erden/ die 2. pathypate das Wasser/die 3. paranete die Luft/die 4. nece das Feur/ so gar / daß die erste und tieffste der Erden/ die 4. und höchste dem Feuer/die 2. dem Wasser / und die 3. der Luft sich vergleichen solte. Dann gleich wie in den Elementen 2. leichte und 2. schwäre / auch eines leichter und schwärer als das ander gefunden wird / also in besagtem tetrachordo befinden sich 2. tiefe und 2. hohe soni. auch einer tiefer und höher als der ander ; widerum/gleich wie die 4. Elementen / nach dem sie mit einander vermischet werden/ underschiedliche Eigenschaften und species rerum verursachen/also die soni in solchem tetrachordo; nach dem sie gegen einander gehalten werden/ bringen sie

Auf dise verständliche Harmony der Elementen/folgt derselben sinnliche Einstimmung.

die underschidliche Arten deß soni herfür. Gehen wir nun von dieser intelligibili harmoniâ zu dem sensibili symphonismo der 4. Elementen/da sie under sich selbsten warhaftig und wunderbarlich consoniren/ so ist gewiß/ daß nach dem dieselbe sinn-und fühlbar beweget werden/ so lassen sie auch eine sinnbare Harmony / nach Beschaffenheit der zusammen stossenden Leiber von sich hören und vernehmen.

Die Erd ist wie ein Baß-Orgel. Der feurige Geist in der Erden thut eben das/was der Wind in den Orgeln.

Die Erd ist nichts andersters/als eine grosso tieffe Orgel/mit verborgenen Canälen/wie mit Pfeifen zugerichtet : wann nun durch deffen angustias der feurige Geist/so durch das gantze corpus deß Erdbodens sich diffundiret, mit Gewalt durchtringet / so thut er eben das/ was der Wind in unsern Orgeln / daß er bald tiefe/bald reine/bald vermischte sonos, nach der Weite oder Enge der verborgenen Erdgängen/verursachet/wie dergleichen Wunder-Music erstes mals von dem autore gehört worden/

den/bei den ſchröcklichen Erdbidemen in Calabrien/Anno
1638. da der hefftige ſpiritus zwiſchen den Bergen einge=
ſchloſſen/bald einen Poſaunen=ſchall/bald ein groß Waſ=
ſer=geräuſch/bald einen mächtigen Donnerſchlag/ bald
heulendes Geſchrey vieler Menſchen / bald das Sauſen
gewaltiger Wind/hören laſſen. Alſo Erden und Waſ=
ſer/wann ſie fort und fort mit einander beweget werden/
geben ein andere Art der Harmony von ſich : dann wann
ſie an dem Uffer ſtätig anſchlagen/ ſo geben ſie den jenigen
ſonum von ſich / nach der Quantität der Hölen und der
Canálen/davon die Hiſtorien nicht gnugſam rühmen kön=
nen. Das Egeiſche Meer ſoll/wie Pauſanias bezeugt/ ei=
nen Cythar=ſonum von ſich geben ; etliche Inſeln und
deroſelben Uffer ſollen wie die Orgeln und allerhand Pfei=
fen erthönen ; das Botniſche Meer ſoll ein Menſchen=ge=
heul/wie Olaus ſchreibt/hören laſſen : ſintemalen die ver=
borgene Hölen an den Waſſer=Ufern allerhand conſo=
nantias von ſich geben können ; dann wann ihre Capaci=
tät ſich verhält wie 1. zu 2. oder 2. ad 3. und 3. ad 4. ꝛc.
müſſen ſie nothwendig/wann ſie mit den Wellen und Flu=
then wie mit einem plectro gerühret werden / das diapa=
ſon oder die 5. 4. 3. erthönen laſſen. Eben diſer Wunder=
Concent entſtehet auch / wann Luft mit Erden oder mit
Waſſer vereiniget wird/als in Bergen/Felſen/Hölen/en=
gen Wegen/Bäumen/ꝛc. da der Wind/ nach dem er an=
ſchlägt / Wunder=Manchfaltigkeit der Sonen verurſa=
chet. Alſo in Sicilien bei dem Berg Æthna, wann der
Euro-norhus bläſet/wird ein ſtätiges harmoniſches Ge=
räuſch vernommen/nicht anderſter/als wann einer etliche
Sáiten in der 5. 3. und 8. geſtimmet hörete. Eben das
hat der Autor auch obſervirt in den Bäumen von under=
ſchidlicher Gröſſe/wann ſie vom Wind ſind beweget wor=
den/dann wann ein Baum doppelt iſt gegen dem andern/
wie der Cypreß= und Pappel=baum/ ſo werden ſie ſuſur=
ros in der Octav von ſich hören laſſen. Ja nur in blos pa=
pierii Fenſtern/kan allein mit Hülf deß Lufts/nach dem ein

Woher die wunderſeltzame Sont und Harmoniſche Muſic der Wind in den Erdbidemen und deſ Waſſers an den Ufern.

Berg/Felſen/ Bäum/ was ſie für eine ſüſſe Harmony bisweilen von ſich böſen laſſen.

R v   gewiſ=

gewisser Wind wähet / eine stätige Music ins Werck gerichtet werden/auf dise weis : mache in einem papiernen
Fenster Circkel so viel du wilt/doch harmonicè gegen einander proportionirt/darnach schneide sie gantz subtil aus/
doch daß sie an einem Ort ankleben/welches gleichsam ihre labra, plectra oder Zungen seyn/ welche die Stimm for-
miren/wañ der Wind daselbsten anschlägt/daher so bald
solches geschiehet/so wird das labium zwischen dem Cir-
ckel-spalt gereget/daß es einen tremulirenden sonum von
sich gibet : und weilen alle Circkel harmonicè zugerichtet
sind/so werden sie einen schönen harmonischen sonum mit
höchster Verwunderung von sich vernehmen lassen. Ja
das noch mehr ist/sagen wir/ wann unser Ohr an solchem
Ort stehen solte/daß es das sausen und brausen der Wind
und deß grossen Meers/so an underschidenellfer deß Erdbodens anschlägt/eigentlich und verständlich hören könte/
würden wir die höchste und vollkommenste Symphony vernehmen / daher wir dann gnugsam Anreitzung nehmen
sollen/den allweisen Schöpfer unaufhörlich zu loben/ alldieweilen die Elementen selbsten ihrem allmächtigen Schöpfer zu Lob / ein quadricinium mit einem Baß/Tenor/
Alt/Discant/unaufhörlich anstimmen und erklingen lassen.

(marginalia left of first paragraph): Papiern Fenster wie es zuzurich-ten/daß es ei-ne liebliche Harmony hören läßt.

(marginalia): Wunder-Music der 4. Elementen/ wann sie ein-stimmig seyn.

Regist. 2. Symphonismus Cœlorum.

DAs ist gewißlich ein schwäres Vorhaben / die einstimmige Music der himlischen Leiber zu erforschen/
ist ein solches Werck/das von vielen versucht/aber von keinem gründlich erfunden worden : ist ein solche vortreffliche
Harmony/daß ihre Ohren all darüber taub worden sind.
Daß aber die Welt mit einem Musicalischen Kunstwerck
gemachet sei/bezeugen gnugsam die Archetypische Ideen
aller Dinge selbsten. Dann weil Gott ist das harmonische archetypon aller Ding / so ist kein Wunder / daß er
auch alle Ding harmonicâ proportione & metrico ordine erschaffen hat. Augustinus führt hiervon dise Wort :

(marginalia): Gott hat al-les harmo-nicâ pro-portione erschaffen /c. sind die Him-mel nicht ob. ne Harmony.

ordinem

ordinem feculorum tanquam pulcherrimum carmen
ex quibusdam quaſi antithetis honeſtavit Deus. Sicut
contraria contrariis oppoſita ſermonis pulchritudi-
nem reddunt, ita quadam non verborum , ſed rerum
eloquentia, contrariorum oppoſitione, ſeculi pulchri-
tudo componitur. Nennt alſo hier Auguſtin. die Welt hiervon.
ein ſchönes carmen oder epigramma, da ſo viel Stimen
und Sachen/ſo viel antitheta Gegen-ſatz / ſo viel Streit
der Sachen als Widerwärtigkeiten gefunden werden/
nach dem Vers ; frigida pugnabant calidis, &c. Pythá-
goras ſoll auch in der Meinung geſtanden ſeyn/ die Welt
ſei auf Muſicaliſche Art gemachet worden / und die Leyr
hab nachgehends derſelben Concent imitiret und nachge-
folget. Was aber diß vor ein Welt- und Creatur-Muſic
ſei/was für antitheta aller Ding/was für Ordnung/was
für ein carmen , was für Zierd und Schönheit in dieſer
Welt ſei/iſt bei Seneca weitläufig zu leſen/ ep. ad. Mart.
bei Aug. de vera Relig. c. 29.   Gewiß Tertull. hält dar-
für/die Schönheit/ Zierd und Ordnung dieſer Welt ſei ſo
groß/daß die alten Philoſophi deßwegen ſich entſetzt haben zu ſagen / die Welt habe einen Anfang und ein End.
Eben dieſe ordentliche Welt- Muſic und aller zierlichſte
Creatur-Harmony/ beſchreibt auch David mit zierlichen
Worten/Pſ. 19. Die Himel/rc. exivit linea eorum, ſonus
eorū. das iſt/ihre Muſic iſt ſo artlich und zierlich nach der
Regel uñ Richtſchnur angerichtet/daß es ſich nicht gnugſam zu verwundern iſt. Daher auch die alten Philoſophi
vorgeben / die Welt beſtehe aus einer vollkommenen dia-
paſoniſchen Harmony/nemlich von der Erden bis an den
Stern-himmel ſei ein vollkommene Octav : als von der
Erden bis zu dem Mond ein tonus, von dem Mond bis
zum Mercurio ein ſemitonium, vom Mercurio bis zur
Venere eben ſo viel/von dar bis zur Sonnen ein Ton mit
dem halben : ja Pythagoras, Plato, Tullius, Plinius, Ma-
cróbius , Proculus, Chalcidius und unzahlbare mehr /
auch viel H. Väter ſelbſten/haben feſtiglich geglaubet/daß
                                                        die

*Auguſtini
Meinung*

*Pythagor.
will/die Leyer
hab die Welt
Muſic imi-
tirt.*

*Weber die
Meinung
der Philoſo-
phen/daß die
Welt ewig.*

*Von der Er-
den bis an
den Himmel
iſt eine voll-
kommene
Octav.*

die Himmel einen warhaftigen eigentlichen und süssen sonum von sich geben. Quis est, qui complet aures meas,
tantus & tam dulcis sonus? sagt Tullius. Ex ipso cir-
cumductu orbium sonum nosci necesse est, quia sonus

Plato setzt zu non nisi ex motu est, sagt Macrobius. Plato in seiner
einem legit- Respublic/da er von der Geschwindigkeit der Himlischen
hen Orbi Sphæren lehret/sagt/auf ieglichen orbibus sitze eine Sy-
eine Syren ren/so da singe und musicire/anzeigend/wann die Himels-
so da singet. Kreise beweget werden/so gebe es den Göttern eine liebliche Music. Nam syren, Deo canens, græco intellectu,
valet. Philo lib. de somn. führet hiervon auch gar schöne Wort: Der Himmel / sagt er/ gibt ohn underlas mit
dem Concent seiner Bewegung eine liebliche Harmony
von sich/welche/wann sie zu unsern Ohren kommen solte/

Web uns/ würde sie in uns wunder-mächtige lieb / unsinniges Ver-
wann wir et- langen erwecken / daß wir der Nahrung und aller Speis
fe irrdisch- gäntzlich vergesseten/würden nichts mehr essen noch trin-
himlische cken/würde uns gehen wie den candidatis der Unsterblig-
Music hören keit im Himmel/wie Mosi auf dem Berg/ic. setzt hinzu/ist
solten. also der Himmel ein archetypisches Jnstrument der Mu-
sic/damit man Gott lobet/zu keinem andern End erschaf-
fen/ als daß man darauf Gott dem höchsten Vater seine
laudes gebürend und musice singen solte. Qui fieri potest, ut tam velox cœli machina tacito silentíque cursu
moveatur, etsi ad nostras aures sonus ille non pervenit,
sagt Boëtius. Ipse mundus quadam harmonia sonorũ
fertur esse dispositus, & cœlum ipsum sub harmoniæ
modulatione revolvi, sagt Isid. 7. cœlorum orbes, cum
dulcissima harmonia volvuntur, ac svavissimi concen-

Warum sie tus eorum circuitione efficiuntur. qui sonus ideò ad
mit vernom- aures nostras non pervenit, quia ultra aërem fit, & ejus
men werde. magnitudo nostrum angustum auditum excedit, sagt
Anshelm. Die Ursach aber/daß die Alten dise himlische
Melodi bestätigt haben/ist/daß sie die Welt einen Tempel
Gottes genennet haben/nun gebürt sich aber nicht/daß ein
Tempel/Kirch oder Gotteshaus/ohne Orgel/Music und
Gesan-

Geſänger ſolle gefunden werden/ daher ſei der ſonus und die Harmony der Himmel an ſtatt der Orgeln und Sänger von Gott erſchaffen worden / damit alſo wahr bleib/ was die Schrift ſagt/die Himmel erzehlen die Ehre Gottes/und die gantze Welt habe ſcientiam vocis, Sap. 1. das iſt/ein wiſſenhafte Stim/und verſtändigen ſonum, Gott zu loben.

marginal note: Die Welt iſt ein Tempel Gottes / ſoll alſo ohne Muſicaliſche Harmony nicht ſeyn.

§. 1.

Von der wunderbaren Vergleichung der Welt-Cörper gegen ſich ſelbſten.

Hier iſt groſſer ſtreit bei den Aſtronomis, wie man die warhaftige Proportion der Welt-Leiber gegen ſich ſelbſten/ſo wol in ihrer Gröſſe als Diſtantz/finden un gewiß ſetzen ſolle ; hier können ſie ſich nimmermehr vergleichen/die Urſach iſt der Underſcheid deß medii ſolaris, der Augen und der Inſtrumenten Betrug / wie auch die unrechtmäſſige Determinirung der ſcheinenden Diametren in den himliſchen globis. Daß aber under denſelben nicht eine recht-harmoniſche Proportion zu finden ſei/kan niemand leugnen/weil die cauſa ordentlich iſt / kan der effectus nicht unordentlich ſeyn. Die Alten haben eine ſenſibel harmoniſche Harmony geglaubt/ſo da entſtehen ſolle aus Zuſammen-ſchlagung der himliſchen Leiber : aber heutigs Tags wil dieſe Meinung nicht mehr gelten / weil weder die Solidität der Himmel/noch die Ordnungen der Sphæren/nach der Alten Meinung beſtehen wil. Ptolomæus in ſeiner Aſtronomiſchen Harmony diſponiret die ſphæras auf zweierlei weis/ nach der weis der Muſic-Laiter : einmalen muß ihm der Mond die hypaten, das iſt/die underſte Säiten/und der Saturnus die neten, oder oberſte andeiten : andermalen kehrt ers um / ſetzt zur öberſten den Mond/zur underſten den Saturnum. Keplerus hat ein gantze neue Harmony erfunden/ in 5. regulariſchen Leibern die gantze Welt-Harmony beſchloſſen/præſupponirt/ein ieglicher Planet hab 3. Himmel/einen apogæum, medium,

marginal notes: Hier ſind die Aſtronomi nicht einig/ was die Proportion ſach ihrer unge wißheit.

Was die orbes cœleſtes für eine Harmony gegen einander haben.

Ein jeder
Planet soll
z. Himmel
um sich habe. medium & perigæum, die Sonn sei unbeweglich/die Erd
aber beweglich/macht aber dabei solche wunderliche conceptus von dem dodecahedro, icosihedro, octohedro,
tetrahedro in den Circkeln der Planeten / daß schier niemand seine Meinung vernehmen kan. Eben so wenig kan
auch aus den Periodischen Bewegungen der Planeten geschlossen werden/ weil es ungewiß ist / ob die proportio
motuum sich der Natur nach also verhalte/ wie die Astronomi vorgeben. Abenragel ein Araber lib. hesban ello-
donia die Welt-Rechnung/ sagt/ die Welt-Córper haben

Die Verglei-
chung der
himlischen
Leiber mit dE
numeris
quadratis
& cubicis. die Proportion gegen einander/ wie die radices gegen der
quadrata und cubis sich verhalten/ diß erkläret weitläuftig Reita in seinem oculo Enoch & Eliæ, ist eine künstliche Erfindung/ und der himlischen Harmony bequem/ wañ
nur die commensio Abrechnung aller Ding gewiß wäre.
Also soll die Erd gegen der Sonnen die Proportion ha-
ben/ wie 10. ad 100. also daß die Wurtzel der Erden ad
molem solis 100. ist quadrata, ad distantiam aber cubi-
ca. Wiederum der Sonnen Diameter/ respectu radii sui
orbitæ, wann er in 10000. Theil getheilet werde/ verhalte er sich ebenmäßig wie 10. ad 100. Wann nun diese
10000. radii orbitæ solis in 10. geführt werden/ so komt
der halbe Diameter deß Saturni von der Erden 100000.
Theil; dann wie der Diameter der Erden 1000. mal begriffen ist in radio orbitæ solis, also ist der Diameter so-

Diameter
Saturni &
solis wie
groß. lis 1000. mal begriffen in radio orbis saturni; wiederum
auf dise weis sei der Diameter deß saturni radix quadrata in den diametris der Sonnen / gegen dem halben diametro deß Firmaments/ der ist gegen den Diametren der
Sonnen 1000000. gegen der Erden 10000000. wiederum der gantze Diameter deß Firmaments in den diametris saturni sei radix quadrata deß semidiametri deß
Empyreischē Himels/ also daß die diametri 1000000000

Wie lang ei-
ner am Himel
wissen solte. seyn/ so gar / daß wann einer alle Tag einen solchen Plaz
in dem Empyreischen Himmel messen solte / so groß und
weit der gantze Erdboden in sich faßt/ würde er doch den
Umkreis

Umkreis desselben in 10000000. Jahren nicht erreichen.
Aber davon ist nichts zu setzen.

§. 2.

Worinnen eigentlich die Musicalische Harmony bestehe der himlischen Leiber.

DAß dise Himlische Córper einen harmonischen Concent gegen einander haben / ist bei allen Gelehrten außgemacht / aber uns Menschen verborgen / unaussprechlich / gehört für die Außerwehlten im Ewigen Leben. Doch sagen wir / solche himlische Music bestehe in keinem andern / als in der Wunder-Ordnung der himlischen Córper / und derselben unaussprechlichen/höchst einbarlichen Proportion/da sie also einander corresponðiren/ daß wann nur eines solte geändert oder weggethan werden/múste die gantze Welt zu grund gehen: die Sonn stehet mitten innen / ist gleichsam der choragus, regiert die andern Planeten/ macht sie lebendig und lautend mit seinen Stralen. Dise Proportion bestehet theils in der Distantz / theils in der Grósse. ex. gr. Der Mond hat eine solche Distantz von der Sonnen und von der Erden/so mit seiner Grósse proportionirlich ist/so gar/ daß wann durch Góttliche Allmacht entweder seine Distantz oder Grósse solte geändert werden/múste die Welt vergehen. Dann under diser Distantz und Grósse kan sie ihre Influentz in den Erdboden haben/auf dise weis kan sie der Sonnen ihre Hitz underbrechen/und hingegen die Sonn kan mit Vermischung ihrer Stralen die Feuchtigkeit und Kälte also temperiren/daß sie ihren Intent / von der Natur vorgesetzt/erreichen kan. Dann wann der Mond der Erden náher wáre/wúrde sie wunderliche effectus wegen ihrer allzu grossen Feuchtigkeit in der Erden haben : wiederum/ wann sie der Sonnen náher wáre/so wúrde die Sonn seine Feuchtigkeit gantz verzehren /. daß der Erdboden verbrinnen múste/daher hat die Natur dem feurigen Leib der Sonnen ein wásseriges undersetzt/ in solcher proportionirlichen

Marginalia: Ihre Wunder-Ordnung und hóchst-einbarliche Proportion macht ihre Harmony.

Marginalia: Die Distantz deß Monds von der Sonnen und von der Erden ist wunder-proportionirlich.

Wunderlich gieng in der Welt/ wann nicht der Mond zwischen Sonn und Erden/ der Jupiter zwischen Saturno uñ Marte wär.

nirlichen Distantz/daß eines deß andern seinen imperum auf die Erden zuruck halten muß. Eben so gieng es auch mit den grimmigen Planeten Saturno und Marte, was übels solten sie in der undern Welt mit ihrer vergiften cooporation anrichten / wann nicht der gütige Jupiter darzwischen stünde/sie concilirte und temperirte: ja was sind Mars und Saturnus anderster / als Dissonantien? welche aber von dem Jove als einer vollkommenen Consonantz ligiret/syncopiret und resolviret werden ; im gegentheil ist Mercurius zwischen Venere und Luna als eine Dissonantz zwischen 2. Consonantien/damit er syncopiret wird/ꝛc.

Folget also ein tetraphonium von 4.Stimmen/
so aus den Planeten gemachet ist.

Harmonische Proportion der Planeten

Netodu· ♄♃♂ mesod° ☉ hypadot. ♀☿☽ proslã. *terra*.

Cantus;   Altus.   Tenor.   Bassus.

Nota: Der Planeten ihr Auslauf in andere orbes, ihr eccentricario ist ihre mutatio toni, nach dem sie auf oder absteigen/so gehen sie vom Dorio in Phrygium, Lydium,&c.

§. 3. De Choro Saturni.

Saturnus hat 2. comites zur Rechten und Lincken/thun ihme was Soñ und Mond der Erden.

Die heutige Astronomi haben erfunden/ daß dieser Stern tricorporeus sei/ ist allzeit mit zweien andern hellen Leibern zur Rechten und Lincken umgeben: dann weil die Sonn/wegen der allzu grossen Distantz/ihne mit seinem Liecht nicht regieren kan/hat ihm die Natur 2. andere comites beigeordnet / welche mit ihme harmonicè einstimmen sollen/was also für eine Proportion zwischen der Sonnen/Mond und Erden/das ist auch zwischen dem saturnio orbe, saturnio sole, und saturnia luna. (so pflegen sie genennt zu werden) Es soll aber die Sonn von dem saturno stehen auf die 20000000.Meil Wegs/und wañ
unser

unser Aug in dem saturnio orbe solte begriffen seyn/wür=
de es den Sonnen=Diameter nicht mehr als um 3. Min.
11. Sec. ergreifen : ja wann wir in dem saturno stehen ☞ *Wunder. fa*
solten/würden wir einen Tag haben nicht von 24. sondern ☞*en von der*
von 706. Stunden und 38. Minuten/und also einen Tag *Höhe und*
von 29. Tagen / die übrige Planeten aber / würden wir *ses Planeten.*
nicht weiter sehen / als so fern sie bei 40. Grad von der
Sonnen weggehen/als den Jovem 40. den Martem 12.
die Venerem 4. Mercurium 2. grad : der Mond und die
Erden würden kaum können gemercket werden.

§. 4. De Choro Joviali.

Dieser globus ist viel grösser als die Erden / auch so *Jupiter hat*
fern von der Sonnen abgesondert/daß dise jenen gar *4. phona/cos*
nicht erleuchten kan : damit aber diß ungeheure grosse *und Gesellen/*
corpus nicht gar ohne Liecht blibe / hat ihm die Natur 4. *Sonnen und*
absonderliche choragos, gleichsam 2. Sonnen und 2. *2. Mond.*
Monde zugegeben/so ihn auf allen 4. Seiten begleiten un
umgeben: der periodische motus deß ersten/ und dem Jovi
nähern phonasci, geschiehet in 42. Stunden ohngefehr/
der ander in 3. Tagen 13. Stunden/ der dritte in 7. Ta=
gen 4. Stunden/der vierte in 16. Tagen und so viel stün=
den. Und wann wir dem calculo deß Rhetten glauben/
ist der 1. von dem Jove abgesondert um 20. semidiame- *Ihre M ust=*
tris terræ, der 2. um 27. der 3. um 41. der 4. um 69. *calische Pro=*
under welchen numeris, als 3. 4. 6. 18. alles das begrif- *portion.*
fen ist/was in der Music verborgen ist/sintemalen die Di=
stantz eines ieglichen corporis mit der Grösse und Quan=
tität deß andern harmonicè gar schön überein stimmet.
Man hat auch befunden / daß der erste comes sich der *Ihre Ver=*
Grösse nach vergleiche mit dem Mond/der ander mit dem *gleichung*
Mercurio, der drit mit der Venere, der 4. mit dem Erd= *mit Sonn*
boden. Der 1. und der 3. sollen sich dem Schein und Liecht *und Mond.*
nach mit der Sonnen/ der 2. und 4. aber mit dem Mond
sich vergleichen. Wann wir auch solten in dem globo Jovis stehen / würden sie uns viel grösser vorkommen als

Sonn und Mond/wie wir sie auf Erden sehen/ auch ein
Tag würde daselbst nicht nur 24. sondern 168. Stunden
in sich halten/dise succediren also ordentlich auf einander/
wann 2. untergehen / so gehen 2. wieder auf / nemlich
Sonn und Mond zugleich/daß also der globus Jovis nim
Wunder,sachen von disem Planeté. mer ohne Liecht ist. Daraus folget/wegen deß allzugressen Liechts/und deß ungleichen Temperaments/ mit unserer Natur könte kein Mensch daselbsten wohnen/ wiewol
von den novatoribus wil vorgeten werden/als selten sonderbare Creaturen daselbsten erschaffen seyn. Wir gläubens aber nicht.

§. 5. De Choro Martio.

Mars dissonirt mit andern Planeten/und ist doch nötig zur Welt. Harmony. Dieser globus ist den andern gantz widerstimmig/und
doch zur Erhaltung der Welt-Music höchst-nöthig/
stehet zwischen den Consonanten Jovio und Sol. mitten
innen/wird von ihnen also gebunden und syncopirt/ daß er
eine liebliche Harmony mit andern corporibus geben
muß/deßwegen hat er auch den grösten eccentricum steiget bisweilen under die Sonnen herunder/bisweilen über
den Jovem hinauf / doch wird er von beeden also im Gehorsam gehalten mit ihrem Liecht/daß er nicht/wie er wil/
toben kan/ deßwegen hat er nicht nur kein Liecht von sich
selbsten/ sondern auch keinen Leiter und Führer / sondern
muß all seinen Schein von der Sonnen oder vom Jove
entlehnen/daher geschichts/daß er gleichsam mit subter
Grausame Würckungē deß Martis, wañ er nicht von Iove und der Sonnen regiert würde. raneis ignibus angefüllet wird/ voll Finsternus und vergifften Dämpfen/mit verderblicher Hitz/und also mit den
allerbösesten vergifftesten Dünsten angestöckt / solte also
mit seinem schädlichen Einfluß alle andere Cörper verderben/wann ihn die Natur nicht an ein solch bequemes Ort
gesetzet hätte.

§. 6. De Choro Chororum,

Von der Harmony der Fixsternen an dem Firmament.

Was

Als bei der Music bei vielen Chören ist und thut der
Haupt-chorus, der die andern regieren / und die
gantze Harmony zieren muß/das ist und thut in den himlischen Chorus das Firmament mit den unzahlbaren Fix-
sternen/da so viel Stimmen der Stern/ die Gott ohn underlas loben. Die Alten haben hiervon einfältig geglau-
bet/dise Stern seien entweder in dem Firmament wie die
Nägel an einem Rad/eingeschlagen/oder das Firmament
hab so viel durchborte Löcher/wie in einem Sieb/dardurch
der Empyreische Himmel leuchte und durchscheine; aber
Nein/ es sind absonderliche grobi, von underschiedlicher
Grösse/in ihrer gewissen Distantz von einander underschi-
den/gleich sam absonderliche systemata haben ihre gewisse centra, und eccentricos motus, gleich wie die undern
Planeten. Daß sie aber uns infensibiles vorkommen / geschicht wegen allzugrosser Distantz von dem centro der
Erden. Gewißlich/der Pol-stern/der von dem polo nur
3.und ein halben Grad abweicht/und uns deßwegen gantz
unbeweglich fürkomt/hat doch einen solchen weiten grossen Circkel um den polun herum / daß die Sonn/ Venus
und Mercurius darein könten eingeschlossen werden: solte
aber die Sonn daselbsten stehen/ würde sie uns auch gantz
unbeweglich vorkommen : dargegen wann unser Aug in
der leyer solte begriffen stehn / würde uns die Sonn nur
wie ein kleiner Fixstern vorkommen/ die undern Planeten
würden gar verschwinden. Etliche aber von den Fixsternen vergleichen sich der Sonnen und dem Mond in dem /
daß etliche ihr eigen / etliche nur ein entlehntes Liecht ha-
ben/deren etliche so hoch von einander/als die Erden vom
Firmament. R. ita gibt vor/er habe mit Hülf deß helio-
scopii in dem einigen Orion mehr Stern gezehlt / als die
Alten in dem gantzen Firmament/neimlich über die 2 00.
Stern. Ist also die unbegreifliche Distantz die Ursach/
warum weder Bewegung noch Grösse der Fixstern von
uns kan gemercket werden / ja wann durch Gottes Allmacht geschehe solte/daß wir von dem Firmament so fern

Was viel Stimmen ist der Music/ das thun die Stern am Firmament.

Falsche und warhaftige Meinung von den Fix-sternen.

Wunder-Sachen von dem einigen stella polari.

Orion wie viel er Stern habe.

warum weder Grösse noch bewegung an den Fixsternen kan observirt abweichen könten/daß der grosse Hund und die Leyer/ so toto cœlo von einander underschieden seyn/doch einander so nah würden / daß sie wie 2. Hörner eines Widders anzusehen wären / so würden sie doch ie mehr und mehr abweichen/ie länger ie kleiner werden / endlich gar als nur ein corpus uns vorkommen : also auch/ wann die Sonn in dem höchsten Firmament solte gesetzt seyn/ würden wir im geringsten nichts davon sehen. Ja man kan aus der Optic beweisen/wiewol es unglaublich/daß 2. Stern am Firmament/ so unserm Beduncken nach nur um einen Schritt von einander stehen/iedoch um einen gantzen diametrum cœli solaris von einander underschieden seyn. Folgt auch hieraus / daß kein Stern am Firmament von der Sonnen kan erleuchtet werden/weil sie auch den saturnum mit ihren Stralen nicht erreichen kan. Wiewol wir aber eigentlich nicht wissen können/ zu was End Gott solche ungeheure grosse Corpora in so unzahlbarer Menge erschaffen hab/so ist es doch gewiß/daß sie ihre sonderbare Würckung haben/und mit andern Cörpern in ein liebliche Harmony conspiriren/ gewiß/das allergeringste Ding in der Welt ist nicht ohne sonderbare End=ursach von Gott erschaffen/weniger dise grosse Himmels=Liechter. Welcher Artzt kan mir so genau alle Glieder/Aederlein und Fäserlein im Menschlichen Leib erzehlen/ und ihren special-finem nambhaft machen? Jedoch soll nur ein einiges/auch das allergeringste davon genommen werden / würde die gantze Harmony deß Menschlichen Leibs zu nicht werden. Also/wiewol wir itzund die Particular=usus und effectus nicht wissen/würden wir sie doch erfahren/ wann nur ein einiger / auch der geringste Stern / durch Gottes Macht solte vomFirmament weggethan werden. Das ist gewiß/ alle Himlische Cörper sind um der Erden / als deß centri willen/erschaffen/ welche die Göttliche Majestät selbsten mit Menschlichen Füssen betretten/die Erde aber um deß Menschen/der Mensch um Gottes willen/ıc.

Wunder, merckwürdige Sachen von disen Sternen.

Haben ihre special-usus wiewol wir sie nicht wissen können.

Alles von Gott/alles zu Gott.

Regi-

Regiſtrum 3.
Symphoniſmus der Stein / Kräuter und Thier mit dem Himmel.

Als iſt gewiß / daß die corpora ſublunaria ein wunder-ſchöne Harmony verurſachen / ſo wol gegen ſich
ſelbſten/als auch mit den Sternen und himliſchen Leibern/
welche der obern Himels-Muſic gantz conſona, ja gleichſam reflexa iſt/wie dann Jamblichus gar ſchön ſagt : die
Harmony der andern Ding ſei nichts anderſter / als ein
Echo oder Wiederſchall/da die himliſche voces ihrer Natur gemäß / in dieſer undern Welt an- und wieder zuruck
ſchlagen. Was für Wunder-Würckungen und benefi-
cia die Stern und Planeten in dieſe undere Welt haben/
ſonderlich die Sonn/als der dux, princeps, choragus der
andern/iſt nicht auszuſprechen. Daher Proclus gar wohl
ſagt/ die ſuperiora flieſſen in die inferiora harmonicè :
von dem Himmel komme die Harmony auf die numina,
von dar auf den Menſchen/Thier/ Kräuter/Stein/ꝛc. die
ſuperi regieren alles harmonicè, daher auch die alten
Egyptier eine ſympathiam, heimlichen Conſens ſtatuirt/
der undern Cörper mit den obern/alſo daß die obern in den
undern/diſe in jenen/doch ſuo modo, verborgen ligen/in
dem Himmel zwar die irdiſche Ding/ auf himliſche weis/
auf Erden die himliſche/auf irdiſche weis. Zum exempel
ſtehen die heliotropiæ und ſelepotropiæ, Sonnen- und
Mondswendungen/ſind gewiſſe Kräuter / ſo ſich allezeit
nach dem Lauff der Sonnen und deß Monds richten. Solte iemand ihre Pulſation und Thon/ſo ſie in dem Circkel-
runden Luft verrichten/motu plantæ vernehmen/würden
wir gewißlich einen Wunder-Thon vernehmen / mit der
Sonnen- und Monds-Harmony einſtimmend. Die Urſach iſt allein der Harmoniſche Appetit/ſo in allen Sachen
verborgen ligt / und nach den obern Cörpern ſich reguli-
ret/doch alles auf ſeine weis/ intellectuali, rationali, na-
turali & ſenſibili modo. Kan man alſo in der Erden die

Wunder-harmoni-ſches Echo der obern- und undern Leiber

Influxus harmonicus der obern Lei-ber in die un-dern.

Heliotropien und Seleno-tropien wun-der-harmoni

S iij   Sonn

wie die obern *Sonn/Mond und Sternen sehen/doch auf irdische weis/* Leiber in den *dargegen in dem Himmel Pflantzen/ Thier / Bäum und* undern/ diese *anders/doch auf himlische weis/ nach der Analogi: deren* in jenen zu *etliche sind solarisch/etliche saturninisch/etliche jovialisch/* suchen sind. *andere martialisch/Venerisch/mercurialisch un lunarisch.* Summa/auf Erden ist kein Kräutlein/es hat einen Stern am Firmament/das sagt zu ihm Cresce.

§. 1. Von den Steinen/ Kräutern und Thieren insonderheit.

Sonnenstein so sich nach der Sonnen richten.

Daß die Stein eine grosse Inclination haben nach den obern Cörpern/ist kein zweifel / Proculus gibt vor/ der helites oder Sonnen-Stein imitire die Sonnen nicht nur mit dem motu, sondern auch mit etlich güldenen Stralen. Cardanus schreibt / Clemens 7. hab an seinem Finger ein Edelstein gehabt/mit einer güldenen Mackel/ welche nach der Sonnen lauf bald nach Morgen / bald nach Abend sich geneiget und beweget hat. Ja es ist kein Stern/kein Planet/er hat etliche Stein under sich / die er regieret/die sich nach ihm lencken und ziehen. Etliche sind

Mond-stein/ so sich nach dem Mond richten.

Sonnen-stein / wie die Carfunckel / etliche Monds-stein/ selenites deßwegen genent. Gregor. 10. soll einen gehabt haben / der sich gantz nach deß Monds Verenderung gerichtet/nach dem der Mond ein liecht gehabt/hat er bald himmelblaue/bald weisse Farb an sich genommen. Der magnes gehört dem Marti. der Saphier dem Jovi, achates dem Mercurio, &c. Von den Kräutern/ Pflantzen/ Bäumen/daß sie mit den Himmeln einstimig seyn/ist auch kein zweifel/wegen ihres sonderbaren motus,der sich darnach richtet. Etliche imitiren den Tags- etliche den Nacht- motum der Sonnen; etliche finden sich auf den Tag deß solstitii gantz umgekehrt/ etliche eröfnen sich von aussen/ auf den Mittag erweitern sie sich mächtig/auf den Abend schliessen sie sich wieder zu/so lieb haben sie die Stern: et-

Blumen richten sich nach der Sonnen.

liche erheben ihre Bläter wann die Sonn scheinet über sich/als wann sie mit Armen dieselbe umfangen wolten/ gehet sie aber weg/so lassen sie dieselbe auch wieder sincken.

Also

Also hat auch ein ieglicher Planet seine Kräuter / so mit
einander ein heimliche Correspondentz haben. Diser consensus läst sich noch mehr sehen bei den Thieren/deren etliche mit der Stimm/Anschauen/Geberden/ihre verborgene lieb und Zuneigung gegen den Sternen mercken lassen.
Der Löw und der Hahn repræsentiren eine irdische Son-
ne/die Katzen den Mond/der Wolf den Martem, Hund/
Pferd/Hirsch/Esel/ den Mercurium, Jovem, Venerem,
Saturnum,&c. Und zwar/ daß der Hahn ein Sonnen-
vogel sei/gibt seine Stim/Bewegung/Lebhaftigkeit. Proculus erzehlt/daß ie bisweilen die Sonnen-dæmones mit
einem Löwen-Angesicht erschienen seyen / aber so bald ihnen ein weisser Hahn begegnet/oder geschryen hab / seien
sie verschwunden; die Ursach/setzt er/sei / daß welche Sachen in gleicher Ordnung begriffen seyn/da sollen die undern allezeit die obern ehren/ fürchten/ ihnen weichen und
dienen: daraus sei zu schliessen/Himmel und Erden seien
mit einem festen Bund / und harmonischen Consens/ge-
gen einander verbunden.

Die Thier richten sich nach den ster-nen.

Hahn ist ein Sonnen. vo-gel/verjagt die Sonnen-dæmones.

§ 2. Von der harmonischen Einstimmung aller Ding.

Amit wir aber die sympathias und antipathias,oder
welches eben das ist / das consonum und dissonum
in der Natur desto besser verstehen mögen / so müssen wir
uns einbilden 10. enneachorda,welche alle in den unisonum gestimmet seyn: das 1. hat 9. Säiten/ und begreift
in sich die harmonische gradus in einer völligen Octav/
nach diser werden die andern alle gestimet/ proslamban.
zusammen/hypate,parhypate,&c. alles zusammen stimmend in unisono. Wann nun eine Säite gerühret wird/
so lautet auch die andere/wiewol unberührt / wegen der
heimlichen Sympathy; wann nun einer die proslamban.
parhypate, mesen und nete rühren solte nur in dem 1.
enneachordo, würden die andern all auch mit einstimen.
Was nun für Sachen und entia in einer Säiten sich be-

Erklärung der folgen-dē Tafel von der sympatischen Harmony al-ler Ding/ in 10. Ennea-chordis.

finden/

finden/die stimmen all in unisono überein. ex. gr. in der Säiten nete, in allen enneachordis, symboliziret alles mit dem saturno, als cherubim, plumbum, topazius, helleborus, cypressus, tynnus, bubo, asinus, fuscus, &c. weil dise entia alle eine saturnische Art an sich haben/ und also einander subordiniret seyn/ daß wann eines gerühret wird/ so müssen die übrige alle auch im unisono consentiren. So gehets auch mit dem Jove. Gleich wie aber die Säite proslamban. und hypate nicht zusammen stimmen/ weil sie nur um einen Thon underschiden seyn: also dissoniren auch die Jovische Sachen mit den Saturnischen/ wegen deß einigen toni, es wäre denn sach/daß sie per syncopen corrigirt werden/und so gehts mit allen Consonantien und Dissonantien.

Woher die Consonantie und Disso nantien aller Ding.

Harmonia Mundi Sympathica,

so in 10. Enneachordis die Symphony der ganzen Natur vorstellet.

Fernere Erklärung folgenter Enneachordischen Tafel.

[*Nota bene:* Von Angelo bis auf Archangelum ist ein tonus, bis auf Principatus ist ein ditonus, bis auf Potestates ist diatessaron, bis auf Virtutes diapente, bis ad dominationes hexachordon, bis ad Thronos heptachordon, bis ad Cherubim diapason, bis ad Seraphim diapason cum tono, bis ad Deum archetypum ist diapason und ditonus, &c. Gleich wie nun die proslamban. mit der parhypate überein stimmet in dem ditono, als einer unvollkommenen Consonantz/ also auch die Martialische Ding/concordiren unvollkommen mit den Saturnischen/ wiederum / wie diapente und diatessaron ein vollkommenes diapason machen / also auch die jenige Sachen/ so disen tonis correspondiren]

Enneach.

Eñeach. 2.	Eñeach. 3.	Eñeach. 4.	Eñeach. 5.	Eñeach. 6.	Eñeach. 7.	Eñeach. 8.	Eñeach. 9.	Eñeach. 10.
	mundus	Lapides.	plantæ.	arbores.	aquatilia.	volucria.	quadrupedia.	colores varii.
mundꝰ ſyder, Cœli & empyreum, firmamentum.	minerales, ſalia ſtellæ minerales	aſtrites.	herbæ & flores.	fruſices bucciſera.	piſces ſtellares.	gallina pharaonis	quadrupes paradꝰ.	diverſi colores.
♄ neſʒ	plumbum.	topazius.	helleborus	cypreſſus	ſyrius.	bubo.	aſinus urſus.	fuſcus.
♃ paraneſe.	ſtannum.	ametiſtus.	betonica	citrus.	acipenſer.	aquila.	elephas.	roſeus.
♂ paramefe.	ferrum.	adamas.	abſynthium.	quercus.	lyphias.	falco, accipiter.	lupus.	flammeus
☉ meſe	aurum.	pyropus.	heliotropium.	lotus lauus iacobinus	delphinus	gallus.	leo.	aureus.
♀ lychanos.	ſtannum.	beryllus.	ſatyrium.	myrtus.	trutta.	cygnus, columba.	cervus.	viridis.
☿ parhypate.	argentum vivum.	achates.	peonia.	malus punica.	castor.	pſittacus.	canis.	cæruleus.
☽ bypaſe.	argentum.	ſelenites cryſtallus.	lunaria.	colutea.	oſtrea.	anates, anſeres.	canis candidus.	candidus.
terra cũ elementis, proslambamban.	ſulphur, magnes.	cryſtallus.	gramina.	fruſices.	anguilla.	ſtruthio camelus.		niger.

§. 3. Von der Magiâ naturali.

Was die na-
türliche Ma-
gia sei.
Orphei Mu-
sica.

JSt nichts anderster / als ein verborgene und harmo=
nische Applicirung der Actiu= und Passiuischen Sa=
chen / wer dise weiß / kan Wunder=ding in der Natur aus=
richten / nichts kan ihm verborgen seyn. Also hat Orpheus
Stein / wilde Thier und anders zu sich gezogen / blos ana-
logâ ratione. Dann weil er ein astronomus und ver=
ständiger Naturkündiger / magus gewesen / also gar wohl
gewußt hat / in welcher Proportion / in welchem Concent
ein iegliches von der Natur gemachet sei / auch welchem
Stern es underworffen wäre und pariren müste / daher
hat er seine harmönische rationes dahin appliciert / auch

Wie er da-
mit Stein /
Felsen / Bäu-
me / Thier er-
reget hab.

die leblose Sachen durch die Kraft der Stern / welche er in
ihnen verborgen ligend / mit diser äusserlichen Harmony /
eben als wie Eisen aus dem Feuerstein Feuer / und ein
Blasbalg aus den Kolen Flammen / herfür gebracht / da=
bei also bequem die sonos vermischet und temperiret / daß
weil er die himilische Harmony mitiret / hat er sie so weit
gebracht / daß er sie wider allen Einfluß und Kraft / wohin
er gewolt / mit seinem schlagen hat ziehen können / da jer /
gleich wie aus gewisser Composition underschied icher
Kräuter / durch die Medicinische und Astronomische Kunst
zugerichtet / gleichsam ein gemeine Form wie ein Harmony componiret wird / dabei 3. Tugenden zusammen stimmen / himlisch / Elementarisch und irdisch / also verhält sich

Magia na-
turalis kan
diß auch nach
diser Ennea-
chordischen
Tafel.

auch die εὐκρασία ordentliche Mischung der harmonischen Composition. Was nun Orpheus von seiner siben-
säitigen Leyren rühmet / daß er Stein / Felsen / Baum /
Thier erreget hab / das läst sich besser auf das vorgehende
Enneachordon appliciren und ziehen.

Canones practici, zur magia naturali
gehörig / so in harmonischer Composition underschieblicher Naturen in
acht zu nehmen seyn.

Zuvor=

I.

Zuvorderiſt muß man die Natur eines ieden Sterns wohl wiſſen / und was für claſſes rerum in der untern Welt mit denſelben übereinſtimmen. Alſo bei allen Steinen/Metallen/Pflantzen/Thieren/muß man fleiſſig betrachten / welche lunariſche / Solariſche/Jovialiſche/ Saturniſche Art an ſich haben/darauf muß man ergründen und erforſchen/ was diſe Sachen für lites & odia gegen einander haben/dann das thut in Magiſchen operationibus eben das/was das conſonum und diſſonum in der Muſic/die können ſo künſtlich gebunden werden / daß ſie eine liebliche Harmony von ſich geben. Dabei muß man auch die bequeme Zeit / Tag und Stund obſerviren/ ob ſie analoga ſei zu diſen Kunſt-wunder-natürlichen Sachen. Eines läſt ſich beſſer und lieber im Herbſt als im Früling/im Sommer als im Winter appliciren.

Die Natur der Sternen/ der undern Ding/ ihre lites & odia, wie auch die bequeme zeit/ muß man wohl in acht nehmen.

Canon 2.

Alle entia und derſelben ſpecies in einem iedern enneachordo deß vorgehenden ſchematis, ziehen ſich dahin / einen einigen gleichen effectum , doch im höchſten Grad zu würcken. Alſo die ſolariſche Sachen/ wann ſie zuſammen kommen/bringen einen ſolariſchen Effect / die lunariſche einen lunariſchen/und ſo fortan. Diſer gemeine eff. ctus reſpondiret dem uniſono in dem enneachordo. Dargegen/wann ſaturniſche Sachen mit den Jovialiſchen und Martialiſchen vereinigt werden / ſo kan der rechte Effect nicht komen/weil ſolches widerwärtige Naturen ſind/iedoch wann ſie mit den joviſchen/ſaturniſchen und martiſchen Sachen conjungirt werden / daß ſie ſich alſo binden laſſen / und eine der andern ihren impetum brechen muß / da kan der intendirte effectus herfür flieſſen/ſintemalen martialia von den ſaturninis um einen ditonum oder ſemiditonum underſchieden ſind. Die venezia aber/als welche mit den ſaturniſchen in der diapente conſoniren/wann ſie darzu geſetzt werden/machen ſie eine ſchöne

Vniſonus aller einſtimmigen Ding im Himmel und auf Erden.

Vergleichüg aller Ding mit den harmoniſchen Proportionen.

schöne harmonische Mischung. Also auch die solarische mit den jovischen/als welche auch mit dem ditono underschiden sind; wieder/die solaria mit den lunarischen machē ein vollkommen diatessaron, kommen die jovische darzu/ so gibts ein überaus liebliches triphonium. Aber bei leib sollen die saturnina und martia, als welche gantz dissona sind/ nicht ohne mitten-ein-stehenden und syncopirenden jovischen Sachen componirt werden/ weder in classe lapidum, oder metallorum, herbarum, oder animalium.

Die Dissonantz muß verhütet werden.

Canon 3. Chymicus.

Das consonum und dissonum muß man wissen in der Chymischen Kunst.

WEr in dieser Kunst etwas nützlichs ausrichten will/ der muß zuvorderist auch das consonum und dissonum verstehen/bestehet darinnen/ welche mineralia ein- oder widerstimmig seyn/mit welchen intermediis Mittelsachen sie gebunden/ und also in die Harmony können gebracht werden: also wer einen solarischen Effect produciren wil/der muß zusehen/ daß alle solarische Sachen zusammen conspiriren durch das diapason, darnach soll durch den ditonum oder diapason die Harmony vollkommen gemacht werden. Weg aber mit allen heterogeneis, dissonis herbis, succis, gummis, &c. so in der natürlichen Claß nicht begriffen seyn: doch dissona in gleicher natürlicher Ordnung/wann sie von den intermediis syncopirt werden/können sie zur vollkommensten Harmony gebraucht werden. Wann aber jemand den metallischen tonum in 2. Theil theilen könte/vermittelst deß mercurii, der würde zweifelsfrei finden/ was schon bei etlich 100. Jahren her vergeblich ist gesucht worden. Das ist arcanum in Chymia.

Arcanū in chymiis.

Canon 4. Botanicus, medicina harmonica.

Die Consonantien und Dissonantiē in den Kräutern.

HIer ist nötig zu wissen/welche Kräuter symboliziren/ was ein iedes Kraut für einen characterem im Himmel habe/wohin sie gehören in dem enneachordo? doch muß man die dissona von den consonis absondern/ es sei

dann/

daнñi/daß man sie künstlich zu binden weiß. Solaria, jovialia, venerea zusammen gefast / thun eben das / was die
8. 3. und 5. in der Music machen/ nemlich) eine vollkomene Harmony / dargegen saturniha, martialia, lunaria,
mercurialia; rerursachen ein grosse Dissonantz/ wie 2. 4.
7. in der Music/iedoch) wann sie mit den joviis, solaribus,
venereis gebunden und corrigirt werden / haben sie eben
den effectum, wie 2. 4. 5. 7. in der Music/ wann sie syncopirt werden. Hieher gehören die Gift=Medicamenten/
sonderlich der vortrefliche Theriak / da sich die vollkome-
ste Harmony befindet / sintemalen die consona solariâ,
jovialia, venerea mit den dissonis saturninis, martialib.
und lunaribus also künstlich gebunden und syncopirt werden / daß in keinem Temperament die harmonica proportio uñ symphonia rerum so harmonisch überein stim-
met/ besser herfür leuchtet / als in diesem Medicinischen
Werck. Dann wiewol es überflüssig ist / von solarischen
und aromatischen Sachen/ so blos der kleinen Welt Son-
nen/nemlich) deß Menschen Hertzen consona sind / iedoch
ist ihr Wärm durch die mit einlauffende also temperirt/
daß daraus ein recht harmonisches/nicht menschliches/ sondern göttliches Medicament entstehet/ muß man also bei
Artzheien nicht blos die solaria in Hertz=schwächutigen ge-
brauchen/damit nicht daraus die andere Glieder noth leiden : dann ein einige Säite und die gleichlautende Sachen
können keine vollkommene Harmony machen/sondern underschiedliche Sachen muß man ordentlich vermischen /
damit der harmonische Effect herausser kome/ daher muß
man die jovialia mit den solarischen/ das ist/die Leber mit
den Hertzkräutern vermischen/damit nicht die solaria, in
dem sie das Hertz stärcken/Lungen und Lebern mit ihrer all-
zugrossen Hitz schaden bringen.

Canon 5. medicus.

Weil alle Menschliche Gliedmassen mit den erschaffenen Dingen symboliziren / so ists gewiß / daß alle
Welt=

Die allgemei-
ne Harmony
aller Ding ist
deß Menschē
Gesundheit.
Welt-Materien/als welche allein um deß Menschen willen erschaffen sind/in eine vollkommene Harmony/welche
deß Menschen völlige Gesundheit ist/conspiriren. Dann
gleich wie alle und iede Glieder gewissen Planeten überein
stimmen/also auch alle Sachen/welche auf die Planeten
der grossen und der kleinen Welt sehen/haben einen natürlichen Appetit/die Glieder der kleinen Welt zu erhalten
daher wie die solaria zur Sonnen/die jovia zum Jove,&c.
gehören/also ziehen sich zu der Sonnen der kleinen Welt/
das ist/zum Hertzen/alle cordiaca, zum Mond cephalica,
ad ♀ spermatica, ad ☿ pulmonaria, ad ♂ bilosa, ad ♃
hepatica,ad ♄ splenetica ,ad terram stomachica , daraus entstehet nun ein liebliche Harmony und schönes eu-
neachordon. ex. gr. Gemeine Speisen und Artzney-mit-
tel/wiewol sie underschiblicher Natur und Eigenschaften
seyn/und also zu underschiblichen Säiten gehören/ iedoch
so bald sie in den Magen kommen/ so zeucht sich alsobald
ein iegliches zu der Säiten/mit dem es consoniret : also die
cordiaca werden sich dem Hertzen zuziehen/ die iplene-i-
ca dem Miltz/die cephalica dem Hirn/die heparica der Le-
ber/mit einem innerlichen Appetit./und also ein iegliches
wird das jenige Glied stärcken / darzu es von der Natur
geordnet ist: doch muß man lauter consona gebrauchen/
oder die dissona also zu syncopiren wissen/damit die jeni-
ge/so zuvor schädlich gewesen / ietzt mercklichen Nutzen
schaffen mögen.

Artznel. mit-
tel von un-
derschidliche
speciebus ,
wie sie sich in
dem Mensch-
lichen Leib
vertheilet.

§. 1. Principium medico-harmonicum
Was mit deß Menschen Glied eine Gleich-
heit hat/ das ist seine Artzeney.

Gleichnis
von 2. gleich-
gestimten
Säiten/ de-
ren eine die
andere erre-
get.
Zu gleicher weis/wie eine Säite die andern / wann sie
gleich gespannet ist/beweget / also ein iegliches Ding/
es sei gleich mineralis, vegetalis oder sensitivæ naturæ.
was es für ein Glied / Theil oder Feuchtigkeit in dem
Menschlichen Leib similitudinis characterismo, das ist/
der form/figur / farb / oder anderer Beschaffenheit nach/
abbil-

abbildet/eben daſſelbe Glied/Theil/Feuchtigkeit / wird es
concitiren und angreifen / entweder das Böſe zu vertrei=
ben/oder das Gute herbei zu ziehen: daher geſchichts/daß
Fleiſch Fleiſch / Bein Bein / Blut Blut / Gall Gallen/
Nerven Nerven / vermehren und erhalten. Alſo auch die
jenige Sachen/ſo ſich den Kranckheiten vergleichen / die=
nen mächtig zu derſelben Vertreibung : alſo dienet der
galgalus den ictericis, alce den epilepticis , den blöden
Magen der Wolfsmagen / die Schlangen den Schlan=
ſtichen/die Leber eines wütigen Hunds für die Unſinnige/ꝛc.
Alſo alle felſichte ſteinichte Sachen / oder welche nur ein
wenig ſich dem calculo vergleichen / die dienen vor den
Stein: dann der böſe humor, ſo in dem Glied ſteckt/wird
durch das eingenommene Medicament/weil es dem Glied
diſſonum, diſem aber conſonum iſt/zertrennt/ herzu ge=
zogen/ausgeführt/und alſo das Glied davon erlöſet. Iſt
aber das nicht ein harmoniſche ſympathia.

Randbemerkung: Underſchid=
liche harmo=
niſche Artz=
Mittel wi=
der etliche
Kranckheitẽ.

§. 2. Von der Natur aller Kranckheiten Artze=
ney/nach Hyppocratis Meinung.

Deſe hat er eine Inſtrumental=Urſach genennet/
welche die Seel unmittelbar gebraucht/die Geſund=
heit zu erhalten: dardurch iſt aber nicht nur zu verſtehen
die Elementariſche Vermiſchung der Theil im Leib/ oder
die craſis der erſten Eigenſchaften/ ſondern vornemlich
auch die jenige Subſtantz / ſo aus dem humido radicali
calido primogenio, und dem innerlichen Geiſt gemachet
iſt/iſt das Band zwiſchen Leib und Seel/das Grundweſen
der himliſchen und irdiſchen Ding ; die ſubtilere Philoſophi nennens ein Elementariſchen Himmel/oder himli=
ſches Element. Diſe flieſt/nach Hippocratis Meinung/
von allen Gliedern deß Menſchlichen Leibs herunter / in=
formirt den Samen/diſponirt denſelben / und macht der
Seel aus der gegenwärtigen Materi einen Leib/den jeni=
gen Gliedern gantz gleich/davon ſie gefloſſen iſt/mit einer
neuen harmoniſchen Vermiſchung der Fortpflantzung.

Randbemerkung: Was durch
die Natur
hier zu ver=
ſtehen ſei.

Dann

Wie die Natur in der Geburt alle Glieder des menschlichen Leibs formirt

Dann der Theil so vom Haupt kommen/ formirt ein ander Haupt/das aus dem Hertzen ein neues Hertz/das aus der Leber/ein neue Leber/aus der Lungen/ein neue Lungen/ec. Was nun dise Natur für ein Kraft hat bei dem Menschen ehe er geboren/eben dise hat sie auch nach der Geburt/deß Leibs Gesundheit zu erhalten. Und wiewol die gantze Natur zur Erhaltung deß gantzen Menschen geordnet ist/iedoch werden vornemlich die jenige particulæ den jenigen Gliedern/davon sie kommen/und denen sie angeboren sind/dienlich und behülflich seyn: die Medici nennens

Dispositio partium bei den Medicis.

dispositionem partium, so von der gantzen Substantz herrühret; dann wiewol sie von Natur nicht unterschiden seyn/haben sie doch mehrere συμπάθειαν mit den jenigen Gliedern deß Leibs/in welchen sie seyn/mit welchen sie auch vollkomlich consoniren; weil nun die Natur/ wie Hippocrates sagt/ein Artzeney ist aller Kranckheiten/und die Natur allen Kranckheiten unmittelbar hilft/ so ist einem medico nichts nötiger/ als daß er die Natur selbsten

Ein Medicus soll die Natur zuvor curiren.

zuvor curire/und die 3. oben gesetzte Stück/welche die eingepflantzte Natur machen/mit einem bequemen nexu und harmonischer Proportion vereinigen/damit nicht der natürlichen Wärm am Fetten Feuchtigkeit mangele/ oder die allzugrosse Wärm sein Futter oder Narung verzehre/ und den Geist überwältige. Auf diese harmonische weis wird die Natur selbsten das beste thun/und unsern Leib zur völligen Gesundheit bringen.

§.3. Von dem harmonischen connexu, so ein Medicus wohl in acht nehmen soll.

Medicina catholica was sie sei.

Die Araber und Egyptier sagen/es sei ein allgemeine Artzenei/so die natürliche Stärck der Natur erhalte/ die böse Affecten und Kranckheiten vertreibe. Die Chymistæ verstehen dadurch einen lebendigmachenden Stein/ Paracelsus sein azoth oder Trinck-gold/Lullus sein fünffte Essentz aus dem Wein gezogen/ welche er den Himmel nennet. Weil es aber gar schwär zu finden ist/ gehen die

Medici

Medici vom universali, so dem gantzen Leib dienlich / ad
particularem, so allen Gliedern dienlich: daher haben sie
ihre cephalica, cordiaca, splenetica, hepatica, pulmo- *Der Medi-*
naria, &c. so wol mit der Prob / als dem characterismo corum ihre *naria, &c.*
erfunden/welche das humidum raticale, calorem, &c. *Particular-*
stärcken und erhalten. Je grössere Gemeinschaft aber di- *stärcken und*
se remedia haben mit den jenigen Gliedern/mit denen sie *remedia.*
consoniren/desto kräftiger werden sie dieselbe stärcken/wie
in der Music die Consonantien desto vollkommener seyn/
je näher sie zum unisono kommen. Wann es nun geschehen
könte/daß einer aus einem todtē Leib gleicher speciei eines
gewaltsam gestorbenen Menschen/das übrige humidum *Humidum*
radicale nach der Chymischen Kunst heraus ziehen solte/ *radicale*
der würde die allergewisseste Medicin für den Menschen *vom Men-*
in Lebens-kranckheit gebrauchen können. Thut das der *schen genom-*
gantze Leib/wie viel mehr ein Glied / so dem andern con- *men/ Hirn-*
form und ehnlich ist. Das Pulfer und Saltz von mensch- *schalen-pul-*
lichen Hirnschalen ordentlich præparirt / dienet mächtig *fer/das Mu-*
wider das gefährliche Hauptweh/ ja etliche haben nur ein *mia vom*
Pulfer aus allen Glidern deß Leibs gemacht / damit alle *Leib/ sind*
gefährliche Kranckheiten vertriben/welches die Egyptier *trefliche Ar-*
mächtig gebraucht haben. Das mumia aus Arabia ist *tzenei mittel.*
auch ein sicherliche Artzenei für alle Kranckheiten.

§. 4. Von der harmonischen Proportion
aller Ding.

Iß ist ein allgemeine form/ so sich in allen ordentlich *Ist eine ver-*
disponirten Sachen befindet / verursachet alle Har- *borgene Ret-*
mony/dann weil die gantze Natur harmonisch ist/und da- *ten aller*
mit alle Sachen von solcher Harmony participiren/hat *Ding.*
Gott der wunder-weise Schöpfer eine verborgene Ketten
aller Jdeal-formen/von dem ersten archetypo bis zu dem
letzten continuiret/in die gantze Natur geleget. Von diser
harmonischen Form aller Ding ist zu wissen / daß in allen
natürlichen Dingen etliche entia analoga seyn/ welche
gegen einander gar zierlich proportioniret sind/als da sind
in der Welt-Music das humidum radicale, der einge-

Harmony zwischen dem humido, calido und spiritu im menschlichen Leib.

pflantzte Geist/und die natürliche Wärm/welche 3.Stuck nicht nur in lebendigen Sachen/sondern auch der Analogy nach in dem Himmel/und allen leblosen Dingen sich befinden; so lang nun dise 3. stück bei einem Ding wohl beschaffen sind/so ist die Harmony einstimmig/und das Temperament vollkommen. Wann aber das humidum radicale allzu sehr in den spiritum und calorem würcket/oder dise in jenen/so entstehet alsbald eine Dissonantz. In der himlischen Welt ist das humidum radicale der Lunarische Einfluß/die lebendigmachende Wärm der solarische in-

Wird applicirt auf die obere Welt.

fluxus, der Geist ist beeder Band. Wann nun dise influxus allzu unmässig sind/oder auch / wann andere dissonirende Planeten hinzu komen/ so bringen sie nicht nur sich selbsten / sondern auch alle andere sublunaria in Unordnung und offenbarliche Widerstimmung / wil man aber ihnen zu Hülf kommen und sie corrigiren/muß man zu bequemer Zeit und Ort / mit bequemem Aspect der Stern/ das humidum, so entweder in Mängel oder überfluß peccirt, mit einer Proportional-Wärm/ vermittelst deß innerlichen G eistes/zur Medicinischen Harmony reduciren. In der Elementarischen Welt gehören die Wolcken zum

der Wolcken ihre Harmony mit der Erden.

receptaculo dises humidi, welche höchst-nöthig seyn/ damit sie das übersich gezogene Wasser wieder über der Erden ausgiessen : darzu gehört aber der Fuhrwagen der Wolcken/ein besonderer Geist oder Wind/ wann aber die Erd mit allzu vielem Regenwasser befeuchtet/so komt ein anderer Wind/und trücknet die Erden in einer Nacht wieder aus/daß sie ihre gebürende Harmoni wieder erlanget.

Ihre höchste Nothwendigkeit.

Sind also die Wolcken hochnötig / die allgemeine Welt-Harmony zu erfüllen / geben das Wasser die Erden zu wässern/ja sind gleichsam das Gefäs/darinnen das Regenwasser enthalten wird/die Wind treiben den Waagen/die Pferd sind die höchste Notdurft / der Gubernator ist das Gesetz der Natur / und der allschaltende Schöpfer Himmels und der Erden.

§. 5. Ap-

§. 5. Applicirung diser harmonischen Propor-
tion auf underschidliche Exempel.

EBen so gehets auch bei der kleinen Welt/da die Haupt-
membra den Haupt-theilen der Welt respondiren: *Woher Ge-*
wann nun die 3. oben gesetzte Stück per excessum oder *sundheit und*
defectum dissoniren/so muß man sie zur rechten Harmo- *Kranckheit*
ny reduciren/durch Applicirung der jenigen Sachen/ so *beim Men-*
ihnen analoga und gleichförmlich sind. Also in der Ver- *schen.*
mischung deß Weins mit dem Wasser/schreibt Plutarch
eine harmonische Proportion für /so zur Gesundheit und
guten Sitten dienen soll : dann 4.Theil Wein mit 3. theil *Wie man*
Wasser vermischt/macht eine diatessaron, das ist/unvoll- *den Wein*
kommene und unannehmliche Consonantz / wie dann der *harmonicè*
Wein also allerdings gantz wässericht ist / und gehört für *vermischen*
die Ernsthafte/mit ernstlichen Geschäften bemüssigte Leu- *soll/und von*
te. Aber 3. Theil Wein mit 2. theil Wassers vermischt/ *dessen Wür-*
macht diapente, ein liebliche anmutige Consonantz / und *ckung im*
auch dergleichen temperamenta. Aber zwey Theil *Menschen.*
Wein mit zwey Theil Wasser vermischet / macht diapason, die allervollkomlichste und süsseste Consonantz/
auch dergleichen Temperament/doch muß Ort/ Zeit/Ge-
wonheit/Personen und deß Weins Eigenschaft wohl in
acht genommen werden: also vereinigen sich auch alle le-
bendige/leblose und fülende species nexu harmonico, ohne welche sie nicht könten erhalten werden. Also die metallische Adern ziehen zu sich aus den innersten visceribus
der Erden solche humores und vapores, so zur Generation eines ieden metalli nothwendig seyn / doch under der
geziemenden/dem Metall gehörigen Proportion. In den *Ein iedes*
vegetabilibus ziehen alle Erdgewächs so viel / und die je- *Ding hat sei-*
nige Nahrung zu sich/ sub tali & tali proportione, so ih- *ne proportio-*
nen zur Erhaltung ihrer Natur nötig ist/würden sie dar- *nirliche Nah-*
über oder darwider thun/müsten sie zu grund gehen. So *rung aus der*
gehets auch mit der Einpfropfung oder Veltzung der *Erden.*
Baum / davon ein Wunder-stück zu sehen ist zu Rom/in

dem

Citronen-
baum in der
Luft ist
fruchtbar.

dem Garten der Barfüsser/Augustiner Ordens/ da ein Ci-
tronenbaum ohne Wurtzel frei in der Luft hangt/und doch
bringt er seine Bläter / Blut und Früchten/nur darum/
daß er nahe bei andern dergleichen Bäumen stehet/dessen
äst mit disen ästen zusammen geflochten sind/von welchen
er seine Nahrung und Saft empfängt. Im gegentheil
kan das Kohlkraut keine Weinreben/und der Kürbis kein
öhl leiden/wann es in einem Gefäs darunder gesetzt wird.
Also ein iedes Thier hat sein ordentliche Speis/ auch sein
gewisses antidotum, damit es ihm im fall der Noth helffen kan.

Regiſtrum 4.
Von der menschlichen Music/oder von dem
symphonismo der grossen und der
kleinen Welt.

Die Welt ist
wie ein Thier.

Je Alten haben vorgeben/die Welt sei wie ein Thier/
hab nur einen Leib/auch nur einen Geist/sei aber also
gleich ausgetheilt/daß die allerschönste Harmony daraus
entstehe. Es kan auch dise Welt gar füglich in viel andere Welt/ gleichsam in articulos und Gliedmassen / abgetheilt werden/welche/wiewol sie ex consono und dissono
bestehen/iedoch kommen sie überein in der gemeinen harmonischen form. Wir wollen aber von der höchsten uner-

3. Absonder-
liche Welt/
so mit einand
harmonice
überein ſtim-
men.

schaffenen/unleiblichen Welt/davon die andern all depen-
diren/nichts sagen; sonsten sind dise 3. Welt mit einem festen Band und güldenen Ketten an einander gebunden/
die grosse/kleine und die politische Welt/ so aus beeden gemacht ist. Der Mensch heist billich ein kleine Welt / weil
nichts in der grossen Welt zu finden / dessen Eigenschaft
nicht auch im Menschen/als im kurtzen Begriff aller Ding
zu sehen ist. Da ist im Menschen eine himlische und eine
sublunarische Portion samt dem æthere, so beedes verbindet. Das Hertz ist die Sonn/ der Brunn deß Lebens und
der Bewegung : das Hirn ist der Mond/ die Mütter der
feuchtigen Fruchtbarkeit : die Leber ist der Jupiter/ so alles

les erwärmet/das Miltz der saturnus, der Sitz der melan-
choliæ, die Gall der Mars / die Nieren und andere Sa-
men=glieder die Venus, die Lung der Mercurius, der Ma- **Wunder.**
gen ist die gantze Erd. Die 4. Elementen sind die 4. Feuch= **artliche Ver=**
tigkeiten/bilota sind das Feur/die phlegmatica das Waf= **gleichung deß**
fer/die sanguinea der Luft/die melancholica die Erden. **Menschen**
Die Adern bedeiten die Flüß/die Blase das Meer/Sümpf **sen Welt / in**
und Seen. Die 7. Haupt=glieder/ die 7. metallische cor- **allen Stú=**
pora, die Bein die Steinbrüch/ das Fleisch die Erden/die **cken uñ Thei=**
Haar das Gras. Da findet sich ein lautere zierliche Har= **len.**
mony und Einstimmung. Was wollen wir itzt von der
heimlichen signatur der Kräuter sagen/ damit sie sich auf
alle Glieder und Theil der kleinen Welt ziehen/ mit einem
wunder=magischen Consens/so gar / daß welche Kräuter
eine Gleichheit mit den Gliedern deß menschlichen Leibs
haben/denen sind sie auch heilsam und erfprießlich ; gehet **Harmoni der**
durch alle Kräuter und Glieder hindurch/ꝛc. daher schei= **Kräuter mit**
nets/als wolte das Haupt ad cephalica, die Leber ad he- **den menschli=**
patica, gleichsam auffspringen/mit allen Freuden sich em- **chen Gliedern**
pfangen/wegen der Gleichheit der Natur/ und der heim=
lichen analogia, damit sie einander respondiren.

§. 1. Von den characterifmis morborum
bei den Menschen.

WAs für ein occulta harmonia in der Welt sei/ er= **Verborgene**
scheinet aus folgendem. Alle steinichte Sachen in **Harmoni in**
und auffer dem Menschen/ Edelgstein/Aepfelkern/ Nuß= **der Welt bei**
kern/ Nieren=Blasenstein/ꝛc. dienen zur Zerreibung deß **allen Dingen**
Steins in der Blasen und Nieren/ꝛc. Ein Saft aus den
Kräutern gezoge/so mit deß Menschen Feuchtigkeit über=
ein stimmet/ziehet denselben aus. Krebs tödtet den Krebs/ **Underschied=**
Scorpion heilet die Scorpion=stich / Würm tödten den **liche Reme=**
Wurm/ein Wolf den andern/Schlangenpulfer Schlan= **dia in der**
gengift. Was die meteora in der Luft/das sind die Kranck= **Natur.**
heiten im Menschen : wie die flatus entstehen in der sublu-
narischen Welt/also auch im Menschen ; wie die Pflan=
T iij   tzen

tzen auf= und nider gehen/wie sie wachsen und verwelcken/
also auch der Mensch/da ist gleiche Natur. Die Flüß im
Menschen sind seine Regen / Schnee / Hagel. Fallende
Sucht/Schwindel/Hitz/Fieber/ das sind Donner/ Blitz/
Wetterleichten. Der Schlag/Pest/das sind Finsternis/
Wolcken=brüch/Wasser=güß.   Lenden= Nieren= Därm=
Weich=schmertzen / das sind grosse Wind / Erdbidem / da
widerwärtige Elementen/Feur und Wasser/das ist/ bilis
&pituita zusammen kommen. Ja diser wunderbare consensus findet sich in allen und ieden Theilen der kleinen
Welt. Also allein im Menschlichen Haupt findet sich al=
les das/was in der gantzen Welt zu sehen,ist Das Ele=
ment der Erden ist die Hirnschalen / das Wasser die dura
mater, die Luft die pia mater,das Feur das Hirn selbsten.
Oder also : die Erd ist der Geschmack und der tactus, das
Wasser die Augen/der Luft die Ohren/das Feuer die Na=
sen/die metalla sind alle sordes so vom Menschen gehen/
ist der humor schwartz/ so bedeits das Eisen / ist er rostig/
das Kupfer/das Gelbe das Gold / das Bleiche das Zinn/
das Weisse das Silber/ das Blaue das Bley/ kompt alles
her aus dem sulphure und mercurio pilis& pituitæ: das
Meer im Hirn/die Bäch in Augen/die Stätt und Häuser
in dem Magen/die Haar sind die Wälder / die Läuß das
Gewild/die Thränen der Thau und Reiffen/ die Dämpff
in den Augen die Nebel / die Wolcken die anfractus deß
Hirns/die Ohren der Wind/ic. hinc accipe,redde, fuge,
Hugonis.

§. 1. Von der harmonischen Proportion der
Glieder und Theil im Menschlichen Leib.

Die Gelehrten theilen den Menschlichen Leib under=
schiedlich ab/etliche in 10. in 9. in 7. Theil / andere
anderster. Deß Menschen Angesicht stehet oben an/ hat
also die erste Betrachtung / bestehet aus 3. dimensioni-
bus, die 1.geht von der obersten Stirn da die Haar wach=
sen/bis zu den Augbrauen/die 2.von dar an bis zu den un=
der=

[Marginal notes:] Kranckheitē im Menschen sind die Meteora bei der kleinen Welt. — Ja in deß Menschen Haupt findet sich ein kleine Welt. Andere Ap=plication dessen. — Underschidliche Abtheilung der Glieder im menschlichen Leib. Angesicht hat 3.dimensiones.

derſten Naſen/die 3. von dar an bis zum Kihn. Die erſte
iſt der Sitz der Weisheit/ die ander der Schönheit/ die 3.
der Gütigkeit; diſe 3. ſtück vermehrt/geben die gantze ſta-
tur deß menſchlichen Leibs/ſo aus 9. portionibus beſtehet/ **Der gantze**
in 3. zona Haupt-Reſier abgetheilt. Die 1. iſt das An- **Leib hat 3.**
geſicht ſelbſten/die 2. die Bruſt/ die 3. vom oberſten Ma- **zonas und 9.**
gen bis zum Nabel / die 4. bis zur underſten Hüft / die 5. **portiones,**
und 6. bis zu den Knnebügen/die übrigen bis zum end/der
underſte Theil aber von den Knochen bis zur underſten
Fußſolen/uñ das plätzlein der Gurgel zwiſchen der Bruſt
und dem Schlund / wie auch das ſpatium zwiſchen dem
Würbel und der Stirn/diſe 3. Stück zuſammen gefaſſet/
machen auch eine Portion. Wir reden aber hier von einer vollkomlichen proportionirlichen Manns-ſtatur.
Weiter von den Schultern äuſſerlich bis zu den Glencken
der Finger/von den Achſeln aber innerlich bis zu der flachen Hand und den Fingern/ ſind 3. facies, hat alſo die
gantze Länge der Armen 7. facies, die Breite aber der
Bruſt/von einer Achſel zur andern hat 2. facies,und alſo **Der Menſch**
die Breite zwiſchen den 2. ausgeſtreckten Händen iſt ſo **iſt ſo groß/**
groß/als die Höhe deß Menſchen. Wiederum/ſo groß die **als er ſeine**
Länge von den Augbraunen bis zur oberſten Naſen / ſo **Arm ausſtre-**
groß und lang iſt auch das Kihn von der Kälen / und ſo **cken kan.**
weit das Kihn von der oberſten Naſen/ſo weit iſt auch von
der Kälen bis zum undern Hals / und ſo weit die obere
Naß von der obern Lefzen/ſo weit iſt auch die undere Naß
von dem undern Lefzen/widerum/ſo weit der underſte Wa-
den vom hohen Fuß/ſo fern iſt auch der hohe Fuß von den
Zähen. Der Umbreis deß Halſes iſt ſo groß als die Bruſt
von dem Nabel iſt. Wollen wir aber mit Vitruvio den **Vitruvius**
Menſchlichen Leib in 10. Theil abtheilen / und die gantze **theilt den**
Länge deſſelben in 180. Theil/ſo ſtehen dieſelbe harmoni- **menſchlichen**
cè und arithmeticè gegen einander wie folgt / als : das **Leib in 10.**
Angeſicht hat 18. theil/die Länge der Naſen 6. die undere **Haupttheill/**
Naſen 6. die Länge deß Ohrs 6. von einem Augenwinckel **oder 180.**
zum andern 12. die Länge der Stirnen 6. das Kihn 6. der **kleine Theil.**

Mund 4. in seiner Länge/ in seinem Umkreis 12. von dem Wirbel bis zum undern Gnick 24. von der Brust bis zur obersten Stirn 36. der Umkreis deß Ohrs 12. die Länge deß Augs 4. die Ferne der Augen 4. von der undern Nasen bis zum Mund 2. vom Mund zum Kihn 4. das Nasloch 1. die Stirn in dem Umkreis 18. die Länge der flachen Hand 18. vom Knye bis zum Wirbel 24. der Fuß 30. der Elenbogen 45. die Brust 30. Gleich/ wie aber

Stirn/Nasen und Kihn bringen Weisheit/ Güttakeit und Schönheit.
in der Music der unisonus ist der Anfang der Schönheit und der Lieblichkeit/ also auch im Menschen dise 3. Stück/ Stirn/Nasen und Kihn / wo diese consoniren/ so ist die Schönheit vollkommen/wann aber nur eines die æquisonirende Proportion überschreitet/so ist die Schönheit gefallen/wie zu sehen an den jenigen Leuten/welche eine lange Stirn/kurtze Nasen/oder kurtze Stirn lange Nasen haben. Wil man aber den Menschen in einen Circkel oder quadratum einschliessen/so findet sich die Symmetry gar schön/auf zweyerley weis/ 1. wann der Mensch sich Creutzweis aussstreckt / daß der Circkel die extrema an Händen und Füssen berühret/so ist das centrum der Nabel. 2. wann er aber die Füß hart zusammen thut/ und die Händ rectà von sich aussstreckt/ daß der Circkel doch die extrema an Händen und Füssen rühret/ so ist das centrum das Mittere im Menschlichen Glied. Auf dise Mensur deß menschlichen Leibs soll Noah seine Archen / und Salomo seinen Tempel gebauet haben/ wie Sallianus und Villapondus erweisen wollen.

Woher die Schönheit im Menschen nach der harmonischen Proportion. Das Centrum auf zweierlei weis im Menschliche Leib zu suchen.

§. 2. Von der Innerlichen Harmony der kleinen Welt.

3. Himmel in der Welt/ 3. Zonæ im menschlichen Leib.
Gleich wie die Gelehrten in der sichtbaren Welt 3. Himmel statuiren, also wird auch der Mensch in 3. zohas oder Haupttheil abgetheilt: der Kopf bildet ab den archetypischen Himmel/regnum intellectuale, die Brust bildet ab den Stern-himmel/ der Bauch den Element-himmel/ das Hirn ist im Haupt das vornehmste Stück/ die

die Hirnschal hat 8. Bein/darmit der gantze Kopf zusam=
men gefüget ist. Hart ist die Hirnschal wider die äusserli=
che impetus, die dura mater erfüllt alle innerliche Hölen/
die pia mater theilt das Hirn in underschidliche Häuslein.
Nichts ist hier zu sagen de caudice cerebri, vom silbern
Strick/von seiner güldenen Pfeifen dem Ruckgrad / von
den nervis, so alle hier entspringen/ic. Die Brust / so ein
Behälter der Geister/ein Haus deß Hertzens / ist wie ein
Cythar oder Lauten formiret/der Brunn aller Harmony
im Menschen. Da finden sich die 7. Planeten/gleichsam
als wie ein heptachordon zusammen stimmend. Wollen
wir aber diß Glied oder Theil mit der sichtbarn und un= Vergleichung
sichtbarn Welt vergleichen/so ist das Miltz die Erden / die deß Mensch=
Gallen das Feuer / die intestina mit der schleimichten lichen Leibs/
Feuchtigkeit das Meer/die Lungen der Luft/da gibts auch mit der gan=
widrige motus systolen & diastolen , wie der Himel sich tzen Welt.
von Aufgang zum Niedergang beweget. Wollen wirs Mit einer
aber mit einer Respublic vergleichen / so ist der König die Respublic
Vernunft/der Will die Königin/der Verstand der Rath= oder Oecono=
geber/das Hertz die Vornehmsten/Edelsten/ wann das li= mi.
get/ligt alles. Wollen wirs mit einer Oeconomy verglei=
chen/so ist der Wagen die Schienbein/das Hirn der Rath=
geber/ die Leber das Feuer / der Magen die Küchen/das
Miltz die Cloac/die Adern die Speiß/ die Arterien geben
Wärm/die Nerven das Consect/ melancholicus succus
das Magere/phlegmaticus das Fette/ bilosus das War=
me/ sanguineus das Temperirte / die Einbildung oder
Phantasy gibt allerhand Gemäld und Bilder/ das Ge=
dächtnus erzehlt solche picturas, die Augen sind die Liech=
ter/das Hertz regieret alles/die übrige Glieder dienen und
warten auf. Summa/ das Hertz ist die Sonn der kleinen
Welt/ muß alles erwärmen und lebendig machen. Es
können auch die 4. Gefäs deß Menschlichen Hertzens mit die 4. Haupt=
den 4. Flüssen deß Paradeis verglichen werden: zur Rech= Adern deß
ten sind 2. Blut= zur Lincken 2. Lebens=Adern. Vena ca= Hertzens/mit
va gibt Blut/die arteriosa schiebts aus dem Hertzen in die den 4. Flüs=
sen im Para=
dis.

Lungen/die aorta theilt den Lebens-geist und Blut in den gantzen Leib/ venosum bringt die Luft zum Hertzen : die Blasbälg sind die Lungen-flügel mit ihren 5. lobis, diese/ wann sie sich dilatiren/ so ziehen sie wie ein Blasbalg den Luft an sich/werden sie aber comprimirt / so zertheilen sie denselben/durch unzahlbare Canäl/ in alle Glieder / und

Der Magen ist der Koch. wähen damit die Wärm deß Hertzens auf. Der Magen ist der Koch/daran ist mächtig viel gelegen / damit er nun in guter Harmony erhalten werde / so hat er auf beeden Seiten die Leber und das Miltz/ wie ein Tigel zwischen 2. Heerden/ dardurch wird er in seiner natürlichen Wärm

Die Leber ist der edelste Theil/mit allen andern Gliedern verbunden. erhalten. Die Leber muß die gantze Famili aus freiem kosten erhalten/von deßen Disposition hanget deß Menschē Farb/und alle Lebens-kräften. Mit dem Hirn ist sie verbunden durch die nervos.mit dem Hertzen durch die arterias und venam cavam,mit den innersten Därmen durch den solenium und mesenterium,mit den andern Glidern durch allerhand gemeine und absonderliche Band. Die Gall reinigt die Leber/in dem sie die bilem subtiliorem an sich zeucht/das Miltz den melancholischen humorem , die Nieren den serosum , das Gedärm zeucht das grobe an sich/und wirfts wieder aus/die Adern in der Mesenterii bereiten den chylum, geben das grobe Blut / die Leber gibt die form und farb/vena cava theilt daßelbe aus. Solte nun das alles mit der Gestirn-Welt verglichen werden/ würde sich eine wunder-schöne Harmony befinden. Folget

Der undere Leib im Menschen ist die Elementarische Welt. der undere Leib/ als die Elementarische Welt / da allerhand meteora sich ereignen: hat 3. Theil/ das Gedärm/ die Blasen und die Samen-glieder. Das intestinum ist 7.mal länger als der Mensch/hat underschidliche Namen nach den underschiedenen Würckungen/ duodenum , jejunum, ilium, cæcum, colon, rectum. Die Blasen ist gleichsam wie ein Meer/da sich alles Waßer samlet. Bei den spermatischen vasis ist sonderlich wunder-merckfam/ der Muter Leib bei den schwangern Weibern/so bald diser den Zeugungs-saft empfangen/ so gehet er gantz harmonicé nicè den Menſchen zu bilden/in den 6. erſten Tagen wird der Sam in ein ſpumoſum corpus gleich dem Butter verwandelt / nach 3. tagen läſt es ſich anſehen wie Blut/ über 15. tag ſo iſt es ein coagulirtes geſtandenes Blut/ wiederum nach 12. laſt ſich das Fleiſch mit den 3. Haupt-viſceribus ſehen / darnach der Anfang deß Ruckgrads/ endlich nach 9. tagen wird das Haupt von den Schultern underſchiden/und die übrige Glider formiret/und alſo auf diſe weis wird das Kind in Muterleib innerhalb eines ſemeſtris conglobiret/gantz auf harmoniſche weis/ der Zeit nach/6. 3. 15. 12. 9. das macht diapaſon, disdiapaſon, disdiapaſon & diapente,diateſſaron,endlich nach 7.oder gemeiniglich nach 9. Monaten (dann die 8. monatliche Geburt iſt gantz diſſona) regt das Kind ſo lang Händ uñ Füß/bis es die membranas zerreiſt / und den Bauch mit der Schärpfe deß ausgegoſſenen humoris kützlet und ſtimuliret/bis der Leib theils durch die Schwäre/theils durch das Beiſſen getriben wird / daß er die Frucht per vim expulſivam an das Taglicht ſetzet. Iſt aber das nicht ein Wunder-harmony.

Wie wun-der-harmo-niſch die Em-pfängnis uñ Geburt deß Menſchē ge-ſchehe in Muterleib.

Was das Kind aus Muterleib treibe.

§. 3. Von der ſenſibel-vernehmlichen Harmony und Muſic der kleinen Welt gegen der himliſch- und Elementariſchen Welt.

DIe Stern am Firmament deß Himels ſind gleichſam der Diſtantz nach underſchiden/wie die Säiten an einem Inſtrument/ihre glob: ſind gleichſam das Gewicht/ ſo an die Säiten gebunden ſeyn : gleich wie nun underſchiedliche Säiten harmonicè zuſammen ſtimmen/nach dem ſie vom proportionirten Gewicht regieret werden/ alſo ſind auch die Stern harmonicè ordinirt / daß wann

Die Stern am Firma-ment werden verglichen mit den Säi-ten an einem Inſtrument.

Dann der motus verursachet die Anstoffung der Leiber/
komt nun darzwischen der Luft oder das Waffer/so entste=
het durch solche illision ein Schall oder Thon/ und wann
der motus harmonicè proportionalisch ist / so geschicht
auch der sonitus harmonisch: ist der motus schnell/so ent=
stehet der acutus,wofern aber langsam/der gravis sonus.
Ist also hier eine dreifache Sensibel-Harmony in acht zu
nehmen/1. ex motu fugæ, wie bei den Thieren und Pflan=
tzen/da sich lis dissonantiarum und amicitia consonan=
tiarum befindet. Ist das nicht ein Wunder-Concent/daß
das Weiblein und Männlein vom Palmenbaum einan=
der so lieben/daß keines ohn das ander wachsen wil/ja kei=
nes läst sich mit anderm Waffer wässern und befeuchten/
als deme/das aus dem andern s. zu ausgezogen ist.Cocao
ein Baum in America verdirbt gantz/wann nicht der Baum
Ebanus denselben beschattet. Summa/es ist kein Kraut/
das nicht mit einem andern consoniret und dissoniret.Also
Fahrenkraut kan das Schilfrohr nicht leiden / der Wein=
stock haffet natürlich den Kohl : also auch ein Oel= und
Eichbaum ; also Abrah.Baum und Knabenkraut/Haar=
wurtz und Johannes-kraut. Jedoch consoniren sie alle mit
dem Menschen/wann sie harmonisch præparirt sind.Also
die Omeisen fliehen das Kraut Wolgemut/den Flügel ei=
ner Fledermaus/und das Hertz eines Widhopfs/welchen
sie dissoniren : also auch die Geiß das Kraut Basilien. Di=
se verborgene Harmony/da die consona mit den dissonis
gar artlich temperirt sind/ist die Ursach/warum der Ele=
phant das Kirren der Schwein/und nicht das Brüllen deß
Löwen förchte. Warum der Trapp/ein langsamer Vo=
gel/von einem Pferd erschrecke / und alsbald darvon flie=
ge/der Hirsch darvon laufft/wann er einen Widder sihet/
warum die Lerch den Habicht/das Hun den Weihe so sehr
förchte/daß sie lieber in den Händen eines Menschen/ wie
oft geschehen/als in dem Rachen ihrer Widersacher/ster=
ben wollen. Die 2. species ist der innerliche motus, da
der Geist harmonicè erreget / auch die musculos gleich
harmo-

ex motu fu-
gæ entstehet
bei den Thie-
ren und Pflan-
tzen eine Har-
mony.

Sympathia
und anti-
pathia un-
derschidlicher
Sachen ge-
gen und wi-
der einander.

harmonicè anreget und beweget. In der kleinen WeltMusica
sind 2. Stuck/ welche eine sensible harmoniam machen: *pulsuum*
das 1. ist der motus oder Schlag/ welcher aus dem lin- *in der kleinen*
cken Gehäus deß Hertzens/als welcher der Sitz der leben- *Welt.*
digen Kräft/und die Werckstatt der natürlichen Wärm/
seinen Ursprung nimt/denie der rechte ventriculus cordis
gleichsam die Officin deß pulsaderichten Geblüts dienet:
und aus disen 2. entstehen durch stätige Systolen und Di- *Hertzens-*
astolen Erweiterung oder Eintrengung/ die Geister/das *Music wie*
andere Instrument der sinnbaren Harmony: daher sind *sie geschiebet.*
die Schlagünge der Blutader/ und die Erathemung der *Wober Ge-*
Geister/nach den underschidlichen ständen der Consonan- *sund. und.*
tien und Dissonantien/Zeichen der Gesund- und Kranck- *Kranckheit*
heiten/denn von disen dependiren die bewegbare Kräften/ *bei dem*
und lebendige actiones einig und allein/als von den ersten *Menschen.*
Bewegern/welche motus in underschidlichenGliedern deß
Menschen underschiben sehn : dann wann die Geister in
demHertzen die Muscheln undFäserlein etwas schnell erregen / so geben sie einen sonum von sich wie die geringste
Säiten/welches vornemlich geschiehet / wann das Hertz
sich eröfnet/und für Freud gleichsam frolocket. Traurigkeit aber beschwärt dasHertz/daher verursachen die langsame Geister langsamere motus, daher entstehet widerwärtiger effectus. Wañ aber der Mensch recht vollkom- *Wann der*
lich gesund ist/ so consoniren die motus der Geister in der *Mensch voll-*
Leber/gegen denBewegungen deßHertzens in der diapen- *tomlich ge-*
te. Die Bewegung aber in dem Miltz in der Diapason/ *sund/so con-*
weil sie 2. mal langsamer als die Geister im Hertzen mo- *soniren alle*
viret werden/ das Hirn aber in dem diatessaron. Diese *motus in*
Consonantz findet sich bei allen Gliedern / nicht nur ana- *allen Glie-*
logè, gleichnis-weis/sondern warhaftiglich / welche wir *dern.*
gar leichtlich hören solten/ wann unser schwaches Gehör
dahin reichen-solte. Dänn die musculi und das Geblüt/ *Vergleichũg*
so von den Geistern erreget werden/ bewegen sich notwen- *derselbẽ nach*
dig/aus der Bewegung aber entstehet nothwendig eine il- *den harmoni-*
lision, darauf der sonus folget/und weilen die motus der *schen Pro-*
portionen.

Vital-

Vitalglieder/von der Natur proportionirlich harmonisch geordnet sind(als muß daraus nothwendig eine Harmony entstehen/ wann aber aus unmässig-vermischten humoribus dieselbe motus in einem Vital-glied zu viel intendirt oder remittirt werden/so entstehet alsobald die disharmonia, welches nichts anderster/ als die Kranckheit ist/welche desto grösser und schwärer ist/ ie mehr Glieder einander dissona sind mit ihren unordentlichen motibus.

Kranckheit ist nichts anderster/als eine Disharmoni be-Bewegungen.

Das ist aber gewiß / daß unser lebhafte Geist nach dem harmonischen Luft auch) harmonicè beweget wird. Dann bei denen/so von den Tarant-spinnen vergiftet sind/ da erreget der äusserliche harmonische sonus den innerlichen Geist ebenmäsig harmonicè. dieser aber erweckt nach den modulis deß harmonischen Lufts die musculos und fibras im Menschen/welche nachgehends denselben zu harmonischen Sprüngen/ihren motibus gleichförmig / excitiren. Eben so gehets auch mit einer andern Music/ bei Instrumenten und Vocal-Stimmen. Daraus folgt / warum etliche Thier anderer Thier ihre Stim und Geschrey nicht hören können/weil sie nemlich ihren vital-lebhaften Geistern eine der Natur widerwärtige Kraft und Würckung beibringen. Eben als wie etliche Geteusch und Kirren uns/ einen beschwärlichen horrorem verursachen. Daraus erscheint auch/warum die jenige Kräuter den Kranckheiten der jenigen Glider / dahin sie sehen / so dienlich und kräftig seyn. Ex gr. die Leber/ wann sie entzündet ist/ so dissonirt sie alsbald mit dem Hertzen/ aber die hepatica, Leber-kräuter eingenommen/zertreuen die Hitz/ und bringen also die Leber von ihrer intemperie wieder in vorige Harmony. Die 3. species der sensiblen Harmony ist/daß alle Glieder und Theil der lebend- und sinnbaren Natur/ harmonisch gemachet sind. Ex. gr man nehme unverschidliche Bäum von underschidlicher Grösse/ deren proportio harmonisch ist/ also daß der erste zum andern in der dupla, dise gegen der 3. in sesquialtera, dise gegen dem 4. in der sesquitertia proportione stehen/so sag ich/daß wan

sie

Wiederholung der Tarantelschen Music.

Warum etliche Soni den Menschen und Thieren so gar zuwider.

Die Natur aller Ding ist harmonisch gemacht.

fie von dem Wind beweget werden/würden fie einen gantz Das bewe=
vollkomlich harmonifchen fonum in der 4. 5. 8. 12. 15. fen die Bäum
von fich hören und vernehmen laffen. Ja wann einer die in ihrer Ver=
motus der wachfenden Kräuter folte vernehmen können/ fetzung/die
würde er gewißlich einen ftätigen harmonifchen fonum ihre Wachs=
hören. Ift alfo offenbar/ daß die harmonifche Natur al= thum/ die
les in dem harmonifchen artificio zugerichtet hat. Ja Rohr. ge=
man fehe nur an die Rohr=gewächs / von Halmen oder ihren Knöpf=
Stengeln/mit den internodiis und Gelencken/wie wun= fen.
der=harmonifch die Natur fie zugerichtet / daß fie ihre or=
dentliche intervalla haben / auch zur Mufic und Pfeifen
in den Orgeln können gebraucht werden. Ex. gr. die va-
leriana mihor und equifetum, Pferdfchwantz oder Kan=
nenkraut/auch ein anderes Rohr/hält in fich ein vollkom=
mene Octav/ gehet vom tono ad ditonum, ad diateffa-
ron, diapente, &c. alles in den internodiis. Zu Rom ift
gefchehen/daß einer ein Orgel zugerichtet aus einem grof=
fen Rohr/in 15. internodia abgetheilet / welche er für
Pfeifen gebraucht/dabei gefunden/ wie artlich die Natur
die Proportion in der Länge und Dicke in acht genommen/
ein difdiapafon oder doppelt Octav zu machen. Das Das equi-
equifetum ift ebenmäffig fo proportionirlich eingetheilt/ fetum Roß=
daß man meynen folte/die Natur hab einen Circkel darzu fchwantz ift
gebraucht. Ja das ift auch darbei wunderbarlich/daß alle proportio-
internodia in dem Pferdfchwantz ein vollkomlichs horo- nirlich zur
logium repræfentiren/fintemalen in ieglichem 24. Blet- Mufic und
ter feyn/fo normaliter abgetheilt/daß wann der Stengel zur Stunden
nach der Höhe deß Poli gerichtet wird/fo fällt der Schat= zeigung.
ten zwifchen die Bläter/und zeigt alfo die Stund an / gar
artlich und zierlich.

§. 4. De fenfibili harmoniâ
bei den Thieren.

Die Hebreer haben ein Sprüchwort : Ein ieglichs
Thier hab nur eine Stim wans lebe/wann es aber
todt fei/hab es underfchiedliche ; ift gewiß/weil die Thier
schier

Die Thier haben unter-schidliche Stimmen wann sie todt sind.

schier in allen Gliedern Music-Instrumenta abbilden: aus den Hörnern werden Blashörner / aus den Schien-beinen Pfeifen und Flöthen / aus den Därmen Säiten / aus der Haut Paucken/ja offtmal das gantze sceleton die-net zur Music. Was ist der Leib eines Thiers? als ein schö-ne Laute : der Hals ist der Hals deß Instruments / die Zähn die Nägel/die Därm die Säiten/der Bauch der Leib deß Instruments. Ist noch nicht lang/hat einer zu Rom

Cranchs-flü-gel gibt ein musicalisches Instrument.

aus einem Cranichs-flügel ein dodecaulum, das ist / ein Pfeifenwerck von 12. Pfeifen zugerichtet/welches nichts anderster gewesen / als die 12. Federn in dem Flügel/ in solcher Ordnung und Proportion / wie es die Natur im Vogel selbsten formirt hatte / ist mit Lust zu sehen und zu hören gewesen.

Ja ein aan-ner Kranch gibt einer 5. oder 6fache Music von sich.

Ein anderer Künstler hat aus einem Cranchs-leib ein wunder-schönes Music-Instrument zu-gerichtet/da schier alle Glieder einen unterschidenen sonū von sich hören lassen. Das rechte Schienbein hat gelau-tet wie ein Hirtenpfeif mit 6. Löchern / der Bauch ist ein Sackpfeif gewesen / der durch das andere Schienbein ist eingeblasen worden/diser gedruckt und mit Wind erfüllt/ hat denselben in alle Federn der beeden Flügel getrieben durch heimliche Canäl/welche gar artlich sind zugerichtet gewesen : oben über den Flügeln sind etliche manubria o-der palmulæ gewesen/claves wie im Instrument/ welche mit den Fingern gedruckt / eine syringam oder Flöthen-Music hören lassen/ mit deme stimmete zu der Hals deß Cranchs / der wie ein Zinck krum gewesen / der hat einen wunder-seltzamen/ doch lieblichen sonum von sich geben/ vom Schnabel sind bis zum lincken Flügel etliche Säiten gezogen gewesen/welche man mit Fingern schlagen / und also die überige Harmony darmit wunder-schön zieren können.

Regiſtrum 5.

Von der Harmony der Puls-ader und Puls-bewegungen im menschlichen Leib.

Nichts

Ichts ist im Menschlichen Leib / das die Harmony
oder Disharmony so sehr verursachet / als der wun-
der-Underscheid der Pulsen / solten wir sie hören können / Der Under-
würden wir gar leichtlich von der eucrasia und discrasia, scheid deß
ordentlich- und unordentlicher Vermischung der bösen Puls gibt das Urtheil
Feuchtigkeiten urtheilen können. Dise pullus affectiren *de eucrasia*
die gantze Music-kunst in den intervallis, Zeit / Mensur / *& discrasia*
Intension und Remission. Ja under disen ligen verbor- im Mensch-
gen die allergröseste und wunderseltzamste effectus : die lichen Leib.
gantze Beschaffenheit aber der Pulsen bestehet in dem motu, wer disen recht verstehet / wird jener Underschied gar
leichtlich mercken können. Der motus aber bestehet nicht
ex simplicibus, sondern ist aus underschidlichen componirt, wann nur eines mangelt / so kan der motus nicht geschehen / sind also so viel Underscheid deß motus , so viel
Stuck und Sachen denselben constituiren. Bei dem Puls- 5. Stück sind
motu aber sind 5. stück nothwendig / 1. das spatium, dar- bei dem Puls-
durch das movens die Bewegung wircket / oder durch wel- in acht zu
ches die arteri und Pulsader movirt wird : ist solch spati- nehmen.
um groß / oder klein / oder mittelmäsig / so entstehet daraus
ein grosser / kleiner / oder mittelmäsiger pulsus. 2. die Zeit /
welche der motor in der Bewegung zubringt / daraus entstehet ein andere Differentz / welche siehet auf die Zeit-men- *Spatium ,*
sur in den Pulsen : dann nach dem der motor wenig / oder *tempo, qui*
viel / oder mittelmäsige Zeit verbringt in seinem motu, so *es, motor,*
entstehet daraus ein schneller / langsamer / oder mittelmäs- *arteria ,*
siger motus. 3. Das sursum & deorsum, über und un- was sie für
der sich / darinn der motus geschiehet / also daß das Mitlere underscheid
notwendig ruhen muß / daraus entstehet ein andere Diffe- machen in
rentz / dann nach dem die Pulsader wenig oder lang / oder der Puls. be-
mittelmäsig in der Ruh verbleibt / so entstehet daraus ein wegung.
häufiger / offtmal wiederhölter / oder einfacher sältener /
oder auch mittelmäsiger motus und pullus. 4. Der motor ist nichts anderster / als eine lebhafte Facultät und
Kraft in dem lincken Gehäus deß Hertzens / darinnen sie
h ren Siß hat / daraus das gantze harmonische Schlag-

B kunst-

kunstwerck verrichtet wird: ist diese Kraft nun starck oder
schwach / oder mittelmäsig / so macht sie einen starcken/
schwachen / oder mittelmäsigen pulsum. 5. Gehört darzu die Pulsader/als das Instrument deß Schlags / nach
dem nun dise beschaffen ist/so entstehet der pulsus darinn:
dann wann sie hart/dick und gespant ist / oder weich/ wel-
cicht/nachgelassen/oder mittelmäsiger Beschaffenheit/so
entstehet daraus ein harter/dicker/gespanter/oder weicher
nachgelassener/oder auch mittelmäsiger motus. Wer di-

Grosse Kunst ligt in dieser Puls-wissen-schafft ver-borgen. se Puls-wissenschaft verstehet/der weiß nicht nur die phy-
siologiam der Puls-bewegungen / sondern auch die dia-
gnosticam, ætiologicam und prognosticā medicinam.
Zwar etliche setzen dise pulsus zusammen/ und zehlen noch
27. andere differentias derselben/aber die verständigsten
Medici bleiben bei den 15. einfachen.

§. 1. Von underschiedlichen pulsibus ab-sonderlich.

SO oft nun bei den Menschen eine intemperies und
discrasia der Feuchtigkeit sich befindet / so wird
durch die pulsus der gantze Leib agitirt: nach dem aber die
Kranckheit eine Beschaffenheit hat/ haben sie bei den medicis underschidliche Namen. Dann wann ein Puls sei-
pulso æqua- nen ordentlichen Schlag behält/ oder von demselben weg-
lis, inæqua- gehet/so heist er æqualis oder inæqualis. Wann er aber
lis, ordina- der Grösse nach ungleich ist/doch eben denselben modum,
tus, inordi- ordinem und circuitum behält in seiner Inæqualität/
natus, in- so heist er inæqualiter ordinatus, als wann er alle 2.oder
tercurrens, 4. Schläg einen andern entweder grösser oder geringer
intermit- machet/doch mit gleicher Ordnung/aber wann er solches
tens, defici- wider die Natur thut / bald alle Schläg/ bald im dritten
ens, &c. oder 4. pulsu seine Grösse verändert / so heist er inæ-
wasser sei. qualis inordinatus. Intercurrens pulsus ist/ welcher
zwischen 2. Schlägen einen andern mitlern machet / geschwinder als die andern. Intermittens ist disem Con-
trar/da die Pulsader also ruhet / daß etliche Schläg auf-
sen

fen bleiben. Deficiens ift / da die arteria aller dings
gantz keinen Schlag hat/oder doch gar schlechtlich verfpü=
ren läffet/komt er aber über ein Zeit wieder zu feinem vo=
rigen motu, fo heift er deficiens reciprocus. Der pulfus
undofus ift/da ein Theil fich mehr aufhebt als der andere/
da auch ein Theil gefchwinder oder langfamer moviret
wird/wie die Wellen / fo einander fortftoffen / wird auch
von etlichen pulfus vermicans & formicans genennet /
weil jener die Regenwürm / diefer die Omeifen in ihrem
Gang oder Sprung imitiret. Pulfus |caprizans hat den
Namen von den ftoffenden Geifen/da/wann eine die ander
angreift/fo erhebt fie fich erft/darnach hält fie fich ein we=
nig zurück von ihrem impetu : endlich komt fie viel ftär=
der und hefftiger wieder. Wann nun der pulfus gleiche
Bewegung hat/fo hat er hiervon feinen Namen. Dahin
die Medici auch ziehen den pulfum fpafmicum,palpitan=
tem,hecticum, ftrepentem,&c.

*Pulfus ver-
micans,for-
micans, ca-
prizans,
was er fei.*

Abbildung underfchidlicher Puls-bewegungen
mit Muficalifchen Noten.

*Proportio
harmonica
der Puls-be-
wegungen.*

inæqualis ordinat⁹. inæqualis inordin. intercurrens.

intermittens.   deficiens.

§.2. Von den rythmis oder Harmony der
Puls-fchlägen.

Je gantze Art und weis der Puls-bewegungen befte=
het aus 2. motibus, gleichfam ex arfi & thefi, aus
dem Auf= und Niderfchlag/deren der eine gefchiehet/wañ
fich die Pulsader überfich erhebet/die andere aber/ wann
fie under fich gedruckt wird : weil aber diß contrarii motus find / fo gehen nothwendig etliche quietes und Ruhe=
ftänd darzwifchen vor / deren die eine ift die äufferliche

*Arfis und
thefis in der
Puls-Bewe-
gung.*

B ij   Ruh/

Ruhe/nemlich der terminus, da sich der Puls dilatirt uñ
ausbreitet: die andere innerlich / ist der terminus da sich

Innerlich uñ
äusserliche
Ruhe gehet
darbei vor.

die Arteri contrahirt und zusammen ziehet; jene ist von
der Natur zur Beiziehung deß Lufts / und zur Linderung
der natürlichen Wärm: diese aber zur Austreibung der
rauchichten Dämpf/weislich verordnet. Ist also rhythmus pulsuum nichts anderster/als die proportio der Zeit
gegen einander / welche in dem pulsu verbracht wird.
Weilen aber die proportio ist eine Beschaffenheit zweier

Poportio
pulsuum.

Quantitäten / einerlei Art gegen der andern gehalten/
nun gehört aber die Zeit zur Quantität/daher/wann man
die Quantität der ausgehenden Arteri hält gegen der
Quantität der eingezogenen / kan man vom Defect und
Exceß / wie auch von der Gleichheit/gar leichtlich urtheilen. Wann nun die Zeit der distension gleich ist der Zeit

Rhythmus
æqualis, in-
æqualis, pa-
rarythmus,
was es sei.

der contraction, so ists rhythmus æqualis: wann aber
ein Zeit die ander überschreit/so heißts inæqualis. Rhythmus æqualis, welchen Galenus εὐρυθμòν, den natürlichen allerbesten Puls nennet / und sich befindet bei der allervollkommensten Gesundheit/wann er aber dem Alter/
dem Land und Temperament nach geändert wird/so heißt
er pararhythmus ; geschicht er wider die Natur/so heist er
ἑτερορυθμòς. Rhythmus inæqualis, welchen Galenus
den unnatürlichen oder ἄρρυθμòν nennet/überschreitet
einen entweder excessu manifesto oder occulto : jenes
geschicht mit den allervollkommensten Consonantien diapason; diapason cum diapente, disdiapason, diapente,
diatessaron, tonus. Dieser kan mit keiner Proportion
oder musicalischen nota ausgedruckt werden.

§. 3. Von dem rhythmo æquali in den under-
schiedlichen Altern/und dessen Harmony.

Kinder-puls
imittret die
Discantstim/

BEi Kindern/ welche vollkomlich gsund seyn / findet
sich ein oftmaliger und schneller Puls / wegen der
schnellen Contraction und Distension der Pulsader/stim-
met

met mit der hohen Discant-stimm überein; bei den Jün- *der Jüngling*
glingen ist der Puls etwas sitsamer/doch eben so starck als *Männer und*
der vorige/ hat ein solche Contraction und Distension der *der Alten ihr*
Pulsder/ so mit der Alt-stimm überein stimmet/ und ge- *Puls den Alt*
schicht der pararythmus um einQuart tiefer als der vori- *Tenor und*
ge; bei den Männern ist der Puls recht mittelmäsig/ver- *Baß.*
ursacht ein solche Contraction und Distension derArteri/
so mit derTenor-stim überein stimmet; von der ersten um
ein 6. und von der andern um ein 3. underschiden. Bei den
Alten ist der Puls gar schwach / hat die Contraction und
Distension wie der Baß von der Discant-stim um ein 8.
von dem Alt um ein 5. von dem Tenor um ein 3. underschiden.   Folget das schema musicum dieses vierfachen
Puls :

Puls. Har-
mony in 4.
Stimmen.

Cant'puer. Altus juvenis.Tenor vir. Baßus senex.

§. 4. Von der Harmony der Puls-bewegung/
nach underschied der Temperamenten/Luft/Län-
der und Jahrzeiten.

DAß das underschidliche Temperament underschied- *Warm/kalt/*
liche und widerwärtige pulsus verursache/ist ausser *feucht und*
allem zweifel : warm Temperament bringt einen grossen/ *trucene*
schnellen und häufigen Puls/aber nicht zu starck und hef- *tempera-*
tig; Kalt Temperament ist demselben zuwider/bringt ge- *menta was*
ringe/langsame und häufige pulsus. Feuchte tempera- *sie für Puls*
menta haben gantz gleichen Puls/wie der Weiber. Drü- *haben.*
ckene aber geben einen grössern harten / und einen gantz
dünnen hefftigenPuls/wie bei den dürren magern Leibern.
Kalte und warme temperamenta, wie auch derselben
Puls/sind einander gantz zuwider und dissonirend/wie der *Welche*
tonus in der Music/eben so gehets auch mit dem humido *pulsus in*
und sicco. Kalte und feuchte aber können etlicher massen *der Music*
zusammen stimmen / wie das Diatessaron in der Music/ *ein- oder wi-*
welches nach dem es steht/consonum und dissonum seyn *der stimmig*
seyn.

B iij   kan :

tan. Warm und trucken sind einander lieb/ tan leichtlich
sociirt werden/eben wie das diapason. ex. gr. O O ist talt.

♩♩ ist warm. **♩♩** ist feucht. **♪♪** ist trucken. Die Jahr=
zeiten theilet Galenus in ein vierfaches Temperament/
wie bei den Menschen/deren Vermischung so kräftig/daß
sie nicht nur den Puls / sondern auch alle deß Menschen
Geschäfte und Verrichtungen verändern/alles wegen der
Frübling/ underschidlichen Temperamenten deß Lufts. Der Frü=
Sommer/ ling macht in temperirten Leibern grosse und hefftige pul=
Herbst/Win= lus: wann sie aber nicht so gar temperirt sind / sind sie et=
ter/ was sie was schwächer/weil die Kraft nicht so starck ist wie bei den
für under= andern. Biliosa corpora stehen besser im Winter/pituo=
scheid machē sa im Sommer/temperirte am Früling. Zu Sommers=
in dem Puls. zeit sind die Puls gering/geschwind / häufig und schwach/
die Ursach ist die Zertrennung der natürlichen Wärm.
Zu Winterszeit sind sie gering/langsam/dün und schwach/
nach Galeni Meinung. Wir sagen aber/ weil per anti=
peristasin die innerliche Glieder im Winter mehr erwär=
met sind/so müssen notwendig grosse/und bei etlichen mo=
derirte/aber doch nicht zu hefftige pullus entstehen. Im
Warum der Herbst sind sie um 2.Ursachen willen schwach und un=
Herbst so gar gleich/1.weil sich der Herbst den Kranckheiten vergleicht/
schwache so ex corruptione entstehen/2. wegen der plötzlichen Un=
pulsus ma= gleichheit diser Zeit/welche die Natur ohne Schaden nicht
che. ertragen tan : dann bald talt/bald warm werden/ ist der
Natur zuwider. Nach diesen 4. Jahrzeiten richtet sich
auch die Natur deß Lufts und der Landschafft: dann ist sie
sommerisch/oder frülingisch/ oder herbstisch / oder winte=
risch/ so bringt sie auch eben dergleichen pulsus. Diser
wunderbaren Analogy folgt auch nach die 4.fache Tags=
Morgen/ zeit/deß Morgens/Mittags/ Abends und Nachts : die 1.
Mittag/ A= stimt mit dem Früling/die 2.mit dem Sommer/die 3. mit
bend und dem Herbst/die 4. mit dem Winter überein/ bringt auch
Nachtbringt gleiche pulsus. Daraus folgt/ wann wir underschidliche
auch Under= pulsus underschidlicher Zeit und Alters hören solten/wür=
scheid.

den

den wir eine Harmony oder σωύκρασιν von 3. 5. und 8. gar lieblich vernehmen. So oft aber diese harmonische proportio der Puls-bewegungen turbirt wird/ so entstehen Kranckheiten daraus/welche nichts anderster sind/als eine Dissonantz der Feuchtigkeit / welche / weil sie underschiblich sind / also entstehen auch daraus underschidliche Kranckheiten. Dahero ist ein anderer Puls bei den Fibrischen/wassersüchtigen/schwindsüchtigen/ fallsüchtigen/rc. Dise Disharmony quälet den Leib und die Seel / ist der Natur gantz zuwider. Solte nun ein Medicus seyn/ der dise Harmony gründlich verstünde / und wüste / was alle Kranckheiten für absonderliche pulsus hätten / würde er durch widrige media, harmonicè applicirt / entweder zu oder davon thuend/den Leib gar bald wieder zur vollkommenen Harmony bringen. Weil aber dergleichen wenig gefunden werden/ist es kein Wunder/daß die medici in ihrer Cur so gar unglückselig sind.

(Marginalien:) Woher die Kranckheit und derselben Underscheid. — Woher glückliche uß unglückliche Artznei. Sachen.

§. 5. Von der harmonischen Einstimmung der 5. äussern Sinne im Menschen.

ES haben auch diese ihre harmonische Vereinigung/ aus den consono- dissonis vollkomlich zusammen gesetzet / ex. gr. die Music-Proportion in den Geschmacken kan auf zweierlei weis betrachtet werden : entweder simpliciter , oder ex comparatione cum aliis, An und vor sich selbsten gehört die höchste Lieblichkeit zum diapason. Dann es ist ein lieblicher Concent in den Geschmacken. Das Süsse stimt mit dem einfachen überein : nun kan aber in beedem Geschlecht nichts lieblichers gefunden werden. Das Fette/wie im Fleisch/Eyern/rc.gehört zum diapente, dann es ist nach dem Süssen auch gar lieblich/ und in seiner Art vollkommen. Das Diatessaron stimet mit dem Salsichten überein : dann gleich wie das Diatessaron mit dem Diapente die Octav machet/wiewol jenes mit disem dissoniret/also auch das Salsichte/wiewol es an sich selbsten unannehmlich/iedoch / mit dem Fetten machts

(Marginalien:) Die Geschmäcke können auf zweierlei weis betrachtet werden. — *Dulce* ist die Octav. — *Pingue* ist die Quint. — *Salsum* ist die Quart. — wie dises mit dem fetten uß süssen consonire. — die nire.

B iiij

die höchste Delectation. Mit dem Süssen aber consonirt es so wenig/daß es viel besser mit dem Bittern vereinige

Insipidum ist die tertia minor.

wird/wie bei den gesaltzenen Oliven. Der semiditonus stimmet überein mit dem Abgeschmacken/und das Zusammenziehende mit dem ditono, weil dise 2. Geschmäck nit

Adstringens ist die tertia major.

so gar ungeschmack sind/sondern noch etlicher massen mit dem Süssen überein stimmen / wie jene 2. Consonantien mit der Octav. Daher sie auch etlicher massen den sensum gustus erregen/ auch under sich selbsten etwas gleich

Wie diese 2. Geschmäck mit dem süssen/fetten un salsichten harmonicè einstimmen,

sind/wie der ditonus und semiditonus, doch so wenig diß mit der Quint consoniren/so wenig jene 2.Geschmäck nit dem Fetten. Dargegen wie die Quart mit dem ditono und semiditono gar wohl überein kommen/also auch das insipidum und altringens mit dem falso. Doch schmäcken sie nicht so gar annehmlich / weil sie am Süssen und Fetten Mangel haben/eben wie die sexta minor und major, so von jenen 2.Consonantien/nebenst der Quart gemachet werden/zwar etwas consoniren/doch nicht so rein/weil sie weder von der Octav noch von der Quint perficirt

Acre ist die sexta major Acidum die sexta minor

werden. Das Scharpfe und das Säuerliche kommen überein mit der sexta majore und minori, jenes consonirt mit dem insipido und semiditono,dises mit dem astringente und ditono. Doch ist die Octav nicht so lieblich / der Geschmack nicht so annehmlich/weil das diapente mangelt/

Wie dise 2. Geschmäck mit dem insipido und adstringēte, mit dem süssen/fetten un salsichten harmonicè überein stimmen.

das pingue nicht varbei ist. Das austerum aber oder scharpf-saure stimt überein mit dem acri moderato, daher sie beede mit dem insipido vereiniget werden / ex. gr. der Pfeffer ist scharpf/der Wein ist auster/ stimmen aber beede überein mit dem Süssen und Fetten/wie beede 6.mit der 8. und 5. aber keiner mit dem falso, weil weder die 4. mit der sexta majore noch minore kan vereiniget werden.

Amarū ist der tonus.

Das Bittere aber ist dem tono gleich : dann gleich wie diser per se allezeit dissonus ist/also jener allezeit unannehmlich/der tonus ist aber der Ursprung aller Consonantien/ also sind alle Früchten zuvor bitter / ehe sie süß / sauer/ scharpf/rc. werden. Der tonus läst sich auch mit keiner

Conso-

Consonantz weniger verbinden/ als mit der Octav/ also
wird auch der bittere Geschmack gar schwärlich mit dem
süssen vereiniget: mit keinem stimt er aber besser zu/ als
mit dem sallso, wie in gesaltzenen Oliven/ eben als wie der
tonus zu der Quart gesetzet/die Quint machet/als die allerlieblichste Consonantz. Es kan aber der gering bittere
Geschmack auch wol leiden das Fette/doch machet er es etwas unannehmlichers/wie in den placentis, so mit Wer-
müt/Eyer und Käs: und in den Weinstöcken/so mit Wermut eingeleget sind/zu sehen ist: Also wann der tonus zu
dem diapente gesetzet wird/ so geschicht die sexta major,
wiewol nicht so gar lieblich wie die Quint/doch auch nicht
so gar unlieblich. Also wann der tonus dem semiditono
und ditono addirt wird/so entstehet daraus das diatessaron, so nicht so gar einstimmig/und der tritonus, so gantz
rauh und hart/eben das geschicht/ wann das Bittere mit
dem insipido, und das deterius mit dem astringente verbunden wird/wie in bittern Eicheln/ da nichts elenders
kan geschmäckt werden. Wollen wir aber die sapores under sich selbsten vergleichen/so ist die proportio deß besten
Geschmacks zu dem deteriore dupla, der mittlere aber
gegen disem sesquitertia; der beste aber ad medium sesquialtera. Und zwar 1. geschicht solches in dem acri, insipido und salso: der beste Geschmack under disen ist der insi-
pidus, weil er für sich selbsten kan geduldet werden/ das
Salsichte aber ist der mitlere/der acris aber ist der allerü-
belste Geschmack. 2. Wann wir das Süsse mit dem acri
und insipido, oder mit dem acido und insipido verbin-
den/so stehet das Süsse gegen dem insipido in der dupla,
das acidum aber gegen disem in der sesquitertia proportione. Wil man aber die conjunctiones saporum zu
dem Sinn und Geschmack ziehen/ so findet sich ein andere
Vergleichung: dann die jenige sapores, so dem Geschmack
den grösten Appetit machen/bedeiten das Diapason/ das
Mitlere die Quint/ und das gar unannehmliche den tonum. ex. gr. einem sind die austera angenehm/das saltzig-
te nic-

Marginal notes (right):
Wie böfes mit dem süs-
sen/salsichte fetten und
insipido

harmonicè

Harmonia

saporum u-
nisonus ist

sapor cum
sapore eodē.

Consonan-
tia ist

sapor cū sa-
pore cōsono.

dissonantia
ist

sapor cū sa-
pore dissono.

Wie die
sapores
gegen sich
selbsten sollen
verglichen
werden/wel-
ches der beste
und ärgste/
oder mittel.
ste.

Ein andere
Vergleichung
der Geschmä-
cke/so fern sie
ad sensum
ipsum acgo-
gen werden.

ee niemand; weil kein Thier/ ausgenommen der Mensch
ja auch kein Erdgewächs/wenig ansgenommen/sui gene-

Nota bene vom Saltz und Wermut.
ris (also ernähret werden/ja im Saltz wird kein Thier ge-
boren/aber in dem Wermut/wiewol er sehr bitter/wächst
zu Sommerszeit ein kleine Art der Mücklin/ so schwartz

Dulce amarum halten etliche für die Octav oder Diapason.
sind/auch) in der Rauten etliche Würmlein. Etliche aber
halten das dulce amarum für das diapason, also daß sich
das süsse verhält/wie die Quint/das acidum aber wie die
Quart/wann sie nun conjungirt werden/so entstehet dar-

Italiänische Köch wissen dise Kunst zu gebrauchen.
aus die allerlieblichste Consonantz / und der allerannehmlichste Geschmack; daher etliche Italiänische Köch solche
Wissenschaft in harmonischer Zubereitung der Speis er-
langt/daß keiner so elenden Appetits seyn kan/ dem sie nit
mit ihrer Kunst einen orexim und Lust zu essen machen

Vergleichung all-r äusserlichen Sinnen ins gemein.
können. Was nun hier de saporibus gesagt worden / ist
auch de odoratu & tactu zu verstehen / weil sich in allen
gleiche Beschaffenheit befindet: dann so viel Underscheid
sind der Farben in den visibilibus, so viel sind auch beiden
saporibus, odoribus & tactibus. Zu verwundern ist sichs
aber/daß bisher sich niemand gefunden/der disen sensibi-
bus ihre eigne Namen gegeben / welches doch gar leicht-

Wie man underschidliche sapores und odores insonderheit benennen solle.
lich geschehen kan ; dann der sapor könte von den jenigen
Sachen determinirt werden/darinnen er ist/ als der Geschmack dieser oder jener Frucht/ dieses oder jenes Flei-
sches/ic. Eben auf dise weis könte auch den odoribus von
den riechenden Sachen ihre Namen gegeben werden/ als
odor violaceus, pyraceus, aromaticus, talis vel talis vi-
ni, calis vel talis floris, &c. also würde man etwas eigent-
lichers von der Natur und Harmony diser Sinnen statuiren und beibringen können.

Regiſtrum 6.

Symphonismus patheticus, oder von der Harmony der underschidlichen Gemüts-Zuneigungen gegen einander.

Gleich

Gleich wie der Mensch von Gott ist erschaffen worden als eine lebendige Orgel / also hat er ihm auch 2. Windfäng oder Blasbälg eingepflantzt / welche ohn under laß sich bewegen / der 1. ist der appetitus sensitivus, der Ursprung aller Perturbationen und Passionen in der menschlichen Seel; der 2. ist der appetitus rationalis, ein Ursacher aller so natürlich/als übernatürlichen Gemüts-tüchtigkeiten : stehet also der Mensch da/ als ein überaus-schöne Orgel : das Gebäu oder Gehäus ist der Menschliche Leib/die Register sind die Haupt-Lebens-glieder/Hertz/Leber/Hirn/die Blasbälg/wie gesagt/die 2.appetitus, der Wind oder Luft ist die lebendige Kraft/die Claves sind die underschidliche Gemüts-Passionen. Der Organist ist die Vernunft/die Phantasy ist gar zu blind und gähe in den Passionen/dise/nach dem sie das Gut oder Böse ergreift/so rühret sie das Clavier der Passionen. Gehet ihr aber eben wie einem Unerfahrnen in der Kunst/der an statt der Consonantien allerhand Dissonantien greifet/daß es übel zu hören. Dann gleich wie ein gesunder Leib / wann alle Feuchtigkeiten recht temperirt sind / mit ihm selbsten gar fein überein stimmet/dissoniret aber/wann einer zu mächtig/und die andere undertrucken wil : Also ist auch unser Gemüt gesund/wann alle Kräften ihr Gebür verrichten/und nicht wider die gesunde Vernunft sich auflehnen/dissoniret aber/wann sie gleichsam rebelliren/die Undere die Obere angreifen wollen. Es haben aber die Passionen deß Gemüts ihren Haupt-sitz in den Haupt-gliedern deß Menschlichen Leibs / daher geschichts daß die Phantasy/nach dem sie ein objectum ergreift / die in den Gliedern residirende Geister/welche gleichsam die instrumenta sind aller Lebens-Bewegungen/excitirt/diese aber also erreget/bewegen bald zu disem / bald zum andern Affect. Gehet eben wie bei den Säiten/ie höher sie gespannt/ie reiner sie lauten/wie die Cholera im Menschen : sind sie aber etwas remissiores, so geben sie auch etwas tiefern sonum, wie die Melancholia/ und so fortan. Dann so bald die Seel durch

(Marginalien:)

der vernünftige Mensch stehet da als eine lebendige Orgel in allen stücken.

Phantasy ist gar ein blinder unerfahrner Organist

Woher die Leibs- und Gemüts- gesundheit.

Ordo passionum, wie sie von der Phantasy erreget werden

durch die Phantasy etwas hefftigert ergreift als sonsten/
so werden die spiritus vitales alsobald erreget und bewee-
get/darauß entstehen bald dise/bald andere motus. Wann
aber die Phantasy blind schlagen wil/ sine rectæ rationis
judicio, so gehet die gantze Gemüts-Harmony zu grund.

Appetitus Weil aber der begierbare Appetit theils im Hertzen/theils
concupisci- in der Leber / der zornbare aber theils im Hirn und theils
bilis & ira- in der Leber seinen Sitz hat/daher wann die Phantasy mit
scibilis, was einem zornlichen objecto beweget wird / so erreget sie mit
sie für Passio- einem hefftigen motu, durch Außgiessung der Gallen/die
nen verursa- im Hertzen und Lebern verborgen ligende Geister / dar-
chen. durch werden aber die pulsus der Geister alterirt/und den-
Traurigkeit selben gantz gleich gemachet : wann aber das objectum
und Lieb wie traurig ist/so steigen die Geister zum Hirn / und bringen
sie geschehen. dem Gemüt ein Forcht/Schrecken und Bleiche bei/ dann
der allzudicke Geist macht eine solche Bewegung/ wie er
selbsten ist. Also wann einer mit der Hitz der sinnbaren
Lieb getriben wird/so ziehen sich die Geister auß dem Hirn/
Hertzen und Leber in die Zeug- und Samen-gefäs / und
verursachen daselbsten solche motus, so der amorosischen
Affection gleich sind/rc. Weil demnach alle perturbatio-
nes der Seelen geschehen durch Bewegung deß thierischen
Geistes / dieselbe nach underschidlicher Affection bald ge-
Harmonia schwind/bald langsame pulsationes verursachen / so ists
der Affecten. gewiß/wann diese Schlag-Bewegungen wir mit Ohren
hören solten/würden wir gantz wiederstimmige Harmony
von dem appetitu sensitivo verursacht/vernehmen/es sei
dann/daß sie von der Vernunft consonæ gemacht werde.

Von etlichen Affecten/wie man sie auß dem Puls erkennen solle.

Was ein MAn ergreife einem zornigen/von der Gallen erhitzten
zorniger Menschen seinen Puls / wird man befinden/daß er
Mensch für wider die Gewonheit gantz groß/hoch/ schnell/ häufig und
einen Puls hefftig ist: dann der Zorn hat ein zwifache Betrachtung/
hab. 1. so fern er ist der Raach-Appetit / da das Gemüt vom
objecto bewogen / erstlich in sich selbsten colligiret wird/
da r.

)arnach erſt mit hefftigem Grimm und Gewalt auf das
iuſſerliche und in das objectū fällt/daß entweder Raach
der Flucht ergehen muß. 2. Wann zugleich das Geblüt
im das Hertz beweget / und ad externa dem Gemüt zu
)elſſen/beruffen wird : daher etliche ſagen/der Zorn ſei ei=
ie Erhitzigung oder Auffſchwallung deß Geblüts um dem
Hertzen ; je trüber nun die Bewegung deß Geblüts und
er Geiſter/ie hefftiger und grimmiger iſt auch der Zorn.
Wann wir aber eines frölichen Menſchen ſeinen Puls
ireiffen ſolten/würden wir befinden/daß er ſich mercklich
ieråndert/nach dem die Freud groß iſt : iſt ſie aber mode=
irt/ſo wird ſie groſſe/ langſame / dünne und moderirte
)ulſus verurſachen. Dann ein frölichs Hertz ergieſt ſich
uſſerlich durch den gantzen Leib / und nach dem die Gei=
:er ſich moviren/ſo geberdet ſich der Menſch. Wann aber
ie gar zu unmåſſig groß und erceſſiv iſt / ſo entſtehen gar
chwåche formicirende pulſus, daher geſchichts / daß ſich
ie Lebens=geiſter gantz zertrennen / und muß ein ſolcher
Menſch nothwendig zu grund gehen/ wie in den jenigen/
o für Freuden geſtorben ſeyn. Die Tråurigkeit hat auch
antz widerwärtige pulſus, nemlich gering/langſam/dün=
e und ſchwach/dardurch wird die Wårm erſticket/ wegen
iertrettung deß Geblüts/daher komt Kålt und Erſtarren
eß gantzen Leibs ; gleich wie nun in der Erceſſiv=groſſen
reud die Geiſter zertrennet werden/daß der Menſch ſter=
:en und verſchmachten müß/alſo gehets auch mit der Er=
ſſiv=groſſen Tråurigkeit/wegen der Erſtickung der Gei=
er. Eben als wie ein allzu hart gezogene Såite zerſprin=
et/allzu nachgelaſſen aber zur Bewegung untüchtig iſt.
)araus erſcheinet der Underſcheid deß Zorns und der
orcht ; dorten gehn die ſpiritus zuruck/und werden gantz
it dem Geblüt ad exteriora außgegoſſen/daß ſie gleich=
m angezündet/und zur Raach angereitzet werden. In
r Forcht aber gehn ſie zwar zuruck/aber gehen nicht wie=
r für ſich. Im Zorn werden die erhitzten Geiſter ums
ertz beweget/in der Forcht aber werden ſie gleichſam zer=

Zorn hat
zweierlei
Würckung
im Menſche.

Was Freud
für einen
Puls mach.

Traurigkeit
was ſie für
einen Puls
mache.

Wie man
für Freud un
Leid ſterben
könne.

Zorn und
Forcht wie
ſie underſchi=
den ſeyn.

tretten

tretten und ersticket. Der motus aber der Schamhaftig-keit ist viel harmonischer als die Forcht/ dann wiewol die Geister in den Schamhaftigen etwas zuruck gehen/iedoch verläst sich die gesunde Vernunft und das gute Gewissen auf die gerechte Sach / und treibt den exulirenden Geist und Wärm aus dem centro wider in seine Circumferentz/ daher wird das Angesicht schön roth / triumphirt gleich-sam wider die Erstickung der Geister. Nach dem nun das objectum irascibile das Gemüt perturbiret / so ist auch die perturbatio der zörnbaren Facultät/ ist jenes conso-num oder dissonum, so ist dise passio auch also. Dann

wann das Gemüt sagt/man soll die Sach fliehen/so erhebt sie gleichsam einen Blasbalg/und ziehen sich die animales spiritus gegen dem Hirn/die vitales aber gegen dem Her-tzen. Die Facultät aber verbirgt sich gleichsam und fleucht das objectum, daraus entstehen underschiedliche Puls-Bewegungen/auch underschidliche affectus. Hat also die

gantze Beschaffenheit der Affecten ihren Ursprung von der Bewegung der Wärm und der Geister / so von der phantastischen Kraft erreget werden/darauf folgen noth-wendig die proportionirliche pulsus;&c.

§. 1. Von der Liebs-Music.

Die Lieb / nach dem sie eine Gemüts-beunruhigung ist/vermag mächtig viel in Veränderung deß Puls/ wie dann viel vermeinen/ die Pulsader bei den Liebenden schlage amatorie, nach der Lieb und deren Würckung. Galenus aber sagt / es könne kein Puls amatorius seyn/ sondern die Veränderung deß Puls bei den Liebenden ent-stehe aus andern Gemüts-passionibus, als Freud/Trau-rigkeit/Zorn/rc. res est solliciti plena timoris amor. Da-her erhitziget sie sich mächtiglich mit andern affectibus, dann weil die Lieb ein Appetit ist/so hat sie keinen eigenen/ absonderlichen Affect/jedoch hat sie grosse Gemeinschaft mit den jenigen affectibus, welche die jenige Gemüts-passio würcket/ welche eben zur selben Zeit mit der Lieb verbunden ist; daher welche lieben/ die sind entweder gar

in me-

u melancholisch und traurig/ oder zürnen uñ sind forcht-
am:/ demnach entstehen bei ihnen solche pulsus, wie die ge-
genwärtige Gemüts-Passionen würcken / iedoch sind die-
e Liebs-pulsus von den pulsibus der Traurigkeit / Zorn/
Reid/ec. mercklich underschiden / weil der Puls bei einem
ornig-liebenden viel anderster / als bei einem Zornigen
llein/ also auch bei dem melancholisch-liebenden / und bei
em schlecht Traurigen: Dann dise pulsus, weil sie ohne
ieb entstehen / also währen sie auch nicht lang: aber die
Passion/ so mit der Lieb verbunden ist / währet lang / und
icse Liebs-pulsus kan man über ein geraume Zeit wieder
püren. Zu dem ist Lieb eine Begierd der Schönheit zu ge-
iessen / und hat also viel andere Gemüts-Passionen bei
ich/ iegliche aber wird mit Zorn begleitet/ entweder zu er-
angen was ihm lieb und annehmlich/ oder zu fliehen/ was
hm zuwider: Weil nun dise Passionen einander conträr/
o müssen sie nothwendig auch contrarios effectus haben
n dem Puls / und weil das Hertz mit widrigen motibus
ich bewegen muß / so müssen auch daraus ungleiche und
unordentliche pulsus entstehen/ wie bei den Φιλομάνοις
nd Liebs-Unsinnigen / und das ist die Ursach / warum die
Ulten einen Liebs-pulsum statuirt haben/ und hieraus hat
er Erisistratus deß Antiochi unsinnige Lieb gegen der Kö-
igin Stratonicen erkandt / nemlich aus der ungleichen
Gleichheit deß Puls/ gleichsam ex consono-dissono mo-
u. Dann wann der Leib vollkomlich gesund ist/ so können
eine ungleiche und unordentliche pulsus entstehen / es sei
ann/ daß so viel Gemüts-Bewegungen entstehen/ daß sie
olche mutation verrichten können. Daher finden sich
ounderwürdige affectus bei den Liebenden / sind traurig
nd freuen sich doch/ sind frölich und trauren doch dabei/
hun etwas böß / und sind doch frölich / etwas guts / und
örchten sich doch. Ist also kein Wunder/ wann wir sagen/
ieser ungleiche und unordentliche Puls / doch ausser der
Kranckheit und dessen Ursach/ sei der eigentliche Liebs-pulsus.

Würckung der Lieb/ innerlich in den Affecten/ und äusserlich in den Pulsen.

Ob ein Liebs-pulsus von dem andern underschiden/ zu statuiren sei.

Wunderbare Affecten der Liebenden.

Woher die Liebs-unsinnigkeit entstehe.

fus/welcher nach dem die geliebte Sach gesehen/ oder mit
Gedancken erwogen wird/so sehr sich erhitziget/daß er mit
den Fiber=pulsen kan verglichen werden: und hält Avicen-
na recht darfür/dise Lieb entstehe aus Anstöckung deß Ge-
bluts/und hab deßwegen keine Ruh. Dann im Geblüt
steckt ein immerwärendes Fiber/welches 6. Stund ruhet
in der zähigen Feuchtigkeit/1.Tag in der Gallen/2.tag in
der Melancholy/bringt auch oft die Aberwitz und Unsin-
nigkeit/wann die allzugrosse Wärm und Geist das Hirn
erfüllt/trocknet und beunruhiget. Welches entweder
durch das viele Geblüt/oder die gelbe oder schwartze Gallen geschiehet/dann das sind die 3. species und Ursachen
der Aberwitz und Tollsinnigkeit. Wann nun die Liebende
mit einem verbrandten Geblut vexirt werden/so lachen
sie mächtig/singen/springen/frolocken/ versprechen und
rühmen sich viel wider gewonheit / welche aber ein ver-
brandte Gallen haben/die erzürnen sich leicht / fallen andere an/stossen sich und andere. Wann sie aber mit der
schwartzen Gallen getruckt werden/so trauren sie ohn un-
derlas/und lassen ihnen allezeit traumen? und wañ solche
humores im Hertzen behalten werden / so verursachets
Angst/Sorg/daher lieben sie Gesänger/Music/sonos, zu
Lob deß Geliebten gesungen/ darinnen suchen sie ihre Lin-
derung/und Artzeney ihrer Traurigkeit: daher entstehet
auch das Seufzen/Klagen/Weinen/ gebrochene Reden:
dann wann die Wärm übersich steigt zu den obern Glie-
dern/und daselbsten die Seel beschäftiget ist/so leiden underdessen die undern Mangel/und werden getränget/und
in dem sie sehnlich gedenckt an das geliebte/so wird die Respiration zuruck gehalten/ daher kommen die suspiria, di
nachgehends mit grösserer Gewalt die respiratio wieder
koint. Wann aber das Hirn comprimirt wird/so fliest aus
den Augen ein humor, das verursacht die Threnen. Daher entstehet auch bei den Liebenden eine Ohnmacht oder
Schwäche deß gantzen Leibs: dann in dem das Liebende
all seine Kräften und Gedancken auf das Geliebte wendet/
so wer-

Marginalia:

Underschied-
liche species
der Liebs-un-
sinnigkeit /
woher sie
komme.

Woher die
suspiria bei
den Liebende.

Woher die
Threnen und
Ohnmachten
bei den Lie-
benden.

so werden die äufferliche Glieder verlaffen/der gantze Leib wird schwach und fällt darnieder / das Liebende verläst auch sich selbsten/und alles andere/in dem es allein an das geliebte gedencket / und wer sonsten gantz unachtsam und ungeschickt/der wird hier sorgsam/listig und fleissig. Daher kommen die Contrari-motus und affectiones bei den Liebenden/hoffen und verhoffen/hassen und lieben/freuen und trauren/hertzen und schmertzen / lachen und weinen/ reden und schweigen / eriöthen und blaichen/ erhitzen und frieren/nach dem die Gedanck ist von dem Geliebten / ja/ das sich noch mehr zu verwundern / das Geliebte lieben und haffen sie zugleich/lieben wegen der Schönheit/haffen wegen ihres Unglücks/als einen heimlichen Dieb und li-ßigen Mörder. Daher werden sie zugleich geängstiget un erquicket/wolten gern lieben und nicht lieben / nicht/ weil sie nicht sterben wollen/wollen/weil es liebens werth/doch laffen sie sich stehlen und tödten/damit sie gefangen wieder los/getödtet wieder lebendig werden. Die einige Ursach diser Contrarietät ist die underschidliche Veränderung der Wärm und der Geister / so durch die Phantasy under-schidlich beweget werden. Will man sie corrigiren und in vorige Ordnung bringen/muß man underschidliche Mu-sic-modulos bequem appliciren nach der Commotion der Feuchtigkeiten und der Geister / dardurch kan man gar leichtlich die philomaniam Lieb-Unsinnigkeit curiren und vertreiben.

Woher die wi derige motus affe-Etus, gestus bei den Lie benden.

Wie diese philomaniä zu curiren sei.

§. 2. Von der harmonischen Liebs-Bezauberung.

Ein Wunder-effectus ist bei der reciprocirenden Lieb/ daß 2. Personen oftmals nur durch das erste blosse Ansehen also fest verbunden werden/daß sie nimmer von einander können getrennet werden. ex. gr Es gehet einer in öffentliche Versamlung von vielen Leuten/ er siehet sie alle an/nur einer aber ist/der ihn rühret/ der ihm gefällt/ deffen Freundschaft er begehrt/wann er auch schon unbe-tandt/und zuvor nie gesehen worden : ja in einem offenen Schauplatz finden sich underschiedliche Personen/hübsch

Wunder-Würckung der Zauberi-schen Lieb in einem theatro oder öffentli-chen Ver-samlung bei 2. Personen.

X und

und heßlich/wohl und übel gezogen/ von guten und bösen Sitten/doch gefällt nur einer/einen liebt man bis auf den Todt/diser und kein anderer/wiewol er nicht so schön/nicht so geartet/als ein anderer; bisweilen ist dise Lieb reciproca, zeucht sich zurück von dem Geliebten in das Liebende/ bisweilen liebt man auch das Widerspenstige/das uns nicht lieben wil/ hiervon haben die philosophi grossen streit/was doch die Ursach sei diser zauberischen Lieb. Fi-

Liebliches Exempel von Phædro und Lysia.

cinus erkläret gar schön mit dem Exempel Phædri und Lisiæ/welche einander hertzlich lieben; Lisias siehet Phædrum scharpf an/und diser jene wiederum: under solchem Anschauen werfen sie ihre Augen-stralen auf einander/ und mit denselben ihren Lebens-geist. Da geschichts nun leichtlich/daß Phædri Stral und Geist sich mit der Lidiæ Stral und Geist vereiniget und verbindet. Der Vapor aber/so aus Phædri Hertzen gezeuget worden/ziehet sich gleich zum Hertzen der Lysiæ/und daselbsten vereiniget er sich mit ihrem Geist/und komt also dicker zurück in Phædri Geblüt/daß also sein Geblüt auch im Hertzen der Lysiæ ist/daher schreyen sie einander zu/ Lysias zu Phædro/ O mein Hertz/O mein Seel; dieser zu jener/O mein geist/ O mein Blut! Folgt also die Lysias dem Phædro/und dieser jener/ weil iegliches Hertz ihren humorem begehrt/

Die Platonici setzen disen fuscü amoris in die Augen-stralen. gleiches Temperament/gleicher Puls/gleiche Bewegung der Geister/ist die ursach diser heimlich/zauberischen liebe.

und der sanguinische Humor sein eigen gefäs erfordert/c. Sind also die Platonici in der Meinung/ daß die Liebe-Bezauberung durch die Augen geschehe; wann sie nun die radios visivos verstehen/so ists falsch/weil die Augen keine radios ausser sich werffen/sondern die objecta werffen die ihrige in die sichtbare Kraft. Wir sagen/in den Temperamenten der Menschen finde sich ein grosse Gleichheit/ so sich gründet auf die gewisse Bewegung der Geister und deß subtilern Geblüts/daraus folgt die Gleichheit der Sitten und der Verrichtungen: Nun begehrt aber natürlicher weis ein Ding seines gleichen Gemeinschaft/und gehet bei den Menschen / wie bei den gleich in unisonum gezogenen Säiten/wann eine gerühret wird/ so reget sich

auch

auch) die ander und ſtimmet mit zu. Wann nun einer in einer offentlichen Verſamlung einen anſiehet / und denſelben für allen liebt/ſo iſt die Urſach/daß die pulſus in Erregung der Geiſter gleich ſind / von welchen gleiche Sitten und Handlungen herflieſſen/deren Fußſtapfen a-
der und Anzeigen/weil ſie ſich vor den Augen ſtellen / und in den Augen auch der auſſerlichen Correſpondentz nach ich mercken laſſen/ſo iſt es kein Wunder/daß der ander ſo mit gleichem Temperament/gleichem Puls/gleicher Bewegung der Geiſter begabet iſt/alſobald nur auf das erſte Anſchauen/zum uniſono excitiret / und zu gleicher Lieb
bewogen wird. Komt hinzu / daß durch dieſe Aufſchwel-
ung der reciprocirenden Liebe/die Geiſter / ſo ie langer ie
heftiger erreget und ausgebreitet werden / durch die verborgene Augen-gäng bei den Augenwinckeln heraus trin-
gen/ und alſo das ſubtileſte Geblüt und die Geiſter einander ſich communiciren/daher dann die mores und effectus
der von Lieb Bezauberten kommen.

Wie aber dieſelbe an und durch die Augen ſich mercken laſſe.

Corollarium I.

Heraus erſcheinet/aus diſer Liebs-Würckung werde
nothwendig erfordert / gleiches Alter und gleiches
Temperament/und iſt nichts anderſter / als ein vollkom-
nenſter uniſonus : daher liebt ein Alter das andere / ein
ſanguineus , ein cholericus, ein phlegmaticus , ein me-
ancholicus den andern/und dieſe Conſonantz entſpringt
aus der Gleichheit der Pulſen / und aus der gleichen Bewegung der Geiſter. Ein alter Mann ſtimmet mit einem
Knaben/ſo dem ſanguiniſchen Temperament nach einan-
er gleich ſind/in den pulſibus und ſpiritibus überein in
er Diapaſon : ein Knab mit einem Jüngling in der Dia-
ente/weil in gleichem Temperament die pullus in ſolcher
Proportion überein ſtimmen. Die Urſach iſt auch dieſe/
aß die innerliche Agitation der Geiſter in dem äuſſerli-
hen Menſchen ein ſolchen characterem ſolcher Propor-
irn eintrucket/daß ſo bald zween einander ſehen/ſie durch

Gleiches Alter und glei-ches Tempe-rament thut viel bei dieſer Liebs Zaube-rung.

X ij   Wür-

Der äusserliche Character/ so ein ieder Mensch an seinem Leib formiret/ thut auch viel darbei.

Wober der natürliche *horror* oder unannehmligkeit / daß ein Mensch den andern nicht leiden kan.

Der äusserliche Character woher er seine ursprung/ was seine Würckung sei.

Würckung solcher verborgenen harmonischen Proportion einander lieben müssen/ welche Lieb auch desto brünstiger ist/ ie vollkomlicher zwischen beeden solche harmonische Proportion ist. Wann aber die *pulsus* bei den Menschen gantz ungereimt/ widerstimmig und unvereinbarlich sind/ so setzen sie solche widrige *characteres* in den äusserlichen Menschen/ daß so bald zween nur einander ansehen/ sie ein Abscheuen vor einander haben/ und einander nicht leiden können/ wiewol sie einander nie nichts Leid gethan. Das ist aber ein verborgene Dissonantz/ wie in der Music *tonus cum tono*, als da ist der *cholericus* mit dem *phlegmatico*, und der *sanguineus* mit dem *melancholico*. Dann aus ungleichen *temperamentis* kommen ungleiche/ widrige / unleidenliche/ unvereinbarliche Bewegungen der Geister/ der Pulsen/ und der äusserlichen Characteren/ welche auch äusserlich / in dem äusserlichen *statu corporis* eine Displicentz abbilden/ so ein offentliches Anzeigen ist der Sitten und Verrichtungen. Dises geschieht nicht nur zwischen Personen von ungleichen Temperamenten/ sondern auch von ungleichem Alter. Kinder können alte Cholerische und morosische Leut nicht leiden; Jüngling abhorriren alle melancholische Leut/ rc. Ist also gewiß/ daß ein ieder Mensch einen äusserlichen *charactere*m in der äusserlichen Leibs-beschaffenheit/ so von den innerlichen Bewegungen der Lebens-Wärm und Geister verursachet werden/ mit sich herum trägt / kraft welches er seine Sitten und *actiones* einem andern conformiret/ wann nur ein anderer mit ihm einstimmig ist dem Temperament nach / und gleichen *characterem* von sich sehen läst/ so werden sie einander lieben / und mit einander consoniren/ so bald sie nur einander ansehen / und die Stralen gegen einander *reciprocè* werffen / dissoniren sie aber in beeden Stücken/ so seind sie natürliche Feind/ die einander nicht leiden können/ nicht anderster/ als wie bei schwangern Weibern zu geschehen pflegt / da die *vis plastica*, er schaffend- und bildende Kraft in der Seel/ wegen vollkom-

men er

r Einstimmung deß totius mit dem toto, der Muter
em Kind/wie auch aller und ieder Theilen und Glider
en andern / nach denen durch starcke Einbildung ge- wie die Mü-
Specien/und mit Hülf der umgebenden Geister / in ter das Kind
Kind solche Figur eindrucket und anbildet / wie die in Muterleib
es concepta gewesen/der Art und Figur nach gantz signiren und
und einstimmig. Davon aber weitläufiger in ma- bezeichnen.
smo imaginationis.

Corollarium 2.

n der Wunder-kraft der Lieb/und derselben
natürlichen Zeugung.

Je sichs verhält mit dem Circkel der Schönheit / Circul⁹ pul-
von sinnbaren Dingen zum Geist und innerlichen chritudinis
und von dar wiederum durch die Geister zu den leib- wie er ge-
Sinnen/so verhält sichs auch mit der Lieb / als der schehe.
nheit Tochter. Dann 1. die Kraft der äusserlichen
nheit nimmet ein den äusserlichen Sinn deß Gesichts/
r Poet sagt: ut vidi, ut perii, ut me malus abstulit

Von disem äusserlichen Sinn durch die sinnbare
nonn erreget/so beweget die geistliche Schönheit der Wie die
nen Sachen (welche nichts andersten ist/ als eine Schönheit
onische Proportion / so sich ziehet auf die Einstim- deß Gelieb-
der Bewegung/Glieder / Sitten und Thaten) den ten Augen
deß Sehenden/ dieser communicirt alsbald die em- und Hertzen
jene speciem der Seelen/und macht/daß der inner- movirt.
oncentus der empfangenen Sach/ den innerlichen
ntum deß empfangenden mit gleicher Proportion
ist ; ja auch die eingetruckte Bilder der schönen Sa-
werden auch oftmals durch allerhand Gelegenheit
rem Ort beweget/ dardurch wird der spiritus tur-
von disem die äusserliche Sinne. Da geräth man
on den edlern zu schlechtern Sinnen / vom Geruch
Beschmack / vom Gehör und Gesicht zum unreinen
und Fühlung / endlich geschicht der letzte Grad der
st/ꝛc. Es wird aber die Lieb und die Vergleichung

Die vieltische Lieb wie sie geschehe.

deß Liebenden in das Wiederliebende fovirt/ erhalten und ernähret/entweder durch den Affect oder Sitten/ Geberden/Thaten/Verlangen/ Kleidern und andern Beschaffenheiten deß Lebens/ damit sich das Liebende dem Liebenden accommodiret/daß er ihm gantz gleich ist / und mit demselben so viel müglich vereiniget werde. Dann es ist nichts kräftiger / als mit gleichen allein beliebigen Sachen das Geliebte zu verbinden/ic.

Wie die Lieb fovirt werde.

Corollarium 3.
Von der Lieb zwischen widrigen Complexionen.

Was für ein Lieb zwischen 2.cholericus.

Gleiches Alter und gleiche complexio reizt zur Lieb/ und erwecket die Liebs-Harmony. Wann aber ein cholericus den andern liebet / so stimmen sie zwar überein/aber es ist ein knechtische Lieb/weil zwar die Gleichheit der Complexion Lieb und Gegen-Lieb machet / jedoch so turbiret die Gallen die Kraft der Liebe mit vielfältigem zörnen. Zwischen einem Sanguinischen und Cholerischen ist zwar wegen Vermischung deß süssen und herben humoris eine Alteration deß Zorns und der Freundschaft/ deß Leids und der Wollust/aber doch ist die Beschaffenheit deß cholerici besser/ der sanguine is aber ist lieblicher und annehmlicher : daher muß man syncopiren / und aus dem d. Sono ein consonum machen. Zwischen einem Sanguinischen und Melancholischen ist ein festes Band/ und zimlich glückselig. Dann die Süssigkeit deß Gebluts vermischet die Bitterkeit deß Melancholischen. Aber zwischen einem Cholerischen und Melancholischen ist die Lieb gar elend und erbärmlich/ weil die cholera zum Zorn/ Bitterkeit/Morden/Ungedult anreizt/ die Melancholia zu mehrerm und grösserm Klagen.

Zwischen einem Sanguineo und Cholerico.

Zwischen einem Cholerico und Melancholico.

Corollarium 4.
Woher die bleiche Farb und die Melancholy bei den Liebenden.

Hieraus

Jeraus folget / warum Abwesend-Liebende solche grosse und gefährliche Zufäll erleiden / auch bis auf die Bleiche und Schwachheit: dann in dem r das Gemüt deß Liebenden ohnnachläsig an das Geliebte gedencket/un dardurch die Speis nicht recht-r erkochet/also daß der gröste Theil als überflüssig ausgeworffen/der geringere aber er darzu noch roh und unverkocht ist/ zur Leber geführet wird / da weil sie auch nicht recht ausgearbeitet wird / so wird gar wenig/auch nicht das beste Geblüt / durch die Blutadern in den Leib ausgeführet/dannenhero aus Mangel und Crudität der Speis/werden die Glieder geschwähet und bleich gefärbet. Die 2. Ursach ist/daß der Geist/welcher der Seelen Fuhrwagen/und ein sonderbares Instrument derselben ist/ unnachläsig zu dem Bildnus deß Beliebten / so der Phantasy allezeit für Augen schwebet/ sich hinziehet/und daselbsten sich resolviret; denselben nun zu erquicken/bedarf man gar viel reines Geblüts / wann aber das reine liechte Geblüt sich resolviret / so wird das grobe und schwartze den Gliedern und ihrer Nahrung hinterlassen: dardurch wird aber der Leib bleich und schwach/ und der Liebende wird melancholisch / da die Melancholy aus solchem dicken und schwartzen Geblüt gezeuget wird/ welche wann sie mit ihren Dünsten den Kopf einnimbt/so rücknet sie das Hirn/und träncket die Seel mit greuliche Bildern/daraus entstehet die Veränderung der Puls/un eine gantz unrichtige Bewegung der Geister/daher underschiedliche Affecten entstehen.

Lieb läßt nicht wol dauen/ weil man stätigs an das Geliebte gedencket.

Lieb entzeucht das reine liechte Geblüt den Gliedern.

Lieb macht melancholisch.

Corollarium 5.

Wie man Liebs-Kranckheiten durch die Music heilen soll.

Jeraus folget/ die Music sei zum allermächtigsten/ die Liebs-Kranckheiten zu vertreiben / dann weil sie gemeiniglich melancholici werden/aus der Melancholia aber allerhand Zufäll entstehen/ so ist gewiß / wann einer durch eine proportionirte Harmony / solch dicke mass.n

Music zertrennt die Melancholische massam

X iiij   deß

deß melancholischen Geblüts zertrennen könte/ würde er den Liebenden zu voriger Harmony und Ordnung verbringen. Ja wann einer wissen solte die vollkommene Zuneigung und Temperament der Menschen/ würde er sich gar leichtlich nur durch die äusserliche Conformität der Geberden/Sitten und Thaten/bei männiglich/sonderlich bei grossen Potentaten/ lieb und angenehm machen können.

Kunst sich bei männiglich zu insinuirt.

§. 3. Von der Harmony deß vernünftigen Appetits.

Appetit ist ohne die Vernunft ein blinder Orgelschlager.

DEr Appetit ist vor sich selbsten vielen trüben Passionen underworffen/daher verursacht er solche Dissenantien/ wie ein unerfahrner Organist auf der Orgel. Soll aber diese ein liebliche Harmony von sich geben/ so muß ein verständiger Organist beruffen werden/nemlich der *appetitus rationalis*, oder das gesunde Vernunfts-Urtheil: dann in dem dises die widerstimmige unordentliche *passiones* stillet/in dem sie den undern Appetit bezähmet/und dem Willen underwirft/ so thut sie eben das/ als wann man allzu hoch- oder allzu tief-gezogene Säiten in den mittlern Stand bringet/ die *dissona* mit den *consonis* verbindet/daß ein schöne Harmony daraus entstehet. Soll aber diß geschehen/muß die Seel nothwendig mit ihr selbsten *consentiren*. Dann gleich wie der Schmertz im Menschlichen Leib entstehet/wann das *continuum* dissolvirt/die *compages* divellirt werden : also geht es auch mit der Seelen Kranckheit/wann die Tugenden nicht ordentlich gehen/ und der undere Appetit dem obern rebelliren wil. Dann wann die *compago* der vernünftigen Bewegungen solviret wird/ so müssen nothwendig Seelenschmertzen entstehen. Sind also die Tugenden der Seelen Vergnügung/und der Seelen-Kranckheiten Artzeney/ die müssen aber nothwendig einstimmen/ und zusammen gereimet seyn/weil die Gesundheit und Ergötzung nur von Consonantien entstehet/ja sind nichts anderster/a s schöne Consonantien. Ja gleich wie die Leibs-gesundheit be-

Woher die Leibs- und Seelen-schmertzen.

Worinn die Leibs- und Seelen- gesundheit bestehet.

stehet

t im vollkommenen harmonischen Temperament der
.)tigfeiten / also die Seelen=gesundheit / so geschicht
.h die Tugenden / bestehet auch in harmonischer Ver= **Alle Tugend**
.hung der Tugenden/so wol gegen sich selbsten/als mit **sind harmo.**
Seel/sollen sie medicamenta und oblectamenta der **nisch und ein=**
.len seyn. Dann gleich wie die Vocal=Stimmen=Har= **stimmisch.**
.)) ist ein liebliche Einigkeit etlicher gleich= und unglei=
.Stimmen/so in ein Harmony gezogen werden : also
.Harmony so die Seel erfrischen solle / ist ein lieblicher
.cent/ gleicher und ungleicher Tugenden / in ein voll=
.mene Harmony gebracht. Ex. gr. Ungleiche Tugen=
.sind Freigebigkeit und Glaub/Sparsamkeit und Hof=
.g/Betrachtung und Ampts=sorg / iedoch stimmen sie
.zusammen über der Liebe Gottes und deß Nächsten/
.ist gleichsam der Baß / die Wurtzel und das Funda=
.nt der gantzen Harmony. Bei disem Tugend=Concent
.r ist eine zweifache Modulation in acht zu nehmen/die **Die Gerech=**
.da sie alle in der Radical= und Wurtzel=Tugend der Ge= **tigkeit ist die**
.htigkeit überein kommen/dardurch wir ein iegliche Tu= **gemeine**
.b abwägen/ob sie nicht zur Rechten oder Linken im Ex= **Waag aller**
.s oder Defect ausschreite/und also so lang und viel zu= **Tugenden.**
.d darvon thun/bis wir das medium erhalten/ welches
.iche eine vernünftige Discretion / andere eine Tempe=
.ntz nennen. Die 2.ist/da alle Tugenden gegen sich selb= **Die Liebe**
.n in der Liebe Gottes und deß Nächsten/mit einer schö= **Gottes und**
.n Harmony zusammen stimmen : dann durch dise Liebe **deß Nächsten**
.mperiren wir alle Tugenden / dardurch ist alle Werck= **ist die gemei=**
.lusic Gott lieb und angenehm. Wil nun der Mensch **ne Tempera=**
.m allervollkommensten seyn/ ja gleichsam göttlich wer= **tur aller Tu=**
.n/so muß er sich vollkomlich mit Gott vereinigen/ sein **genden.**
.heist muß mit dem Göttlichen vollkomlich consoniren/
.urch den vollkommenen heiligen Gehorsam / da wir das
.Zute lieben/das Böse hassen/darauf folgt dann die aller=
.nstimmeste Ruhe/darnach die Freude deß Hertzens/das
.jrolocken deß Gemüts/ das Pfand der Seeligkeit / end=
.ch deß Hertzens Erweiterung / und dessen schneller be=

gieriger Lauf und Flug das Gute zu ergreiffen und zu ge=
niessen.

§. 4. Wie man zur Vollkommenheit der Seelen und zu derselben harmonischen Proportion gelangen soll.

In der Leibs=
Cur thut
mächtig viel
harmonica
applicatio
mediorum.
Also auch in
der Seelen=
Cur.

Nicht gnug ists zur Leibs=Cur / wann man nur weiß/
wie man die antidota proportionirlich vermischen
soll/ sondern es gehört auch der modus darzu/ wie man die=
selbe dem Leib harmonicè appliciren solle/ so verhält sichs
auch mit der Seelen/ und derselben Gesundheit/ so da be=
stehet in harmonischer Proportion der Tugenden / weil
aber dise gar underschiedlich/ und der Seelen nicht alle an=
nehmlich fallen/ soll ein ieder dieselbe erwehlen / dahin ihn
seine Natur und genius zeucht. Darzu gehört das drei=

Das dreifa=
che Tugend=
genus, hero=
icum, pur=
gativum,
politicum,
was es für
Tugenden in
sich begreiffe.

fache Tugend=genus, so von Plotino und andern beschri=
ben und gerühmet wird ; das 1. ist genus heroicum , be=
greift in sich die göttliche Lieb und Betrachtung der göttli=
chen Ding / die Welt Verachtung/ Demut/ Gedult und
Tödtung deß Fleisches. Das 2. ist purgativum, begreift
die Keuschheit/ Mäsigkeit/ Gottseligkeit / Wachtsamkeit/
Fürsichtigkeit.   Das 3. ist politicum, begreift in sich
Klugheit/ die Strafhändel und Lohn=Gerechtigkeit. Das
ist ein pentecachordon der Seelen/ ein liebliche Cythar/

Vergleichüg
derselben mit
der harmoni=
schen Pro=
portion.

so die schönste Harmony in uns erwecket. Das genus po=
liticum ist gleichsam die proslamb. oder underste Saite.
das genus heroicum ist nete hyperboleon, die allerhöch=
ste und reineste Saite. Purgativum ist die mele oder Mit=
tel=saite : von der understen bis zur mittelsten ist ein dia=
pason, von der mittelsten bis zur höchsten wieder ein dia=
pason. Mitten inne stehet das diapente, diatessaron, dia=
pason cum diapente, &c gehet also der Mensch in seiner
vollkommenen Tugend=übung von der Gerechtigkeit/ als
der Fundamental=Tugend/ über sich ad virtutes purgati=
vas & heroicas. Die weltliche Tugenden temperiren mit
Discretion/ Rath und Verstand die Bewegung deß sinn=
baren Appetits / damit sie nichts wider die gesunde Ver=
nunft

nunfft begehen. Die Reinigungs-Tugenden bezähmen
nicht nur solche motion , sondern vertreiben auch dieselbe gar/also daß bloß die Vernunft dieselbe regieren uñ
undertrucken kan. Die weltliche Tugenden componiren **Was dieser**
den ausserlichen Menschen/legen die erste gradus der Har-**Tugend crafft**
monn. Die expurgativæ reinigen den Geist durch die er-**und Wür-**
ste Octav/machen also ein vollkommene Harmonn. Die **Menschen.**
heroische Tugenden erheben das Gemüt zu der obern
Harmonn/vereinigen den Menschen mit den Engeln/und
mit Gott selbsten Dann so sagt der philosophus: Die
Menschen werden Götter / durch die Vortreffligkeit der
Tugend. Plotinus sagt/ein Heroischer wündscht und be-
fleissiget sich/daß er nicht nur ohne Sünd / sondern gar
möchte Gott seyn. Zu dieser Vereinigung aber dienen **Die Sacra-**
mächtig viel die sacramenta der Kirchen/welches sichtba-**menta der**
re Zeichen der göttlichen Gnade sind/dahin geordnet/daß **Kirchen thun**
der Mensch zur gebürenden Harmonn mit Gott solle ge-**bei der Ver-**
bracht werden: daher weil der Mensch ein Kind deß Zorns **Gott/darinn**
wegen der Sünd und trüben unreinen passionibus dissto-**deß Menschl**
nus geboren wird/ so dienet zu seinem Temperament das **höchste Voll-**
Sacrament der Tauf/da wir von Sünden abgewaschen/**kommenheit**
und wofern keine indispositio vorhanden/mit Gott tem-**bestehet.**
perirt werden. Uber das dissonirt der Mensch noch mehr/**Wie durch**
und fallt ab in seinen täglichen Würckungen / da weder **ein iegliches**
Hertz/Seel noch Kräften/gantz und gar nach dem Gött-**Sacrament**
lichen Gesetz consoniren/daher die tägliche Dissonantz: di-**schen eine**
se Seelen-Harmonn nun in Ordnung zu bringen/ist das **Dissonantz**
Sacrament der Buß eingesetzt worden / da sonderlich in **benommen/**
der Absolution / die disssona consona gemacht werden. **ne Conso-**
Wider die Disharmonn aber der täglichen Unmässigkeit **nantz beige-**
im Essen und Trincken/dienet das H. Abendmal/der Brun **bracht werde**
und Ursprung der geistlichen Harmonn / dadurch wird
das / was mit dem täglichen Geruch deß Fleisches ange-
stöcket ist/zu recht gebracht/und der Leib unserer Nichtig-
keit dem klaren heiligen Leib Christi conformirt. Wider
die Dissonantz im Kinder-zeugen und Fleisches-Wollust/
                                                                 dienet

dienet das Sacram. der Ehe. Wider den dissonirenden
Glaubens=Zweifel dienet die Confirmation. Durch die
letzte öhlung wird der Mensch von aller Sünden=Disso-
nantz erlöset/komt in die vollkomene Concordantz. Durch
die Ordnung aber wird die allervollkommenste Harmony
in den Gemütern der Menschen gepflantzet/ec.

Regiſtrum 7.
Symphoniſmus Mundi politici,
von der Regier=Welt=Muſic.

Was die Seel im menschlichen Leib/ das iſt der höchſte Gewalt in dem Weltl. chen Regl. men tewesen.

Gleich wie in einem natürlichen Leib/ da die Glieder
verbunden seyn und überein stimmen/ das Gemüt
seine harmonische actiones verrichtet/und mit einem Geist
eben dieselbe membra verbindet: eben also verhält sichs
auch mit einem Regiment und Welt=Wesen/da entweder
einer allein/oder viel mit einander vereinigt regiren/ herr=
schen/Gesetz geben/Einigkeit erhalten/Handel und Wan-
del/Zucht und Erbarkeit/Gericht und Gerechtigkeit in
acht nehmen: was ist aber das anderster/als ein liebliche

Wird ver. glichen mit der Muſic.

Harmony? Dann gleich wie in der Music die Harmony
entstehet aus underschidlichen tonis, also die Welt=Har-
mony besteht aus hohen/niedern und mittlern Ordnun-
gen/die stimmen all zusammen/damit das bonum publi-
cum erhalten werde. Summa/was in der Musik die Har-
mony/das ist im gemeinen Weltwesen die Einigkeit. Das
beste Band ist die Gerechtigkeit/diese kan aber ihren effectum nicht erreichen/es sei dann die Authorität dessen/
der den höchsten Gewalt hat. So viel aber species sind
der Respublic/so viel sollen supremæ poteſtates seyn/ in
einer ieden aber nur eine allein / gleich wie im einigen
Menschlichen Leib ein einige Seel / welche alles regieret/
nicht zwo: in der einigen Welt ist nur ein Gott/ der alles

Woher die Diſſonantz in diſer welt. lichen Regl. mente. muſic.

dirigiret; so bald aber 2. höchste Gewalt gesetzet werden/
so entstehet daraus eine Diſſonantz / das Welt=corpus
wird getheilet. Ligt nicht dran/wann man sagt/die höchſte
Gewalt lasse doch viel adminiſtratores und Statthalter
zu/dann

zu/dann dise alle haben nicht die höchste Gewalt/sondern
all nur einerlei Macht/wie in der Aristocraty und Democraty geschicht: in der Monarchia aber ist nur ein Macht *Monarchy*
und Gewalt/auch nur einer der sie gebrauchet. Gleich wie *ist gleichsam*
aber die Seel im gantzen Leib ausgetheilt / alle Glieder zu *die Seel in*
ihrem Dienst gebrauchet : also ein Monarch exerciret sei- *Welt.Leib.*
ne Authoritát durch seine ministros, bleibt doch nur ein
Gewalt ; gleich wie eine Säiten oder Pfeife underschiedliche sonos gibt/nach dem sie getruckt wird / also gehets
auch in der Harmony. Daher hat Gott alle Creaturen/ *Wie Wun-*
Himmel/Elementen/Thier/Bäum/Brunnen und Flüß/ *der.wensich*
Regiments-weis erschaffen / einem ieden Geschlecht und *Gott alles*
choro seine Fürsten nnd choragos vorgesetzet. Da re- *ordine po-*
gieret alles/da wird alles regiert. Ex. gr. wañ der Mensch *litico er-*
geboren wird/so bedarf er einen/ der ihn regieret / daß er *schaffen hab.*
nicht verderbe : alle Thier regieret der einige Mensch/ den *Wie der*
Menschen regiert die Seel / sein göttlicher Theil/ in der *Mensch alles*
Seel selbsten sind 2. Theil/irascibilis und concupiscibi- *regiere/und*
lis, welche der Vernunft sich underwerfen müssen. Un- *von wem er*
der den Glidern deß menschlichen Leibs ist eines das vor- *regieret wer-*
nehmste/das die andern all regieret/entweder das Haupt *de.*
oder das Hertz. Also herischet ein Engel über den andern/
ein Geist regiert den andern / ein Stern / ein Teufel / ein
Vogel/ eine Bestia / ein Schlang/ ein Fisch/ ein Mensch/
regiert den andern. Der einige Mensch/so alle Menschen
regieret/ist das Fleisch-wordene Wort Gottes/der Mensch
Jesus Christus. Ist also herischen/regieren/ sich under-
werfen/herischen und regieren lassen / dem Göttlichen/
Natürlichen/Weltlichen / und aller Völcker Rechten ge-
más. Ist also die Ordnung in allen Dingen hochnoth- *Die Ordnig*
wendig. Weil Engel sind/so sind auch Ertzengel/welche/ *ist in allen*
wiewol sie nicht gleich sind / sondern in dem Gewalt und *Dinañ hoch-*
Ordnung einer vom andern underschiden ist. Also auch im *nothwendig.*
Gemeinen Wesen/da finden sich Herischende und Gehor-
chende/Reich und Arme/Edel und Gemeine/Gelehrt uñ
Ungelehrte/und noch andere Stånd/Grad und Personen
mehr/

mehr : baraus wird aber ein ſchöner Concent/ein liebliche Harmony/und gleich wie in der Muſic ein Stime der andern hilfft / wann lauter uniſonæ zuſammen ſtimmeten/ wäre es tein Harmony; alſo könte auch das GemeineWeſen nicht beſtehen/wann wir alle gleich wären. Diſe harmoniſche Gleichheit leuchtet aus den underſchiedlichen Ständen ſelbſten/darein die göttliche Providentz die Menſchen geſetzet hat/als einer iſt gelehrt/der ander unverſtändig/einer tugendhaft/der ander gottlos/der eine hoch/der ander tief/einer reich/der ander arm/einer frölich/der ander traurig/ꝛc. Sprichſtu aber/warum hat die göttliche Gütigkeit nicht alle Menſchen gleich gemachet / in gleiche Condition geſetzet? ᴚ. Von ungefehr iſts nicht geſchehen/wie die Epicurer ihnen träumen laſſen: ich fråg aber auch/warum Gott nicht alle Thier vernünftig / nicht alle Menſchen zu Engeln/nicht alle Stern zu Planeten/nicht alle Planeten zur Sonnen/ nicht alle Glieder zu Augen erſchaffen habe; dann wann das / daß alle Glider Augen wären/wo bliben die Füß/Hånd/Mund/Magen/und andere nöthige Glieder ; wärein alle Planeten Sonnen/ wo blieb der Mond der Geburtſtern/wo der ſtärckende Märs/ der vergleichende Jupiter / der ſchärpfende Mercurius/ der befeſtigende Saturnus/die liebreitzende Venus. Und wann alle Thier Engel wären/wo blibe der Menſch/Gottes ſonderbares Ebenbild: Wo die Pferd/ſo ihn trägen/ wo Ochſen und Schaf zum ſchlachten/ꝛc. Gleich wie es nun tein Conſonantz wär/wañ alle Såiten hoch oder tief/ oder mittelmåſig lauteten : ſondern ungleiche müſſen zuſammen ſtimmen : alſo könte auch die Welt nicht lang beſtehen/wann alle Menſchen Doctores,weiſe Leut/Fürſten und reich wären. Es behålt aber ein Reſpublic ihren harmoniſchen ſtatum, ſo lang die Glieder dem Håupt/das iſt/ die Underthanen der Obrigfeit frölich und einig underworffen ſeyn/da ieder ſein Ampt thut : die Underthanen ehren und nähren/die Obrigfeit lieben und regieren. Wo aber Gericht und Gerechtigfeit fällt/ da wird die gantze

Har=

So wenig eine Harmony aus lauter uniſonis beſtehen tan/ ſo wenig ein Reſpublic/ wann alle Menſchen gleich wären.

Luſtige Gegen-fraag/ warum Gott nicht alle Menſchen gleich erſchaffen hab.

Harmoniſche Status erhålt die Welt/ ſonſt müſte ſie zu grund gehen.

Harmony deß gemeinen Wesens zerstöret. Gleich wie aber der Menschliche Leib durch die Seel vollkommen gemacht wird/also die Respublic durch die Religion / dann wie die Seel ist gantz im gantzen Leib/und auch gantz in einem ieden Theil und Glied/ also die Harmony der Republic zu erhalten/wird gleiche oder einerlei Religion/einerlei Glaubens-Artickel erfordert/ohne dise wird weder Underthan noch Obrigkeit ihr Ampt thun/da wird kein Treu/ Redligkeit noch Gerechtigkeit seyn. Sũma/wie zwischen Leib und Seel/also soll zwischen Obrigkeit und Underthanen die höchste conspiratio seyn / ohn welche die fundamenta und Grund-säulen der gantzen Statt zerrissen uñ zerstöret werden. Dann was ist das für Sicherheit im Königreich / da die Forcht der Hüter deß Volcks ist ? was ist das für ein glückselige Statt / da der meiste Theil mit Gewalt und Schwert undergedruckt ist ? soll nun die Respublic vollkomlich resoniren/so muß der tritonus cum diapente, diatessaron cum semiditono, diapason cum diatessaron, und alle andere Consonantien weggeschafft werden/das ist/Uneinigkeit/Aufruhr/böse Sitten/widerwärtige Religionen sollen nicht gestattet werden / dann das sind lauter pestes & ruinæ Imperiorum.

Was die Seel im menschlichen Leib/das ist die einige wahre Religion in dem Regiments-wesen.

Was man hier für dissonantias vermeiden soll.

§. 1. Von den 3. Mathematischen Proportionibus, wie sie auf die 3. Ständ deß Weltlichen Regiments gezogen werden.

Gleich wie 3. proportiones von den geometris gezehlet werden/arithmetica, geometrica und harmonica, also sind auch 3. formæ deß Weltlichen Regiments. Democratica gehört für den Pöfel/Aristocratica für die Vornehmsten und Edelsten/Monarchica für König und Käiser. Dise 3. proportiones und 3. formæ können gar wol mit einander verglichen werden / und zwar 1. die democratica mit der arithmetica : dann gleich wie hier alle numeri groß und klein/gleiche incrementa haben/also in der Respublic wil der Pöfel/ es soll alles gleich seyn/Nutzen

Democratica forma wird mit der Arithmettischen Proportion vergliche

ßen und Beschwärligkeit/Ehr und Herrschaft/wil keinen
Respect einer Person nicht leiden/ sollen alle gleich seyn/

Da muß al-
les gleich
seyn/ oder
das Looß muß
theilen.
alles gemein haben / Edel und Unedel / Reich oder Arm.
Ex.gr. Das Jag= und Fisch=Recht soll allen gemein seyn/
ists aber ein Sach/die nicht kan under viel getheilt werde/
so muß man drum losen/darmit das blinde Looß einen hält
wie den andern/ gleiches Recht bringt gleiches Glück.

Aristocra-
tica forma
wird mit der
geometrischē
Proportion
verglichen.
2. Gleich wie in der geometrischen Proportion die Exceß
der Zahlen sich verhalten gegen den numeris selbsten/als
ein grosse Zahl hat grossen Exceß/ also in dem Regiment
der Edelsten/werden die Personen underschieden/die Be=
schwärligkeit/Belohnungen/ Aempter werden underschi=
den/das Beste bleibt den Edelsten / das Geringe dem Pö=
fel/dabei aber doch die arithmetica proportio mit under=
läuft/ dann über das/ so deß Pöfels ist/ losen sie all/ was
aber der Edelsten ist/participiren sie all: dann wann das
nicht wäre/so könten viel Understen aufsteigen zu den Höch=
sten/ also wäre es kein Respublic/ sondern ein königliches

Monarchi-
ca forma
mit der har-
monischen.
Stattwesen. 3. Der Königliche Stand kan zwar auch
der geometrischen Proportion verglichen werden/darum
weil alle Obrigkeitliche Gerechtigkeiten dem König allein
vorbehalten werden / gleich wie er den andern vorgehet/
entweder dem Geblüt/oder Wafen/oder Tugenden nach:
iedoch kan die Weise zu regieren in disem Stand gar wol
aus beeden Proportionen temperirt werden/dann der Kö=
nig allein ist Oberherr über die andern all/ nicht mit einem

Warum ein
Person den
andern vor-
zuziehen.
blinden Trieb/ wie das Looß / sondern wegen der Tugend/
Verdienst/Ordnung und Graden/ welches er zwar alles
under die Vornehmsten und Pöfel austheilet / iedoch so

Die 3. Ge-
rechtigkeiten
werden auch
mit disen 3.
proportioni-
bus vergli-
chen.
verrichtet er selbsten alle partes der Distributiv= und Com=
mutativ=Gerechtigkeit / welche Verbindung beeder Pro=
portion gnug ist/die harmonische Proportion zu machen/
daher entstehet auch ein dreifache Form der Gerechtig=
keit/die commutativa, welche in der Arithmetischen Pro=
portion bestehet/die distributiva in der Geometrischen/die
musica in beeder Vermischung/welchen 3.andere Stuck/

lex,

lex, æquitas & pax respondiren. Ein schön Exempel diser Proportionen findet sich in der pædia Cyri: Cyrus noch ein Knab/sihet einen gröffen und kurtzen Mann beisammen/jenen mit einem kurtzen/disen mit einem langen Rock: Cyrus steht in der Meinung/ sie solten ihre Röck einander vertauschen/damit ieder was ihm nutzlich/ erlangen möchte: sein Lehrmeister aber sagt Nein/ieder soll das seine behalten; der beste Rath wäre aber gewesen/ wann der Lange dem Kurtzen zuvor ein wenig Geld bezahlt hätte/und alsdann die permutatio geschehen wäre. Cyrus hat hier die geometrische Proportion urgiret/ die Kleider nach dem Leib gemessen: sein Lehrmeister hat auf die Arithmetische gesehen/ ieder solt sein eigenes behalten/ aber der drit hätte auf beedes zugleich gesehen/so wol auf die Nothdurft der Leiber/als eines ieden sein Vermögen/ hätte also die harmonische Proportion urgirt. Dieses Temperament findet sich auch in der Belohnung; ein Artzt fordert von einem Stein aus der Blasen zu ziehen 500. Cronen/ von einem Armen aber gar wenig. Da sihet er nicht blos auf die Arithmetische oder geometrische Proportion: daß der eine müste doch an dem Stein/der ander aber für hunger sterben: sondern auf die harmonische/ damit er das Geld/ und jener die Gesundheit erlangen möchte. Eben dise harmonische Proportion findet sich auch im Gesetz von Heurathungen. ex. gr. Wann Geschlechter einander/uñ gemeine Leut einander freyen müssen/ so ists geometrische Proportion: wann es aber durch und durch/ohne einigen Respect zu heurathen wäre/so ists arithmetica, aber dorten gibts Empörungen/ hier confusiones: beedes nicht gut. Wann aber ein Mittel-weg troffen wird/ daß arme Geschlechter und reiche gemeine Leut zusammen heurathen dörffen so ist solches proportio harmonica. Eben das wird auch observiret in den Gesetzen von Zech-und Mahlzeiten/da nicht blos die geometrica, auch nicht blos die arithmetica, sondern aus beeden vermischet/ die harmonische Proportion in acht genommen wird. Dann

Y thöricht

(Marginalia:)
Schön Exempel aus Cyri Zucht-schul/ damit dise 3. Proportionen verglichen werden.

Harmonische Proportion observiret ein Artzt in seiner Cur.

Diese drei proportiões werden gezogen auf die leges connubiorum & sympotiorũ, und welches die beste?

thöricht und närrisch wäre die Arithmetische Gleichheit/
wann ohne Underscheid deß Geschlechts/ Condition/Al=
ters und Stands/die keut sich solten zu Tisch setzen/darge=
gen wäre ungereimt die geometrische/ wann nur die Ge=
lehrte beisamen/was nutzeten sie den Ungelehrten? wann
lauter Schreier und Plauderer/ wer würde sie stillen?
wann lauter melancholici beisammen/ was hätten sie
für Kurtzweil? Mus also das Gesetz nach der harmoni=
schen Proportion temperirt werden. Dise harmonische
Proportion findet sich noch in andern Stücken mehr/ als

In legibus amicitiæ soll gleiche harmonische Proportion observiret werden.

1. in legibus amicitiæ gehet man da auf die blose Gleich=
heit der Aempter/nach dem Arithmetischen Gesetz/ so ist
kein Freundschaft/als nur under denen/die einander gleich
sind. Findet sich aber ein lautere Gleichheit der Empter/
auch under denen so einander ungleich/ nach der Geome=
trischen Proportion/ so ist nirgends keine rechte Freund=
schaft/sondern ein stätiges handeln/kaufen/verkaufen der
Aempter Nutzens halben. Daher ist nötig die Verbin=
dung der Patronen und Clienten gegen einander/ohn wel=
che keine Liebs=Freiheit/auch/ nichts freiwilliges/daher bi=
se Arithmetische Gleichheit gar wol verglichen wird einer

Dise 3. proportiones werden mit einer eisern/ bleyen und hültzern Regul verglichk.

eisernen Regel oder Richtschnur/ welche gantz nicht kan
gebogen werden/die Geometrische aber einer bleyern/ so
allen Ecken und Winckeln kan accommodirt werden: die
Harmonische einer hültzern Regel/ welche gar gebogen/
gleich wieder gerad wird. Also 2. in Gericht und Gerech=

Ein Richter muß die A=rithmetische/ ein Regent aber die Ge=ometrische Proportion in acht neh=men.

tigkeit muß der Richter die Arithmetische Proportion in
acht nehmen/welche nicht nur einem jeden das seine gibt/
sondern auch gleich=schuldige mit gleicher Straf ansiehet/
ohne Ansehung der Person/dardurch auch die Richter an
die Gesetz und die allegata & probata gebunden seyn/daß
sie nach denselben/wann sie schon ungerecht scheinen/spre=
chen müssen; dargegen ein magistratus, wil er from und
gewissenhaft seyn/muß er die proportionem geometri=
cam in acht nehmen: wil man aber beedes temperiren/so
geschichts durch die harmonische/ da man nicht gar nach
eigenem

eigenen Willen thut/auch die leges nach den Umſtänden/
wie ein hültzern Regel inflectirt/doch dieſelbe nicht bricht/
ſondern in Gerichten nach der Billigkeit erkläret. 3. In *In legibus*
den Geſetzen von Kleidern wird auch die Geometriſche *veſtiariis*
Proportion obſervirt: ie höher einer / ie koſtbarere Klei- *iſt die Geo-*
dungen ſind ihm erlaubet/die Arithmetiſche Proportion *metriſche*
iſt hier gar nicht zu leiden. Weil man aber doch hierbei auf *Proportion*
Reichthum und Verdienſt zu ſehen hat/auch nicht alle or- *zu obſerviren*
dines und Ständ in ein Geſetz können genötiget werden/
pflegt man aus der harmoniſchen Proportion ein Temperament zu finden. 4. In den Geſetzen von Beſtrafungen/
nach Erforderung der Vindicativ-Gerechtigkeit / nach *In pœnali-*
dem das Verbrechen/ſo iſt auch die Straf / doch liebt die *bus harmo-*
Talions-ſtraf die Arithmetiſche / gemeine Strafen aber *nica propor-*
die Geometriſche Proportion. Alſo in legibus ſuffragi- *tio.*
orum, creditorum, reſtitutionum, uſurarum, remune-
rationum, mercedum, hæreditatum, wie ſich da diſe dreifache proportio allezeit befindet/ alſo iſt die harmoniſche
die allerbeſte. In dem Democratiſchen Regiment aber *Der Demo-*
hat die Arithmetiſche Gleichheit ſtatt und platz : in dem *craty gehört*
Ariſtocratiſchen aber die Geometriſche: iedoch geſchiehet *die Arithme-*
gemeiniglich eine contemperation durch die harmoni- *tiſche/der A-*
ſche / als wann der Pöfel den Edelſten freiwillig die Ehr *riſtocraty die*
geometriſche
und Gewalt überläſt/oder die Edlen die Underſten etlicher *Proportion:*
Ehren und Gewalt theilhaftig machen: ſo lang auch diſe *doch iſts gut/*
Communion währet / ſo iſt der Burgerliche concentus *wann eine*
nichts dann lieblich und annehmlich/ gehet aber ein Theil *contempe-*
zuruck/ſo gehen Klagen vor/ Uneinigkeit/ Aufruhr/ Ver- *ratio durch*
änderung deß Regiments / oder gar der Ruin. In der *die Harmo-*
Monarchiſchen oder Königlichen Regiments-Form iſt *niſche geſch-*
het.
auch die harmoniſche Gleichheit die allerbeſte/dann wann
der König alle Ehren-Aempter gleich würde austheilen/
ohne Underſcheid der Edlen und deß Pöfels / ſo iſts eine
Arithmetiſche Regierung/ſo nicht beſtehen kan/ geziemet
auch nicht einer ſolchen hohen Majeſtät / ohne Mittel-
Ordnung ſich mit dem plebejo zu verbinden : wil dann

In der Mo-
narchy ist die
Arithmeti-
sche Propor-
tion nicht zu
leiden/die ge-
ometrische ist
gefährlich/
die harmoni-
sche aber die
allerbeste.

Dises alles
wird in pro-
portionmit
de numeris
vorgestellt.

der König alles auf die Nobilität legen/ mit Ausschlief-
sung deß Pöfels/so entstehet die Geometrische Gleichheit/
so gar gefährlich in der Regiments-form / sintemal der
Pöfel gar leichtlich die Edlen ihrer Ehre / und den König
seines Regiments berauben könte. Wil man dann die ordines und munia underscheiden/iedem das seine beilegen/
wie die Römer vorzeiten den Tribunatum dem Pöfel/den
Consulatum aber den Patriciis heimgesprochen/ so wird
der Concent nicht beständig seyn/die Hertzen sich leicht zertrennen. Dieses läst sich schön sehen in folgenden numeris, 4.6.7. da 4. den König/6.die Nobilität bedeitet/5. so
mitten innen/bedeitet die harmonische Medietät/7. aber/
so von jenen gantz dissentiret/ bedeitet den unruhigen Pö-
fel/ oder wie in diesen numeris 4. 6. 9. da 6. mit 9. eine
Harmony machet/4. aber mit 9. keine / also kan der Adel
viel leichter mit dem Pöfel/ als der König mit demselben
verbunden werden; und wie 6. ist das geometrische medium zwischen 4. und 9. iedem einstimmig/also ist auch der
Adel gleichsam als ein Band zwischen dem König und Pöfel gelegt.

Corollarium.

Welche Re-
giments-
form die al-
lerbeste sei.

Araus erscheint/welches die beste Regiments-form
sei/nemlich/welche zum nächsten der harmonischen
Proportion bekomt/ wie der Monarchische status ist:
daß wiewol der Democratische und der Aristocratische die
harmonische proportiones auch etlicher massen imitiren, so lieben sie doch meistentheils die geometrische und
arithmetische: daher weil viel Dissonantien mit under-
laufen/findet sich allezeit gnugl Uneinigkeit und Unruh bei
denselben. Komt hinzu/daß der Monarchische 2. Ständ

Monarchia
schließt die
2. andere
Ständ in
sich.

in sich schließt/wie das genus 2. species,wie in dem Römischen Reich zu sehen / da der Käiser den höchsten Gewalt
hat/die Reichs-Fürsten aber machen eine / wiewol nicht
absolute, doch vom Käiser dependirende/undergeordne-
te Aristocraty/welche in ihren eigenen Rechten und Sa-
tzungen

tzungen frey sind. Die Reichs-Stätt aber bilden eine sol=
che Democraty ab/wie in disen numeris bewisen wird/ 1.
2. 3. 4. darinn die gantze Music-Harmony begriffen ist.
Durch das 1. verstehen wir den Römischen Käiser / als
Gottes Statthalter auf Erden. Durch 2. verstehen wir
sacrum ordinem, so der Religion vorstehet/ohne den das
Welt-corpus in seiner Harmony nicht bestehn kan. Durch
3. verstehen wir den Kriegs- oder Ritterstand / da die un=
einige Gemüter gleichsam als eine Musicalische Synco=
pation in eine Ordnung und Harmony gebracht werden.
Durch 4. verstehen wir das Volck. Dem 1. respondiret
das Gemüt oder Verstand deß Menschen/ so die Monar=
chy erhält ; dem andern die ratiocinatio, vernünftlich
durch syllogismos schliessende Kraft ; dem 3. die irascibi-
lis : dem 4. die concupiscibilis facultas ; deren Sitz Plato
gesetzet in dem Hirn/ Brust und Bauch. Denen respon=
diren auch die 4. Cardinal-Tugenden / Gerechtigkeit /
Weisheit/ Stärck und Mässigkeit/ welches die 4. Seulen
deß gemeinen Wesens.

Marginalien: Was im Römischen Reich für eine Regi=ments.form sei vorgestel=let durch die numeros 1. 2. 3. 4.

Marginalie: Vergleichung derselben mit 4. Facultäte im Menschen und mit den 4. Haupt-Tugenden.

§. 2. Wie man ein glückseliges Regiment/ da alle
Dissonantien aufgehoben sind/ anrichten solle.

Das geschicht durch das Harmonische Temperament/
welches nichts anderster / als eine Mittel-stras zwi=
schen beeden Excessen. Dahin weist uns die Natur selb=
sten/ da sie in allen classibus ein Mittelding gesetzet/ damit
gleichsam als mit Banden/ die Harmonische Ordnung er=
halten wird : wann diß Mittel fällt/ muß die gantze Har=
monische Zierd vergehen. ex. gr. zwischen Erden und
Topffstein ist der Thon / zwischen Stein und Metall der
kupferne Erdscholl/ zwischen Steinen und Gewächsen die
Corallen / zwischen den Thieren und den Pflantzen die
Meer-gewächs / zwischen den Fischen und vierfüssigen
Thieren die amphibia so im Wasser und Trockenen woh=
nen/ zwischen Fischen und Vögeln die fliegende Fisch/ zwi=
schen Menschen und Thieren die Affen und Syrenen/ zwi=

Marginalie: Das Harmoni=sche Tem=perament / dahin die gantze Natur zielet/ thut das meiste darbei.

Y iij   schen

In allen classib² rerū naturaliū findet sich ein tertium, so die 2. äussere mit einander vereiniget.

schen den Bestien und den Engeln die Menschen/zwischen dem Elementarischen und Empyreischen Himmel / der Stern-himmel. Zwischen der Englischen und Göttlichen Natur der einige Mittler Jesus Christus/ꝛc. Gleich wie es nun im Menschlichen Leib hergehet/da so bald der Geist und Athem ausbleibt / auch der animalis abnimt/und nach disem der lebhafte Geist/ da wird entweder aus dem Hertzen das Hirn angriffen/aus dem Hirn die Leber/oder

Vergleichūg deß gemeinen Wesens mit einer Kranckheit im menschlichen Leib.

der Magen wird beunruhiget/da finden sich bei den Medicis underschiedliche consilia: etliche legen die Ursach der Kranckheit in das Haupt/Bauch/Lebern/Hirn/Miltz oder anders: da es doch nur ein Effect ist / wegen der vielfältigen Sympathy der Glieder und Feuchtigkeiten ; da muß man aber mit underschiedlichen Artzney-mitteln zusamen gezogen / dem gantzen Leib und allen Gliedern zugleich helffen : so gehets auch in einem Regiment und Stattwesen / aus einem geringen Misverstand kan ein grosses

Wie ein zertrenntes Regiment soll in Einigkeit gebracht werden.

Unheil entstehen. Die Art und Weis aber / wie ein zertrennte Respublic wieder in ein Stand und Harmony soll gebracht werden / geschicht 1. durch die allergemeineste Natur-Gesetz. 2. Durch die Civil-und Municipal-Gesetz/so sich darauf gründen. 3. Durch die regulas communes und axiomata practica , aus der Jurisprudentz/ Medicin und Theology genommen/so lang die causa bleibet / so lang bleibt auch der effectus. Alle Intemperantz und Unordnung bestehet entweder im Excess oder Defect. Widriges muß mit widrigem curirt werden. Gleich wird mit gleichem erhalten. Aus einem kleinen Funcken kan ein grosses Feuer werden/muß man also dem Anfang widerstehen. Das Böse muß man wegschneiden/damit nicht das Gute und Gesunde auch angestöckt werde. In extremis morbis muß man auch extrema media gebrauchen/ nichts gewaltsam wäret lang ; was mit Mas gehet/dauret. Ein iegliche schnelle Mutation/so zum contrario gehet/ist höchst-gefährlich. Sonderlich aber soll ein Regent nicht nur klug und vorsichtig / sondern auch von allen Affecten ſecten frei ſeyn / daß er ſich im geringſten nichts turbiren noch beunruhigen laſſe/weder aus Lieb zum Privat-bono, oder deſſen Haß und Raach wegen geringer Beleidigung/ in ſeinem Regiment im geringſten nichts ändere/auch weder von der gemeinen Billigkeit/noch berühmten Clementz weggehe/dañ aus einem Unheil folgen noch andere mehr: darzu Forcht und Hofnung ſind die allermächtigſte Tyrannen/können alle Einigkeit zertrennen / alle harmoniam confundiren.

Qualität uñ Beſchaffenheit eines lobwürdigen und glückſeligen Regimenten.

§. 3. Muſter und Bildnis eines löblichen Regiments.

Von einem Regenten / als einem unerſchöpflichen Brunnen/ ſoll flieſſen 1. die Gerechtigkeit mit Gütigkeit verbunden. 2. Stärck mit Warheit und Weisheit; 3. Mäſſigkeit und Beſcheidenheit/ welches die 3. Haupt-principia ſeyn der Politiſchen Harmony. Die Mittel aber ſind Belohnung der Frommen/Beſtrafung der Böſen/Vereinigung deß Guten/Underſcheidung deß Böſen/ die Erhaltung der Mediocrität. Das End-ziel ſoll ſeyn Flucht und Haß deß Böſen/Lieb und Luſt deß Guten/Frid und Einigkeit. Und gleich wie im Menſchen 3. Stück ſind/ darburch der gantze Menſchen-Cörper regieret wird/ alſo iſts auch in dem Welt-weſen anima, ſpiritus, corpus. Die Seel bilden ab die gemeine und abſonderliche rationes, Exempel und Hiſtorien; den Geiſt aber bilden ab natürliche/weltliche und geſchriebene Geſetz / wie auch die Gewonheiten; das corpus bilden ab die Fürſten/ dem König underworffen/die Obrigkeit und das Volck: ratio principis anima, amor principis extra rempubl. ſpiritus, principis poteſtas veluti corporea vis, und das iſt ſcala mundi politici, das centrum iſt rex, von dem alles Gute herflieſt.

Welches die 3. prima principia ſeyen der Politiſchen Harmony. Welches das medium & finis.

Was Seel/ Geiſt und Leib in dem Polit. Weſt. corpore ſei.

Regiſtrum 8.
Von der Harmoniſchen Metaphyſic.

Y iiij   §. 1.

§.1. De animæ compositione.

Die Seel
wird mit dem
numero
verglichen.

ETliche von den alten philosophis haben vorgeben/ die vernünftige Seel deß Menschen sei componirt ex eodem & diverso, habe damit dieselbe mit dem numero verglichen: dann gleich wie der numerus 3. einfach un̄ untheilbar ist/keiner remission oder intension fähig / iedoch so ist derselbe aus dem geraden und ungeraden numero componiret/ nicht zwar ausser / sondern in sich und aus sich selbsten/dann vor dem numero kan nichts concipiret werden/ wie Plato bezeuget / dann wann einer vor

Wie der
numerus
ternarius
einfach und
doch compo-
nirt sey.
Anima est
simplex &
compositum
quid! oder
composita
simplicitas.
Wie aber?

dem 3. drei 1. sich einbildet/der muß sie nothwendig unitè einbilden/sonsten machen sie kein 3. aber drei 1. vereinigt machen 3. wird also 3. aus sich selbsten componirt / und weil disses/muß er nothwendig aus 1. und 2. aus gleich un̄ ungleichem/aus gerad und ungeradem/ aus dem theilbaren und untheilbaren componirt seyn. Nun auf dise weis haben die Alten die vernünftige Seel dem numero verglichen. Dann sie ist einfach und doch composita, nicht zwar aus und von einem andern ausser sich selbsten / sondern weil sie von sich selbsten nicht ist/sondern unmittelbar von Gott/ der die Simplicität selbsten ist/ daher weil sie von der höchsten Einfältigkeit fliesset/so wird sie eine composita simplicitas, daher/gleich wie der lebendige numerus aus dem pari & impari, sectili & insectili componirt ist/also die Seel/so fern sie das Leben ist / kan sie als ein zahlende Zahl/aus dem sinnlichen und verständlichen/ aus dem theilbaren und untheilbaren componirt / ergriffen und eingebildet werden. Wir reden aber allhier nicht

Wie der
numerus
hier betrach-
tet werde.

de numero mathematico, sondern de symbolico & rationali, der aus dem göttlichen Gemüt herkompt/ dessen Bildnis und Gleichheit die Mathematische ist : dann wie sich unser mens verhält ad mentem divinam, so verhält sich der numerus unsers Gemüts zu dem numero deß göttlichen Gemüts.

§.2. Be

§.2. Beweisthum/ daß der numerus und die
Seel componirt sei.

Gleich wie
nur ein

DAs ist gewiß/daß nur ein infinitum principium ist/ *primum*
und darzu infinitè simplex, das erste principatum *principium*
aber/das von disem unendlichen Ursprung entsprungen/ ist/also auch
kan nicht auch infinitè einfach seyn/sonst wäre es das pri- nur ein ri-
mum principium selbsten/ doch ist es auch nicht compo- *mum prin-*
nirt aus andern/ausser sich/dann so müsten die componi- *cipatum,*
rende Stuck der Natur nach vorgehen/ und könte also je- Jenes ist
nes das primum principatum nicht seyn/ muß also dises *infinitè, diß*
also componirt seyn/daß es doch nicht ex aliis, sondern ex *finitè sim-*
seipso componirt ist/nun kan aber dergleichen nichts con- *plex, und*
cipirt werden/als der numerus. Wir erklärens mit einem *doch darbei*
andern Exempel vom triangulo æquilatero, dessen We- *componirt/*
sen nicht kan concipirt werden / es sei dann/ daß 3. gleiche aber wie?
Linien in einen Triangel componirt werden; absonderlich
aber betrachtet/ weil sie nicht vereinigt sind / also können
sie auch keinen Triangel wesentlich machen : gleich wie
nun ein Triangel ohne 3. gleiche/ gerade/ vereinigte Lini-
nien/nicht kan concipirt werden/also auch der numerus 3.
nicht/als durch 3. Eins vereiniget / welche Vereinigung Was für ein
ein compositum machet/nicht ex materia & forma , son- *compositio*
dern ex uno & altero,ex pari & impari,sectili & insecti- verstanden
li. Eben so verhält sichs auch mit der Seel. werde.

§.3. Harmonische und Geometrische Vergleichung.

IN dem numero betrachten wir wir zum allerforder-
sten die Unität/das ist aber nichts anderster / als eine Die Unität
incomposita compositio, oder / welches deutlicher / die in dem *nu-*
Coincidentz der Simplicität und der Composition / deß 1. *mero ist in-*
und der viele. So bald wir aber im numero die compo- *composita*
nirte Unität ansehen/ so haben wir alsbald eine vollkom- *compositio.*
mene Harmony/ wie in den harmonischen Unitäten dia-
pason,diapente, diatessaron zu sehen ist : dann die harmonische habitudo ist ein Unität / welche ohne numero
Y v   nicht

Vnitas exemplaris, das ohne numero nicht concipiret werden.

nicht kan concipirt werden; verhalten sich gegen einander wie die Säiten deß quadrati zu seinem diametro, daher ist der numerus viel einfacher / als wir ihn begreifen können. Dann wo keine Proportion / da ist auch kein numerus, der numerus aber kan sine habitudine nicht concipiret werden / und doch muß dieser numerus zugleich gerad und ungerad seyn. Und das ist eigentlich das primum principatum, dessen Bildnus ist der numerus, und ist nichts anderster / als ein symbolischer numerus. Dann der numerus ist das subjectum der Proportion / die proportio aber ist an statt der Form / und gleich wie die proportio ohne numero nicht seyn kan / also kan auch ohne bequeme Proportion die Form nicht herfür leuchten: Und

Nulla proportio sine numero.

Das Göttliche Gemüt wie es die entia concipire.

das ist die Ursach / warum die unitas exemplaris infinita ohne numero nicht kan concipirt werden / Ursach / es gehöret apta proportio darzu / die bestehet aber im numero. Dann das ewige Gemüt thut wie ein musicus, welcher / damit er seinen Concept äusserlich vernehmen lasse / unterschiedliche Stimmen harmonicè proportioniret. Ist also ein Gemüt / und aus dem Gemüt der numerus und alles. Und die Pluralität der Dingen ist nichts anderster / als der numerus deß göttlichen Gemüts. Daraus folgt /

Wie der numerus in deß Schöpffers Gemüt sei.

wie das göttliche Gemüt concipire / und wie der numerus in deß Schöpfers Gemüt sei. Dann weil das göttliche Gemüt Eins ist / ein Ding aber anderster verstehet als das andere / so kommt multitudo rerum, welches nichts anderster ist / als ein Mittel weis zu verstehen in dem göttlichen Gemüt. Daher ist nothwendig das erste Exemplar in deß Schöpfers Gemüt ein numerus, das bezeugt die Belustigung und die Schönheit / welche sich in allen Dingen findet: die Schönheit aber bestehet in der Proportion / die proportio aber in dem numero, daher ist der numerus der allerbequemste Werckzeug die Weisheit zu erforschen. Weil nun unser Gemüt ein Bildnus ist deß göttlichen Gemüts / so kan das Exemplar unserer Gemüts-Einbildungen nichts anderster seyn / als ein numerus, dann ohne nu-

mero

mero tönten wir nichts underscheiden / vergleichen / beschreiben / abmessen / abtheilen. Ein andere Sach ist die Unser Beistand ist ein Abbnus des Göttlichen / Substantz / ein andere die Quantität und Qualität / ꝛc. aber wer wil sie ohne numero getheilt ergreifen. Ist also der numerus ratio intelligendi, und ohne denselben können wir nichts concipiren. numerus ist ratio intelligendi.

§. 4. Wie der numerus Eins / und doch alles sei.

JSt das Eins alles / oder ist im uno alles / so ists multitudo und kein Eins; oder es ist Eins uñ viel zugleich: Hier findet sich grosse Difficultät. und so fern es Eins ist / so bringts die viele herfür / diese aber / so fern sie producirt ist / bringet sich selbsten herfür. Alles ist allenthalben / aber wie? Ist also principatum und kein principium, oder beedes zugleich. Was ist nun hier zu sagen / daß Eins nur Eins sei / und doch alles sei? ℞. Alles ist allenthalben / nicht multitudine distincta & formali, sondern confusa & virtuali. Eins ist das principium multitudinis, aber die Unität ist principium numeri. Alles / kan auf dreierlei weis In uno ist genommen werden / omnia uniter, omnia unita, omnia alles uniter, distincta, und also multipliciret im uno ist alles auf seine in unitate weis / gleich wie auf ein andere weis alles in der Unität / uñ unitè, in wiederum auf ein andere weis ist alles in der Viele. Im u- multitudino, sag ich / ist alles / uniter indiscretè indistinctè, indivi- ne distinctè. sè, alles ist im Eins / als im Eins / als im principio virtualiter, confusè, unè, also daß alles Eins ist / daß wiewol sie alles seyn / sie doch mehr Eins als alles seyn. Dann das Eins ist für sich selbsten von Natur / und am ersten / alles Wie Alles aber ist Eins / weil es alles in sich schliesst indistincta indi- Eins / und screta uniter, und so fern es ein Ursach ist omnium. Di- Eins alles sei. ses erste Eins aber / von dem das andere alles dependiret / ist entweder warhaftig / oder nicht warhaftig Eins: ist dises / ists entweder viel oder nichts : nun kan aber beedes nicht seyn / das Eins kan nicht nichts / auch nicht viel seyn / daher muß es warhaftig Eins seyn / und nichts anderster / als unum & simpliciter unum. Ja die höchste Simpli- Was eigentcität / absolutio, perfectio, ja das allervollkomlichste / lich das Eins gnugsamste / höchste und beste Gut / folgt eins aus dem an- sei. dern.

dern. Daraus folgt auch und erscheint/wie die multitudo im Eins ist/ dann simplicitas, absolutio, perfectio, sufficientia, bonitas, &c. das sind so viel Eigenschaften deß Eins. Wir sagen aber/diser numerus, 6. in sich selbsten betrachtet/sei warhaftig und eigentlich Eins/ nur in unserm Gemüt underschiden und getheilet. Dann wann man uns fragt/was ist Eins/so sagen wir/ Eins ist Eins/ Eins ist simplicitas, absolutio, perfectio, &c. Im gegentheil / was ist gut/ was sufficientia, &c. ℞. Alles Eins. Sind also dises bei uns in unserm Gemüt 6. Ding / aber im Eins sinds nur Eins/nicht viel / und was im Eins ist/ ist Eins/bei uns aber viel/weil wir auch plura sind. Dises unum können wir nicht anderster / als sub specie & sub nomine plurium fassen und verstehen. Weil dann in disen 6. Eigenschaften alles begriffen ist/ ergò so hat das 1. alles in sich/ gleich wie auch die Unität vor aller Viele ist. Diese vereinigende Einigkeit aber ist das unerschaffene Gemüt/da alles Eins ist / nach dem Eins aber ist erst die Viele/nemlich die Erklärung der Kraft oder Tugend solcher Einigkeit / welche virtus das Wesen ist aller Ding/ wie auch essendi æqualitas, dargegen die Verbindung der Entität und der Gleichheit aller Ding/ist die Hochheilige Dreifaltigkeit. Ein Bildnus deren ist auch in unserm Gemüt vereiniget/nach der Einigkeit aber/so alle Viele vereiniget/ist die Viele und Menge / welche nichts anderster ist/als ein Bildnus multitudinis rerum, gleich wie unser Gemüt ein Bild ist deß göttlichen Gemüts/ die Tugend und Kraft aber der Unität deß Gemüts erklärt die multitudinem. welche virtus ein vollkommenes Bildnus ist der Entität/æqualität/und Connexion. Hieraus erscheinet/wie nach dem ersten Exemplar/das Exemplar unsers Gemüts nichts anderster sei / als ein numerus , und wie derselbe aus uno & diverso, ex pari & impari, ex dividua & individua essentia componirt sei / wie eben diser numerus Eins sei/welcher gar schön nach der Bequemligkeit der Göttlichen Resplendenz proportioniret/ alle sinbare/

ver-

Marginalia:

Quomodo multitudo in uno?

Eins hat 6. attributa, und ist doch nur Eins. Warum?

In Gott und von Gott ist alles.

Deus est unitas unitiva, & trinitas multiplicativa.

Unser Verstand ist ein Bildnus der H. Dreifaltigkeit.

Summa diser harmonischen Metaphysic.

vernünftige und verſtändliche Harmony in ſich begreife/
gleich wie eine Säite alle Conſonantz in ſich ſchlieſt/ſo nur
durch die Diviſion kan erkläret werden.

§. 5. De harmonia potentiæ ad objecta.

Gleich wie eine Säite eine andere gleich gezogene/ wiewol unberührt/gleich thönend machet/ alſo iſt unſer *Vnſer Ge-*
Gemüt als wie ein polychordon, vielſäitiges Inſtru- *müt iſt wie*
ment/ ſo aus ſich ſelbſten formas rerum, kraft der Ver- *choidon/ aſſi-*
gleichung/herfür bringt. In dem Geſicht aſſimilirt ſie *milliret ſich*
ſich den viſibilibus, in dem Gehör den audibilibus, im *allerhand*
Geſchmack den guſtabilibus, im Geruch den odorabili- *objecta,*
bus, in der Fühlung den palpatilibus. Urſach iſt diſe/das *bringe un-*
Gemüt conformiret ſich den objectis per ſpecies, daher *formas her-*
der lebhafte Geiſt vom Gemüt animiret/nach der Gleich- *für.*
heit der vorkommenden ſpeciei, ſich configuriret der Bewegung deß Geiſtes / eben als wie in ein Wachs durch
Künſtler allerhand Formen gedruckt werden. Eben ſo
thut auch das Gemüth nach der underſchiedlichen Be- *Wie die*
wegung der Geiſter in den Sinn-organis ; nach derſel- *objecta in*
ben Eigenſchaft und Beſchaffenheit / macht ſie aller- *die Sinn und*
hand configurationes und Gleichheits-Bilder : Alſo in *ins Gemüt*
dem nervo optico conformirt ſie ſich nicht den ſpeciebus *würcken.*
der Thonen/ſondern der Farben. In dem tympano au-
ditivo vergleichet ſie ſich nicht der Farb / ſondern dem
Thon/ꝛc. Eben diſe configuratio geſchiehet auch in organo phantaſtico & ratiocinativo, nur daß dorten die
ſenſibilia indiſcretè, hier diſcretè beigebracht werden.
Und das thut das Gemüt ſo fern es mit dem Leib vereini- *Wie unſer*
get iſt / daſſelbe animiret/ auch an daſſelbe gebunden iſt/ *Gemüth*
wann es aber die formas rerum abſtrahiren wil / ſo ſiehet *rerum for-*
es auf ſeine Immutabilität/ macht die Vergleichung der *mas abſtra-*
Formen/wie ſie an und vor ſich ſelbſten auch immutabi- *hirt.*
les ſeyn/ concipirt alſo die Quidditäten der Sachen/ge-
braucht ſich ſelbſten zum Inſtrument/ohne einigen Orga-
niſchen Geiſt/als wann es concipirt / daß der Circkel ein
Figur

Figur sei / dessen Linien all von dem centro ad circumfe-
rentiam gleich gezogen sind / da abstrahiret es von der
Materi/sintemal nicht geschehen kan/ daß in einer Materi gerad gleiche semidiametri seyn sollen / viel weniger
daß der Mathematische Circkel in einem subjecto materiali soll beschrieben werden: ist also der Circkel im Gemüt
ein Exemplar deß Circkels/ so auf dem Papier kan figuri-
ret werden: und wie das Gemüt/ von der Materi abstra-
hirt/ diese Vergleichung machet / also vergleichet sie sich
auch formis abstractis. Ja wir können die potentias
mentis, so fern sie abstrahiren/ gar schön compariren mit
einem heptachordo, da die proslamb. parhypate, lycha-
nos, mese, paramese, paranete und nete ist/ mit denen
überein stimmen der tactus, odoratus, gustus, auditus,
visus, imaginatio, ratio, &c. Ja wir setzen 2. polychor-
da, das eine respondirt den potentiis, das andere den objectis; gleich wie nun eine Säite die ander excitiret in underschidlichen Instrumenten / also gehets auch hier/ was
das objectum für ein Potentz erreget / dieselbe erthönt
alsbald/ und stellt die sonoras species vor die Ohren / in
dem Grad/ welchen ein iegliche Säite abbildet. Die underste Säiten/ weil sie etwas obtus lauten / gehören für die
äusserliche Sinne/ die 3. höhere aber / gehören für die innerliche Kräften / daher die tactiles qualitates bewegen
den Geist/ so dem tactu respondiret/ seinen Sinn und Fühlung zu machen. Die visivæ qualitates bewegen den Geist/
so im nervo optico verborgen ligt / darauf das Sehen
folget/ rc.

Abstractio mathemat. wie sie gesehen / he / wird be- wisen mit ei- nem Circkel.

Vergleichûg eines siben- säitigen In- struments mit den 7. objectis sen- sus & rati- onis.

Wie das Gemüt höre/ sehe/ rc. and- re Würckun- gen habe.

Registrum 9.
Die Englische Music und Harmony.

§.1. Von der harmonischen Vergleichung deß
Englischen und Menschlichen Verstands/ gegen
sich selbsten / und gegen der Welt gehalten.

Gleich

Gleich wie Gott ewig ist / also hat er auch von Ewigkeit alles erschaffen wollen/welches er doch nicht von
Ewigkeit / sondern in der Zeit gethan / hat aber den Anfang seiner Schöpfung genommen von dem Englischen
Verstand/welches der Anfang gewesen aller seiner Creaturen. Dann die Engel sind die ersten und reinesten Ge-
burts-Früchten GOttes / und gleichsam deß göttlichen
Schöpfer-gemüts erste præcognitiones und Vorerkant-
niße/ja gleichsam immaterialische Ertzbilder/die erste Ex-
emplarien und Muster/ welche nachgehends noch einmal
auß der Materi sind erschaffen und formirt worden. Dañ
in den Engeln hat Gott zuvor gesehen/vor erkandt / und
gleichsam concipirt vor und ausser der Materi/alle Ding/
welche er nachgehends gemacht hat/wie ein Orgelmacher
erstlich ein schöne Orgel bei sich concipirt / darnach das
Concept ins Werck führet / endlich die Harmony hören
lässet / als den letzten Zweck seiner Kunst : also hat auch
Gott zuvor die ideas creaturarum concipiret/darnach sie
erschaffen. Es ist aber dise göttliche Præcognition und
Præscientz der erschaffenden Dingen zwiefach : eine ist
unerschaffen und ewig / da Gott von Ewigkeit her alles/
was künftig gewesen/zuvor gesehen und gewust. Die andere ist erschaffen/ist Gottes erstes Werck/immaterialisch
und verständlich : so bald dieses producirt gewesen / und
actu da gestanden/so sind alle Creaturen Gottes/ wiewol
sie noch nicht gewesen/von Gott schon concipirt gewesen/
das ist nun der Englische Verstand / prima omnium creaturarum conceptio, absolutissima forma, so das göttliche Gemüt am ersten gezeuget und geboren / gleich wie
ein Weib erstlich nur gedenckt/und mit den Gedancken im
Gemüt concipirt / daß sie ins künftig im Ehestand werde
einen Sohn haben / darnach erst empfängt sie mit Hülff
deß Manns/im Leib die Frucht/zuletzt legt sie das Kind an
das Tagsliecht/die kleine Welt an die grosse. Diese erste
mentalis, und allereinfältigste præcognitio deß Weibs
von dem Sohn / ist gleich der ersten und unerschäffenen
                                                    göttli-

[Marginalien:]

*Der Engli-
sche Verstand
ist der An-
fang aller
Creaturen
Gottes.*

*In den En-
geln hat
Gott alle
Creaturen
præconcipi-
ret, tanquã
in suis ideis.*

*Præcognitio
Dei quoad
res creandas
ist zweifach/
erschaffen und
unerschaffen.*

göttlichen Præcognition aller Ding. Die 2. Præscientz
aber deß Weibs/ipsa uterina filii conceptio, ist gleich der
andern göttlichen Præscientz. Dann gleich wie die erste
Gemüts-Conception deß Weibs den Sohn nichts ange-
het/ist kein Stück noch theil deß Kinds/ also auch die aller-
erste und älteste præconceptio aller Creaturen in dem
göttlichen Gemüt/ist keine Creatur selbsten/auch kein theil
darvon. Die 2. aber/ welches ist die Schöpfung der En-
gel/gehört zu den Creaturen: dann ein Engel ist die allerbeste einfältigste Creatur Gottes/ aller Creaturen actus
simplicissimus: nach dem aber Gott in den Engeln alle
Creaturen empfangen/ so hat er sie sichtbarlich / wie ein
Weib ihr Kind/ zur Welt geboren / und vollkomlich erschaffen. Sind also 2. intellectus von GOtt omnium
fonte hergeflossen / der Englische und der Menschliche:
jener ist pur einfach von der Materi abgesondert: dieser
aber mit dem Leib verbunden; sind aber in diesem Stuck
underschiden/jener verhält sich per modum principii, diser per modum finis. Was der Englische Verstand hat
von Anfang/das hat auch der Menschliche am End. Der
Engel ist der Anfang der Creatur Gottes/ die alleredelste
Creatur/ norma & forma der andern; der Mensch aber
ist der Zweck und Ziel/periodus aller Creaturen/und doch
geringer als die Engel. Der Englische Verstand weiß
von Anfang alles actu, der Mensch aber hat die Potentz
ad omnium scibilia, endlich wird er omnium scientiâ
vollkomen. Der Englische Verstand wird durch die Natur / der Menschliche durch die Kunst vollkommen gemachet. Ab initio findet sich zwischen ihnen die höchste Un-
gleichheit/in fine aber die höchste Gleichheit/ıc.

§. 2. Ordnung der Schöpfung aller Ding/oder der grosse Welt-spiegel.

Sind also nur 3. Ding von Gott erschaffen / 2. extrema, als der Englische und der Menschliche Verstand: und das medium, das ist / die sinnbare Creatur/
oder

Marginalia:

Wird verglichen mit der zwifachen Mental. und Real. Conception eines Weibs.

Creatio fuit partus.

Der Englische und Menschliche Verstand wie sie underschiden.

Homo in fine beatus.

Der Englisch und Mensch-liche Verstand ist das

oder die groſſe Welt / horum unumquodque est totum
& omne, & quodlibet quodlibet. Der Engliſche Verſtand iſt das eſſe aller Ding /der univerſal- actus aller
Ding/der Menſchliche Verſtand iſt das poſſe, und Uni-
verſal=Potentz aller Ding/was aber zwiſchen innen ſtehet
von ſenſiblen Creaturen / die ſind all der Subſtantz nach
ex actu & potentia componirt. Sind alſo aller Welt
und ſinnbarlichen Dingen natürliche Ziel und termini
der Engliſch und Menſchliche Verſtand ; jener iſt der An-
fang/diſer der Schluß und Zweck aller Ding / und gehet
alſo der Engliſche Verſtand ohnmittelbar von Gott durch
den Bezirck der ſinbaren Creaturen ; dargegen der Menſch
gehet zuruck durch dieſelbe/und terminiret ſich in Gott. Iſt
aber das nicht ein Wunder=Schöpfungs=Circkel. Uber
das/iſt der Engliſche Verſtand unleidenlich/ der menſchliche aber Paſſibel : nicht zwar von und aus ſich ſelbſten/
ſondern wegen der Memori/ da alle Bilder und ſpecies
rerum intellectuales aufgefangen und behalten werden/
ſo bald ſie der Verſtand von den ſinnbaren Dingen abge-
zogen/ſo befiehlt ers der Memori/als dem Schatz-kaſten/
damit er ſie ins künftig zum contempliren oder ſpeculiren
gebrauchen möchte. Ja der Verſtand iſt gleichſam wie
ein Aug/ die Memori aber wie ein Spiegel / die Intelle-
ctual-ſpecjes aber wie ein Bild/ſo im Spiegel zuruck ſcheinet ; dargegen die Welt der Ort aller Ding/iſt das natürliche objectum deß Verſtands/der Zeit nach/ eher als die
Cognoſcitiv-kraft/und alles was in der Welt iſt/wird dem
menſchlichen Verſtand beſant durch die Sinn/die Memori aber iſt ein andere Welt/ein Spiegel der groſſen Welt/
das warhaftige objectum deß Contemplativ-Verſtands.
Die groſſe Welt iſt ein reiche Speis-kammer aller Ding/
die Memori aber aller Intellectual-bilder und Specien.
Iſt alſo Gott gleichſam eine vereinigte Harmony/ſein er-
ſter actus von auſſen uniſonirend/ iſt der Engl. Verſtand/
der alle Conſonantias der Welt in ſich begreift/wann aber
diſe ſaite uniſona, zweifach getheilt wird/ſo komt das diapaſon,der menſchliche Verſtand/ꝛc.   · Z ·   *No-*

Randglossen:
zweifache *extremum*, die ſinnbare Creatur a-
ber iſt das *medium* in der Schöpfungs Ordnung geweſen.

Wunder-ſchöne Circkel der Schöpfung.

Vergleichung der Memori mit dem menſchlichen Verſtand.

Nota, scalam heptachordam, gradus creationis rerum ex-
plicantem, post Deum, qui circulus omnia in uno compli-
plicans, primus creationis actus, sive prima chorda prof-
lamb. angelum exhibet, in quo ceu in unisono, omnes
consonantiæ explicantur. Vltima nete recte diapason re-
fert intellectum humanum, intermedia chorda sensibilis
mundi gradus, quæ sunt ratio, sensus, vita, cœlum, ele-
mentum, exhibent. Intellectus humanus ergo veluti
oculus, memoria speculum, in quo omnes mundi imagi-
nes resplendent. Imo intellectus auriu memoria objectum
speculare reflexivum, echo vero imagines rerum mun-
danarū, omnia tandem in Deo perfecta harmonia unit.

§. 3. Von der unsinnbaren Englischen Music.

Die Menschliche Seel ist nicht rasa, sed scripta tabula,

Hieraus erscheint/daß die Menschliche Seel keine rasa tabula ist/ läer von allen notionibus und Sinnbildern/sondern wie Proclus bezeuget / ists eine allzeit geschriebene Tafel/ja sie schreibt selbsten in sich selbsten/wird auch vom Gemüt mit Schriften erfüllet. Ja der Verstand oder Gemüt ist ein Figur und Bildnis aller Ding/

Wird alles intelligendo.

darinn wann er alles ist intellectualiter, so ist er auch alles animaliter, und wann er ist alles exemplariter, so ist die Seel wie ein Bild/und wann jener ist ein Bild contractim

Underschiebliche Faculitäten im Menschen/ quoad harmonicas proportiones.

& unitim, so ists die Seel divisim. Daher hat Plato das Gemüt aus allen Dingen gemachet/auch nach den numeris getheilt / daß also alles Mathematische erstlich ist der Seelen/und vor den numeris sind numeri so sich selbsten bewegen/und vor den Figuren so erscheinen/sind lebhafte figuræ, und vor den Concordirten sind die harmonicæ rationes selbsten. Es ist aber ein zwifache Facultät im Menschen/was die harmonische proportiones betrift/ die 1. geschicht per discursum mentalem, die ander ist Operativ. Jene ist wieder zwiefach/ inventiva, erfindet die proportiones selbsten aus den abstrahirten Qualitäten; agnitiva erkennet die erwehlte proportiones in den sinnbaren Dingen; jenes ist facultas superior, diese inferior.

Sprich/su

Sprichstu aber/wie da/wann der Discurs gar zu schwach
ist/und die Wissenschaft der harmonischen Proportionen
nicht ergreifen kan / wie sie dann die res foris oblatas erkenne? dann agnoscere heist das äusserliche sinnbare mit
den innerlichen ideis conferiren / und von der Gleichheit
urtheilen. ℞. Alle ideæ oder Formal-rationes der Har- **Wie die seel**
monyen sind in allen Menschen/wiewol sie nicht innerlich **die von aus-**
per discursum ergrifen werden/ iedoch dependiren sie aus **sen keiton-**
dem natürlichen Trieb und Eingeben / werden auch zu- **mende Sa-**
chen erkenne.
gleich mit gezeuget/wie bei den Pflantzen-formis der numerus foliorum in den Blumen mit wächst/ wie die proportionirte dispositio colorum, in den Federn/Blumen
und der Vögel / geschicht das nun in virtute plastica & **Instinctus**
chromatica,warum nicht viel mehr bei der vernünftigen **nature, so**
Seel? Ein iegliche Erdgewächs hat die natürliche Tu- **sich bei allen**
gend/seine harmonische proportiones zu erkennen / war- **Creaturen**
findet / ist ur-
um nicht auch der Mensch? Die media aber/welche diese **sach dieser**
undere Seelen-kräften gebrauchen / die äusserliche Har- **insensilis**
monty aller Ding zu vernehmen/sind eben die/mit welchen **harmonia.**
auch die äusserliche objecta selbsten hinein genommen werden: sind sie sinnbar den Sinnen / so werden sie mit den
Sinnen percipiret/sind aber die Sachen selbsten / darinn **Harmoni-**
die harmonische ratio ist/nicht sensiles, sondern vieleicht **ta ratio**
mit einer andern Kraft vernemlich/eben dieselbe propor- **findet sich in**
allen Dingen
tiones leuchten auch in der Seelen herfür. Und das ist
auch die Ursach/woher die schnelle plötzliche Lieb komt bei **Woher die**
etlichen: es liebt einer den andern / weiß aber nicht war- **schnelle plöz-**
um/auch nicht/was er vornemlich in demselben liebet/das **liche Liebe bei**
etlichen Leu-
geschicht ex membrorum commensu,spirituum simili- **ten entstehe?**
tudine, vocis & temperamenti qualitatibus, daraus
schliest einer die Gütigkeit oder Gleichheit der Seelen bei
dem andern mit der seinigen / daher liebt er ihn wunder-
hertzlich und inbrünstig. Komt dann der physiologus
darzu/und vermerckt bei ihnen die verborgene characteres der innerlich-würckenden Harmony oder Disharmo-
ny/findet auch in beeden eine Gleichheit der Sitten / oder

Ungleichheit; sind sie nun dissoni, so gibts Widerwillen/ natürliche Feindschaft; sind sie aber consoni,! so gibts Hertzens Lieb und Freundschaft. Talis est in animæ facultatibus inferioribus, sensus proportionum sine sensu.

was von dem instinctu physiognomico zu halten sei.

Hieraus erscheint/ was von dem instinctu physiognomico zu halten sei: derselbe ist zwar stumm und unvernünftig/ iedoch ist er ein sicherer Ausleger und Richter der menschlichen Dingen. Dann so viel Glück und Gunst hat ein ieder natürlich/ nach dem sein Angesicht/ Leibsmässung/ Gang/ Bewegung der Glieder/ den grossen Herren

Wober Lieb oder Hass bei grossen Herren.

gefället/ auch ihnen ins Hertz schleicht/ wann sie auch nicht daran gedencken/ wie sie sich oft betheuren/ sie lieben oder hassen einen / und wissen nicht warum. Erscheint auch hieraus/ in der Seel seyen auf gewisse weis/ nach Platonis Meinung/ alle genera rerum vermischt/ nicht arithmeti-

In animæ notionibus omnia sunt mista, Aber wie?

cè, sonsten wäre die Abtheilung der Sachen vergeblich; auch nicht geometricè nur/ sonsten wär ein solche Gleichheit in der Mistur/ daß sie mit der äusserlichen Diversität der Leiber proximè nicht zustimmen könte / sondern harmonicè, dann dise Proportion bestehet ans underschiblicher Gleichheit/ und was ungleich ist/ macht sie gleich/ ꝛc.

5.4. De quaternario harmonico animæ, oder von den 4. Unitáten.

Numerus quaternarius mysticus est.

Weil die Zahl 4. grosse Natur-geheimnis in sich verborgen hält/ haben die Pythagorici dieselbe allezeit für hoch und heilig gehalten. Diese ist aber in Gott / in den Engeln/ in dem Menschen/ und in den Thieren. 1.2. 3.4. vereiniget/ machen 10. totius universi symbolum. 10. ist aber gleichsam ein andere Unität / gehet man von derselben 4. mal fort/ so erkläret den radicem quadratum, als 10.20.30.40. zusammen gesetzt/ machen 1000.

Ein Exempel arithmetica mystica.

als den cubum der radicis denariæ. In diesen 4. Unitäten betrachtet das Gemüt seine gantze Entität/ als in der allereinfältigsten Unität Gott den Schöpfer aller Ding/ in der radice aber als unitate denarii, betrachtet sie intelli-

ligen-

ligentiam die Engel/ in dem quadrato die Seel / als die
Zusammenziehung der Intelligentz/in dem cubo aber den
Leib. Alles aber/was in Gott ist/ist Gott/und was in dem
Englischen Verstand/das ist Verstand /, und was in der
Seel/das ist Seel/und was in dem Leib/das ist Leib/in der
ersten Einigkeit aber sind alle andere Unitäten/doch indi-
vism ; indifferenter, indistincte compliciret anzusehen
und zu mercken. Wer dise simplicissimam unitatem vollkomlich durchtringen solte / also daß er sie einfach nicht
einfach/eins nicht eins erfindet/ der würde auch alle arcana penetriren können.

Omnia in Deo Deus, in intelligentia intellectus, in animo anima, in corpore corpus.

wie man alle arcana penetriren können.

§. 5. Von der Harmony/so under der Zahl 4. verborgen ligt.

Es ist ein Wunder-harmony / so under disen 4. Unitäten verborgen ligt/repræsentiret die höchste Harmony in der Archetypischen Welt. Die 1. Unität bedeitet den unisonum, so alle sonos, alle consonantias in sich
begreift. 1. ad 2. bedeit das Diapason/nemlich das Englische Wesen : dann gleich wie das Diapason dem unisono am allernächsten ist/also participiret die Englische Natur am meisten von dem unisono der Gottheit. 1. ad 3.
bedeit das Diapason mit dem diapente,welches eine com-
ponirte Consonantz ist / bedeitet also die sinnbare Welt.
1. ad 4. bedeit das bisdiapason, nemlich den Menschlichen Verstand/so dem Englischen Diapason am nächsten
ist. Gleich wie nun 1.2.4. consoniret vollkomlich/also Gott
mit den Engeln und Menschen/ intellectuale cum intellectuali, wie 2.3. als diapente nach der 8. also der Engel
mit der sinnbaren Welt/und wie 3. ad 4. also consoniret
die Welt mit dem Menschen in der 4. welches absonderlich kein vollkommene Consonantz ist/wann nicht die 5. hinzu komt : also stimt die Seel mit dem Leib nicht zu/wofern
sie nicht in ein compositum vereiniget werden. Und gleich
wie 3. zwischen 2. und 4. gleichsam syncopirt wird / und
das dissonum consonum gemachet / also kan die Welt
den 2. extremis, dem Englisch- und Menschlichen Ver-

Idea harmonia archetypici mundi.

Deus & angelus consoniren in der 8. angelus & mundus in der Quint/ mundus & homo in der quart. Deus cum mundo in der Octav und Quint. Angelus & homo in der quint und 4. De'& homo in der didiapason, oder doppelten Octav.

ſtand nicht conſoniren/es ſei dann in dem Engel per præcognitiones,und in dem Menſchen per rerum notiones.

Wie alles mit Gott/und Gott mit allen Dingen zuſtimme. Omnia e. cum Deo uniſono archetypo conſonant &
uniſonant. Der Göttliche Verſtand mit dem Engliſchen
in der Diapaſon / mit dem Menſchlichen in der diſdiapa-
ſon, &c.

§. 6. De orbe angelico, & ordinibus
Angelorum.

Dreifache Welt. DEr 3. orbis in ſphæra mundi triplicata cum pyra-
mide lucis & umbræ, begreift in ſich die Engliſche
Welt/eine Wohnung deß Liechts/ da diſe himliſche Heer-
ſcharen/in harmoniſcher Ordnung underſchieden/ underſchidliche Ampts-Verrichtungen bei den undern Welten/
als der Elementariſchen und Syderiſchen verrichten. Die
Seraphim ſo von göttlicher Lieb entbrant ſind/erregen alle undere Creaturen zur Liebe Gottes / durch die Conſo-
Seraphim/ Cherubim/ Throni, gehören in die oberſte Hierarchy/ Was ihre Verrichtüg? nanz ihrer Werck. Cherubim / ſo in dem unermäßlichen
Abgrund der göttlichen Weisheit ertruncken ligen / er-
leuchten die Menſchen und andere undere Ordnungen zur
wahren Wiſſenſchaft und Erkäntnis Gottes. Die Throni, ſo die Welt und alle darinn begriffene Sachen diſponi-
ren/ordiniren alles zur vollkommenen Harmony. Hat alſo diſe Engliſche erſte Ordnung und Reihe / dieſe 3. Ver-
richtungen/daß ſie erleuchten/reinigen und zu ſich ziehen/
dann eben durch diſe 3. actiones werden dieſe 3. erſte Gemüter der hochheiligen Drei-Einigkeit illuſtrirt von Gott/
Woher ſie dieſelbe haben? und mit dem göttlichen Feuer entzündet/ daher werden ſie
eben zu diſen Wercken ſuavi vi getriben / und werden alſo
die Haupt-Dienerin der göttlichen Providenz. Nun eben
Media hie-rarchia wo-riſſen ſie von der oberſten underſchiden ſei. diß munus verrichtet auch der andere Chor / aber ſeiner
Natur nach/weil er von dem Schöpfer etwas entfernter
iſt/etwas remiſſius und ſchwächer als der erſte ordo, iſt
auch ſelbſten von Gott durch die öberſte Ordnung zur eigenen Vollkommenheit gebracht/welche perfectio darinn
beſtehet/daß die Herrſchaften einen freien Dominat in die

infectio-

inferiora verüben / und mit keiner Gewalt gezwungen/
dieselbe mit ihren gratiis beschencken / erleuchten und rei=
nigen/und vollkommen machen / und also zum höchsten
Gut zuführen : eben das thun auch mit einer eigenen
standhaften Stärck die Kräften ; die Potestates aber er=
halten die Ordnung in disen Würckungen/ohn einige Con=
fusion und Unordnung. Die 3.Ordnung aber dienet vor=
nemlich und am nächsten dem Menschlichen Geschlecht ;
die Fürstenthumer tragen sorg für die Fürsten : die Ertz=
Engel für die Underthanen : die Engel aber für die Men=
schen einzel und allein/ durch welche das gantze Menschli=
che Geschlecht dem Verständnis nach erleuchtet / dem
Willen nach gereiniget / und allen beeden nach vollkomen
gemachet wird. Dann es geziemte sich nicht/daß die höch=
ste Gütigkeit alle entia erschaffen / und dieselbe doch dem
casu überlassen solte / daß sie von sich selbsten discrepiren
müsten/ja solte dieselbe bonitet selbsten vollkommen ver=
bleiben / so hat sie nothwendig alle Entia zugleich verbin=
den / und ihr selbsten under setzen müssen. Das hat aber
nicht ander ster geschehen können / als daß die öberste/ mit=
telste und underste Entia mit gewissen Banden verbunden
würden/welches dann durch die Lieb und Dienst diser En=
glischen Gemüter zum allerbesten geschehen ist. Und das
ist eben die heracleotische Ketten/ so alles zusammen hän=
get. Das ist das decachordon der gantzen Natur / so al=
les in eine liebliche Harmony bringet. Gott/wie er in al=
les/also sonderlich in die Englische Welt/ hat er seine In=
fluentz und Würckung/dise in die himlische/dise in die Ele=
mentarische Welt/alles auf wunderbare weis / also auch)
daß die Chör der undern Welt den Chören der Englischen
und himlischen Welt singulis singuli respondiren / also
daß keine Säite in der undern Welt ist / die nicht gleich=
stimmende Säiten hat oben in der Englischen und Ele=
mentarischen Welt / wie die Cabalisten gar schön reden/
es sei kein Kraut auf Erden / das nicht einen Planeten im
Himmel hat/welcher sagt zu ihm Cresce.wachse.Es mag

*Dominati-
ones, virtu-
tes,potesta-
tes , was ih-
re Verrich-
tung sei?*

*Principatus,
archangeli,
angeli in der
unbern Hie-
rarchy/ was
ihre Verrich-
tung.*

*Funda-
mentum
diser Engli-
schen Abthei-
lung ist die
heracleoti-
sche Ketten.*

Wunder-
Ordnung/
wie GOtt
der gradus
durch die En-
gel in dise un-
dere Welt
würcke.

Z iiij   nun

nun ein Säite in welcher Welt-Reihen es immer wollet
angereget werden/so werden sich alsbald die andere corre-

Englische
Harmony
mit allen Cre-
aturen.

spondirende mit einer verborgenen Kraft und Consens in
eine Harmony sich selbsten lebendig machen; wer dieses
Natur-geheimnis wissen solte/der würde mit Applicirung
der Consonen den Dissonen Wunder-effectus in der Natur verrichten.

Registrum 10. & ultimum.
DeMusica Divina, sive Sympho-
nismo. Dei cum Universa Terra.
§. 1. Von der Harmony zwischen Gott und
den Menschen.

Wie Gott
durch die all-
gemeine
Welt-Seel
alles erhalte
und regiere.

Gott ists/in dem wir sind / leben und schweben / doch
vermittelst deß jenigen Geistes/welcher uns innerlich
ernähret/und deß jenigen Gemüts / welches die Last der
erschaffenen Ding beweget/ist eben die jenige Welt-Seel/
welche die Platonici intendirt haben/welche die Welt-glie-
der lebendig machet/sie mit einer harmonischen Einigkeit
verbindet/und die concentus deß Welt-decachordi vollkommlich übereinstimmig machet. Das ists / was Anaxa-

Quodlibet
in quolibet
contempla-
ri possumus.

goras gesagt/ Ein iegliches Ding könne in dem andern betrachtet werden/nicht nur der Esel in der Mucken / auch
nicht nur das Cameel in dem Regenwurm / sondern die
species eines ieden Dings / so in dem andern mit einer
Wunder-Affinität repræsentirt werden/daß gleich wie sie
in einem gemeinen Leben leben/also mit einer freundlichen
Societät und gleichsam heracleotischen Banden werden
alle Ding mit einander vereiniget / daraus endlich der

De ordine
rerum quid
philosophi?

Wunder-concentus aller Ding entstehet. Dieses was
Anaxagoras abstrus und verborgen angedeitet / hat Pythagoras klärer ausgeführt/welche es gehört von den E-
gyptiern/dise von den Hebræern/dise aus dem Wort Gottes und den Propheten. Daher sagen wir/ was die Unität ist bei den arithmeticis, das ist der unisonus bei der
Music/und gleich wie das Eins ein Ursprung ist aller Zah-
len/

len/alſo die monoſiphona iſt ein Urſprung aller Conſo=   Wie das
nantien/weil nun das Eins in die Viele ausgegoſſen iſt/ſo   Eins ſich in
kan es auf kein andere weis conveniren/als durch die Har=   die Viele er=
mony der Unität / ſo in der Viele iſt.   Gleich wie nun die   gieſſe.
monas in der Viele diffundiret / und doch mit derſelben
einſtimmet/alſo iſt Gott in allem/ und alles in Gott/ er iſt   Gott iſt alles
prima, ſuprema ſimpliciſſima monas, in ihm iſt alles/
auſſer ihm iſt nichts.

§. 2. Wie die unerſchaffene Untät in die Viele ſich
ergieſſe/und wie die Trinitas in allen erſchaffenen
Dingen herfür leuchte?

Daß aus dem Eins ein Wunder=kraft deß Dreyen   *Ex monade*
flieſſe / haben nicht nur die Chriſtliche Theologi,   *profluit ad-*
ſondern auch die Heidniſche Philoſophi erkant: ſintema=   *miranda*
len alle Leib= und geiſtliche Sachen/wie Ariſtot. lehrt/ ein   *vis ternarii.*
Anfang/Mittel und End haben / welcher ternarius von   Die gantze
dem höchſten ternario Gott im Himmel entſpringt / von   Natur iſt
dem Paulus ſagt / In ihm/ von ihm/durch ihn/ ſei alles.   dreifach.
Ja wann wir die gantze Natur für vollkommen halten/
ſo müſſen wir ſie auch für dreifach erkennen/weil es heiſt/
omne trinum perfectum ; und in einer ieglichen natürli=
chen Sach. findet ſich ein numerus der göttlichen Drei=
Einigkeit.   Ja ein iegliche Creatur iſt etwas göttliches /   Ein iegliche
divinæ particula auræ.   Ein iegliche Creatur / als ein   Creatur hat
character und Bildnis der göttlichen Gütigkeit/hat etliche   etwas gött=
veſtigia der göttlichen Vollkomenheit und Einigkeit. ex. gr.   liches.
Deß Menſchen Schöpfung hat ſich in Adam angefangen/
als in der Unität/welche ſich in das 2. ergoſſen/und Evam
producirt hat/aus beeden iſt geboren worden Abel / wel=
cher die triadem der Menſchlichen Zeugung erfüllet hat.
Unſere vernünftige Seel iſt eine untheilbare Subſtantz/   Die Trini=
dreifach/fruchtbar und zahlbar ohne ihre Abtheilung/ge=   tät leuchtet
theilet in den Verſtand/Willen und Gedechtnis/keines iſt   herfür aus
das andere/nicht der Will der Verſtand/noch die Memo=   allen erſchaf=
ri der Will/ iedoch ſind dieſe 3. ſtück die einige untheilbare   fenen Din=
gen.

3 v   Sub=

Substantz der Seelen / underschieden nach der dreifachen Relation. Wiederum ein iegliche Seel ist dreifach / rationalis, sensitiva, vegetativa. Der Verstand ist dreifach / der Göttliche / Englische und Menschliche. Den 1. nennen wir eigentlich das Gemüt / den 2. den Verstand / den 3. die Vernunft. Ein Baum hat einen Stock / underschidliche äst: bringt nur 3. Stück / Blüt / Bletter und Frücht.

Drei sind intervalla der Grösse: die Länge / die Breite und die Tiefe. Haben 3. species, lineam, superficiem, corpus, welches die gemeine Maß ist aller Cörper. 3. Haupt-Unitäten sind der Zahlen / linearis, superficialis und corporea, denaria, centenaria und millenaria, & 5.

§. 3. Von der einstimmigen Music deß Drei-
Einigen Gottes mit den Englischen Chören/
und zwar 1. wie Gott alles in allem sei.

Gleich wie GOtt die Welt hat in gewisser Mas / Zahl und Gewicht erschaffen / als sind diese 3. Stück Bildnis der Hochheiligen Dreieinigkeit / dann alle Ding haben ihren numerum von dieser höchsten Einigkeit / omnium numerorum fonte. Das Gewicht haben sie von seiner unendlichen Weisheit / welche alles wieget; die Mas aber von deß Schöpfers Wunder-geist / der einem ieglichen seine gewisse Portion zutheilet. Das sind die 3. Stuck / welche nach der magorum Lehr / die gantze Welt beherrschen / Gott / das Gemüt und die Seel: Gott gehört eigentlich die Unität: dem Gemüt oder Weisheit Ordnung oder Gewicht; der Seel und Geist aber die Mensur und Bewe-

gung. Das ist das ænigma, so Plato zum König Dionysio gesprochen / um den König aller Ding sei alles / um seinet willen sei alles / und sei alles Dings Ursach; das erste / weil alles durch Gottes Einigkeit verbunden: das 2. weil er alles um seinet willen und zu ihm geordnet: das 3. weil er der Anfang / Mittel und End aller Ding ist. Das ist / was Orpheus gesagt / von ihm / zu ihm / in ihm / sei alles. Dann Gott ist eine Sphær oder runder Circkel / dessen centrum allenthalben / die Circumferentz nirgends / wegen

seiner

feiner unbegreiflichen Unermäßligkeit: jenes ist der Vater
per potentiam, diß der Sohn per sapientiam. Die re-
latio aber und das Absehen deß centri und der Circumferentz gegen sich selbsten/oder die radii circuli bedeitet Gott
den Heiligen Geist/die wiederkehrende Lieb zwischen beedē.

marginal: Die hochheil. Dreifaltig-keit wird mit einer Sphär oder Circkel vergilchen.

§.4. Von der Harmony selbsten der Hochheili-gen Drei-Einigkeit.

WEil demnach die erste und höchste Unität Drei-Einig ist/so hat von disem dreieinigen archetypo kein
ander Werck fliessen können/ als welches auch drei-einig
ist/in trino ordine & numero sonoro begriffen/dann die
allervollkomlichste Harmony soll nur von 3. Stimmen
bestehen/die höchste/mittelste und tieffste / diese vereiniget/
gibt ein Diapason/ aus der 5. und 4. gemachet / welches
die allervollkomlichste Consonantz/die erste harmonia läst
sich gar schön sehen in disen 3. numeris, 1.2.3. Das erste
verhält sich auf die weis einer einfachen und gleichlautenden Unität/so aller Consonantien Ursprung ist / gehört
für Gott den Vater. 2. ad 1. verhält sich wie die 8. gehört Gott dem Sohn. 3. ad 2. wie die 5. gehört dem Heiligen Geist/so alles verbindet: dann gleich wie die Mittel-
stimm diapente die öberste und underste in ein Harmony
verbindet/also ist der Heilige Geist der nexus Patris & Filii, deß Anfangs und Ends/verbindet sie in eine unbegreifliche Harmony / von deren aller harmonische Concent in
der gantzen Natur fortgeführet wird. Wird also der einfache ternarius dem allereinfachesten Gott beigelegt/wel-
cher/wiewol er die höchste untheilbarste Einigkeit ist/brei-
tet er sich doch aus in 3. underschiedliche Personen/ uns
Menschen gantz unbegreiflicher weis. Dieser ternarius
aber ausser sich vermehret / bringet einen Wunder-svm-
phonism herfür der 3. Enneaden oder 9. Ordnung/
bezeichnet 9. Englische/9. Himmels/ 9. Elementarischer
Cörper-Chör. Wird aber diser ternarius cubiciret/oder
in den quadratum sui geführet / das ist in 9. so komt 27.

der

marginal notes (right column):
Cùm prima, & suprema monas, tri-na sit, à tri-na fit, à tri-na archety-po fabrica emanare nõ debuit, nisi trina, trino ordine & numero so-noro consti-tuta. Was für ein harmonia zwischen 1. 2. 3. als der O-ctav und 5. so confoniren die 3 Persone in der ewigen Gottheit. wie die Drei-heit sich in die viele erstreckt triplato & cubico mo-do.

der allergeheimnißreicheste numerus, das Complement aller solchen 9. Ordnungs=Reihen; ein Pflantzgarten aller harmonischen Proportionen.

§. 5. Von der Harmony selbsten der Engel mit der Dreifaltigkeit.

Secunda propagatio increata triadis.

DJe erste unerschaffene Dreiheit ergießt sich secundâ propagatione in 3. andere Dreiheiten der intellectualischen Welt/also daß der Seraphische ordo, so von Lieb gantz entzündet ist/überein stimet mit dem Heiligen Geist/ dem Liebes=Band zwischen Vater und Sohn. Der Cherubinische ordo, so voller Weisheit und Wissenschafft/ mit der höchsten Weisheit dem Sohn. Die Throni aber mit dem Vater/welcher seinen Thron und Stul zum Gericht bereitet hat/ und wird in demselben durch den Sohn die Welt richten. Und das ist trias perfectionis & similitudinis, ein Bildnis der göttlichen Vollkomenheit. Weil aber das höchste Gut noch mehr sich diffundiren wollen/ als hat er durch seine ewige Dreiheit nach einem andern dreifachen Orden produciret/daß er durch dieselbe die undere Creaturen mit einer vollkomenen und harmonischen Ordnung guberniren möchte/und zwar Gott der Vater/ als der HErr aller Ding regieret durch die Her:schafften alle Weltliche Regiment=Ständ in der Welt / durch die potestates regieret der Sohn / deme vom Vater aller Gewalt gegeben ist im Himmel und auf Erden / mit gebürender Ordnung alle Ding. Durch die Kräften bringet der H. Geist die Kraft Gottes/ alle Kräften der Menschen zur wahren Heiligkeit/ und zur Bekräftigung aller Tugenden/und weil der Dreieinige Gott sich auf dreifache weis den Creaturen mittheilt/hat er den Menschen un alles andere/ welches er um deß Menschen willen erschaffen/trino gradu regieren wollen. Durch die Fürstenthümer hat er die Käiser=König=Fürstenthümer: durch die Ertz=Engel alle König und Fürsten selbsten: durch die Engel alle gemeine Menschen beobachten wollen.

Wie die 9. Englische Chör mit den 3. Personen in der Gottheit überein stimmen.

Wie Gott durch die Engel alles ordentlich regiere?

Trinus trino gradu.

§. 6.

§ 6. Wie wir Menschen durch die Grad der Englischen Ordnungen über sich steigen / und uns mit Gott vereinigen sollen?

Gleich wie also der Drei-Einige Schöpfer mit seiner fruchtbaren Einigkeit / durch den dreimal drei-getheilten Englischen Orden / zu uns Menschen gleichsam abgestigen/also sollen wir durch dieselbe gleichsam als wie auf der Jacobs-Laiter zu Gott in Himel auffsteigen. Dann das ist gewiß/wie auch Dionysius bezeuget / daß wir nicht nur durch die undere Engels-Orden / sondern auch von den obersten können gereiniget/ erleuchtet und vollkomen gemachet werden/und also auch durch stätige übung aller Tugenden/den hierarchischen Geistern gleichförmig und consortes werden/nach dem jenigen Tugend-grad/der in uns zum allergrössesten seyn wird/wann wir nemlich das decachordon unsers Gemüts zum Englischen decachordo gebürend stimmen werden : dann wann wir die Säiten einer Tugend/so der hierarchischen Säiten überein stimmet/so hoch spannen werden/ daß sie vollkomlich consoniren wird/ so werden wir nicht nur conformes seyn den Geistern in besagtem Orden/sondern wir werden auch die Tugenden/so solchem Orden gehören/von Gott ersangen/und diß arcanum ist in der Jüdischen cabala das allergröste/durch welches allein die heilige Männer Gottes grosse Wunder gewürcket haben / wie die Meister der verborgenen Theologi vorgeben. Dann wann wir durch den Fleiß gleicher Tugenden uns einem Englischen Orden conformiren werden / so werden wir durch die Tugend-Consonantz von aller Sünden-Dissonantz gereiniget/gar leichtlich in demselben auffsteigen können. Daher sind etliche heilige Männer Gottes/aus grosser Hitz und Brunst

(Marginalien:)
Gott ist durch die Englischen zu uns abgestigen/ wir sollen durch dieselbe wider zu ihm auffsteigen.

Wie wir uns den Engeln conformiren sollen.

Das allergröste Geheimnus in s cabala.

welche Men-

so müssen zu derselben Ersetzung nothwendig andere aufgenommen werden/ aber doch keine andere Menschen/als
die nach dem Grad derselben Tugend hier auf Erden ge-
lebet haben.

§.7. Warum die Bestien den Menschen/und
die Underthanen ihre Regenten förchten.

*Character
timoris, so
allen Creatu-
ren einge-
pflantzt /
mache daß
die Under-
thanen ihre
Obrigkeit
respectiren.*

Jeraus erscheint/warum Gott den Völckern/Leuten
und Underthanen / die Forcht ihrer Fürsten eingepflantzet habe? Ein König ist ja ein Mensch wie ein ande-
rer/iedoch underwerffen sich demselben alle Underthanen
mit tieffester Reverentz/das kan anderst nicht geschehen/
als durch den Forcht-characterismum, so Gott ihme ein-
gedrucket/damit der Fürst gezeichnet und erhöhet ist/ daß
sich ihm die andern alle mit einer Reverential-forcht / ja
verborgenem Trieb underwerffen/welches dann durch die
Fürstenthümer / den hohen Englischen Fürsten-Orden
geschicht. Wann aber durch ungebürendes / und mit La-
stern beflecktes Leben/ Fürsten und Herren ihnen selbs einen obicem setzen/und riegel schieben dem Göttlichen un
Englischen Einfluß/so ist kein Wunder / daß dardurch der
characterismus timoris in dehselben ausgelöschet wird/
die Underthänen von dem consono zu dem dissono sich
wenden/allerhand Aufruhr erregen/bis der König/als solchen characteris der göttlichen Forcht unwürdig / vom
Stuel gestossen/ die Königreich und Fürstenthümer verändert werden. Soll also ein Regent sein Leben also an-
richten/also Gerechtigkeit und Fromkeit in acht nehmen/
daß er die Fürstenthumer und Englische Schutz- geister
in dem höhern Orden allezeit um sich habe/und gnädig be-
halte/ ohne welcher statswärenden Schutz und Assistentz
weder Regent noch Reich bestehen kan. Eben disen cha-
racterismum timoris hat auch Gott den wilden Thieren
eingepflantzet und eingedruckt/ daß sie dem Menschen/um
dessen willen sie erschaffen/gehorchen/und ihm underthan
seyn müssen: da sehen wir oft / wie ein schwacher Knab
bald ein grossen Elephanten / bald ein grausamen Löwen

*Wober die
Unruhe im
Regiment.*

*Wie ein Re-
gent seine
Herrschafft
in Ruhe bestä-
tigen könne.*

an ber

an der Hand führet/regieret/schlägt/und wohin er wil ge=
horsamlich leitet/ da ist kein andere Ursach / als weil die **Charae¢ef**
Ordnung es also vorschreibt / und der Forcht= character *timoris*
dem Menschen eingedruckt/macht/daß ih me alles/auch die **macht/baß**
die Bestien
grausamste belluæ sich spontè underwerffen müssen. **den Men.**
Eben das findet sich auch bei den Thieren selbst / da ein **schen respe.**
Thier das andere förchtet/wiewol es viel grösser und stär= **ctiren.**
cker ist / als der Elephant den Widder / und der Löw den **Ja baß auch**
Hahnen: die Ursach ist / daß sie under dem Schutz sind **ein Thier das**
andere/wie.
einer höhern Ordnung/auch den character der Herrschaft **wol es gröf-**
an sich haben/welchen die undere Creaturen mit natürli= **ser und stär.**
chem Trieb/wann sie ihn erkennen / förchten und respecti= **cker ist/förch.**
ren. Ja diser Wunder=Concent findet sich auch in Casual= **tet.**
und Glücks=sachen/als/zu Zeiten Pauli 5. Röm. Papsts/ **Ein Abler**
ist ein Abler von seinen Banden loß worden und hinweg **setzt sich auf**
geflogen/kurtz vor seiner Erwehlung zum Päpstl. Stuel/ **ein Drachens**
doch hat er sich auf ein Drachen=Bild gesetzt/und damit die **bild/was es**
Famili/nemlich der Burghesier / welche solch Bild im **bedeutet.**
Wappen führen/daraus der Papst solte erwehlt werden/
angedeitet/ic.

§. 8. Von etlichen absönderlichen Würckungen
der Englischen Chör.

W Eil der irrdische principatus und Obrigkeitliche **Obrigkeitli.**
Stand auf Erden vor sich selbsten dissonus ist / es **che Stand**
sei dann/daß er consonus sei in sich selbsten/und mit an= **ist an sich**
dern/ und durch diese Consonantz hat er seine Zierd und **selbsten**
Schönheit/daher ist der Englische Dienst einem Regen= **dissonus.**
ten nothwendig/und das würcket die Ordnung der Kräf=
ten/durch deren Gunst/Kraft und Stärck/wir starck wer=
den/ wider alle Anreitzung der Laster und der Wollüsten.
Damit wir aber auch wider die Teufel/aëreas potestates, **Was die En.**
so voller Neid und Boßheit stecken/bestehen mögen/ist uns **glische Kräf.**
er Schutz der über=himlischen und göttlichen Potestät **ten/Gewalt**
doch nötig. Und damit wir nicht mit weltlichen Affecten **und Her.**
schaften bei
abgehalten werden/sondern dieselbe dem rationali appe= **uns Mensch**
it ui h armonischer weis underwerffen/und also über uns **würcken.**
selbsten

selbsten herrschen / ist uns die Assistentz der Herrschaften vonnöthen. Wann wir dann das Regiment über alles

Wie wir uns mit Gott durch die Engel vereinigen sollen.

andere erhalten haben/so ist nichts übrig/als daß wir uns zu Gott wenden/und demselben allein mit Dienst abwarten/das geschicht/wann wir das Gedechtnus der überhimlischen Dinge durch Hülf der Thronen behalten/und dieselbe mit Cherubinischer Erleuchtung betrachten/bis wir endlich dem höchsten Vater / nemlich der Göttlichen Unität/durch die Seraphische Liebesbrunst vereinigt werden: gleich wie also durch dise Englische gradus der Schöpfer aller Ding in und zu uns mit seiner Kraft herab steigt/also sollen wir auch wieder durch dieselbe zu ihm auffsteigen/von dem wir komen seyn / gleichsam als durch etliche Tu-

So viel Englische Chör/ so viel Tugend-staffeln durch welche wir zu Gott durch die Engel auffsteigen sollen.

gend-staffeln/deren der erste Grad der vernünftigen Natur / durch die Sinn uns mit den Engeln verbindet / die Einbildung mit den Ertzengeln/die Forcht mit den Kräften/ die Reu wegen begangener Sünd mit den Potestäten/die Vernunft mit den Fürstenthumern: dann wie dise den Geistern/also ist die Vernunft den Sinnen und Affecten vorgesetzt/die Lieb mit den Herrschaften / der Verstand mit den Thronen/die Weisheit mit den Cherubinen/

Spes nos unit cum Seraphinis.

und letzlich die Hofnung mit den Seraphinen: dann diese ziehen am nächsten zu Gott/welcher ist die Hofnung aller Menschen.

§. 9. Wie die Engel die himlische Music moderiren.

STehen also alle Engel vor dem Thron deß himlischen Capellmeisters/sind gar getreu/wollen alles in vollkommener Consonantz mit ihrem Schöpfer verbringen/

Die Engel leiden keine Dissonantz in ihrer himlischen Music.

ja sie komen selbsten für ihn/singend und lobend/ als die modulatores und moderatores cœlestis odæ, alle Säiten/alle Stimmen in demselben Göttlichen monochordo, ziehen sie dahin/daß sie dasselbe lieblich und einstimig

Alles muß ihnen consoniren.

machen/auf daß / wann etliche Säiten unnütz seyn / oder etliche moduli dissentiren wollen/ sie dieselbe verwerffen/ damit nicht in dem Welthimel oder Menschē-polychordo

einig

einig diſſonum erfunden werde; freuen ſich alſo/wann
der himliſche Vater alles moviret/dann von dem werden *à Deo motã*
ſie beweget/darnach bewegen ſie die Welt / und dieſelbe *movent or-*
diſponiren unſere Leiber / und alles Undere/zu ſolcher *bem,ut om-*
Conſonantz/wie Gott der erſte Beweger aller Ding ſelb- *nia cum*
ſten befiehlt/und es haben wil. *creatorᵉ*

conſonent.

§.10. Von der Harmony der himliſchen Enneas
ober 9. Ordnungs-Reihen/mit der Hierarchiſchen
oder Engliſchen Enneaden.

Damit die undere und kleine Welt deſto beſſer in der *Underſchid-*
Harmony erhalten würde/hat der allweiſe Schöpfer *liche Ennea-*
noch eine andere enneadem erſchaffen/ das iſt der Himel *den von Gott*
und deſſen ſyſtema, durch deſſen Einfluß die undere Welt *harmonicã*
regieret wird/ als da iſt der Empyreiſche Himmel / das *erſchaffen.*
Firmament oder Stern-himmel/der Creis ſaturni, jovis,
martis, ſolis, veneris, mercurii & lunæ , weil aber dieſe
Cörper von und aus ſich ſelbſten lebloſ ſeyn/und alſo deß
motus vor ſich ſelbſten unfähig/hat Gott einem ieden ſeine intelligentiam zugeordnet/durch deren Kraft ſie mit
underſchiedlichen motibus erreget / underſchiedliche effe- *Woher die*
ctus, nach dem es die undere Welt erfordert/herfür brin- *intelligen-*
gen/die intelligentiæ aber / ſo bei den Himmeln ſtehen/ *tiæ cœleſtes,*
ſollen die Sorg für die Seelen/ſie recht zu diſponiren/be- *und was ihre*
halten / daß alſo die Beſchaffenheit der leiblichen Natur *und was ihre*
von dem Einfluß der öbern Leiber dependiren / nach dem *Verrichtung.*
Gott der himliſche choragus das obere mit dem undern/
das mitlere mit den obern in eine vollkommene Harmony
verbunden hat. Sind alſo 9. Himmel: der Empyreiſche
Himmel iſt das Reſidentz-hauß deß groſſen Königs/ wel- *Cælum em-*
ches von ſeiner Ordnung und unendlichem Liecht nicht un- *pyreum*
gereimt mit dem Seraphim-Orden überein ſtimmet/dar- *wird mit dem*
aus alle Erleuchtungen der Seelen gleichſam als aus ei- *Seraphim*
nem überflüſſigen Brunnen herkommen. Der 2. iſt der *verglichen,*
Stern-himmel / da ſich der allweiſe Schöpfer in underſchiedlichen unzahlbaren Inſtrumenten ſeiner Allmacht

A a   ſehen

Das Firma-ment mit den Cherubim.

Saturni Intelligentz heißt schabtai ein thronus.

Intelligentia Iovis heißt Zadkiel/ dominatus.

Intelligentia Martis Camiel virtus.

Intelligentia Solis Schamsiel potestas.

Intelligentia Veneris Haniel ein Fürstenthum

Intelligentia Mercurii Cochabiel ein Ertzengel.

sehen lässet/gehört für die Intelligentz deß Cherubinischen Ordens; dann Stern sind nichts anders/er/als Gemüts-und Gedancken-bilder in der menschlichen Seel/ aus deren. Formal-Concepten die Wissenschaft entstehet/so der Cherubim eigen. 3. der Saturnus gehört für die Thronen oder für die Intelligentz schabtai/dann mit seiner einfliessenden Kraft macht er in uns eine feste/stäte/unwandelbare Weisheit/erhält auch den Menschen in dem Thum seiner Rathschläg/daher er von den Hebræern sessio mea genennet wird/deme alles in der undern Welt underworffen ist/von Steinen/Bäumen/Thieren/was sich nach der Saturninischen Art richtet. 4. ist der globus Jovis, welcher der Natur und Eigenschaft nach gar wol gehört für die Herrschaften; dann es ist ein gütiger königlicher Planet/voller Majestät/daher verspricht er denen/ so under ihm geboren werden/Herrschaft und Regiment/seine Intelligentz aber gibt Gericht und Gerechtigkeit darzu. Dieses Herrschaft ist alles underworffen in der undern Welt/was Jovialischer Natur ist. 5. Globus Martis, welcher wegen seiner feurigen und verbrennenden Kraft gar wol mit den Kräften überein stimmet; dann in dem er in uns die Gällen brent/ so macht er uns tüchtig und geschickt/ schwäre wichtige Sachen desto leichter zu verrichte. 6. Ist der Sonnen globus,wie er mitten in der Welt stehet/also herrschet und regieret er alles/ wie ein König oder Fürst mit seiner Kraft und Macht; gehört also für die potestates. seine Intelligentz aber würcket in uns Leben/Ehr/Glück/Gesundheit. Der 7. ist der Veneris globus, ist ein gütiger und schöner Planet/stimmet mit den Fürstenthumern/seine Intelligentz Haniel/bringt uns bei die Lieb zu den allerschönsten Sachen/verursacht lauter Gnad/Huld und Gunst. Der 8. globus Mercurii gehört für die Ertzengel; dann gleich wie dise mit dem Ebenbild deß höchsten Fürstens alles vergleichen/ und damit sie mit einer volkomlichen Vereinigung mit ihnen möchten verbunden werden/sich bemühen/also understehet sich der Mercurius

die

die numeros vocales, formales & rationales in eine Harmony zu bringen / sonderlich deß vernünftigen numeri Vereinigung mit dem Göttlichen; seine Intelligentz Cochabiel lehret die wahre Einigkeit und Vereinigung mit Gott / und begehrt auch die Seelen zu Gott zu führen / mit der jenigen Consonantz / damit sie selbsten ohn underlas Gott loben und preisen. Der 9. und letzte globus deß himlischen Enneadis ist der Mond; stimmet gar wohl mit den Engeln überein / als den understen Ordens-geistern: dann gleich wie der Mond uns am allernächsten / also auch die Engel: und gleich wie der Mond alle Kräften der obern Planeten recipiret / und dieselbe der undern Welt mittheilet / also thun auch solches die Engel / die Erleuchtunge so sie von den öbern Gemütern empfangen / deriviren sie in uns. Was aber anlangt den absonderlichen Einfluß der obersten Kräften in diese underste Welt / davon sihe theologiam autoris hieroglyphicam.

Intelligentia Luna Levaniel ein Engel.

Theologia hieroglyphica autoris.

§. 11. Von der Harmony der undern Enneaden mit der Englischen.

DIe erste monas oder Einigkeit / so ein Ursprung aller Ding / nach dem es sich in der Zeit in die dyadem oder Zweiheit ausgebreitet / hat es eine unbezeichnete dualitatem, das ist / die Materi herfür gebracht / dann aus dem 1. und 2. kommen die numeri, aus den numeris die puncta, aus den Puncten die Linien / aus den Linien die superficies, aus den superficiebus letzlich die feste Cörper / nemlich die 4. Elementen / als die erste fundamenta aller Ding. Hierbei fragt sichs aber / wie diese 4. Elementen mit den 5. gradibus der vermischten Entium die dritte enneadem oder 9. Ordnungs-Reyen machen / und wie die elementa nicht nur in der leiblichen Natur / sondern auch in der Intellectual- oder Englischen enneade, auch in gewisser maß in GOtt selbsten / damit der conceptus der Welt-music mit dem Archetypo desto besser herfür leuchten möchte / gefunden werde? Dahin gehört aber die Erd / Was-

Wie die ewige monas sich in eine dyadem ausgebreitet hab.

Wie viel Stück die undere Welt in sich begreiffe.

Waſſer/Luft/Feuer/ die Steine oder N
ßen/ die zoophyta, die unvernünftig
Menſch/daraus beſtehet die gantze und
Stück/wiewol ſie lieblich ſind/ jedoch l
Schöpfer mit ſolcher Harmony mit de
ten verbunden/daß ein ieglichs in ſeiner
Welt iſt. 1. Im Himmel iſt die Erder
iſt die Erden/ſo fern ſie ſind Gottes feſte
ſchemel/ auch in dem Archetypo iſt d
fruchtbarſte Natur der Erden/wie der
Erde thue ſich auf/und bringe Heil her
Erd das Fundament und Grund-ſtützer
2. Das Waſſer iſt leicht und liecht/ rei
alles. Im Himmel iſt Waſſer/ ſo mit
Erden befeuchtet. Waſſer iſt in den Er
reiniget/ nach dem Spruch: qui reg
ejus. Im Schöpfer iſt das Waſſer de
Sünd abgewaſchen werden/ damit au
dergeboren und gereiniget wird. 3. D
Elementariſchen Luft athemen/ ſehen/
wir; Luft iſt im Himmel die jenige durc
uns die Welt-Zierd und Reichthum vo
iſt auch in der Engliſchen Welt/ da iß
ſchallen. Ein lebendiger Wind und dün
als das höchſte Leben/vollkommenſte G
anbläſt/ Leben und Athem mittheilet.
mentariſche Feuer bei uns/das iſt die S
das iſt in der Hierarchiſchen Welt die
bes-brunſt/und der feurige Gewalt/ wi
du macheſt deine Engel/ꝛc. Das iſt i
das Jdeal-Feuer/das geiſtliche Liecht/ i
get/erhalten/ ernähret und vermehret
die elementa in Gott ſeminaria, und g
jenigen Ding/ſo producirt werden ſolle
ma, Urſprung aller Ding. In den E
butæ poteſtates. Indem Himmel glei

Marginal notes:

Wunder-Harmony der 3. Welten.

Erden iſt im Himmel/Engeln uñ Gott.

Waſſer iſt im Himmel/ Engeln und Gott.

Luft iſt im Himmel/Engeln und in Gott.

Wie Feuer im Himmel/in Engeln uñ in Gott ſey?

Underſchid-liche betrach-tung der 4. Elementen.

der Natur rerum semina. In der undern Welt crassio-
res formæ. Und daraus entstehet der Wunder=Concent
der gantzen Welt: da die Erden mit dem Mond/ der him= | Wunder=
lischen Erden/das Wasser mit dem Mercurio und Vene- | Harmoni der
re, der Luft mit dem Jupiter und Venere, das Feuer mit | obern mit der
der Sonnen und Marte, die Stein mit dem Saturno, die | undern Welt
metalla mit dem Jupiter/die zoophyta mit dem Marte,
das Gewürm mit der Sonnen/die Vögel mit der Venus/
die amphibia mit dem Mercurio, die vierfüssige Thier
mit dem Mond/ ein iegliches mit dem andern/ mit einer
Wunder=Sympathy überein stimmet/ so wol gegen sich
selbsten/als mit der vernünftigen Seel/dessen Enneas in | Was sich für
sich begreift die 4. innerliche und 5. äusserliche Sinn/als | eine *Enneas*
sensus communis, imaginativa, appetitiva rationalis,&c. | *harmonicè*
terminiren sich gegen dem Verstand als gegen dem 10. | in 8 Menschen-
haben ein dreifache Operation/gantz harmonisch und ein= | lichen Seel
stimmisch/ mit der undern Welt in der Natur/ mit den | befinde.
Himmeln in den Sinnen/ und mit den Engeln in dem
Verstand/2c.

Corollarium finale.

Wiederholung deß vorigen/ein verborgenes Mu=
sic=geheimnus/wie der Mensch allwissend werd von
der himlischen Music.

FOlget also der Schluß: Durch das 1. wird die Voll= | was in disen
kommenheit der gantzen Welt angedeitet; durch 2. die | *numeris* 1.
Mancfaltigkeit und Viele aller Ding/so in derselben ent= | 2.3.9.27.für
halten sind; durch das 3.die unitas analoga in der ewigen | ein Geheim-
Zeit/so alles mit einer geziemenden Proportion verbindet; | nis verborgē
durch 9. der Bund und Band der 3.Enneaden oder Ord= | lige.
nungs=Reihen/der Englischen/ Himlischen und Elemen=
tarischen Welt/und also per cubum, als 27. welchen die
Pythagorici eine Harmony nennen/ wird die Harmony

der allergeheimnisreichefte numerus, das Complement aller solchen 9. Ordnungs-Reihen; ein Pflantzgarten aller harmonischen Proportionen.

§. 5. Von der Harmony selbsten der Engel mit der Dreifaltigkeit.

Secunda propagatio increata triadis.

Je erfte unerfchaffene Dreiheit ergießt fich secundâ propagatione in 3. andere Dreiheiten der intellectualifchen Welt/ alfo daß der Seraphifche ordo, fo von Lieb gantz entzündet ift/ überein ftimmet mit dem Heiligen Geift/ dem Liebes-Band zwifchen Vater und Sohn. Der Cherubinifche ordo, fo voller Weisheit und Wiffenfchafft/ mit der höchften Weisheit dem Sohn. Die Throni aber mit dem Vater/welcher feinen Thron und Stul zum Gericht bereitet hat/ und wird in demfelben durch den Sohn die Welt richten. Und das ift trias perfectionis & fimilitudinis, ein Bildnis der göttlichen Vollkommenheit. Weil aber das höchfte Gut noch mehr fich diffundiren wollen/ als hat er durch feine ewige Dreiheit nach einem andern dreifachen Orden produciret/daß er durch diefelbe die undere Creaturen mit einer vollkomenen und harmonifchen Ordnung guberniren möchte/und zwar Gott der Vater/als der Herr aller Ding regieret durch die Her:fchaften alle Weltliche Regiment-Ständ in der Welt / durch die poteftates regieret der Sohn / deme vom Vater aller Gewalt gegeben ift im Himmel und auf Erden / mit gebürender Ordnung alle Ding. Durch die Kräften bringet der H.Geift die Kraft Gottes/ alle Kräften der Menfchen zur wahren Heiligkeit/ und zur Bekräftigung aller Tugenden/und weil der DreieinigeGott fich auf dreifache weis den Creaturen mittheilt/hat er den Menfchen un alles andere / welches er um deß Menfchen willen erfchaffen/trino gradu regieren wollen. Durch die Fürftenthümer hat er die Käifer- König- Fürftenthümer: durch die Ertz-Engel alle König und Fürften felbften: durch die Engel alle gemeine Menfchen beobachten wollen.

Wie die 9. Englifche Chör mit den 3. Perfonen in der Gottheit überein ftimmen.

Wie Gott durch die Engel alles ordentlich regiere?

Trinus trino gradu.

§. 6.

§ 6. Wie wir Menſchen durch die Grad der Engliſchen Ordnungen über ſich ſteigen / und uns mit Gott vereinigen ſollen?

Gleich wie alſo der Drei-Einige Schöpfer mit ſeiner
fruchtbaren Einigkeit / durch den dreimal drei-getheilten Engliſchen Orden / zu uns Menſchen gleichſam
abgeſtigen/alſo ſollen wir durch dieſelbe gleichſam als wie
auf der Jacobs-Laiter zu Gott in Himel aufſteigen. Dann
das iſt gewiß/wie auch Dionyſius bezeuget / daß wir nicht
nur durch die undere Engels-Orden / ſondern auch von
den oberſten können gereiniget/ erleuchtet und vollkomen
gemachet werden/und alſo auch durch ſtätige übung aller
Tugenden/den hierarchiſchen Geiſtern gleichförmig und
conſortes werden/nach dem jenigen Tugend-grad/der in
uns zum allergröſſeſten ſeyn wird/wann wir nemlich das
decachordon unſers Gemüts zum Engliſchen decachordo gebürend ſtimmen werden : dann wann wir die
Säiten einer Tugend/ſo der hierarchiſchen Säiten überein ſtimmet/ſo hoch ſpannen werden / daß ſie vollkomlich
conſoniren wird/ſo werden wir nicht nur conformes ſeyn
den Geiſtern in beſagtem Orden/ſondern wir werden auch
die Tugenden/ſo ſolchem Orden gehören/von Gott erlan-
gen/und diß arcanum iſt in der Jüdiſchen cabala das al-
lergröſte/durch welches allein die heilige Männer Gottes
groſſe Wunder gewürcket haben / wie die Meiſter der verborgenen Theologi vorgeben. Dann wann wir durch den
Fleiß gleicher Tugenden uns einem Engliſchen Orden
conformiren werden / ſo werden wir durch die Tugend-
Conſonantz von aller Sünden-Diſſonantz gereiniget/gar
leichtlich in demſelben aufſteigen können. Daher ſind etliche heilige Männer Gottes/aus groſſer Hitz und Brunſt
der göttlichen Liebe/zu Seraphinen / etliche aus emſigem
fleiß der göttlichen Betrachtung zu Cherubinen worden/
ja es mangelt nicht an denen / welche ohn underlas das
göttliche erduldet/alſo in die Thronen ſind aufgenommen
worden ; dann weil aus allen Orden viel Engel gefallen/
ſo müſ-

(Marginalia, rechte Spalte:)

GOtt iſt durch die En-
gel zu uns abgeſtigen/
wir ſollen wider zu ihm
aufſteigen.

Wie wir uns den Engeln
conformiren ſollen.

Das aller-
gröſte Ge-
heimnus in
cabala.

welche Men-
ſchen zu Se-
raphinen /
Cherubinen /
und Thronen
worden/und
wie ſie dahin
aufgenomen
worden.

so müssen zu derselben Ersetzung nothwendig andere aufgenommen werden/ aber doch keine andere Menschen/als
die nach dem Grad derselben Tugend hier auf Erden ge-
lebet haben.

§.7. Warum die Bestien den Menschen/und die Underthanen ihre Regenten förchten.

Character timoris, so allen Creaturen einge-pflantzt/ macht daß die Under-thanen ihre Obrigkeit respectiren.

Hieraus erscheint/warum Gott den Völckern/Leuten
und Underthanen / die Forcht ihrer Fürsten eingepflantzet habe? Ein König ist ja ein Mensch wie ein ande-
rer/iedoch underwerffen sich demselben alle Underthanen
mit tiefester Reverentz/das kan anderster nicht geschehen/
als durch den Forcht=characterismum, so Gott ihme ein-
gedrucket/damit der Fürst gezeichnet und erhöhet ist/ daß
sich ihm die andern alle mit einer Reverential=forcht / ja
verborgenem Trieb underwerffen/welches dann durch die
Fürstenthümer / den hohen Englischen Fürsten-Orden
geschicht. Wann aber durch ungebürendes / und mit La-
stern beflecktes Leben/ Fürsten und Herren ihnen selbs einen obicem setzen/und riegel schieben dem Göttlichen un̄
Englischen Einfluß/so ist kein Wunder / daß dardurch der
characterismus timoris in dehselben ausgelöschet wird/
die Underthanen von dem consono zu dem dissono sich
wenden/allerhand Aufruhr erregen/bis der König/als solchen characteris der göttlichen Forcht unwürdig / vom
Stuel gestossen/ die Königreich und Fürstenthümer verändert werden. Soll also ein Regent sein Leben also an-
richten/also Gerechtigkeit und Fromkeit in acht nehmen/
daß er die Fürstenthumer und Englische Schutz-geister
in dem höhern Orden allezeit um sich habe/und gnädig be-
halte/ohne welcher statswärenden Schutz und Assistentz
weder Regent noch Reich bestehen kan. Eben disen chara-
cterismum timoris hat auch Gott den wilden Thieren
eingepflantzet und eingedruckt/daß sie dem Menschen/um
dessen willen sie erschaffen/gehorchen/und ihm underthan
seyn müssen: da sehen wir oft / wie ein schwacher Knab
bald ein grossen Elephanten/ bald ein grausamen Löwen

Woher die Unruhe im Regiment.

Wie ein Re-gent seine Herrschafft in Ruhe best-tigen könne.

an be

an der Hand führet/regieret/schlägt/und wohin er wil ge=
horsamlich leitet/ da ist kein andere Ursach / als weil die
Ordnung es also vorschreibt / und der Forcht=
dem Menschen eingedruckt/macht/daß ih me alles/auch die
grausamste belluæ sich sponte underwerffen müssen.
Eben das findet sich auch bei den Thieren selbst / da ein
Thier das andere förchtet/wiewol es viel grösser und stär=
cker ist/ als der Elephant den Widder / und der Löw den
Hahnen: die Ursach ist / daß sie under dem Schutz sind
einer höhern Ordnung/auch den character der Herrschaft
an sich haben/welchen die undere Creaturen mit natürli=
chem Trieb/wann sie ihn erkennen / förchten und respect=
ren. Ja diser Wunder=Concent findet sich auch in Casual=
und Glücks=sachen/als/zu Zeiten Pauli 5. Röm. Papsts/
ist ein Adler von seinen Banden loß worden und hinweg
geflogen/kurtz vor seiner Erwehlung zum Päpstl. Stuel/
doch hat er sich auf ein Drachen=bild gesetzt/und damit die
Famili/nemlich der Burghesier / welche solch Bild im
Wappen führen/daraus der Papst solte erwehlt werden/
angedeutet/ic.

Character timoris macht/daß die Bestien den Menschen respectiren.

Ja daß auch ein Thier das andere/wie wol es grösser und stärcker ist/förchtet.

Ein Adler setzt sich auf ein Drachens bild/was es bedeutet.

§. 8. Von etlichen absonderlichen Würckungen der Englischen Chör.

Weil der irdische principatus und Obrigkeitliche
Stand auf Erden vor sich selbsten dissonus ist / es
sei dann/daß er consonus sei in sich selbsten/und mit an=
dern/ und durch diese Consonantz hat er seine Zierd und
Schönheit/daher ist der Englische Dienst einem Regen=
ten nothwendig/und das würcket die Ordnung der Kräf=
ten/durch deren Gunst/Kraft und Stärck/wir starck wer=
den/ wider alle Anreitzung der Laster und der Wollüsten.
Damit wir aber auch wider die Teufel/aëreas potestates,
so voller Neid und Boßheit stecken/bestehen mögen/ist uns
der Schutz der über=himlischen und göttlichen Potestät
hochnötig. Und damit wir nicht mit weltlichen Affecten
abgehalten werden/sondern dieselbe dem rationali appe-
titui harmonischer weis underwerffen/und also über uns
selbsten

Obrigkeitliche Stand ist an sich selbsten dissonus.

Was die Englische Kräften/Gewalt und Herrschaften bei uns Menschen würcken.

ſelbſten her:ſchen / iſt uns die Aſſiſtentz der Herrſchaften vonnöthen. Wann wir dann das Regiment über alles andere erhalten haben/ſo iſt nichts übrig/als daß wir uns zu Gott wenden/und demſelben allein mit Dienſt abwarten/das geſchicht/wann wir das Gedechtnus der überhimliſchen Dinge durch Hülf der Thronen behalten/und dieſelbe mit Cherubiniſcher Erleuchtung betrachten/bis wir endlich dem höchſten Vater / nemlich der Göttlichen Unität/durch die Seraphiſche Liebesbrunſt vereinigt werden: gleich wie alſo durch diſe Engliſche gradus der Schöpfer aller Ding in und zu uns mit ſeiner Kraft herab ſteigt/alſo ſollen wir auch wieder durch dieſelbe zu ihm auffſteigen/ von dem wir kommen ſeyn/ gleichſam als durch etliche Tugend-ſtaffeln/deren der erſte Grad der vernünftigen Natur / durch die Sinn uns mit den Engeln verbindet / die Einbildung mit den Ertzengeln/die Forcht mit den Kräf-ten/ die Reu wegen begangener Sünd mit den Poteſtä-ten/die Vernunft mit den Fürſtenthumern: dann wie di-ſe den Geiſtern/alſo iſt die Vernunft den Sinnen und Af-fecten vorgeſetzt/die Lieb mit den Herrſchaften / der Ver-ſtand mit den Thronen/die Weisheit mit den Cherubinen/ und letzlich die Hofnung mit den Seraphinen: dann dieſe ziehen am nächſten zu Gott/welcher iſt die Hofnung aller Menſchen.

Wie wir uns mit Gott durch die Engel vereinigen ſollen.

So viel Engliſche Chör/ ſo viel Tugend-ſtaffeln durch welche wir zu Gott durch die Engel auffſteigen ſollen.

Spes nos unit cum Seraphinis.

§. 9. Wie die Engel die himliſche Muſic moderiren.

STehen alſo alle Engel vor dem Thron deß himliſchen Capellmeiſters/ſind gar getreu/wollen alles in voll-kommener Conſonantz mit ihrem Schöpfer verbringen/ ja ſie kommen ſelbſten für ihn/ſingend und lobend/ als die modulatores und moderatores cœleſtis odæi, alle Säi-ten/alle Stimmen in demſelben Göttlichen monochor-do. ziehen ſie dahin/daß ſie daſſelbe lieblich und einſtimig machen/auf daß / wann etliche Säiten unnütz ſeyn / oder etliche moduli diſſentiren wollen/ ſie dieſelbe verwerffen/ damit nicht in dem Welthimmel oder Menſchē-polychordo

Die Engel leiden keine Diſſonantz in ihrer himliſchen Muſic.

Alles muß ihnen conſoniren.

einig

einig dissonum erfunden werde; freuen sich also/ wann
der himlische Vater alles moviret/ dann von dem werden *à Deo moti*
sie beweget/darnach bewegen sie die Welt / und dieselbe *movent or-*
disponiren unsere Leiber / und alles Undere/ zu solcher *bem, ut om-*
Consonantz/wie Gott der erste Beweger aller Ding selb-*nia cum*
sten befiehlt/und es haben wil. *creatore*
consonent.

§. 10. Von der Harmony der himlischen Enneas
oder 9. Ordnungs-Reihen/mit der Hierarchischen
oder Englischen Enneaden.

DAmit die undere und kleine Welt desto besser in der *Underschid-*
Harmony erhalten würde/hat der allweise Schöpfer *liche Ennea-*
noch eine andere enneadem erschaffen/ das ist der Himel *den von Gott*
und dessen systema. durch dessen Einfluß die undere Welt *harmonicè*
regieret wird/ als da ist der Empyreische Himmel / das *erschaffen.*
Firmament oder Stern-himmel/der Creis saturni, jovis,
martis, solis, veneris, mercurii & lunæ, weil aber diese
Cörper von und aus sich selbsten leblos seyn/und also deß
motus vor sich selbsten unfähig/hat Gott einem ieden seine intelligentiam zugeordnet/durch deren Kraft sie mit
underschiedlichen motibus erreget / underschiedliche effectus, nach dem es die undere Welt erfordert/herfür brin- *Woher die*
gen/die intelligentiæ aber / so bei den Himmeln stehen/ *intelligen-*
sollen die Sorg für die Seelen/sie recht zu disponiren/be- *tiæ cælestes,*
halten / daß also die Beschaffenheit der leiblichen Natur *und was ihre*
von dem Einfluß der obern Leiber dependiren / nach dem *Verrichtung.*
Gott der himlische choragus das obere mit dem undern/
das mitlere mit den obern in eine vollkommene Harmony
verbunden hat. Sind also 9. Himmel : der Empyreische
Himmel ist das Residentz-haus deß grossen Königs/ wel- *Cælum em-*
ches von seiner Ordnung und unendlichem Liecht nicht un- *pyreum*
gereimt mit dem Seraphim-Orden überein stimmet/dar- *wird mit dem*
aus alle Erleuchtungen der Seelen gleichsam als aus ei- *Seraphim*
nem überflüssigen Brunnen herkommen. Der 2. ist der *verglichen.*
Stern-himmel / da sich der allweise Schöpfer in underschiedlichen unzahlbaren Instrumenten seiner Allmacht
Aa sehen

Das Firma-
ment mit den
Cherubim.

sehen lässet/gehört für die Intelligentz deß Cherubinischen
Ordens; dann Stern sind nichts andersters/als Gemüts-
und Gedancken-bilder in der menschlichen Seel / aus deren Formal-Concepten die Wissenschaft entstehet/ so der
Cherubim eigen. 3. der Saturnus gehört für die Thro-

Saturni
Intelligentz
heißt schab-
tai ein thro-
nus.

nen oder für die Intelligentz schabtai/dann mit seiner einfliessenden Kraft macht er in uns eine feste/state/ unwan-
delbare Weisheit/erhält auch den Menschen in dem Thron
seiner Rathschläg/daher er von den Hebræern sessio mea
genennet wird/deme alles in der undern Welt underworffen ist/von Steinen/Bäumen/Thieren/was sich nach der
Saturninischen Art richtet. 4. ist der globus Jovis, wel-

Intelligen-
tia Iovis
heißt Zadkiel/
dominatus.

cher der Natur und Eigenschaft nach gar wol gehört für
die Herrschaften; dann es ist ein gütiger königlicher Pla-
net/voller Majestät/ daher verspricht er denen / so under
ihm geboren werden/Herrschaft und Regiment/seine Intelligentz aber gibt Gericht und Gerechtigkeit darzu. Dises Herrschaft ist alles underworffen in der undern Welt/
was Jovialischer Natur ist. 5. Globus Martis, welcher

Intelligen-
tia Martis
Camiel
virtus.

wegen seiner feurigen und verbrennenden Kraft gar wol
mit den Kräften überein stimmet; dann in dem er in uns
die Gallen breñt / so macht er uns tüchtig und geschickt/
schwäre wichtige Sachen desto leichter zu verrichte. 6. Ist

Intelligen-
tia Solis
Schamfiel
potestas.

der Sonnen globus,wie er mitten in der Welt stehet/also
herrschet und regieret er alles / wie ein König oder Fürst
mit seiner Kraft und Macht; gehört also für die potestates. seine Intelligentz aber würcket in uns Leben/ Ehr/

Intelligen-
tia Veneris
Haniel ein
Fürstenthum

Glück/Gesundheit. Der 7. ist der Veneris globus, ist ein
gütiger und schöner Planet/stimmet mit den Fürstenthu-
mern/seine Intelligentz Haniel/ bringt uns bei die Lieb zu
den allerschönsten Sachen/verursacht lauter Gnad/Huld

Intelligen-
tia Mercurii
Cochabiel
ein Ertzengel.

und Gunst. Der 8. globus Mercurii gehört für die Ertzengel; dann gleich wie dise mit dem Ebenbild deß höchsten
Fürstens alles vergleichen / und damit sie mit einer vollkomlichen Vereinigung mit ihnen möchten verbunden
werden/sich bemühen/also understehet sich der Mercurius

die

die numeros vocales, formales & rationales in eine Har=
mony zu bringen / sonderlich deß vernünftigen numeri
Vereinigung mit dem Göttlichen; seine Intelligentz
Cochabiel lehret die wahre Einigkeit und Vereinigung mit
Gott/und begehrt auch die Seelen zu Gott zu führen/mit
der jenigen Consonantz / damit sie selbsten ohn unterlaß *Intelligen-*
Gott loben und preisen.   Der 9. und letzte globus deß *tia Luna*
himlischen Enneadis ist der Mond: stimmet gar wohl mit *Levaniel*
den Engeln überein/ als den understen Ordens=geistern: *ein Engel.*
dann gleich wie der Mond uns am allernächsten/also auch
die Engel: und gleich wie der Mond alle Kräften der obern
Planeten recipiret / und dieselbe der undern Welt mit=
theilet/also thun auch solches die Engel/die Erleuchtunge
so sie von den obern Gemütern empfangen / deriviren sie *Theologia*
in uns.   Was aber anlangt den absonderlichen Einfluß *hierogly-*
der obersten Kräften in diese underste Welt / davon sihe *phica auto-*
theologiam autoris hieroglyphicam. *ris.*

§. 11. Von der Harmony der undern Enneaden
mit der Englischen.

Die erste monas oder Einigkeit / so ein Ursprung al=
ler Ding/nach dem es sich in der Zeit in die dyadem *Wie die etwa*
oder Zweiheit ausgebreitet/ hat es eine unbezeichnete du= *ne monas*
alitatem, das ist/ die Materi herfür gebracht/dann aus *sich in eine*
dem 1. und 2. kommen die numeri; aus den numeris die *dyadem*
puncta, aus den Puncten die Linien/aus den Linien die su= *ausgebreitet*
perficies, aus den superficiebus letzlich die feste Cörper/ *hab.*
nemlich die 4. Elementen/als die erste fundamenta aller
Ding. Hierbei fragt sichs aber / wie diese 4. Elementen *Wie viel*
mit den 5. gradibus der vermischten Entium die dritte en= *Stück die*
neadem oder 9. Ordnungs=Reyen machen / und wie die *undere Welt*
elementa nicht nur in der leiblichen Natur/sondern auch *in sich begreif-*
in der Intellectual= oder Englischen enneade, auch in ge= *fe.*
wisser maß in GOtt selbsten / damit der conceptus der
Welt=music mit dem Archetypo desto besser herfür leuch=
ten möchte/gefunden werde? Dahin gehört aber die Erd/

Waffer/Luft/Feuer/ die Steine oder Metall / die Pflantzen / die zoophyta, die unvernünftige Thier / und der
Mensch/daraus bestehet die gantze undere Welt. Diese
Stück/wiewol sie lieblich sind / iedoch hat sie der allweise
Schöpfer mit solcher Harmony mit den andern 2. Welten verbunden/daß ein ieglichs in seiner maß in einer ieden
Welt ist. 1. Im Himmel ist die Erden/ja in den Engeln
ist die Erden/so fern sie sind Gottes fester Stuel und Fuß-
schemel / auch in dem Archetypo ist die allerfesteste und
fruchtbarste Natur der Erden/wie der Prophet sagt : die
Erde thue sich auf/und bringe Heil herfür/rc. Ist also die
Erd das Fundament und Grund-stützen der undern Welt.
2. Das Waffer ist leicht und liecht/ reiniget und wäschet
alles. Im Himmel ist Waffer / so mit seinem influxu die
Erden befeuchtet. Waffer ist in den Engeln/so lehret und
reiniget/ nach dem Spruch : qui tegis aquis superiora
ejus. Im Schöpfer ist das Waffer deß Heils/ damit die
Sünd abgewaschen werden/ damit auch der Mensch wie-
dergeboren und gereiniget wird. 3. Durch und mit dem
Elementarischen Luft athemen/ sehen / hören und riechen
wir; Luft ist im Himmel die jenige durchsichtige Natur/so
uns die Welt-Zierd und Reichthum vor Augen leget. Luft
ist auch in der Englischen Welt / da ihre concentus erschallen. Ein lebendiger Wind und dünne Luft ist in Gott/
als das höchste Leben/vollkommenste Geist/ damit er alles
anbläst/ leben und Athem mittheilet. 4. Was das Elementarische Feuer bei uns/das ist die Sonn am Himmel/
das ist in der Hierarchischen Welt die Seraphinische Lie-
bes-brunst/und der feurige Gewalt/ wie der Psalm sagt:
du machest deine Engel/rc. Das ist in dem Archetypo
das Ideal-Feuer/das geistliche Liecht / damit alles gezeu-
get/erhalten/ ernähret und vermehret wird. Sind also
die elementa in Gott seminaria, und gleichsam ideæ der-
jenigen Ding/so producirt werden sollen/ seminaria prima, Ursprung aller Ding. In den Engeln ist's distri-
butæ potestates. In dem Himmel gleiche Kräften. In
der

Marginalien:

Wunder-Harmony der 3. Welten.

Erden ist im Himmel/Engeln uñ Gott

Waffer ist im Himmel/Engeln und Gott.

Luft ist im Himmel/Engeln und in Gott.

Wie Feuer im Himmel/in Engeln uñ in Gott sey?

Underschid-liche betrach-tung der 4. Elementen.

der Natur rerum semina. In der undern Welt crassio-
res formæ. Und daraus entstehet der Wunder-Concent
der gantzen Welt; da die Erden mit dem Mond/ der him= **Wunder-**
lischen Erden/das Wasser mit dem Mercurio und Vene- **Harmoni der**
re, der Luft mit dem Jupiter und Venere, das Feuer mit **obern mit der**
der Sonnen und Marte, die Stein mit dem Saturno, die **undern Welt.**
metalla mit dem Jupiter/die zoophyta mit dem Marte,
das Gewürm mit der Sonnen/die Vögel mit der Venus/
die amphibia mit dem Mercurio, die vierfüssige Thier
mit dem Mond/ ein iegliches mit dem andern / mit einer
Wunder-Sympathy überein stimmet / so wol gegen sich **Was sich für**
selbsten/als mit der vernünftigen Seel/dessen Enneas in **eine *Enneas***
sich begreift die 4. innerliche und 5. äusserliche Sinn/als **harmonicè**
sensus comunis,imaginativa,appetitiva rationalis,&c. **in 8 Mensch-**
terminiren sich gegen dem Verstand als gegen dem 10. **lichen Seel**
haben ein dreifache Operation/gantz harmonisch und ein= **befinde.**
stimmisch / mit der undern Welt in der Natur / mit den
Himmeln in den Sinnen / und mit den Engeln in dem
Verstand/ic.

Corollarium finale.

Wiederholung deß vorigen/ein verborgenes Mu-
sic-geheimnus/wie der Mensch allwissend werd von
der himlischen Music.

Olget also der Schluß; Durch das 1. wird die Voll= **was in disen**
kommenheit der gantzen Welt angedeitet; durch 2. die ***numeris* 1.**
Manchfaltigkeit und Viele aller Ding/so in derselben ent= **2.3.9.27.für**
halten sind;durch das 3.die unitas analoga in der ewigen **ein Geheim-**
Zeit/so alles mit einer geziemenden Proportion verbindet; **nis verborgē**
durch 9. der Bund und Band der 3.Enneaden oder Ord- **lige.**
nungs-Reihen/der Englischen/ Himlischen und Elementarischen Welt/und also per cubum, als 27. welchen die
Pythagorici eine Harmony nennen / wird die Harmony
der gantzen Welt ex numero simplici, quadrato & cubo
erfüllet/ über welchen gantz keine Progression mehr ist.
Gleich wie nun die unitas in die numeros ergossen wird/

Aa iij   also

Die Göttli-
che Music
wie sie sich in
allen entibg
hören lässet.

also Gott/der in sich selbsten Eins ist/in die Viele: ja aus
dieser Unität hat er alle Welt-saiten verbunden/ gestimet
und einstimmig gemachet/gerad und ungerade Stimmen/
als genera,species,individua, in eine Concordi gebracht/
da er sich einem ieglichen nach einer gewissen Portion/dem
einen in der proportione dupla, dem andern in tripla,
quadrupla,sesquialtera, sesquitertia, sesquioctava, ses-
quinona proportione communiciret und mittheilet. Daher müssen nothwendig aus underschidlicher Constitution
der 8. 15. 12. 5. 4. toni und anderer Consonantien/under-
schidliche Harmonyen entspringen. Wer dise Connexion

Wie der
Mensch zur
natürlichen
Allwissenheit
gelangt könne.

und Commistion vollkomlich wissen wo.::/der muß es entweder wissen durch die Salbung deß Heiligen Geistes/o-
der durch den Todt deß Kusses/ wie die verborgene Theologi reden/oder nach der Platonischen Meinung mit einem
wesentlichen Contact der Ideen ebd deß ersten Verstands/
welcher alles in dem suscipiente machen kan/ dieser Contact ist gleichsam wie ein Congreß / dardurch die Bilder
concipirt werden / die species rerum werden dem Verstand beigebracht/darüber die Seel erwacht/und wird ge-

Congressus
& contactus
mysticus
aller Ding.

reiniget mit dem ambrosia, und nectare von allem Gift
und Seuch der Sünden/ic. Weil dann alle und iede Vollkommenheit aller Ding bestehet in vollkommener Tempe-
rirung und Vermischung aller Ding/so wird nichts in der
Natur so grund-tief verborgen seyn/ das man nicht mit
Applicirung der Consonen den dissonis penetriren solte.
Mit 2. Worten: Das Enneachordon der Seelen soll zu
dem Enneachordo der Engel/der Leib aber zu dem Himmel und Sternen gezogen werden durch den unisonum,

Welches das
allergrößte
harmonische
Music-Ge-
heimnus.

so wirstu penetriren arcana arcanorum, die vollkomlichste Wissenschaft aller Göttlich- und Menschlichen Ding/
wie Johan. sagt: Ihr habt die Salbung/und wisset al-
les/ic. Was wollen wir ietzt sagen von dem innerlichen
Fried und Ruh der seligen Gemütern/von der unbegreiflichen Süssigkeit und Lieblichkeit der Göttlichen Music/
von der unaussprechlichen Zusammenstimmung der En-

gel und Menschen in dem ewigen odæo Archimusæi, ge=
wißlich/ was in dieser Welt lustig und lieblich anzusehen/
das ist dorthin gehalten / nichts als Stroh/ Mist/ Koth/
Staub und Erden. Die höchste Süssigkeit und Lieblichkeit
der hiesigen Welt=Music/ so groß sie auch nur mit aller= **Unbegreif-**
hand Instrumenten kan eingebildet werden / ist/ dorthin **lich/ unver-**
gehalten / nichts als das allerwiderstimmigste wilder Thier **gleichlich und**
Geplör/ der Wölf Heulen / der Schwein Kirren. Alle **unaussprech-**
sinnliche Süssigkeit und Lieblichkeit im Geruch/ Geschmack/ re. **liche Süssig-**
dorthin gehalten/ ist nichts als Gestanck / Bitterkeit/ Un= **lischen Musik**
reinigkeit. Kein Aug hats gesehen/re. wer wils aussspre= **im ewigen**
chen/ beschreiben/ ergründen? dorten ist ein symphonis= **Leben.**
mus nicht nur von 3. 4. 5. Stimmen/ sondern von vielen
1000. mal 1000. Choris der Engel und Auserwehlten.
O unselig/ die um zeitlicher Freud und Wollust willen dise
himlische Music versitzen! O magne rerum harmosta! **Hertzsehnli-**
O du grosser Welt=Capellmeister und Music=Regierer/ **cher wundsch**
der du alles in gewisser Maß/ Zahl und Gewicht erschaf= **deß autoris**
fen/ disponire das Enneachordon meiner Seelen nach dei= **dises operis.**
nem Willen/ criege alle meine Leibs= und Seelen=Säiten **da alle Mu-**
zum ewigen Lob und Ruhm deines Namens / daß ich dich **sic. termini**
mit Seraphischer Lieb liebe/ mit Cherubinischer Gemüts= **zum Chri-**
forschung ohn underlaß suche / sei du der Thron meiner **stenthum/ zur**
Seelen/ darauf du ruhest/ da du schläfest im Mittag. Der **Andacht/**
Schutz der Herrschaften / Kräften und Gewalt sei um **allegor. tro-**
mich/ dein Fürstenthum lege auf alle rebellirende wider= **pol. & ana-**
spenstige Affecten / daß ich dir mit Englischer Reinigkeit **gogicè appli-**
allezeit diene; disponire in mir die jenige Tugend=Harmo= **ciret werden.**
ny/ welche du von Ewigkeit in dir selbsten / und von An=
fang in den obersten Tugenden disponiret hast / damit ich
von einer Tugend zur andern/ gleichsam als von Thon zu
Thon fortgehe / endlichen zur Diapason aller Tugenden/
und Erfüllung der gantzen Vollkommenheit gelangen
möge/ und also mit diesem Tugend=Schutz umgeben / ist
dem Psalter=spiel auf Zehen Säiten / dich mit den Neun

Aa iiij   Engli=

Englischen Choris Ewig ohn underlas loben / rühmen und preisen möge / Amen.

Psalm.115.v.1.

Non nobis Domine, non nobis, sed Nomini tuo da gloriam.

2. Cor.2.v.16.

Πρὸς ταῦτα τίς ἱκανὸς.

Register der Merck- und Denck- würdigsten Sachen.

A.

Register.

Register.

F.

Bb phona

der

Regiſter.

Register.

Register.

Register.

Bb v

JESUS A ℭ Ω, der Anfang und das Ende.

www.ingramcontent.com/pod-product-compliance
Lightning Source LLC
Chambersburg PA
CBHW031824270326
41932CB00008B/533